《人民文库》编委会

人·民·文·库
人文科学·撰著

中国思想通史

【第二卷】

侯外庐 赵纪彬 杜国庠 邱汉生 著

人民出版社

《人民文库》出版前言

　　人民出版社是党的第一家出版机构，始创于 1921 年 9 月，重建于 1950 年 12 月，伴随着党的历史、新中国的发展、改革开放的巨变一路走来，成为新中国出版业的见证和缩影！

　　"指示新潮底趋向，测定潮势底迟速"，这十四个大字就赫然写在人民出版社创设通告上，成为办社宗旨。在不同的历史时期，出版宗旨的表述也许有所不同，但宗旨的精髓却始终未变！无论是在传播马列、宣传真理方面，还是在繁荣学术、探索未来方面，人民版图书都秉承这一宗旨。几十年来，特别是新中国成立以来，人民出版社出版了大批为世人所公认的精品力作。有的图书眼光犀利，独具卓识；有的图书取材宏富，考索赅博；有的图书大题小做，简明精悍。它们引领着当时的思想、理论、学术潮流，一版再版，不仅在当时享誉图书界，即使在今天，仍然具有重要影响。

　　为挖掘人民出版社蕴藏的丰富出版资源，在广泛征求相关专家学者和老一辈出版家意见的基础上，我社决定从历年出版的 2 万多种作品中（包括我社副牌东方出版社和曾作为我社副牌的三联书店出版的图书），精选出一批在当时产生过历史作用，在当下仍具思想性、原创性、学术性以及珍贵史料价值的优秀作品，汇聚成《人民文库》，以满足广大读者的阅读收藏需求，积累传承优秀文化。

　　《人民文库》第一批以 20 世纪 80 年代末以前出版的图书为主，

分为以下类别：（1）马克思主义理论，（2）中共党史及党史资料，（3）人文科学（包括撰著、译著），（4）人物，（5）文化。首批出版100余种，准备用两年时间出齐。此后，我们还将根据读者需求，精选出20世纪90年代以来的优秀作品陆续出版。

由于文库入选作品出版于不同年代，一方面为满足当代读者特别是年轻读者的阅读需要，在保证质量的前提下，我们将原来的繁体字、竖排本改为简体字、横排本；另一方面，为尽可能保留原书风貌，对于有些入选文库作品的版式、编排，姑仍其旧。这样做，也许有"偷懒"之嫌，但却是我们让读者在不影响阅读的情况下，体味优秀作品恒久价值的一片用心。

在社会主义文化大发展大繁荣的今天，作为公益性出版单位，我们深知人民出版社在坚持社会主义文化前进方向，为人民多出书、出好书所担当的社会责任。我们将从新的历史起点出发，再创人民出版社的辉煌。

《人民文库》编委会

目　　录

第 一 章

汉代社会与汉代思想

我们知道,古代社会不但在它的缓慢解体过程中孕育着封建因素,而且在它的形成发展过程中已经具有后代社会的萌芽形态——包括经济、政治等,因而古代人在大的地方也天才地预测到很多有关自然和社会的真理,虽然说它们是素朴的。

封建制社会的降生,大抵比氏族制社会到古代奴隶制社会的转变过程要短些,而比封建制社会到资本主义社会的转变过程可能要长些。我们可以说,封建制社会的降生,除了落后民族受先进民族的影响而有特别的路径外,其典型的情况,不会少于二百年的悠久的转化过程,而真正作为分界线以区别古代和中世纪的标志,应该从固定形式的法典来着手分析。

其次,古代社会所已具有的各种形态,依不同的历史条件、民族习惯和传统,必然或此或彼、或多或少地保存于封建制社会,同时其中可能有一系列的旧的过时的生产方式以及与之相应的制度,它们在封建制生产方式主导支配之下,发生着束缚的作用;但也有若干制度沿袭到封建制社会,在一定的时期发生着进步的作用。有些古旧的传统的制度,被封建的统治阶级利用来作为巩固专制制度的工具,例如农村公社等;有些传统的精神也被进步的阶级(特别在封建制社会后期)利用来作为攻击封建制的武器,例如历史上说的启蒙思想或"文艺复兴"。所以,通过中国封建制社会的历史,我们寻常看见有各种各样的"复古"。从秦汉以来,有的拿六经的先王王制作为封建皇帝"制法"的复古形式,也有的披着三代的古典衣裳,而幻想另一个世界,所谓"六经责我开生面"(王船山语)的复古形式。从思想史的发展来看,它本身都是借助于传统的思想材料,改变其形式,进而增补其内容。有的利用思想材料进行改编工作,为统治阶级说教,这就是"正宗";有的利用思想材料,进行改造工作,反抗统治阶级,这就是所谓"异端"。他们所利用的材料可能都是经学形式,然而他们的立场观点却又可能完全相反。中国中世纪历史上的经学笺注主义就是由此而产生的,不论秦汉人的经学的谶纬化,魏晋人的经学的玄学化,唐宋以来的经学的科举以至八股化和道学化,都应该从这里去了解。

问题的关键在于具体分析:从古代的奴隶制怎样转化而为中世纪的封建制,中国的封建化过程及其特殊的转化路径是采着什么形态。这个专门问题正有待于我们历史学者的创造性的研究。古代罗马世界的研究可以作为我们的参考,而不能代替我们的分析。

著者特别注意中国历史上的秦汉之际。从大量史实来考察,秦汉的制度和后代的制度,不论从经济、政治、法律以至意识形态那一方面来看,都是近似的,这即是说,秦汉制度为中世纪社会奠定了基础。过去学者大都毁骂秦法,但他们异口同声说秦制是古制的对立物。顾亭林还这样肯定:"汉兴以来,承用秦法,以至今日者多矣"(《日知录》卷十三),这句话是可以从各方面证明的。

然而直到现在,对于秦人毁灭古制这一问题,由于观点的不同,得出各种各样的理解。这里不能作详细的辩论,只能提出一些我们的看法。

我们认为,在古代社会解体过程中,封建制因素的生长形态必须和古代社会里所存在的后代社会的（其中包括封建制的）萌芽形态，严格地区别开来，因为由前者而言，它是社会发展史的变质倾向，由后者而言，它是古代社会的正常状态。不作这样的区别，历史发展的界限是可以任意来划分的。

我们又认为，个别国家或个别区域的封建因素的成长必须和全国范围内封建关系的法律化过程，严格地区别开来，因为由前者而言，它是在没有法典化以前的某些现象甚至多数是尚难实现的理想；由后者而言，它是通过统治阶级的一系列法律手续固定起来的形式。

我们把中国中世纪封建化的过程划在战国末以至秦汉之际，这不是说秦统一六国以前没有封建因素，更不是说秦代便把封建制完成了。远自秦孝公商鞅变法所谓废井田开阡陌，在奴隶制的发展情况之下就有封建因素的萌芽，至秦始皇 26 年所谓并一海内、一统皆为郡县（公元前 221 年），中国古代社会的经济构成（Formation 一般译作"形态"）正被封建制社会的经济构成所代替，经过汉初的一系列的法制形式，如叔孙通制礼，萧何立法，张苍章程等，到了汉武帝的"法度"，封建构成才典型地完成，即封建生产方式，在古旧诸制度依然同时存在之下，作为主导倾向而统驭了社会的全性质。我们必须从秦汉社会的诸编制实事求是地去具体说明其中的特征。

我们知道，秦汉在制度上是先后承袭的，其间虽有小的变迁，而精神则是一脉相承的。《史》、《汉》凡讲到各种汉代制度，从经济政治以至文化学术，必首标汉袭秦制，见于文献者如："汉因循秦制而未改"，"汉承秦制"，"秦制汉氏因之"，"秦制汉循而未革"，"汉承秦绪"，"汉承秦业遂不改更"，"汉踵秦制"，"汉初因秦法"，"攗摭秦法取其宜于时者"，以至于"汉接秦之弊"，诸如此类词句，不胜列举。这种因循的性质，就是封建制社会的继续发展。然而，秦废"封建"，为什么又成了封建制社会呢？我们的答复是：秦废封建的"封建"二字，为中国古代史的另一个术语，其内容指的是"宗子维城"的古代城市国家（这已在本书卷一讲明白了）；这里我们所举出的封建制社会，"封建"这两个字则是立基于自然经济、以农村为出发点的封建所有制形式,译自外文Feudalism,有人也译作封建主义。中外词汇相混,语乱天下,为时已久,我们倒也不必在此来个正名定分,改易译法。

第一节 中国封建主义生产方式的广阔的基础

首先,我们研究一下"自然经济的统治",这是列宁规定封建制四个条件之第一项,也是马克思、恩格斯所强调的以农村为出发点的小生产制的封建制社会的经济条件。

自然经济原是古代社会老早就有的因素,但它沿袭到中世纪社会便成了统治的形式。它所表现出的主要方式是农业和家庭手工业的结合。这在中国封建制社会更有它的特点。马克思说:

"在印度和中国,生产方式的广阔基础,是由小农业和家内工业的统一形成的。在印度,还有以土地共有为基础的村落共同体的形态;并且在中国这也是原发的形态。……由农业与制造业直接结合引起的巨大经济和时间节省,在这里,对于大工业的生产物,提出了极顽强的反抗。"(参看《资本论》,第三卷,人民出版社版,页 412—413)

"那些家庭公社是奠基在家庭手工业上,在手织业、手纺业和用手进行的农业底特殊的结合上,这种结合使它们都能自给自足。……这些淳朴的村社不管外表上看起来怎样无害于人,却始终一直是东方专制制度的坚固基础。"(《不列颠在印度的统治》,《马克思论印度》,中译本,页 13)

马克思、恩格斯、列宁都一再阐明这一理解东方封建制社会的公式,其中明白地指出中国在内,不是如有些人说的中国为例外。因为有这样的自然经济的性质及其和它适应的地租形态,"对于我们例如在亚洲可以看到的静止的社会状态,就完全适合于成为它们的基础"(《资本论》,第三卷,页 1039)。显然,这一理论是针对封建制社会而讲的,不是如有些人说的,它专指的是古代社会。

在中国古代社会,虽有这种自然经济的因素,但手工业基本上是"处工就官府"(《齐语》),"工商食官"(《晋语》),"凡民自七尺以上属诸三官,农攻粟,工攻器,贾攻货"(《吕氏春秋·上农》),不但法律上有所谓四民不杂居,而且工商的地位在古文献记录中是很重要的。古代的这种官手工业的制度还沿袭到后期封建制社会,成为国家土地所有制形式的附属物。然而什么时候这种农业和手工业(特别是手织业)的特殊结合成了支配形式呢?

我们在古代文献中也看到些民间的情况,例如奴隶的男女分工,有"臧"主耕、"获"主织的传说,"自庶士以下皆衣其夫"(《鲁语》)以及男耕女织的主张(如墨子、孟子)。但是,农业的"耕"和手织业、手纺业的"织",结合在一起,成为广阔的基础,虽然在商鞅变法中有了萌芽,"耕织致粟帛多者,复其身",但是更明显地是表现于秦汉之际的文献。例如:

> "所以务耕织者,以为本教也。是故天子亲率诸侯耕帝籍田……以教民尊地产(嘉谷)也。后妃率九嫔蚕于郊,桑于公田,是以春秋冬夏皆有麻枲丝茧之功,以力妇教也。是故丈夫不织而衣,妇人不耕而食,男女贸功以长生('以长生'句《亢仓子》作'资相为业')。"(《吕氏春秋·上农篇》)

男耕女织即所谓"男女贸功",农业和手纺织业的结合即所谓"资相为业",所以《吕氏春秋》在上文就说到这是为了使劳动力束缚于土地,"民农非徒为地利也,贵其志也。……民农则其产复(厚),其产复(厚)则重徙,重徙则死其处(居)而无二虑"。

又如经秦汉之际的人所作的《管子·轻重乙篇》说:

> "农事且作,请以'什伍'(即村落的家族公社)农夫赋耜铁,此之谓春之秋;大夏且至,丝纩之所作,此之谓夏之秋;而大秋成,五谷之所会,此之谓秋之秋;大冬营室中,女事纺绩缉缕之所作也,此之谓冬之秋。"

经汉博士补为《冬官》的《考工记》说：

> "饬力以长地财,谓之农夫;治丝麻以成之,谓之妇功。"

企图用以代替法典的《淮南子》的《主术训》说：

> "耕之为事也劳,织之为事也扰,扰劳之事而民不舍者,知其可以衣食也。……衣食之道必始于耕织,万民之所公见也。"

上面所引的说明农业和手工业结合的话,都是带有半官或半法典的总结语气,到了汉代,就成为"一夫不耕或受之饥,一女不织或受之寒"的口头禅了。例如班固批判秦政说:"男子力耕,不足粮饷,女子纺绩,不足衣服,竭天下之资财以奉其政,犹未足以赡其欲也。"(《汉书·食货志》)

这样看来,农业和手工业的结合,虽然它的渊源颇古,而手工业的官有形式在汉代也依然存在,但是这种传统到了秦汉时代才典型化,才成为"生产方式的广阔的基础"。我们再把汉人编制的秦代字书《急就篇》引来作证,更可以看出在这一方面秦法比东土六国的礼法表现了不同的精神。《急就篇》以类似法典的形式,在第七、第八章,详细罗列着农业生产部类。这样并列的男耕女织的劳动生产物,原来就是《急就篇》说的统治阶级剥削的对象,"司农少府国之渊,授众钱谷主办均","籍(户口)受验证记问年","种树收敛赋税租"。这些农户被束缚于公社,"闾里乡县趣辟论",如果男女农户要脱逃或暴动,那就有法律制裁全族:

> "变斗杀伤捕'伍邻'。'游徼''亭长'共杂诊。"
>
> "犯祸事危置对曹。谩诋首匿愁勿聊。缚购脱漏亡命流。"
>
> "攻击劫夺槛车胶。'啬夫'假佐扶致牢。"

封建制的法典化也有转化的过程,并且它是由简陋的立法逐渐进到完备的立法的。马克思说:"社会的统治阶级的利害关系,总是要使现状当做法律,成为神圣不可侵犯的,并且要把它的由习惯和传统而固定化的各种限制,当做法律固定下来。……在时间的进行中,采取了有规则有秩序的形态。这个结果就会发生出来。"(参看《资本论》,第三卷,页1035)所谓"趋其耕耨,稽其女工"的王法,正是在历史的进程中成为四民月令的支配形式。至于法典的完成,在我们的研究的结果,就是"食货"二字的定义,"食"指农业生产,"货"指手工业生产,"食货"即农业和家庭手工业的结合。《汉书·食货志》说:

> "'食',谓农殖嘉谷,可食之物;'货',谓布帛可衣及金刀龟贝……。"

这个自然经济的法典式的定义一直延续于后代,在唐人法典中还可以找到同样的规定,《唐六典》记载着:

> "肆力耕桑者为'农'。"(卷三)
>
> "钱帛之属谓之'货'。绢曰匹,布曰端,绵曰屯,丝曰绚,麻曰缤;……钱曰贯。"(卷二十)

因此,历代的《食货志》就显然刻上封建制的烙印,而不是一般的经济史料了。从耕织的传统习惯以至法典化,"食货"既然形成统治阶级课赋的对象,那就要服从于统治阶级的利害关系了。

前面所引马克思的公式,特别指出,封建制的地租形态,是因为有农业和手工业的结合,才成为例如亚洲的社会形态的适合的基础。接着他说:"这种实物地租的量可以大到这样,以致劳动条件的再生产、生产资料的再生产,都严厉地受到威胁,以致生产的扩大或多或少成为不可能的,并压迫直接生产者,使他们只能得到维持肉体生存的最小限量的生活资料。"(参看《资本论》,第三卷,页1039)我们就在汉代盛世,已经从贾谊的文中看出了这种现象,如上面举的例,一方面男耕女织的结果,是衣食不保,另一方面耕织的资财是几乎完全奉养统治阶级,还嫌不能满足其欲望。秦汉以后的所谓劝农桑、重桑梓的内容以及各代有关郡县典章的说明,就更使我们易于理解了。

既然中国封建制社会的"生产方式的广阔基础是由农业和家庭手工业的统一形成的",那么地租的剥削,自然就和这一基础有所关联。在中国历代文献中,这种剥削形态叫做"租调"。农业和手工业的结合,通过土地所有制形式,在封建的超经济剥削关系上面也刻上烙印,所谓"租"课粟米,"调"输布帛,文献上也称"课调"。

租调的制度在古代已经有了萌芽形态,《韩非子·外储说左上》:

"夫买庸(原作"卖庸",今按《经》文"取庸"义改)而播耕者,主人(地主)费家而美食,调布而求钱易者,非爱庸客(农奴)也,曰如是,耕者且深,耨者熟耘也。庸客致力而疾耕耘,尽巧而正畦陌者,非爱主人也,曰如是,羹且美,钱布且易云也。"

这段话虽然提出了"调布",但其含义历来学者解释不同,尚有待于研究。秦代文献多佚失,但《始皇本纪》也讲到"下调郡县转输菽粟刍藁"。汉初文景有名的三诏都着重地提到"农桑"和"耕织",晁错更提到"粟米布帛"。我们认为西汉制度的田租是以粟帛兼输的。西汉尚书郎四人,内一人主"户口垦田",一人"主财帛兼输"。西汉既然"大农之诸官,尽笼天下之货物",从女贡织帛来讲,其中用布帛均输,自然要如史书记载的,竟达到百万匹以至五百万匹,因而在地租之中没有布调是不可能的。左雄就指出"特选横调,纷纷不绝",贡禹就主张"租税禄赐,皆以布帛及谷,使百姓壹意农业"。到了王莽的王田制,便固定下来,"以《周官》税民,凡田不耕为不殖,出三夫之税,城郭中宅不树艺者为不毛,出三夫之布,民浮游无事,出夫布一匹。"(《汉书·食货志》)

东汉的租调继承西汉制度,《后汉书·百官志》指明掌布帛钱谷的都有专职,统归大司农指挥,称布调为"调度"。明帝曾赦陇西勿收某年的租调,章帝诏以布帛为租,桓帝也曾下诏免除某年的"调度",但其初年租调的调,居然"河内一郡,尝调缣素绮縠,才八万余匹,今乃十五万匹,……民多流亡,皆虚张户口。"(《后汉纪》卷二十《孝质皇帝纪》)到了灵帝时,"中御府积天下之缯,西园引司农之臧"(《后汉书·吕强传》)。再据《后汉书·朱晖传》说的"取布帛为租,以通天下之用"看来,租调制的法律化起源于秦汉,并在汉代取得了更固定的形式,反过来更把农业和手工业的结合巩固起来。这一制度即成为后代租和调、租庸调的法律的张本(两税制虽然有些改变,但其内容仍然是农产物和手织物分期输纳的)。它们都利用着农村公社的组织,使耕男织女或人户匹庶尽其所能地输纳剩余生产物,因而就成为东方专制主义的基础。直到唐代,"仓库"二字的定义,在《唐律疏议》中,还沿用汉代百官制的法令,并且这样规定:"仓,谓贮粟麦之属;库,谓贮器仗绵绢之类"。"食货"的经济意义,正如马克思所指出的:"在亚洲,国王和僧侣保管之下的这种贮藏货币(郭译本作"宝库"),宁可说是他们的权力的表征。"(参看《政治经济学批判》,人民出版社版,页92)

农业和家庭手工业的结合形式,既然是东方封建制的生产方式的条件,又是巩固东方专制政制的基础,那么从秦汉以来的皇朝"劝农桑"以增加所谓食货的诏令,就容易明白了。这种结合形式既然表现出"前资本主义生产方式内部的坚固性和结构,对于商业的分解作用是一种障碍",那么中国的封建制度的顽固性,也要溯源于秦汉制度的渊源。

第二节　秦汉的封建贵族与豪族地主

上面说明的是封建主义生产方式的广阔的基础,这里再进一步研究和这种基础相伴随的生产方式。这两个问题是相关联的。马克思指出:"生产方式本身愈是适应于陈旧的传统(在农业上,传统的方式长久保持着,而在东方的农业与手工业的结合中,保持还要长久),也就是说,占有的实际过程所遭受到的变化愈少,那么,陈旧的所有制形态就愈巩固,而集团一般地说也因之更为巩固。"(参看《资本主义生产以前各形态》,人民出版社版,页31)这里所说的"所有制形态"即指经济基础,"集团"即指不同的阶级。

生产方式,依据《资本论》的定义,是特殊的生产资料和特殊的劳动力的结合关系,它决定着某一社会经济构成的倾向。《资本论》的第一句话所以比《政治经济学批判》的第一句同样的话更为完善,就在于它点明了生产方式的支配的性质。因此,封建制的生产资料和劳动力的结合关系,就支配着封建主义社会的全性质。列宁关于阶级的定义,也是从生产资料的所有地位和劳动的领有关系来分析的。下面首先研究秦汉封建制的生产资料所有制形式，即怎样形成了豪族地主的占有制和皇族地主的国有制。

我们以为秦人开始在法律上易器（器指国家形态），也正如西洋古代通过了隶农制的小生产，以挽救劳动力在奴隶制度下的危机。在中国秦代一开始并没有如后来所谓的"兼并"，起始仅是小生产制度的建立，例如史言秦人尽废井田，任民所耕，不计多少，而随其所占之田，以制赋。蔡泽说："商君决裂井田，废坏阡陌，以静百姓之业，而一其志。"《文献通考》节引以上前数语，并说："夫曰静曰一，则可见周授田之制，至秦时必是扰乱无章，轻重不均矣。朱晦庵《语录》亦谓因蔡泽此语，可见周制至秦，不能无弊。"按县乡亭的秦制正具有以农村为出发点的封建性质。

史载秦孝公十四年初为赋。它为什么要被大书特书呢？过去史学者常笼统说这是舍地而税人的开始，但对于这一问题没有什么说明。我们以为这就是裂地名官在法律上的必然典式，换言之，这标志着向封建财产所有制的合法形式的转变，古代社会的母胎内已经孕育下封建制社会的胚种了。

秦孝公十二年开始建立县乡亭制。《汉书·百官表》说："县令长皆秦官，……万户以上为令，秩千石（所谓禄石）至六百石；减万户为长，秩五百石至三百石，皆有丞尉。"县下为乡，乡置三老，有秩，游徼之外，有啬夫一职，即职听讼收赋税。十亭一乡，十里一亭，亭有长（汉高祖刘邦就是这样的亭长出身）。《续汉书·百官志》说："其乡小者县置啬夫一人，皆主知民善恶，为役先后，知民贫富，为赋多少。"这样看来，裂地名官改变了氏族宗子"国"食于"鄙""野"的古代经界制，即古代制的一国不过这样裂地分官的一县而已。制赋的来历并非一件随意做的小事，因为任民所耕，占有土地，随其所"占"之田，始制租赋，这种租赋在经济学上即为"地租"（汉制，赋、租、税三名不同，但关于田租有统称曰租赋、租税）。因为中世纪的公私经济不分，我们不能以狭义的

"赋"字的古义如"赋以足兵"、"赋充实府库赐与之用"而为名词所拘。史称孝公制县,为开阡陌,杜佑《通典》在此条说:"秦孝公任商鞅,鞅以三晋地狭人贫,秦地广人寡,故草不尽垦,地利不尽出,于是诱三晋之人,利其田宅,⋯⋯而务本于内。⋯⋯故废井田,制阡陌,任其所耕,不限多少,数年之间,国富兵强。"这并非仅对于自然的征服,若没有财产所有制的变革,就不会有所成就,而主要在于所谓"以静百姓之业,而一其志"向"利其田宅"方面发展。生产力既有增进,新的租赋才可以增加。始皇统一以后三十一年使黔首自实田以定赋,这是指全国而言。《汉书·食货志》说:"秦田租口赋盐铁之利,二十倍于古,或耕豪民之田,见税十五(言贫人无田,而耕垦豪富家之田,十分之中以五输田主)。⋯⋯汉兴,循而未改。"又说:"天下既定,高帝⋯⋯轻田租,什五而税一,量吏禄,度官用,以赋于民。"以上讲的剥削率是否正确,下面详论,这里我们已经知道,百分之百的剥削率被地主贵族所得。一句话讲,他们是地主阶级与封建贵族。《史记·货殖列传》说:

　　"今有无秩禄之奉,爵邑之入,而乐与之比者,命曰素封。封者食租税,岁率户二百,千户之君则二十万,朝觐聘享出其中。庶民农工商贾,率亦岁万息二千,(户)百万之家,则二十万,而更徭租赋出其中;衣食之欲,恣所好美矣。⋯⋯此其人皆与千户侯等。"

这里所说的"千户之君"是封建诸侯,"百万之家"是豪族地主,今分别论述。

第一,封建诸侯:马克思和恩格斯一再指出,军事制度是和财产所有制形态相关联的,并特别说明军事编制影响了封建社会的财产所有制的形成。这在秦汉的军功爵制度上表现得十分明白。商鞅变法以宗室有军功者始得为属籍,可见氏族宗室有战功的就可做领主,史言战得甲首者益田宅,五甲首而隶役五家。商鞅便以功封于商,食十五邑(邑为虚名,实际上要看邑的户数),号曰商君。秦襄王时吕不韦封文信侯,食河南十万户。始皇二十六年统一皆为郡县,诸子功臣,以公赋税重赏赐之。《史记·高祖功臣侯者年表》说:"汉兴,功臣受封者百有余人。天下初定,故大城名都散亡,户口可得而数者十二三,是以大侯不过万家,小者五六百户。后数世,民咸归乡里,户益息,萧曹绛灌之属或至四万,小侯自倍,富厚如之。"《后汉书·黄琼传》说:"今诸侯以户邑为制,不以里数为限。萧何识高祖于泗水,霍光定倾危以兴国,皆益户增封,以显其功。"高祖袭秦之领主制(即食邑户之侯),"列侯……功大者食县,小者食乡亭,得臣其所食吏民。"(《百官志》)自天子诸侯王封君,都是大小领主,所以说一切"租税之入,自天子以至封君汤沐邑,皆各为私奉养,不领于天下之经费。"(《食货志》)汉初功臣争封,史言确凿,留侯所说的"天下游士,离亲戚,弃坟墓,去故旧,从陛下游者,徒望咫尺之地",就指的是六国后人对小领主梦想的追求。不要以为户邑并提的财产占有形态是随意的,更不要以为领主占有是完全私有,它实质上是由国有土地的"公田"中赏赐的,特别在景武以后,法律规定,领主只能衣食租税,这就说明领主的占有权是不稳定的。

汉初郡国,其权至大,已为史家所特举。高祖十一年诏:"今献未有程,吏或多赋以为献,而诸侯王尤多,民疾之。"十二年诏:"列侯皆令自置吏,得赋敛。"(《汉书·高帝纪》)大领主的郡国列侯,已成为实际上割据的人君,这曾招来七国之反。景帝三年吴王反时遗诸侯书就以领主制相号召,"诸王……能斩捕大将者,……封万户,列将,……封五千户,裨将,……封二千户,二千石,……封千户,千石,……封五百户,皆为列侯。其以军若城邑降者,卒万人,邑万户,如得大将;人户五千,如得列将;人户三千,如得裨将;人户千,如得二千石。……其有故爵邑者,更益勿因。"(《史记·吴王濞列传》)从这里,就可以看出军事体制和封建制占有形式的关系了,占有形式的多寡是和军功编制的大小相照应的。

因为领主制的占有形式的强大,所以文景以来,贾谊晁错皆主张削诸侯之权。但国有土地的形式,武帝时代才达到完成的阶段,因此,武帝能够分散其权以封诸侯子弟,各国都被裂封,所谓"众建而少其力"。

后汉大体上也仿领主制,但削小了郡国的统制权,而和地主领地相差不远了。《三国·吴志》诸葛恪说:"自光武以来,诸王有制,惟得自娱宫内,不得干与政事。"后汉光武建武二年,封功臣皆为列侯,大国四县,余各有差,宗室列侯为王莽所废者,并复故国。又按汉制,皇后公主宦官外戚皆有等封,都因袭秦制。

汉初封建领主也有就食长安而不至国者,如文帝二年,以列侯多居长安,邑远,吏卒给输费苦,令之国;三年更因列侯不去,罪免丞相。有名义上为侯国而食邑他处者,如霍去病封冠军侯,实无"冠军"其县,以南阳等县之县乡指为食邑侯国,如霍光封博陆侯,文颖曰:"博大、陆平,取其嘉名,无此县也,食邑北海河东城"。其他如关内侯,列侯出关就国,关内侯但爵而已,其有加异者,与之关内之邑,食其租税,《续汉志》说:"关内侯无土,寄食在所县,民租多少,各有户数为限",这便是中世纪占有劳动人口的真正的领主。

汉代郡国诸侯王原有政治权支配郡国,但其后逐渐失掉统治权力,仅许有领主的经济支配。《汉书·诸侯王表》说:"景(帝)遭七国之难,抑损诸侯,减黜其官。武(帝)有衡山、淮南之谋,作左官之律(服虔曰:仕于诸侯为左官,绝不得使仕于王侯也),设附益之法(师古曰:盖取为之聚敛而附益之义),诸侯惟得衣食税租,不与政事。至于哀平之际,皆继体苗裔,亲属疏远,生于帷墙之中,不为士民所尊,势与富室无异。"《百官表》说:"诸侯王……掌治其国,有太傅辅王,内史治国民,中尉掌武职,丞相统众官,群卿大夫都官如汉朝。景帝中元五年,令诸侯王不得复治国,天子为置吏。……成帝绥和元年,……更令相治民如郡太守,中尉如郡都尉。"后汉光武更申旧法,严禁诸侯王干政,诸侯在后汉惟衣食租税,与地主阶级并无甚大差异了。然这所谓领主与地主之分别,并非绝对的。封建领主天然地便有行政权,不能与经济权分离,此不过言其削弱到不能如小汉朝廷的实权罢了;而地主阶级虽在名义上是豪富,是土地占有者,但在其性质上也有甚大的政治权力,自作私法,如《后汉书·酷吏传》序说:"汉承战国余烈,多豪猾之民,其并兼者则陵横邦邑,桀健者则雄张闾里。且宰守旷远,户口殷大……。"因此,就像仲长统所形容的:"荣乐过于封君,势力侔于守令。"领主与地主在本质上是不能严密地区分开来的。

食邑食户的封建领主与地主占有着土地(最主要的生产资料),这是封建生产方式的一个特殊的要素。为了实行这一财产占有的法典,赋租所依赖的"户口"是最重要的条件(奴隶社会的中国古代制的野鄙庶人无姓,难有严格的户口制)。户口制,从商鞅变法(如"令民为什伍而相司连坐","民有二男以上不分异者倍其赋","名田宅臣妾衣服,以家次"),早已有了胎种,经始皇十六年令男子书年,便固定下来。汉高祖入咸阳,惟萧何有远见,别人抢劫财物,他独收秦图书,以此高祖得知天下户口多少强弱的秘密。汉代以来,户口便可得详纪,见于《汉书·地理志》。

不论封禅之于皇帝,自己神定所有权,或者封建之于列侯,赐赏臣下占有权,都是国有土地的形式,这也是中国封建主义编制的一个特征。《白虎通义》以神权的固定形式,把这种原则用经义来法律化起来,代表了一部汉代的最高法典。"封"之古代意义,为"作邦作对"或城市与农村的分裂(国野的经界,体国经野),而"封"之中世纪意义则不同了,它是以乡村为出发点的户口(汉称名数)领有的赏赐关系,或食若干户的领主所有的等级制度。《汉书·张安世传》说:"尊为公侯,食邑万户,然身衣弋绨,夫人自纺织,家童七百人,皆有手技作事,内治产业,累积纤微。"从上面所举的史实看来,我们认为,领户制是汉代封建制的特征,应该专文研究。

第二,豪族地主:史称秦孝公十二年废除田里不粥之制,任人民所耕,不限多少。商鞅变法之一项,即"大小僇力本业,耕织致粟帛多者复其身",此外,以战功得甲首者益田宅,五甲首而隶役五家。史籍表明,商鞅的变法,特别显示出劳动力的依附性质,这种依附在经营上是以小生产制为基础,而小生产性的农户正是大土地所有制的温床。因此,到了后来土地兼并的记载就不绝地出现于史籍中。秦始皇积六世余威,统一六国,《琅邪刻石》虽歌颂功德之作,但秦之所以自豪者,并非全是自大呓语,顾亭林也深辨此理。秦刻石说:"上农除末,黔首是富,普天之下,搏心揖志,器械一量,同书文字",由这里颇能看出秦制的特点来。依据经典作家的定义,古代贵族是以所得物之多少来计量财富,而封建地主则以土地占有的大小,特别是以劳动人口依附的多寡来计算产业,这一不同的所在,应从秦代尤其秦汉之际,划一阶段。

秦汉的豪族地主是从六国世族转化而来的。《史》、《汉》所说的豪猾、豪强、豪宗、豪门、豪杰、右姓、大家不是别的,正是列宁所指的"身份性的地主",这个阶级集团从秦汉一直到后代都相当巩固。列宁说:"中世纪的土地占有制底庞杂性,是在阻碍着经济的发展,身份的体制是在妨碍着商业的流转。"(《十九世纪末期俄国土地问题》,《列宁文集》,第三册,页80)他特别强调研究土地占有制的发展过程要从"身份性之转变为非身份性"(同上,页3—4)着手。他更指出这种家长制的农村体制是工役制和奴役制保存长久的原因。这种豪强地主之所以有它的根基,是因为它附着在农村公社的村落自治体上面。这种公社是古代制的残余,古代叫做"乡党",秦汉以来叫做乡曲、闾里,所谓豪强就是扬雄《法言》所说的"贼仁近乡原、贼义近乡讪"之类,在村社、桑梓的农民头上实行家长式的统治。乡县亭制或郡县制形成以后,家族的血缘关系更固定为一种地望的形式。所谓大姓、阀阅就依据这种形式,占有依附性的宾客、家兵、部曲、部曲家族、部曲宗族。从汉代起,身份性的豪族地主之所以有荫附、徒附的人户,不是偶然的。然而汉代统治阶级的偏见,却有这样的定义:

> "宗者何谓也?宗者尊也,为先祖主者,宗人之所尊也。……族者何也?族者凑也,聚也,谓恩爱相流凑也,……生相亲爱,死相哀痛,有会聚之道,故谓之族。"(《白虎通义·宗族》)

揭破封建制乡村的温情脉脉的血族关系,从它的背景分析,却是一幅惨痛的阶级剥削图。公社或部曲的农民,从法律的规定上看来,仅次于奴隶,他们"凑聚"于一定的乡里或乡曲,生死不离,他们被血缘恩爱的自然纽带束缚起来,在原始的男耕女织、长幼提携之下,进行农业和手工业的劳动,而被豪强族长利用原始的宗教道德愚昧着、欺骗着,效死不去,其依附性之强固是不言而喻的。汉代形成的身份性地主的武装势力,或以"宗部"势力出现,或以"部曲宗族"势力出现,其渊源应溯自秦汉之际,其传统力量则延续到后世各代。

秦汉豪族的地租,大约是劳动生产物的十分之五,即百分之百的剥削率。所谓"或耕豪民之田,见税什五,……汉兴循而未改。"(《汉书·食货志》)史称高祖以后列帝多有更改,或说十五而税一,或说三十而税一,此当是因灾变等事临时的法令,与临时免租同;至多仅是名义上的地租,而实质上的地租另有算法。王莽令:"……兼并起,贪鄙生,强者规田以千数,弱者曾无立锥之居。……汉氏减轻田租,三十而税一,常有更赋,罢癃咸出,而豪民侵陵,分田劫假(按分田谓贫者无田而取富人田耕种,共分其所收;劫假之义旧说难晓,似假公田于民,民假公田之后,劫其工作日或劳动生产物之一部分)厥名三十税一,实什税五也。……富者犬马余菽粟,骄而为邪,贫者不厌糟糠,穷而为奸。"荀悦论文帝除租税说:"豪强富人占田逾侈,输其赋大半,……官家之惠优于三代,豪强之暴酷于亡秦,是上惠不通,威福分于豪强也。"知此,便了解汉时地租的剥削率至少在百分之百以上。

这样的剥削似近于劳役地租,或列宁指的工役制和奴役制。汉代富家多家僮或僮客,固然有奴隶制的遗存,而劳役地租的粗野形式,正依赖于半奴隶式的劳动来贡纳。所谓劳役地租的劳动力挽救了奴隶劳动力再生产(人口繁殖)的危机,增加了对于生产资料的爱护,而因劳动强度的增进,却也提高了剥削率。

身份性的地主的土地兼并,在秦汉社会是必然的倾向。这不但在秦汉社会内部要发展起来,而且也由于皇帝消灭六国氏族的政策而有计划地促进起来。《通典》说孝公十二年诱三晋之人,利其田宅。《汉书·地理志》说,秦既灭韩,徙天下不轨之徒于南阳。《史记》说,始皇二十六年徙天下豪富于咸阳,十二万户。《汉书·地理志》说,汉兴,立都长安,徙齐诸田、楚昭屈景,及诸侯功臣家于长陵,后世世徙吏二千石、高訾、富人及豪杰并兼之家于诸陵。《娄敬传》说,敬进言,六国之族家强,应徙齐诸田、楚昭屈景、燕赵韩魏后,及豪杰名家居关中,此强本抑末之术。高祖称善,使其徙诸族十余万口于关中。这在政治上谓之强本抑末,企图利用他们成为封建政权的支柱,然而客观上却使他们变为身份性的豪族地主了。高祖是亭长出身,知道地主政权,故五年灭项羽,下诏:"民前或相聚保山泽,不书名数(户口),今天下已定,令各归其县,复故爵田宅。"豪族地主,在一定的条件之下,是汉代立国所依据的基础。武帝以至成帝,都注意富豪与京师的关系,主父偃说武帝:"天下豪杰兼并之家,乱众民,皆可徙茂陵,内实京师。"成帝时陈汤说:"关东富人益众,多规良田,役使贫民,可徙初陵,以强京师。"因此,后来关中富商大贾尽诸田,田啬田兰,韦家,栗氏,安陵杜氏亦巨万。自元成迄王莽,京师富人杜陵樊嘉,茂陵贽纲,平陵如氏苴氏,为天下高訾。由此看来,汉代政权不能不依赖豪族。《汉书·地理志》关于风俗的定义,就代表了汉代统治阶级的意识,"风""俗"二字是常指制度的,《地理志》说:

> "凡民函五常之性,而其刚柔缓急,音声不同,系水土之风气,故谓之'风';好恶取舍,动静亡常,随君上之情欲,故谓之'俗'。……圣王在上统理人伦,必移其本而易其末,此混同天下,壹之乎中和,然后王教成也。"

如果我们把汉代"内实京师"或"以强京师"的关中风俗,按《地理志》简述出来,就可以明白统理人伦的君上情欲所移之本在什么地方了。照《地理志》说,关中人民好稼穑,务本业,地当九州膏腴,始皇开郑国渠,沃野千里,民以富饶,前后徙六国强宗豪富于诸陵,世家好礼文,富人则商贾为利。秦地三分天下之一,而人众不过什三,然量其富居什六。以上所言之"风俗",的确是豪强地主的世界。但汉人所强之本没有达到目的,因此武帝便有一场和豪族地主阶级的血战。

汉人如贾谊、董仲舒、司马迁、贡禹、左雄、仲长统,都同声暴露豪族的土地兼并,或主张限田名田,或主张复古井田。董仲舒说:"富者田连阡陌,贫者无立锥之地,……邑有人君之尊,里有公侯之富。"太史公说:"役财骄溢,或至兼并,豪暴之徒,以武断于乡曲。"贡禹说:"亡义而有财者显于世,欺谩而善书者尊于朝,悖逆而勇猛者贵于官,……家富势足,目指气使,是为贤耳。"仲长统说:"馆舍布于州郡,田亩连于方国,身无半通青纶之命,而窃三辰龙章之服,不为编户一伍之长,而有千室名邑之役,荣乐过于封君,势力侔于守令,财赂自营,犯法不坐,刺客死士,为之投命。"豪族所占有的劳动力在汉代叫做"徒附",即依附农户,或王莽所谓的"私属"(唐陆贽说"依托强家,为其私属")。

综上所言,汉代豪族地主虽然有了功勋和劳绩,也可以上升为封建诸侯,因而与皇权有时妥协,但他们始终威胁着汉代皇朝的政权。

第三节　秦汉土地国有制的所有形式及其法典化

现在我们再结合以上的论述进而考察土地国有制的形式。从上面第一、二项看来,食封的土地和户口都是皇帝所封给的,以区别于不经法律认可而占有土地的豪强地主的"素封"。在法律意义上讲来,财产所有权应是皇帝所独有的,而地主阶级的土地只表现为占有权,我们必须知道,土地权是和货币权有区别的,所谓"土地得自由买卖"一语,是前人过分的记载。法律意义,即汉代史书说的"今法律贱商人,而商人已富贵矣"的法律,商人在法律上是没有土地所有权的,而事实上他通过了交通王侯也取得富贵。在作为法典形式的《琅邪台刻石》(《史记·秦始皇本纪》)中最早有这样的规定:

> "维二十六年,皇帝作始。端平法度,万物之纪。……应时动事,是维皇帝。……忧恤'黔首',朝夕不懈。除疑定法,咸知所辟。……尊卑贵贱,不逾次行。'奸邪'不容,皆务'贞良'。……六亲相保,终无寇贼。驩欣奉教,尽知法式。六合之内,皇帝之土。西涉流沙,南尽北户,东有东海,北过大夏。人迹所至,无不

臣者。"

秦法失佚,但我们从上面的"法度"和"法式"的精神看来,其真实性是应该特别注意的。很明显的,土地和户口都规定于皇权支配之下,这就是东方的封建社会土地国有制形式的渊源。它和中国古代奴隶制社会的土地为氏族公族所有不同,它是从统一六国以后,在全国建立郡县制的范围内,继承了古代的传统,而用一种封建法度所固定的国家土地所有制。马克思说:

"假设他们不是隶属于土地私有者,却像在亚细亚一样,隶属于既为土地所有者同时又为主权者的国家,地租和课税就会并在一起的,或者说,不会再有和这个地租形态不同的课税了。在这种情形下,政治上和经济上的隶属关系,就是对国家的臣属关系。……在这里,国家是最高的地主。在这里,主权就是全国范围内的集中的土地所有权。在这里,没有土地私有权,不过对于土地有私人的和共同的占有权和使用权。"(参看《资本论》,第三卷,页1032)

我们从秦汉以来的历史看来,这样的最高地主,就是皇族地主,也即马克思指的"国家(例如东方专制帝王)"或"君王是主要的土地所有者"。他赐给人民的土地使用权,这就是列宁所说的"亚洲式专制政府中的官吏底意志分配于农民的旧有份地……"(《社会民主党在一九〇五至一九〇七年第一次俄国革命中的土地纲领》,莫斯科中文版,页74)。这是古老的"亚洲式土地所有权形式"。这里"国有"是经典作家的常见文法,不是如有些人误解说,国有二字仅能用于社会主义。

马克思和恩格斯也曾经提示过,自由的土地私有权的法律观念之缺乏,土地私有权的缺乏,甚至可以作为了解全东方世界的真正的关键(参看《马克思恩格斯论中国》,人民出版社版,页20)。应该着重指出,这里说的是法律观念,至于事实上的情况则要和法律观念区别开来,特别应注意唐宋以后半"非身份性"的庶族地主的发展。所以,"主要的土地所有者",仅说他的支配地位罢了。

　　既然东方专制帝王的土地所有制形式是了解全东方情形的关键，我们就可以知道中国自秦汉以来的中央专制的经济基础了。在欧洲，中央集权是封建主义没落以至资本主义形成时期的产物，在中国，早期封建就有了中央专制，这正表明了政治史之依存于经济基础——皇权垄断的土地所有制形式。历代党争的真实根源、中国历代君主之直接利用宗教而无皇权教权的分立的根源也可以从这种经济基础上说明。这是我们研究中国封建社会史所必须解决的问题。

　　皇帝是最高的地主，但他为了巩固政权，必须依靠身份性的地主阶级。上面已经指出，秦汉帝王为了"强本抑末之计"，最注意豪族。六国世族、天下豪富曾历次被迁至长安，置于皇帝直接监督之下。他们从最初就是不合法的占有者，因为他们在一定的条件之下是和皇族地主的土地所有制相矛盾的，当他们威胁到皇帝政权的时候，他们的财产就可能被没入官。虽然汉武帝没有采纳董仲舒的"限田"疏，以期在皇族与豪族的经济对抗中保持着相互利用、彼此妥协的关系，但武帝在必要时又可以把豪强的土地没为"公田"，如元鼎三年（公元前 114 年）"分遣御史、廷尉、正监、分曹往即治郡国缗钱，得民财物以亿计，奴婢以千万数，田，大县数百顷，小县百余顷，宅亦如之。"（《史记·平准书》，参看《汉书·食货志》）历代的这样的斗争很多，王莽的"王田"制则是想百分之百地实行君主土地所有制，结果，他和农民在经济上对抗，又和豪族地主在经济上对抗，短命的皇帝和他的武断措施是分不开的。

　　豪族的土地占有权是不固定的，秦汉皇帝大都在强弱或本末之间，采取一定的优遇办法，以安定豪族地主的占有制，作为皇权与豪权的联系，因此，所谓"限"、所谓"占"，是以占有若干顷的土地数目以及若干"户数"的农民，为最高限额，这是消极的规定，而不是私有制的积极的承认。汉武帝为了对付豪族地主，还有"专地盗土"的法律，一经被此条法律所干触的地主，那就要遭受重大的处罚。《汉书》卷八十一《匡衡传》：有司奏衡"专地盗土"，衡竟坐免。事在元帝初元元年与成帝建始元年之间。匡衡封地多四百顷，司隶校尉骏、少府忠行廷尉事，劾奏：

"《春秋》之义,诸侯不得专地,所以一统,尊法制也。衡位三公,……而背法制,专地盗土以自益",又说:"附下罔上,擅以地附益大臣,皆不道"。匡衡是元成间的人,但刘向《新序》说:"孝武皇帝时重附益诸侯之法"。既然"附益"和"专地"同义,那么这法律可以说是武帝制定的。武帝还创立了以六条问事的科条,"科条谓所犯法律也。"(《北堂书钞》引扬雄语注)这也主要是针对占田逾制的豪族地主阶级而设的,不但其第一条定罪的对象明白地指出:"强宗豪右田宅逾制,以强凌弱,以众暴寡",而且其他五条对二千石定罪的对象,也是以豪族地主阶级的占有制为主,如说:"二千石不奉诏书,遵承典制,倍公向私";"二千石选署不平,苟阿所爱,蔽贤宠顽";"二千石子弟恃怙荣势,请托所监";"二千石违公下比,阿附豪强,道行货赂,割损正令"(参看《汉书·百官公卿表》注)。此外也有临时的诏令,提出对土地占有权逾制的处罚,例如《哀帝纪》:"诏诸侯王列侯公主二千石及豪富民多畜奴婢,田宅亡限,与民争利,(下言限制)……。为吏犯者以律论,诸名田畜奴过品,皆没入县官。"

汉代的土地国有制,过去学人已经有注意到的,例如宋叶适说汉代"但问垦田几亩,全不知是谁田";明末顾亭林说:"官田自汉以来有之"。按秦汉之际,垦田屯田都为政府所掌握,垦屯的土地即是官田。"秦制,凡民年二十三,附之畴官,屯边一岁,谓戍卒。"(《汉书·景帝纪》,师古注)晁错曰:"秦时,……战则为人禽,屯则卒积死。"(同上,《晁错传》)"二世立,如始皇计,尽征其材士五万人,为屯卫咸阳。"(《史记·始皇本纪》)屯戍是秦代开辟疆土的重要劳役。"秦地广人寡,故草不尽垦,……于是诱三晋之人,利其田宅。"(《通典·食货》一)汉因秦制,垦屯更加发展,文帝武帝都动员了大量劳动力(包括罪人),从事工役制形式的剥削,元鼎元年一次就动员了六十万人戍田于西北部。这种军事体制不但影响于占有制,使汉代的陇西六郡的豪族地主有了凭借,发展起来,而且也酝酿出隶农式的"部曲家族"。东汉光武以至后代的屯垦制不能不溯源于这里。仲长统说:

"今者土广民稀,中地未垦,虽然,犹当限以大家,勿令'过制';其地有草者,尽曰官田,力堪农事,乃听受之。"(《后汉书》本传)

这就是后代授田制的国有形式的张本,如果逾越制度的许可,法律外的占田"过制"就有理由被皇帝来没收或以"专地盗土"的科条来定罪。马克思说:"在封建时代,军事上、诉讼上的裁判权,是土地所有权的属性"(《资本论》,第一卷,页398),就是这里的意义。

按汉代"公田"之名所以在武帝时代大量出现于史籍,这是他为了使土地国有制成为定式,用法律形式肯定的缘故。上举的"专地盗土"和"六条问事"的科条,都是武帝所制订的。因此,土地国有制的法律形式是武帝26272条法律中的主要项目,他也利用这些法律和身份性的豪族地主展开斗争,史实甚多,不须列举(可参考贺昌群著《论两汉土地占有形态的发展》,第三、第四节)。但这里应该注意,"公田"制并不是从武帝开始的,而且在武帝以后的西汉社会也没有根本动摇,不过在统治阶级内讧中有时豪族地主占些上风而已。

据汉代的历史记载,皇帝不但可以大量地把公田官田封给领主,在一定的限制之下,即不能逾制或逾限的条件之下,允许他们"占有",而且为了争取"流民"(从户籍即"名数"中逃亡的农民)和贫民的劳动力,还把"公田"假给他们,所谓"假公田"给农民,当然只指"使用权"。这就是后代"授田"或"均田制"的张本。

随着土地国有制的所有形式,在主要的手工业生产方面也实行国家管制。从秦代"颛川泽之利,管山林之饶"以来,汉代对于作为"农夫之生死"(《盐铁论》语)的盐铁采用了一系列的管制政策,并因此,在武帝以后成了社会经济的矛盾之一(参看本书第五章)。这些财产所以要国有,正如《盐铁论·复古》说"今意总一盐钱,非独为利入也,将以建本抑末,离朋党,禁淫侈,绝并兼之路也。"这意义就表明最高地主对付豪族地主的法律形式。其他如纺织业等手工业以及主要的公共事业的经营如河渠灌溉交通等,也实行国家管制的政策。因了公共事业的国家统制,不但强化了中央专制主义的封建统治,如马克思讲的东方专制机关的三种部门的性质,而且还利用封建权力把这些部门的劳动力大都束缚在奴役或劳役制之下(参看白寿彝等著《从秦汉到明末官手工业和封建制度的关系》一文,《历史研究》1954 年第 5 期),使工役制的残余形式和东方的专制主义结成不可分离的关系。

应该指出的是,这种以土地为主而以其他产业为副的国有的财产形态,从秦汉社会发源,一直是中国封建所有制主要的形式(此一问题请参看本书第四卷上册中《第二、三、四卷序论补》)。中国的政治史、思想史和宗教史的研究,是不能不从这里出发的。

上面所讲的是关于封建生产方式的生产资料一要素的所有性质,物质的人格化者叫做皇族最高地主以及身份性的地主。他们的基础都依存于农村公社的残余。身份性的地主是"家长制的农村生活的东方野蛮制度",最高地主是"对地方施行父权"的皇帝。统治阶级集团的地位在历史中是很强固的。他们之间是统一的又是矛盾的,这从秦代就具备了制度上的特点。一方面皇族集团怕豪族集团的势力,另一方面却尊奖这一势力,《通典·食货一》引崔寔《政论》:"秦堕法度,制人之财,既无纲纪,而乃尊奖并兼之人。于是巧猾之萌,遂肆其意。上家累钜亿之赀,斥地侔封君之土。"这一传统,汉代以来循而未改。至于唐宋以来从身份性地主转化而来的半"非身份性"的地主,即"庶族"地主,将在第四卷详论。

第四节　汉代的劳动力和领户制

我们再进一步研究一下汉代的劳动力——生产方式的另一要素。首先,应该肯定,秦汉社会存在着大量的奴隶。古代工技之贱,蛮夷之贱,罪犯之贱,仍然相续于秦汉。例如,"礼,贵者公,贱者名",贵者有氏,贱者有名无氏(或庶人无氏);秦汉虽有法定的户口制,而据《郊祀志》载,汾阴人无锦即有名无氏的工奴,粤人勇之即蛮夷的俘奴,秦汉时征服匈奴,远筑长城,近修宫室,大量使用罪人,即犯者奴。秦灭六国以后,虽然把俘获的人口散为户数,大徙人口若干万家,移民实之(参看《秦会要·徙民》),但依然使用奴隶。汉因秦制,也是这样。据文献记载,汉代虽有解放奴隶之令(尤其在光武时,说详《廿二史札记》),而始终在法律上承认奴隶制度,我们且把史实列举于下:

"(汉)高祖令民得卖子。""五年诏曰:民以饥饿自卖为人奴婢者,皆免为庶人。""文帝……不为民田及奴婢为限。""贾谊曰,今岁恶不入,請卖爵子。""后四年,免官奴婢为庶人。""董仲舒说武帝曰,宜去奴婢,除专杀之威。""杨可告缗遍天下,……得奴婢以千万数。""成帝诏曰:公卿列侯亲属近臣多畜奴婢,……其申敕有司以渐禁之。""哀帝诏曰:诸侯王列侯公主吏二千石及豪富民多畜奴婢,……其议限列,……诸侯王奴婢二百人,列侯公主百人,关内侯吏民三十人。"(以上见《西汉会要》卷四十九)王莽更名天下奴婢曰"私属",不得买卖。

东汉初光武帝发布了许多有利于奴婢之令,比西汉更富于奴婢解放之义。建武二年五月诏:"民有嫁妻卖子欲归父母者,悉听之;敢拘执论如律纪"。六年十一月诏:"王莽时吏人没入为奴婢不应旧法者,皆免为庶人"。十一年诏:"天地之性人为贵,其杀奴婢,不得减罪"。又诏:除奴婢射伤人弃市律。十二年三月诏:"陇蜀民被略为奴婢,自讼者及狱官未报,一切免为庶民"。十三年十二月诏:"益州民自八年以来被略为奴婢者,皆一切免为庶民,或依托为人下妻欲去者悉听之,拘留者以略人法从事"。十四年十二月诏:"益凉二州奴婢,自八年以来自讼在所官,一切免为庶民,卖者无还值"。(以上参看《东汉会要》卷三十)光武以后,仍间有免官奴之令(如安帝)。

据上面所举的史实看来,汉代时常发布免奴之令,但奴婢制度依然存在,甚至高祖以来买卖奴隶是合法的。见于史者有如下诸例:

秦相吕不韦家僮万余人。汉贵族,如王商私奴千数,史丹僮奴以千数,王氏僮奴以千百数,窦氏奴婢以千数,马防兄弟奴婢各千人以上,济南安王奴婢至千四百人。汉豪强地主,如卓王孙僮客八百人,程郑数百

— 24 —

人,折像父国家僮八百人,曹仁弟纯僮仆人客以百数,糜竺僮客万人。

此外官奴婢也盛行,武帝时没入奴婢,分与诸官。元帝时贡禹说:"诸官奴婢十余万,……税良民以给之。"反之,民间奴隶之子尚恒为奴,《陈胜传》有"人奴产子"之名。

汉代有"耕当问奴,织当访婢"的话,这些话到了魏晋时代还见于史籍中,由此看来,汉代奴婢从事生产,是不足为奇的。当时奴婢的职责,并不限于仆役的工作,而养奴之数至万人,也非家侍的职务所可容纳。官奴隶的暴动也见于文献的记载。如果说秦汉是封建制,这种现象的存在是什么原因呢?

这里,我们且先说明两点。

(一)中国古代遗留下了氏族制,因而维新了的城市国家,产生奴隶家室集团的制度;要知道残余的制度,容易传习于其后的若干时代,所以马克思在《资本论》中曾说:东方社会"保存了一系列的过时的古旧诸制度。"原来,家庭、家族和奴隶在古代就是联系在一道的,恩格斯在《家庭、私有制和国家的起源》一书中甚至远从语源上指出家庭和奴隶是一字。(参看人民出版社版,页55)如果说中国的古代氏族制度和公社组织沉重地延续到后代封建制社会,那么奴隶也随家族而保存于封建制社会。这不仅汉代如此,魏、晋、隋、唐亦然,死的束缚着活的就是这一现象的说明。我们拿汉代的一个新名词——仅次于奴隶身份的"部曲"来解释,就更了然了。按汉代大将军营五部,部下有曲,曲下有屯(《续汉书·百官表》)。部曲是由家族屯垦产生的,平时生产,战时服役。汉时,徙齐、楚富族至诸陵,以强京师,而另外的贱族则多徙边,如文帝募民徙塞下,武帝元朔元年徙朔方十万口,元狩四年徙贫民于关以西及充朔方以南七十余万口。按晁错所上移民之计,所募之贫民,以罪人奴婢为主,且以千家数。这就知道"部曲"是从奴婢家族变化而来的。到了三国时代,部曲之名大量出现,且明言"部曲家族",如李典徙部曲宗族万三千余口居邺,如孙壹率部曲千余家归魏等即是例子。这种"部曲",在平时生产上,我认为是过渡性的隶农,比奴隶的身份稍稍改变而已。

（二）上面史料不曰"僮客"，即曰"家僮"。其实如上引的韩非子的话，已有"佣客"出现。按"僮客"之"客"，和汉人用的"浮客"、"私客"、"宾客"、"奴客"之名无大区别，当即晋代"佃客"的先驱（晋武帝限制"佃客"户数为完成形态）。"客"之义与"奴"有别，崔寔《政论》说："假令无奴，当复取客，客庸一月千。"故僮客以至宾客，我们以为是隶农制的直接生产者。《后汉书·樊宏传》说："父重……营理产业，物无所弃。课役童隶各得其宜，故能上下戮力，财利岁倍，至乃开广田土，三百余顷"，这所谓课役童隶，各得其宜者，"上下"之间分配是有比例的，即无偿的劳动日部分与必要的劳动日部分都增加了劳动强度（戮力），因为，在奴隶劳动危机时代，是不会"戮力"的。又按，僮客以至宾客，是有家族奴隶的遗迹的，他们以家数来计算，宾客若干家与部曲的社会意义相同。又按"宾客"也有与主人同生死的，如岑晊以党锢被诛，"并收其宗族宾客杀二百余人"（《后汉书》本传），这样的"客"，如马克思说的是"根据在共同组织上的，但这不再像古代一样是奴隶作为直接生产阶级，……而是身为人有的小农"（《德意志意识形态》，郭译本，页150）。

以上所说明的两点，还不能明白劳动力的支配性质在哪里。

第一，郡县制的经济意义，即首先使血缘的氏族，落地成为地缘的家族，所谓"人以群居为郡"，"悬而不离之谓县"，最初还是古代制的地域单位之变种；及至秦代，小农的经济逐渐形成。正如《汉书》卷四八《贾谊传》说的："故秦人家富子壮则出分，家贫子壮则出赘。……信兼并之法，遂进取之业。……曩之为秦者，今转而为汉矣，然其遗风余俗犹尚未改。"这里所指秦人的"家"，实即"户"的意义，是一种小农家庭，是个体的、分散的，不同于氏族公社残余的成员，而是被束缚于一定的区域。这种小农家庭（户），当时在农业生产上起着积极作用。《汉书》卷四九《晁错传》："家有一堂二内（卧室）门户之闭。"正是描写这种小农家庭。这种小农家庭"家富子壮则分出，家贫子壮则出赘"，对于家庭经济和劳动生产都是有利的。秦汉所谓"户",是指此种新兴小农家庭而言。《汉书·食货志》引李悝、晁错的话,都说这种家庭平均一家五口。汉高祖就首先感到天下散乱之后户口不到以前之十分之三,召民归田宅。这即是马克思说的封建制国家,在把一国占领之后,首先就要占领一国的人户。晋安帝时刘裕还引汉为例,他说:

> "安帝义熙九年宋公刘裕缘人居土,上表曰:臣闻先王制礼,九土攸序,分境画野,各安其居,故井田之制,三代以崇。秦革其政,汉遂不改。富强兼并,于是为弊。在汉西京,大迁田、景之族以实关中,即以三辅为乡间,不复系之于齐楚,九服不扰,所托成旧。……及至大司马桓温,以人无定本,伤理为深,庚戌土断,以一其业,于时财阜国丰,实由于此。"(《文献通考》卷十二《职役考》)

从上面史实言之,土断人户,缘人居土,是秦汉时的创例,欲财阜国丰,必须光大汉法,可见汉代使农民安土作业束缚于自然经济,实为中世纪的重要变化。即以所谓"僮客"、"宾客"而言,正是和土地不能分离的田人(佃),而与古代奴隶之对土地没有居土的一定束缚关系,大有区别。马克思说:"如古代是由城市与小的领域发轫,则中世纪是由乡村发轫,既存的稀薄的在一个广大的地面上零散的人口,由征服者手中没有得到多大的增殖,所以生出这样不同的出发点。所以封建的发展与希腊、罗马正相反对,是开始在一个由罗马的征略与因之而招致的农耕之普及所提供的更广漠的地面之上。"(《德意志意识形态》,郭译本,页149)这里,应该指出,罗马的封建制和征服者有关,而中国秦汉的封建制则不是这样,其区别在于罗马是被落后民族所征服,而秦汉社会则是向落后民族的征服。但是在征服和被征服之间,都因了军事体制的因素,在更广漠的地面之上影响于封建所有制,其方式并不完全相同。

第二,秦汉之世,有所谓社会等级之制,和古代"刑不上大夫,礼不下庶人"之制相反。这等级制是以耕勤战力者显荣为原则。因此秦人创有爵制二十级,以赏战功。据《汉书·百官表》说:

"爵：一级曰公士，二上造，三簪袅，四不更，五大夫，六官大夫，七公大夫，八公乘，九五大夫，十左庶长，十一右庶长，十二左更，十三中更，十四右更，十五少上造，十六大上造，十七驷车庶长，十八大庶长，十九关内侯，二十彻侯。皆秦制，以赏功劳。"

现在我们要问前几级是什么意义。按汉高祖五年曾诏七大夫公乘以上应与田宅，故第八级尚有不能得田宅者甚多。第四级名不更，注云：不服役使，即免役。似实际能得免役之权者，非至第九级不可。第二级名曰上造，按指有户籍之名数，言造于册而存官于上也。《汉书·石庆传》说："元封四年，关东流民二百万口，无名数者四十万。"师古曰："名数若今之户籍"，故上造即已具名数之谓。第一级"公士"，颇不易解，似指士卒之类。《晁错传》说："不足，募以丁奴奴婢赎罪及输奴婢欲以拜爵者，不足乃募民之欲往者，皆赐高爵，复其家。"故赐爵乃从奴婢罪犯之解放始，即第一级所谓公士；如有罪，则"削爵为士伍"。由一级至二级得列户籍，有一定的田宅或份地，九级以上更得享受被赐田宅之权。军爵影响了封建的所有制，如马克思说的"在日耳曼的军事组织之影响下，使封建的财产制发展了起来"（《德意志意识形态》，郭译本，页150）。因此，秦汉有军功者受上爵的制度，是一种封建制的标志，它是和垦田屯田的向外发展相关联着的。如前面所指出的，军功是和"食户"相对应的。王充曾指出了这种关系："军功之侯，必斩兵死之头；富家之商（疑为"豪"字之讹），必夺贫室之财。"（《论衡·偶会篇》）

汉代自高祖以来，每多爵民一级之举，景、武之世更著。前人多不明此义，细绎之，最下之级似为奴隶在名义上的解放，因为赐赏与赎买同可由罪奴复身，例如买爵三十级可以免死，出六百石可以至上造之类。汉初，郡国人民逃亡，户口不过前之十分之二三，须赖赐爵复身，以诱人民，故至文景之世，户口大增，如景帝时，"上郡以西旱，复修卖爵令，而裁其贾（价）以招民"（《食货志》）。当时虽事实上自生产而解放者不少，但从法律上讲来其身份依然为无名数的奴隶。通过买爵就可以名副其实地得到解放。

　　我们可以说秦汉之奴隶解放,史实昭然。而等级的社会制度正是封建制的人格隶属关系。公士与上造乃社会劳动力的最大来源。等级的赏赐与赎买是基于超经济的报偿法则。由此建立了封建制社会的一套上下其手,不以商品的人格化、而以身份的隶属关系为基础的官僚制度。

　　第三,我们特别注意秦汉社会的领民户口制的确立。秦始皇刻石特别标明男女"黔首"之重要,这即合法地在名义上规定农民被隶属的身份。秦汉上至诸侯以户邑为制,下至地主开广田宅,都基于户籍名数。萧何得秦郡县户籍,始知天下强弱之处。汉初招民回籍生产,出现了许多农民中的"中家"(非身份性的小生产者),汉简里特别注明这样的户口资产。昭帝承武帝征战之敝,户口减半,与民休息,百姓充实。光武诏下州郡,检核垦田顷亩及户口年纪(当时贵族占有土地,田宅逾制,利其侵渔,隐瞒户口)。到了三国时代,多纪各地领户若干万,男女口若干万,以为劳动力的检核。徐幹《中论》说:"迨及乱君之为政也,户口漏于国版,家脱于夫'联伍'(公社),避役者有之,弃捐者有之。于是奸心竞生,伪端并作矣。……故名数者,庶事之所自出也,莫不取正焉。以分田里,以令贡赋,以造器用,以制禄食,以起田役,以作军旅,国以之建典,家以之立度。"《货殖列传》所谓"千户之君"、"户百万之家",正是农民对于领主的封建隶属。这里,因了服役之故,课责更赋,因了行政费之故,增课算赋(人头税),更要依于户籍制,但耕战二者,耕为重要的因素。秦汉乡置啬夫一人,主知民善恶,为役先后,知民贫富,为赋多少,平其差品,这就是基础的政治组织,法律上更有所谓"户律"。汉代主簿的权力是十分大的。章实斋说:"民贱,故仅登户口众寡之数,卿大夫贵,则详系世之牒,理势之自然也"(《湖北通志检存稿族望表序例》中),即指汉代以后的社会。

　　特别是萧何的"九章",不论《汉书》和后代晋唐以下典籍,都一致认之为萧何承秦制而创作的。"三章之法不足以御奸,于是相国萧何攈摭秦法,取其宜于时者,作律九章。"(《汉书·刑法志》)"萧何承秦法所作为律,今律经是也。"(《宣帝纪》注)"圣汉权制,而萧何造律宜也,造萧何律。"(《扬雄传》)《晋书·刑法志》和《唐六典》、《唐律疏议》都讲到萧何定律,谓之九章之律,《北堂书钞》引《风俗通》说,"萧何成九章,此关(后代)百王不易之道"。实际上汉代以下各代法律都是根据九章律而增益的。

汉高祖以至文帝、景帝特别注意天下户口之散亡,有一系列的法令招流人归乡生产。表现最明白的是"户律"这一法典。《唐律疏议》卷十二说:"户婚律,汉相萧何承秦六篇律,后加厩、兴、户三篇,为九章之律。迄至后周,皆名户律,北齐以婚事附之,名为户婚律。"隋唐循而不改。按唐律的"户婚律"上中下三篇看来,上篇讲的是严禁户口脱逃法,如第一条"诸脱户者,家长徒三年,无课役者减二等,女户又减三等。"《疏议》曰:"率土黔庶,皆有籍书,若一户之内,尽脱不附籍者,所由家长,合徒三年。……"中篇讲的是禁止诸户占田过限和盗种公私田的法律。下篇讲的是有关家族尊卑的法律。这些都是依仿汉人的制度。汉代"户律"虽然失传,但从居延汉简所记的户口制度看来,劳动力名数和财产的登记制是很完整的。光武的检核田户事件,即根据着户律,所谓"是时天下垦田多不以实,又户口、年纪互有增减"(《后汉书·刘隆传》),度田和"括户"是一件事的两面。因为财产所有(垦田)和劳动力(年纪)都是在法律上有定格的。汉武帝没收土地和没收奴婢是依据法律同时进行的。《后汉书·陈忠传》说:"(户口)亡逃之科,宪兵所急",这突出地说明了劳动力的隶属关系。因此户口的登记和土地等财产的登记,《汉书》记载也很详细,它们都是以"占"律规定的。例如"占租"和流民自占。《昭帝纪》说:"令民得以律占租",师古曰:"占谓自隐,度其实,定其辞也,……今犹谓狱讼之辨曰占。"因此,以律占租,指自报财产和户口的意思。如淳引律例说:"诸当占租者,家长身各以其物占,占不以实,家长不身自书,皆罚金二斤,没入所不自占物及买钱(于)县官。"这当即《唐律》的户婚律的张本。"占"是同时对财产和劳动力而说的,因此,《汉书·宣帝纪》载流民自占八万余口,师古曰："占者谓自隐度其户口而著名籍也。"《后汉书·明帝纪》载流人无名数欲自占，李贤注："无名数谓无文簿也，占谓自归首也。"

这样看来，汉世既以名义上称为自主的良民齐民以至所谓"编户"，作诸种课税的对象，则这样自由民其名而农奴其实的有名数田人，就占了社会劳动力的支配地位。这即马克思指出的，地主阶级的权力不是在于地租折上收入的多寡，而是在于劳动力户口占有的多寡（参看《资本论》，第一卷，页906）。历代皇族的最高地主和身份性的豪族地主之所以为了"户口"的荫附展开斗争，原因即在于此。

第五节　汉代统治阶级的内部矛盾以及与农民的基本的矛盾

我们知道，姓氏与郡望相属，自郡县制以来始著，古代迁国，未必与地望相统一。秦汉土断人户以后，最初郡国与姓氏相属，因了人民迁移，在秦汉二代，全国居民不少虽与原来的郡国分离，但又渐能由血缘关系另在地望上联结起来。中国历史上不可能有一居不迁之家族，势所使然（如落后民族入侵；携族逃亡）。秦汉二代是中国民族大移动的时代，也是中国中世纪的乡村自治体结成的时代。汉人的谱学与乡村自治体的结成相为表里。自六国旧族在反秦战争中树立起地位以来，到了汉代名门望族势力扩大之时，谱学更以专门学问出现，景宋本《世说新语》所保留的人物出身的谱系，大都从汉代讲起。中国封建统治阶级的官僚系统，就是通过了特别的家族组织而产生的，这和中国的农村生产编制的通过了特别的家族组织而产生，在阶级分化上看来是相对应的。从这里我们就涉及汉代身份性地主阶级的背景，也涉及最高地主的最广泛的家长权的背景；从这里也涉及农民家族要求生命权和生活权的斗争。问题的关键，即在于农村公社又在封建体制的建立过程中重新依附于封建制度，而不是如有些人说，在商鞅变法以后就一次地瓦解了。这一问题有待于专门论究。

现在我们分别来考察统治阶级内部的矛盾及其与农民阶级的矛盾。

第一，统治阶级内部矛盾的问题。赵岐《三辅决录》自序说：

"三辅者本雍州之地，世世徙公卿吏二千石及高资者以陪诸陵；五方之俗杂会，非一国之风，……其为士好高尚义，贵于名行，其俗失则趋势进权，惟利是视。"

郑樵《通志》说：

"自隋唐而上，官有簿状，家有谱系，官之选举，必由于簿状，家之婚姻，必由于谱系。历代并有图谱局，置郎令史以掌之。仍用博通古今之儒知撰谱事，凡百官族姓之有家状者，则上之官，为考定详实，藏于秘阁，副在左户。……使贵有常尊，贱有等威者也。……自五季以来，取士不问家世，婚姻不问阀阅，故其书散佚。"

由此看来，汉代论贵贱是以身份资财为标准的。这不但是三辅一地区的现象，远如边郡也由良家子弟逐渐形成豪族。在上几节，我们都着重地指出军事体制和封建财产所有制的关系，这里更应指出，身份体制也是和封建财产所有制有关联的。

《汉书·地理志》说："汉兴，六郡良家子选给羽林期门（师古曰：六郡谓：陇西、天水、定安、北地、上郡、西河也），以材力为官，名将多出焉。……大者封侯卿大夫，小者郎（如淳曰：医、商贾、百工不得与也）。"《文献通考》列举其例，如李广陇西人，以良家子从军；赵充国陇西人，以六郡良家子善骑射补羽林；甘延寿北地人，以良家子善骑射为羽林；冯奉世上党人，以良家子选为郎。

汉代"任子"制度是从氏族制的残余而建立的官僚集团，《汉仪注》说："吏二千石以上，视事满三岁，得任同产若子一人为郎。"董仲舒对策："夫长吏多出于郎中中郎吏二千石子弟，……未必贤也。"宣帝时王吉也上疏说："今使俗吏得任子弟，率多骄骜，不通古今，……宜明选求贤，除任子之令。"西汉任子入仕见于史籍者甚多，以父任者如：苏武以父任为郎,刘向以父任为辇郎,萧育以父任为太子庶子,史丹九男皆以丹任为侍中,汲黯以父任为太子洗马,伏湛以父任为博士弟子,辛庆忌以父任为右校丞,杜延年以三公子补军司空,虎贲诸郎皆父死子代。以兄任者如:霍去病任光为郎,杨恽以忠任为郎。袁盎兄哙任盎为郎中。此外尚有以宗家任者,有以致仕任者。东汉安帝建光元年,更以公卿校尉尚书子弟一人为郎舍人。桓帝延熹中宦官方炽,任及子弟,为官布满州县。东汉任子入仕者,如:桓郁、桓焉、周勰、耿秉、马廖、宋均、黄琼、袁敞、黄琬、臧洪、何休等,史籍列传皆备言之。哀帝所说的"朝夕左右与闻公卿议论"的官吏基尔特,正是任子制的秘诀。《文献通考》说:"任子法始于汉,而其法尤备于唐。……汉唐之以门荫入仕者,皆不由科目与辟召者也。自魏晋以来,始以九品中正为取人之法,而九品所取,大概多以世家为主,所谓'上品无寒门,下品无世族'(刘毅言)。故自魏晋以来,仕者多世家,逮南北分裂,凡三百年,而用人之法多取之世族,如南之王谢,北之崔卢,虽朝代推移,鼎迁物改,犹印然以门地自负,上之人亦缘其门地而用之,故当时南人有'三公之子傲九棘之家,黄散之孙蔑令长之室'之说,北人亦有'以贵袭贵,以贱袭贱'之说。往往其时仕者,或从辟召或举孝廉,虽与两汉无异,而所谓从辟召举孝廉之人,则皆贵胄也,其起自单族匹士而显贵者,盖所罕见。"

秦汉之际,氏族贵族的专政虽然不适合于封建制度(如楚项羽、齐诸田),但是由古代宗族转化为强宗豪族的地主而形成封建政权的支柱,则是顺当的,阶级之变化,实有轨迹可寻。封建制社会,既有这样的特殊性质,我们就不能忽视氏族制残余所影响的封建社会的贵贱之等级。

秦汉社会的六国强宗的地主化,骎骎相演,形成了东汉的地主名门,从以氏族血缘结合为纽带的这样的阶级身份性,产生了封建政权中的累世公卿制度。赵翼《廿二史札记》说:西汉韦平再世宰相,尚属仅见之事,东汉则有历世皆为公者:杨震官太尉,其子秉,秉子赐,赐子彪,四世三公;袁安为司空、司徒,其子敞及京,京子汤,汤子逢,逢弟隗,四世五公。

魏晋门阀之来源,实源于汉代的"以族举贤"、"以阀阅为选"。历代演进,起伏甚远。刘知几说:"周撰《世本》,式辨诸宗,楚置三闾,实掌王族。逮乎晚叶,秦汉谱学尤烦,用之于官,可以品藻士庶,施之于国,可以甄别华夷。自刘曹受命,雍豫为宅,世胄相承,子孙蕃衍。"(《史通·书志篇》)东汉党锢所表现的统治阶级内部的斗争(参看本卷第十章)就是从身份性地主阶级的势力扩大所形成的。

汉代统治阶级内部的矛盾特别表现在皇族和豪族之间的斗争。汉代皇朝对于豪猾之民或强宗豪右,虽然实行"强本抑末"的政策,不论通过徙豪实京师或举豪右大姓的妥协政策,或通过夷族杀戮的残酷法律,而终汉之世的"本"并没有根本"强"起来,虽然利用了酷吏、宦官阉寺和外戚乳母的集团,以保卫皇权,但结果产生皇权的削弱并造成皇权的新威胁,王莽的篡汉,三国豪族势力的代汉,就可以说明问题的所在。

另一方面,秦汉毕竟是中央专制主义的创始的皇朝。马克思说:"中国皇帝通常被称为君父,而他的官僚也就是皇帝对各地方施行父权底支柱。"(参看《马克思恩格斯论中国》,页41)秦代的以吏为师也好,汉代的以师为吏也好,都要取得豪族强宗的支持,特别是西汉景武,东汉章明,更加显明,那些以身份、资财和贿赂进身的官僚们,替汉天子做了不少的支柱性的工作,从制定法律以至创设宗教,都尽了仆妾奴婢的任务。因此,郡国地方的家长权,在一定的时候,是服从于最高的父权的。

第二,基本的阶级矛盾的问题。中国历史从汉代以来,编户之民的生产者是在乡村自治体之下,来依附于名族地主占有的土地或皇权支配的国有的土地,所谓"仅登户口众寡之数"的编户齐民,如上面所述的"客"农,屯垦"部曲",便是通过了家族的血缘及人身隶属关系而组成的。他们对地主提供无偿的劳动部分。张安世家僮七百人,皆有手技工业。武帝时赵过能为代田,过使大农置工巧奴与从事,为作田器。后汉马援在北地役属宾客数百家,为之牧畜,及归洛阳,使宾客屯田上林苑。樊宏父重,课役童隶,开广田土三百余顷,兴起庐舍,陂渠灌注,欲作器物,先种梓漆。凡此农客数百家都是在农业与家庭手工业不可分离的条件之下进行生产。家族组织,集体经营,祖传秘方的技艺,提供了依附农民更受束缚的条件。

汉代宫室的建筑,渠道的开凿,漕运的通穿,屯田的经营,都需要大量劳动者的劳役。更由于这种公共事业的大群劳动组织,反过来又巩固了乡村自治体的基础。特殊的家客式的组织,是和农业与手工业的结合形式相连的。农客的家族血缘,更巩固了农业与手工业相结合的自然经济。"领客"、"宾客"、"宗部"和"部曲",就是以家族的血缘关系作为纽带,而又束缚于土地的。中国劳动力的丰厚源泉,既然以这种家族制为基础,那么我们就知道统治阶级为什么把"孝悌"与"力田"相互关联起来了。然而,正如扬雄《长杨赋》说:"强秦封豕其土,窦窳其民。"温情脉脉的外表,骨子里是农民的身份的奴役或依附。贯穿秦汉的历史,是一幅农民反抗地主阶级的斗争史。在农民暴动的初期阶段,就寻常表现出有"名数"的劳动户口,脱离户籍,成为"流民"而大量逃亡。不管统治阶级怎样在农村"礼三老",表彰淑行,然而农民所要求的却是生活权以及起码的身份权。从墨家家法传留下来的"杀人者死"这一反映民众的普遍言语,连汉高祖都拾起来做了欺骗人民的口号("约法三章"之第一项)。谁都知道,秦汉的法律是残酷的,"族诛"并没有威胁倒农民,招来的反而是起于"闾左"的全族起义。统治阶级利用了农村公社以加强统治权,然而农民也利用了这种组织,动员了广大的群众来推翻了汉代政权。恩格斯论公社有利于农民起义的论断,也适合于中国的历史实际。

第六节　汉代统治阶级支配思想的表现形式

明白了汉代社会的阶级集团的地位和矛盾,我们再进而研究汉代统治阶级的支配思想,这应以武帝的"定于一尊"为完成的形态。为了

全面了解汉代的正宗思想,这里,首先把汉代年号的创义及统治阶级天道天命的宗教思想,列表整理如下:

西汉帝名	改　元	说　明
高帝惠帝文帝	十七年改元曰"后元"。	《史记》言得玉杯,刻曰:"人主延寿",于是天子更始为元年。班固题为"后元",一说十六年日再中,以为吉祥。
景帝	八年曰"中元",十四年曰"后元"。	
武帝	"建元";	师古曰:自古帝王未有年号,始起于此。
	"元光";	臣瓒曰:以长星见,故为元光。
	"元朔";	应劭曰:朔,苏也,言万民品物大繁息也。师古曰:朔,犹始也,言更为初始也。
	"元狩";	冬十月获白麟,应瑞改元。赵翼云:正式改元,自此始。
	"元鼎";	夏五月得宝鼎,应瑞改元。
	"元封";	始封泰山,故改元。诏曰:"朕以眇身承至尊,兢兢焉惟德菲薄,不明于礼乐,故用事八神(天主、地主、兵主、阴主、阳主、日主、月主、四时主),遭天地况施(言天地神灵乃赐我瑞应),著见景象,屑然如有闻;震于怪物,欲止不敢,遂登封泰山,……与士大夫更始。"
	"太初";	初用夏正,以正月为岁首。
	"天汉";	应劭曰:时频年苦旱,故改元为天汉,以祈甘雨。师古引《云汉》诗意,以周宣王遇旱修德致雨为证。
	"太始";	应劭曰:言荡涤天下,与民更始。
	"征和"(汉简作延和);	应劭曰:言征服四夷,而天下和平。此说似有疑,自天汉已有内乱,和之义不仅对外而已。
	"后元"(五十四年,改元十一次)。	沿文景故事,复为后元。
昭帝	"始元";	更始之义。

西汉帝名	改　元	说　明
宣帝	"元凤"；	《汉书》云："七月乙亥晦，日有蚀之，既八月，改始元为元凤。"应劭曰：始元三年凤皇集东海，于是以冠元焉。
	"元平"（十三年，改元三次）。	似与民休息之义，时有流星西行。
	"本始"；	诏曰："谨牧养民而风德化。"亦与民更始之义。
	"地节"；	崩应劭曰："以先者地震山水出，于是改元曰地节，欲令地得其节。"
	"元康"；	诏曰："朕未能章先帝休烈，协宁百姓，承天顺地，调序四时，获蒙嘉瑞，赐兹祉福。"元康者盖祈天赐瑞，神人交畅之义。
	"神爵"；	元康四年，神爵（雀）五采以万数，集于长乐宫，以瑞应改元。
	"五凤"；	神爵四年，凤皇五至，因以改元。
	"甘露"；	诏曰："迺者凤皇甘露降集"，祯祥之应。
	"黄龙"（二十五年，改元七次）。	《汉注》云：此年二月，黄龙见广汉郡。
元帝	"初元"；	诏曰："阴阳不调，黎民饥寒，无以保治。"初元亦与民更始之义。
	"永光"；	上年诏曰："元元失望，上感皇天，阴阳为变。"本年诏曰："今不治者，咎在朕之不明。"永光盖与民更光之谓。
	"建昭"；	上年"颍川水出，流杀人民"，本年"白蛾群飞蔽日"，建昭自新。
	"竟宁"（十六年，改元四次）。	边事告宁，诏曰："边陲长无兵革之事，其改元为竟宁。"
成帝	"建始"；	诏曰："火灾降于祖庙，有星孛于东方，始正而亏，咎孰大焉！……其大赦天下，使得自新。"
	"河平"；	诏曰："河决东郡，流漂二州，……隄塞辄平，其改元为河平。"
	"鸿嘉"；	诏曰："阴阳错谬，寒暑失序，日月不光，百姓蒙辜"，因以鸿嘉祈天佑嘉应也。
	"永始"；	诏有改过自新，令天下毋有动摇之心，又谓重新作起。

西汉帝名	改　元	说　明
哀帝	"元延"； "绥和"（二十六年，改元六次）。	日蚀星陨，无云有雷，谪见于天，大异重仍。 诏曰："德不能绥理宇内，百姓怨望者众，不蒙天祐。"
	"建平"；	日月亡光，五星失行，郡国比比动地，此天翻地覆之世，因号建平。
	"太初"（改而复废）；	有方士谶语，汉将中衰，当再授命。诏曰："基事之元命，必与天下自新，其以建平二年为太初元年，号曰陈圣刘太平皇帝"，后因未获嘉应，又悔违经背古，取消前诏。
	"元寿"（六年，改元三次）。	诏有安民延祚之义，以阴阳不调，元元不赡为虑。
平帝	"元始"（五年，未及改元）。	诏曰："与天下更始，诚欲令百姓改行絜己，全其性命也。"
东汉帝名		
光武	"建武"；	符曰：刘秀发兵捕不道，四夷云集龙斗野，四七之际火为主。群臣奏曰：受命之符，人应为大。皇天大命，不可稽留，敢不敬承，于是建元为建武。
	"中元"（三十二年，末二年始改元）。	仿文景故事，仅二年。
明帝	"永平"（十八年，未再改元）。	永保中兴之祚。
章帝	"建初"； "元和"；	"灾异仍见，与政相应"，就业更始之谓。 京师及郡国螟，诏曰："朕道化不德，吏政失和，元元未谕，抵罪于下，寇贼争心不息，边野邑屋不修。……中心悠悠，将何以寄？其改建初九年为元和元年。"
	"章和"（十二年，改元三次）。	诏谓有瑞应，因改元章和。
和帝	"永元"； "元兴"（十七年，改元二次）。	外患为虑，"其案旧典，告类荐功，以章休烈。" "大赦天下，改元元兴，宗室以罪绝者，悉复属籍。"每有灾异，辄延问公卿，极言得失，前后符瑞八十一。

东汉帝名	改　元	说　明
殇帝	"延平"（一年）。	天降灾戾,应政而至,祈普遍嘉瑞降临。
安帝	"永初";	灾异袭至,"其务思变复,以助不逮。"
	"元初";	大风蝗虫地震日食,"正月甲子改元元初。"
	"永宁";	天灾不减,加以民变。立皇太子改元永宁。按永宁仅一年。
	"建光";	雨风水震灾异甚多。惟鲜卑降。三公备陈灾异得失,因改元。仅一年。
	"延光"（十六年,改元五次）。	以灾异更甚,因改元。
顺帝	"永建";	"奸慝缘间,人庶怨讟,上干和气,疫疠为灾,朕奉承大业,……与人更始。"
	"阳嘉";	"政失厥和,阴阳隔并,冬鲜宿雪,春无澍雨,分祷祈请,靡神不禜。"
	"永和";	"朕秉政不明,灾眚屡臻,典籍所忌,震食为重。今日变方远,地摇京师,咎征不虚,必有所应。……改元永和。"
	"汉安";	春正月癸巳宗祀明堂,改元汉安。
	"建康"（十八年,改元五次）。	地震百八十次,扬徐盗贼攻烧城寺,杀略吏民。因之改元。
冲帝	"永嘉"（一年）。（汉碑作"永熹"。）	群盗蜂起,祈降嘉瑞。
质帝	"本初"（一年）。	群盗更炽,诏曰："瑞以和降,异因逆感",敬始为要。
桓帝	"建和";	"雨泽不沾,密云复散",盗仍炽,祈降休祥。
	"和平";	"朕摄政失中,灾眚连仍,三光不明,阴阳错序","四方盗窃颇有未静,故假延临政,以须安谧。"
	"元嘉";	京师疾疫,改元元嘉。
	"永兴";	白鹿见,幸鸿池,因而改元。
	"永寿";	灾异饥馑,民变并至,大赦天下,改元永寿。
	"延熹";	日有蚀之,京师蝗,改元延熹。
	"永康"（三十年,改元七次）。	京师及上党地裂,庐江贼起。以天时咎征,悉除党锢,改元永康。
灵帝	"建宁";	童谣怨望,天下不安。
	"熹平";	灾异并袭,济南贼起。改元熹平。

东汉帝名	改 元	说 明
	"光和";	灾异续降,内乱外患甚殷,置鸿都门学生,改元光和。
	"中平"(二十年,改元四次)。	黄巾起义,远近响应。大赦天下,改元中平。
皇子辩	"光熹","昭宁","永汉"。	中平六年,灵帝崩,皇子辩即位,一年三易元,当年董卓废帝为弘农王。
献帝	"初平";	割据之局已成,董卓专政,义似安内。
	"兴平";	因灾异改元。
	"建安"(三十一年,改元三次)。	郊祀上帝于安邑,改元建安。

上表是汉代从武帝以来七十五次改元的大略。我们再由上表所表现的内容,说明如下:

(一)封建制之完成,以武帝的"法度"为代表,改元之制,严格讲来也始自武帝,这里就集中表现了正宗儒学"经义断事"的统治意识。按改元等大事的诏命多出尚书之手,比之于北斗,称为天之喉舌,间亦有天子自作而为儒臣润色的(参看《廿二史札记》卷四)。

(二)汉代的鬼神世界观,是封建社会宗教的颠倒意识。凡鬼神世界必须有迷信的信仰,而信仰之表现为教条,主要为祸福的形式,汉代年号就是这种形式(参看上书卷二,《汉儒言灾异》、《汉重日食》二条)。

(三)统计七十五次年号,"元"字有二十个,"初""始"二字有十四个,"永"字有十二个,"建"字有十二个,"和""平"二字有十六个,"安""康""宁"三字有八个,"光"字有四个,"嘉"字有四个,其余"寿""熹""兴""汉"诸字次之。这些语汇,都好像是在五经中有根据的,三公博士要用千言万言,训诂得成为名号,条陈得失,以符征验。

(四)凡目的论的迷信教条,都以意志神为依据,但到了不合目的之时,结果与目的相背,怎样办呢?于是汉代年号,大量出现"元"、

"始"、"初"等字,所谓"与民更始",就是说从头重来一次,不合目的者不算了,更始就要都合目的了,然而一次一次的更始,无异于一次一次的讽刺,越到后来改元越频仍,甚至一年中三次更始,使上帝的意志也慌忙得不亦乐乎。这样,说明了一个矛盾,即目的论的主观形式与非目的的客观形势,发生背离,且越到末世表现得越发厉害起来。

(五)经常十几个字,反复排列,所谓"更始",就是形式上的教条在主观意识中的简单的循环,好像来复日的周而复始,更始并非新的,而是最旧的重降,在这世界,所谓"太阳下面没有新事物"了。

(六)但从年号的顺序里,也可以发现封建制的规律,即形式的教条不形成则已,一形成反而是全无内容。例如"初始"一出现,不但表示出没有初始,而且感觉到寿终末日;"和平"一出现,不但表示出没有和平,而且大受农民暴动的威胁,故在客观的现实历史上看来,年号教条的形式与内容是成反比例的。始就是终,和就是乱,寿就是夭,建就是破,嘉就是妖,光就是晦。这就叫做中世纪的愚昧黑暗。

从上面的分析看来,建元既然是从汉武帝法典化了的封建制度,那么就容易看出统治阶级的意识形态通过这种政治法律制度所折射出的性质。如果我们把它和本书讲的《白虎通义》宗教法典联系起来看,就明白封建制的性质在哪里,这即马克思说的,封建制社会的思想是以道德名誉为代表形态,而不同于资本主义时代的思想是以自由平等为代表形态。建元年号就集中地表现出统治阶级的道德名誉的形式。这是封建意识通过上层建筑的折射而表现出的典型例子。

从汉武帝以来,这种制度便成了中国封建制社会二千多年的固定形式,历代帝王循而不改。不但如此,这几十个道德名誉以至宗教的字样,反来复去地在后代再版,其再版的形式,还不仅是两个字的换位,而且是前代年号的抄袭,例如"建武",从东汉以至齐明帝有六次再版,晋朝就有两次(惠帝、元帝);又例如"永兴",从东汉以至北魏,有六次再版,而北魏就有两次;其他如"建兴"七次,"建元"五次,"建平"六次,"建初"四次,繁不列举。统计从汉武帝以至清末,年号重出者有119

个，而用此 119 个年号的帝王有 310 次。这也说明一件可注意的事实，即汉武帝的封建法度是后代的范例，从这里也可以看出一些汉代社会性质的消息来。

从汉武帝以来，各代建元有七百五十余次（除了所谓僭窃等年号四百余次），虽然到了元、明以后，改元次数减少，但改元制度则是一贯的，所用的名称大都不离汉代的形式，大都限在有数的几十个道德名誉的字样上面。除了例外的少数年号引用佛教（如贞观）和道教（如太平真君）的形式教条，一般的年号大都采用经书特别是纬书的形式。后代"天"字与"神"字出现不少，这是神权的宗教形式，以与皇权父权的大量的道德形式相结合。总之，建元年号是统治阶级的支配思想的集中表现，它是从汉代法典化的，后代封建制，"建"来"建"去，大都因袭着这个传统制度。

我们看了三公博士们援引经义所制成的年号，就可以了解汉代以来宗教的支配思想了。这种支配思想是从秦设博士官开始的。所谓谶纬神学也是从秦代才出现的（参看《秦会要·图谶》）。这种为统治阶级服务的思想家，在汉代叫做"儒林"人物。

汉高祖十一年诏："今吾以天之灵、贤士大夫，定有天下，以为一家，欲其长久世世奉宗庙亡绝也。贤人已与我共平之矣，而不与吾共安利之可乎？贤士大夫有肯从我游者，吾能尊显之。"文帝二年诏举贤良方正，十五年诏诸侯王公卿郡守举贤良能直言极谏者。武帝元朔元年诏令州郡举茂材孝廉，制分四科：一曰德行高妙，志节清白，二曰学通行修，经中博士，三曰明习法令，足以决疑，按章复问，文中御史，四曰刚毅多略，遭事不惑，明足决断，材任三辅县令。

武帝置博士弟子员。太史公讥刺说："自此以来，则公卿大夫士吏斌斌多文学之士矣。"班固赞道："自武帝立五经博士，开弟子员，设科射策，劝以官禄，讫于元始，百有余年，传业者浸盛，枝叶蕃滋，一经说至百余万言，大师众至千余人，盖禄利之路然也。"范晔论："荣路既广，觖望难裁，自是窃名伪服，浸以流竞，权门贵仕，请谒繁兴。"《文献通考》

第一章 汉代社会与汉代思想

说："武帝时,侍中分掌乘舆服物下至亵器虎子之属。孔安国以儒者为侍中,特听掌御唾壶,则其媟慢已甚。……人主亲士大夫之时少,亲宦官宫妾之时多,虽辅弼股肱之臣,亦不过质明趋朝,鞠躬屏息,擂笏奏事,卑卑而前,数语即退。"这种"儒林"的思想倾向,早已由太史公所谓待儒如"以俳优蓄之"所规定了。武帝如此,及至东汉,更每况愈下了。

汉代选士,是依据身份或财产为标准的。景帝诏:"其唯廉士寡欲易足,今訾算十以上乃得官,廉士算不必众,有市籍不得官,无訾又不得官,朕甚愍之。訾算四得官,亡令廉士久失职,贪夫长利。"可见必须先是富有的豪族始能得官。董仲舒所谓选郎吏又以富资,未必贤也。

顾亭林说:"汉自孝武表章六经之后,师儒虽盛,而大义未明。"(《日知录》卷十三)我们不要相信官吏嘴里说的所谓堂皇的求贤良的标准,如文学高第、孝弟行义等,因为礼贤之道是要有身份和财产的限制,甚至公然鬻卖,就说明了封建制的道德名誉的内容。制度是属于大多数的范围,一二出类拔萃者是制度的例外。故从县乡亭来的贤良方正也好,博士弟子也好,孝廉茂材也好,我们敢说基本上是地主阶级的代表者,和帝诏所谓"科别行能,必由乡曲"。《后汉书·第五伦传》说:

"蜀地肥饶,人吏富实,椽史家赀,多至千万。皆鲜车怒马,以财货自达。伦悉简其丰赡者遣还之,更选孤贫志行之人。"

汉代之郡国选举和赐三老孝弟力田爵,同时并行,这是农村经济出发点反映于政治统治的必然结果。汉代列帝下诏举士,不下四十次,其次数与诏赐三老的次数相埒。举士的名目是繁多的,西汉文帝以来之标榜普通为"贤良能直言极谏者",其他如武帝之"明当世之务,习先圣之术",昭宣之"文学高第",宣帝之"孝弟有行义,闻于乡里","厥身修正,通文学,明于先圣之术,宣究其义","茂材异伦之士",元帝之"明阴阳灾异","茂材特立之士",成帝之"淳厚有行,能直言之士","可充博士位者","淳朴逊让,有行义者","勇猛知兵法",哀帝之"孝弟淳厚,能直言,通政事,延于侧陋,可亲民者","明兵法有大虑者",平帝之"淳厚能直言","勇武有节,明兵法者",东汉光武之"贤良方正",章帝之

— 43 —

"孝行为首",安帝之"有道之士","滍厚质直","有道术,明习灾异阴阳之度、璇玑之数",顺帝之"武猛堪将帅",桓帝之"至孝笃行",灵帝之"有道之士"。

选举明灾异阴阳之士,皆在两汉之末,这是面对着农民暴动而自我欺骗的反映。选举武功之士,也在季世,这是统治阶级的"安内"政策的必需措施。至于选举的主要的名目之所以是乡里闻名的明先圣之术,这是因为中世纪以道德名誉为支配意识的典型。在这样的名目的背后,却是另一种历史现实,例如武帝已经在求贤诏中说:"后世之干荐举者,皆巧于奔竞之人。故法之相反如此,……士之不自重,深可叹也!"章帝诏说:"乡举里选,必累功劳,今刺史守相,不明真伪,茂材孝廉,岁以百数,既非能显而当授之政事,甚无谓也。"甚至,章帝深纳韦彪之议,指破了"纯以阀阅"为选的身份性的阶级制度。安帝诏说:"所对皆循尚浮言,无卓尔异闻"。左雄则直接说:"谓杀害不辜为威风,聚敛整办为贤能,以理己安民为劣弱,以奉法循理为不化",这都说明,乡里豪绅高第阀阅,支配了汉代统治阶级的学术世界。徐幹《中论》说:"勤远以自旌,托之乎疾固;广求以合众,托之乎仁爱;枉直以取举,托之乎随时;屈道以弭谤,托之乎畏爱;多识流俗之故,粗诵诗书之文,托之乎博文;饰非而言好,无伦而辞察,托之乎通理;居必人才,游必帝都,托之乎观风。……苟可以收名而不必获实,则不去也,可以获实而不必收名,则不居也。"(《考伪》)

贤良方正以阀阅为选,已开后代九品中正制度的先河。自武帝从董仲舒之议以来,汉代就注意了通六艺教条的六国高第而知古代文学掌故的人物。因此,在汉代形成了知识界的基尔特制,班固所谓"百余年传业者浸盛,枝叶蕃滋,大师众至千余人"。及至汉末,王符更说,举士"以族为德,以位为贤","贡荐则以阀阅为前"。然而又如徐幹所论,"依先王,称诗书,将何益哉"。

汉代博士弟子与贤良文学的经学家法,最后是以宗教国教化的形式出现,《文献通考》总评说:

"太公曰:鸿都门,汉宫门也,……学乃天下公,而以为人主私,可乎? 是以士君子之欲与为列者,则以为耻,公卿州郡之举辟也,必敕书强之。……在昔明帝之朝幸辟雍,说讲白虎观,称制临决也,先儒戴氏论曰:天下是非,析于理不析于势,君子论学,无庸于挟贵也;天子之尊,群臣承望不及,是是非非,岂能尽断于天下之理乎? ……章帝患五经同异,博集诸儒,会议白虎观,天子称制临决,去圣久远,六经残阙,诸儒论难,前后异说,而欲以天子之尊,临定是非于一言之间,难矣哉! 鸿都之兴,蔡邕言之,……彼灵帝之童心稚识,何足语此? ……按:灵帝之鸿都门学,即西都孝武时待诏金马门之比也。然武帝时,虽文学如司马迁、相如、枚皋、东方朔辈,亦俱以俳优畜之,固未尝任以要职。而灵帝时鸿都门学之士,至有封侯赐爵者,士君子皆耻与为列。……其在学授业者,至争第相更告讼,无复廉耻。且当时在仕路者,上自公卿,下至孝廉茂材,皆西园谐价献修官钱之人矣,于鸿都学士乎何诛!"(卷四十)

从武帝,经过宣帝、章帝,以至灵帝,金马门、石渠阁、白虎观、鸿都门,"服方领,习矩步者,委蛇乎其中",这是活埋人性的中古道院的尊严所在,形式上比秦始皇之焚书坑儒自然高明,而黑暗的内容,则有过之无不及。(金马、鸿都,稍不同于石渠、白虎,说见本卷第十章清议思想。)

懂得了上面所说的汉代士大夫的出身以及汉代的儒学政策,我们就容易了解两汉的正宗思想了。

第一,良家子弟之于六艺"尔雅",犹之乎西洋经院学者之于古希腊、拉丁教条,由秘传师法家法的特殊基尔特制,所谓"祖传秘记,为汉家用",经过秘藏文献(间可私藏)的研究对象,形成了中国中世纪的经学的笺注主义。《中论》评儒学之训诂章句,"无异乎女史诵诗,内竖传令,使学者劳思考而不知道,费日月而无成功"。《艺文志》评:"幼童而守一艺,白首而后能言,安其所习,毁所不见,终以自蔽。"

第二,汉代的正宗思想已经走向神秘的宗教的领域,尤其因了农民起义,阴阳谶纬的神学就表现为汉代统治阶级的精神麻醉剂。复古与伪造笼罩住汉人的逻辑思考,这一原因归结于:中世纪社会挽救古代劳动力的危机,使广漠的农村经济发展起来,而粗野的农村编制以及意识生产,却不能有崭新的人类出现(由奴隶到农奴,其解放的程度谓之"半"自由人,"半"字在人类性质上之意义是有限的,未可与古代由氏族成员到"作新民",或与近代由农民到自由工资劳动者,所发生的新阶级性能,相提并论),因之意识上不但不会脱离古代世界的范畴,反而更要依赖于古代形式,以适合于中世纪的内容,这就是"明先圣之术"的儒学神学所以产生的历史条件,而笺注古书的经学更使学术走入了烦琐形式主义的路径。所谓汉人复古,是以春秋缙绅先生的行帮为目标,汉儒之首重《春秋》师法,正是畴人世官的重演,然而要知道,第一次的出现是悲剧,第二次的重演是喜剧。至魏晋之重演老、庄,宋、明之重演思、孟,另在下面各卷详论。

第三,由豪门阀阅的家学演化而为特殊的弟子传授制度,尤其东汉,这一带有古代世族残余的齐学、鲁学、韩学等师承关系,渐渐形成了思想的基尔特式的封闭。第一阶段,即在西汉封建文化的初期,为统治阶级服务的思想家是由齐、鲁等大族子弟而来,这与强宗固本的政策相应;第二阶段,他们是由东汉近儒而来(《廿二史札记·东汉功臣多近儒》),这又与名门地主的发展相应。

这种特殊的名族基尔特制,即所谓"累世经学"。赵翼说:"古人习一业,累世相传,数十百年不坠,盖良冶之子必学为裘,良弓之子必家为箕,所谓世业也。工艺且然,况于家士大夫之术业乎!"(《廿二史札记》)

所谓"累世经学"是由西汉的复古而形成的,其思想是以世族师儒的春秋缙绅制的复古为基础,在家族的家学秘传之中,春秋的形式教条的经学(六艺),便成为儒者专门的功业。用武帝的话讲来,即所谓"具以春秋对";以晋人的话讲来,如刘伶说:"有贵介公子,缙绅处士,闻吾风声,议其所以,乃奋袂攘襟,怒目切齿,陈说礼法,是非锋起。"古形式到汉形式,是一套死灵魂,但前者为悲剧历史,后者为喜剧历史(如五德终始,三统三正之说)。

　　高门大族的家学,由西汉到东汉,逐渐形成名门朋党籍以反对皇族的工具,经过汉末统治阶级内部的斗争,家学转向,到了魏、晋的门阀士族,才形成了复古于《老》、《庄》、《易》的玄学,晋范宁所谓"缙绅之徒,翻然改辙"。但推求这样变化的渊源,应从朋比标榜,乡党品题讲起,《中论》所谓"讲偶时之说,结比周之党,更相叹扬,迭为表里。"这种家族的知识基尔特,更有如下面的授徒制度。前汉如疏广,家居教授,学者自远方来;吴章弟子千余。后汉更盛,诸儒弟子多至数千,例不胜举,如杨厚门下三千余人,曹褒诸生千余人,郑玄弟子数千人,魏应弟子数千人,楼望诸人著录九千余人,《儒林列传》赞:"耆名高义,开门受徒者编牒不下万人。"这样的门徒势力,在相互之间,党同伐异,标榜品题。他们的活动反映了豪族名门势力的强大,表现出对最高统治者发生离心的倾向,"桓、灵之间,君道秕僻,朝纲日陵,国隙屡起。自中智以下,靡不审其崩离。"(《后汉书·儒林列传》)。到了党锢之祸,清议遭禁,遂埋伏下魏晋清谈的根苗,即从"清议"转化而为"清谈"。

　　第四,学术与秩禄的不可分离,是汉代正宗思想的特点。这是武帝根据罢黜百家、定于一尊的原则,对于合法思想所制订的"法度"。博士官之争立,表面上是为了正宗思想的法度化,而其里面,却包含着博士们官禄荣利的捷径,班固所谓"大师众至千余人,盖禄利之路然也"。《盐铁论》大夫之言,颇把博士弟子贤良文学的思想倾向,说得卑鄙可怜。创始者要归于叔孙通其人。我们知道,封建制之下的利禄,是超经济关系的,在这里没有等价交换的平等报酬关系,因而正宗思想家也就易于通过等级身份的政治地位,依据颠倒的意识而援引谶纬神学,这是经今古文学所同具有的性质。

　　第五,从秦汉起,中央专制主义的政权建立起来,通过家长制的父权的折射,必然要建树起国教化的神学系统,因此,五德三统的神权说,图谶纬候的宗教说,都为"王霸道杂之"的绝对王权作了精神统治的武器。尤其因了氏族制的残余,使三代的神秘符咒,渗透于精神的血液,形成儒家是往古而非当世的一套理论,并为后世玄学理学打下牢不可破的基础。后世三代"传心"的精神实际上是血统延续的意识证件。

然而，唯心主义和唯物主义、有神论和无神论的斗争，通过汉代是有一条线贯串着的。我们约可分做三期，第一期唯物主义者以司马迁为代表，出现于汉代农民初期起义之后；第二期以桓谭、王充等为代表，都出现于西汉末农民大起义之后；第三期以仲长统为代表，出现于东汉农民暴动即起之际。他们程度不等地暴白了封建制度的矛盾，并和唯心主义有神论展开激烈的斗争。正当他们剥夺神圣的宗教光轮的同时，统治阶级也针对了他们的批判，更翻出花样来，以维持宗教的神圣性；同时也把他们看成"奸人惑众，挟左道"（《郊祀志》）的邪说，甚至用重法对付"异端"，"不知而向之，是背经术、惑左道也，皆在大辟。"（《杜延年传》）

第一期自武帝立五经博士开弟子员设科对策起，至宣帝甘露间诏诸儒会石渠阁，讲五经同异，帝亲称制临决（《宣帝纪》、《儒林列传》都说到诸儒"论于石渠"），首创了宗教会议。第二期自光武置十四博士至章帝下太常将大夫博士议郎郎官及诸生诸儒会白虎观，讲议五经同异，称制临决（《章帝纪》、《儒林列传》详言会圜桥门而观者亿万人），完成了宗教会议。第三期自本初元年太学增盛至三万人，至灵帝定正五经文字，刻石立于太学门外，以取正而不杂异，并仿石渠、白虎故事，置鸿都门学士（《儒林列传·蔡邕传》奏条之五），这都是正宗思想的法典化并神圣化的划期表现，也是东方的中世纪寺院的具体形式。（鸿都门稍不同于石渠、白虎）

如果我们从代表思想来说明，第一期是董仲舒与司马迁的对立，第二期是《白虎通义》与《论衡》的"两刃相割"，第三期是鸿都门学士和王符、仲长统的斗争。唯心主义和唯物主义刻着统治阶级和被统治阶级的烙印，他们之间的斗争反映着封建制社会的阶级矛盾。

第 二 章

汉初百家子学的余绪及其庸俗化的倾向

第一节　汉初诸子学说的变质概说

汉初自高帝以至景帝，一方面儒学渐向正统的路上发展，另一方面古代诸子之学的传统还存在着余绪，而在内容上显示出变质的改造。这一期间，是汉代思想的前奏阶段。经过秦皇焚书，楚项焦土，正统经学的建立并不是立刻可以成为定局的，这中间需要一个斗争和酝酿的时期。

武帝元封时代，罢黜百家，"法度"确立，合法思想与异端思想才明显地对立起来。在这划期时代的代表人物，正统方面为董仲舒，而异端方面为司马迁。由这时起到宣帝的石渠阁称制临决，"惑者既失精微，而辟者又随时抑扬，违离道本，苟以哗众取宠，后进循之，是以五经乖析，儒学浸衰"（《汉书·艺文志》）。所谓经学正表现出神学化庸俗化的特征。另一方面，异端思想虽遭受统治阶级的抑制，但它针对作为"贫困的表现"的宗教，提出了对"贫困的反抗"的反宗教思想，表现出对以宗教为芬芳的世界意识的斗争，而斗争是在"两刃相割，二论相订"（王充语）的倾向中发展起来的。

汉初百家之学，除名、墨未见代表思想的人物以外，各家还有相对的势力，尤其是道、法、阴阳、纵横家言，尚相对的显于汉廷与郡国之间。当时王国势力的强大也在客观上促进了子学的活跃。

一、关于道家：

"（曹参）闻胶西有盖公，善治黄老言，使人厚币请之。既见盖公，盖公为言治道，贵清静而民自定。……参治要用黄老术，故相齐九年，齐国安集，大称贤相。"（《史记》卷五四）

"太史公曰：陈丞相平少时本好黄帝、老子之术。"（《史记》卷五六）

"田叔喜剑，学黄老术于乐巨公所。"（《史记》卷一〇四）

"其（邓公）子章，以修黄老言，显于诸公间。"（《史记》卷一〇一）

"王生者，善为黄老言，处士也。"（《史记》卷一〇二）

"不疑学老子言，其所临为官如故，唯恐人知其为吏迹也，不好立名称，称为长者。"（《史记》卷一〇三）

"黯学黄老之言，治官理民，好清洁，……其治责大指而已，不苛小。黯多病，卧闺阁内不出，岁余，东海大治。……治务在无为而已。"（《史记》卷一二〇）

"窦太后好黄帝、老子言，帝及太子诸窦不得不读黄帝、老子，尊其术。"（《史记》卷四九，按窦太后好黄老言，并见于《史记》者其例甚多，兹不具引。）

"（楚元王曾孙）德，少修黄老术。……德常持老子知足之计。"（《汉书》卷三六）

二、关于阴阳家：

淮南王刘安的《鸿烈集》，本阴阳家言者重出互见，详见下节。《汉书·五行志》说：

"孝武时，夏侯始昌通五经，善推五行传，以传族子夏侯胜，下及许商,皆以教所贤弟子。"

"景武之世,董仲舒治《公羊春秋》,始推阴阳,为儒者宗。"(按汉儒学与阴阳学已经融合,纯阴阳家言不显。)

三、关于法家:

"孝文帝本好刑名之言。……及窦太后崩,武安侯田蚡为丞相,绌黄老刑名百家之言。"(《史记》卷一二一)

"晁错……学申、商刑名于轵、张恢先所。……错为人陗直刻深。"(《史记》卷一〇一)

"丞相绾奏所举贤良,或治申、商、韩非、苏秦、张仪之言,乱国政,请皆罢,奏可。"(《汉书·武帝纪》,按武帝,史称他内阴忌而外好施仁义,又称好以法驭下,故绌刑名乃是表面文章。)

"杜周曰:'前主所是著为律,后主所是疏为令,当时为是,何古之法乎?'"(《汉书》卷六〇,按宣帝言汉朝以霸王道杂之,非效周制,故自萧何创律以来,刑名之术甚著。)

四、关于纵横家:

《战国策》原名"长短术",《史记·酷吏列传》云通学长短,《汉书·张汤传》作短长。据罗根泽考,《战国策》即成于蒯通之手。汉楚争天下,纵横之士的活动也很明显。

"郦生因言六国纵横。"(《史记》卷九七)

"陆贾以客从高祖定天下,名为有口辩士。"(《史记》卷九七)

"蒯通论战国时说士权变,亦自序其说,凡八十一首,号曰'隽永'。"(《汉书》卷四五,按班赞通,一说而丧三隽,实在是一个大纵横家。)

纵横家到了武帝时,在他的法度之下已经衰微,武帝对严助说:"具以春秋对,毋以苏秦纵横"。纵横和刑名颇不同其命运,《汉书》卷五五卫青说:"自魏其、武安之厚宾客,天子(武帝)常切齿。"故自汉武帝以后,游说之士渐息。

汉代的学术复古,是以春秋缙绅先生的儒术为中心,统治阶级的思想是以《春秋》之学为模范，武帝所谓"具以《春秋》对"，即他的法度的特质。我们可以这样说，汉代在初期与末期，都借重老庄，初期试求复古于老庄，以与儒学相抗，末期再试求复古于老庄，以代替儒学，然都没有成为支配势力。故通观汉代，儒学的经学笺注是"宣明旧艺"的代表思潮。

然而诸子百家之学到了汉代还可以分成两个倾向来说明。

第一，在子学传统衰微的时代，对于战国百家的述评，颇具有总结的作风，或者用进步的历史观点探求其师承流变，或者以综合者自居企求汇萃诸子于一炉。前者如司马谈父子的《六家要指》，如刘向父子的《诸子要略》，后者如杂家《淮南鸿烈集》（应当从秦代《吕氏春秋》作始），它"出入儒墨名法"，即《史通》所谓"牢笼天地，博极古今"，《黄氏日抄》所谓"会粹诸子，旁搜异闻，……足以骇人耳目者，无不森然罗列其间"。《淮南要略》说："若刘氏之书（高诱注：淮南王自谓也），观天地之象，通古今之事，权事而立制，度形而施宜。原道之心，合三王之风，以储与扈冶。玄眇之中，精摇靡览，弃其畛挈，斟其淑静，以统天下，理万物，应变化，通殊类，非循一迹之路，守一隅之指，拘系牵连之物，而不与世推移也。故置之寻常而不塞，布之天下而不窕。"

第二，在子学传统衰微时代，对于诸子余绪，与其说是继承，毋宁说是改变它们的思想材料，把其中一家扩大变质，作为理论斗争的武器，而遂自己的学术目的，或者托一家为重言以保留百家，或者想建立这一尊以绌别一尊，或者肿胀膨大一家之说以反对他家之说。如司马谈的《六家要指》崇尚道家，便是以道家虚因之术，反对汉武帝法度的一统。如窦太后好黄老之术，即有以道家试求统一百家之意图，和当时欲以儒家统一百家者相抗，《史记·田蚡列传》说：

"窦太后好黄老之言，而魏其、武安、赵绾、王臧等，务隆推儒术，贬道家言，是以窦太后滋不说魏其等。……乃罢逐赵绾、王臧等，……魏其、武安由此以侯家居。"

《汉书·儒林列传》也说：

"叔孙通作汉礼仪，……然尚有干戈平定四海，亦未遑庠序之事也。孝惠、高后时，公卿皆武力功臣，孝文时颇登用，然孝文本好刑名之言，及至孝景不任儒，窦太后又好黄老术，故诸博士具官待问，未有进者。……及窦太后崩，武安君田蚡为丞相，黜黄老刑名百家之言，延文学儒者以百数。而公孙弘以治春秋为丞相封侯，天下学士靡然乡风矣。"

所以，儒道互绌是汉初统治阶级内部的一个重要斗争，这里面包括了儒道皆欲在统一百家的趋势中各显身手，一直到武帝推恩削藩，诸侯王势力下降，独尊儒术的局面相应确立，才结束了这一合法思想的争论。太史公说："世之学老子者，则绌儒学，儒学亦绌老子，道不同，不相为谋，岂谓是耶？"学者只知秦始皇焚书与汉武帝尊儒，而不知秦汉之际还有一段定于一尊的互绌争霸阶段。

历史还不止这样的简单。在这一互绌的意识形态背后，更有统治阶级的政权的争夺。不少外戚、郡国王是以道绌儒，代表者为窦氏与淮南王，而皇室则是以儒绌道，集其成者为武帝。窦太后罢主儒术者，儒术之士又上绌黄老之议，其间政权的争夺显然是以儒道互绌来标榜，这在《史记·汉书》都有详记。又《史记·儒林列传》表面上讲汉代儒林博士，而实际上则已说出这一斗争。"儒林"之名起于汉初，《史记正义》引姚承说，"儒林，谓博士为儒雅之林，综理古文，宣明旧艺"，这是和百家对立的名词。上引《汉书》言儒道的互绌情势，即取材于《史记·儒林列传》叙文，在《鲁诗》博士申公传里复说：

"天子(武帝)以(申公)为太中大夫。舍鲁邸，议明堂事。太皇窦太后好老子言，不说儒术，得赵绾、王臧之过以让上，上因废明堂事，尽下赵绾、王臧吏，后皆自杀，申公亦疾免以归。"

在《齐诗》辕固生传里，首言固与黄生辩汤武受命是否为弒，景帝似无成见。后面即说：

"窦太后好《老子》书，召辕固生问《老子》书，固曰：'此是家人言耳。'太后怒曰：'安得司空城旦书乎！'乃使固入圈刺豕。景帝知太后怒,而固直言无罪,乃假固利兵,下圈刺豕,……豕应手而倒。太后默然,无以复罪,罢之。……今上(武帝)初即位,复以贤良征固。"

从这里可以知道,在汉初文、景、武三世,儒道争霸相当厉害,尤其通过了政权的争夺,更加残酷,罢黜废杀,互相报复。文景虽立博士,但并不甚好儒,似在道家政派气壮之时采取折衷政策,直到武帝初,和窦太后斗争,开始犹两面而倚重于儒,窦氏死后,才清算了道家,立出法度,所谓"天下靡然乡风矣"。

复次,提倡阴阳之学与道家之术以为政争的工具而与武帝对立的,在郡国王中有淮南王刘安。刘安在失败时罪名为:

"废法行邪,怀诈伪心,以乱天下,荧惑百姓,倍畔宗庙,妄作妖言。……其书节印图,及他逆无道,事验明白。"(《史记·淮南列传》)

然而淮南王则又大不满于武帝的崇儒术。伍被对淮南王说:"朝廷之政,君臣之义,父子之亲,夫妇之别,长幼之序,皆得其理。上之举措遵古之道,风俗纪纲未有所缺也",淮南王听了大怒,几乎要把伍被下死罪。

这个比照,说明了思想意识的斗争是通过政治法律道德的,统治阶级的内部政治斗争决定了他们所各持的思想武器之不同,各是其正而非其邪,以为纪纲。武帝尊儒术,立法度,"时方好艺文",而刘安则"招致宾客方术之士数千人",大著《鸿烈》(鸿,大也;烈,明也,以为大明道之立也),"讲明道德,总统仁义"。一儒一道,水火不容。

按《淮南鸿烈集·要略》明说"考验乎老庄之术,而以合得失之势",其中不但对儒、墨、名、法、纵横各家皆有其时势背景的说明,独于道家例外,而且明示老庄可以总统百家。关于淮南王针对武帝的法度所发表的言论,将于下节详论。兹举他骂武帝的一例如下:

"本经者所以明大圣之德,通维初之道,埒略衰世古今之变,以褒先世之隆盛,而贬末世之曲政也。"(《要略》)

最后,我们再看汉初的法家与儒道的离合关系。

按法家到了汉代,并非如秦以前的法家的理想,而是在狭义的"刑名"或律令之下,沿着秦制成规来保护君权,诚如顾亭林所说,"汉兴以来,承用秦法,以至今日者多矣"(《日知录·会稽山刻石》条)。由贾谊到董仲舒,莫不痛斥秦之亡国由于苛法严刑,其实汉制袭秦,比秦更甚。《汉书·刑律志》首骂秦人玩法,致天下众叛亲离,接着说:

> "汉兴,高祖初入关,约法三章,曰:杀人者死,伤人及盗抵罪。……其后,四夷未附,兵革未息,三章之法不足以御奸,于是相国萧何捃摭(收拾)秦法,取其宜于时者,作律九章。"

九章散亡,但据《唐律疏议》云:"其不道、不敬之目见存",可知汉律之峻峭,比秦更甚。人民稍微不小心,就要违犯大逆不道、对上不敬的专制王法。章太炎《汉律考》说:

> "汉律非专刑书,盖与《周官·礼经》相邻,自叔孙通定朝仪,而张苍为章程,通因作傍章十八篇,意者官制在通傍章,章程则在杂律淫侈踰制之部,……驿传法式宜在厩律矣。其后应劭删定律令,以为汉仪,表称国之大事,莫尚载籍,逆臣董卓荡覆王室,典宪焚燎,靡有孑遗。亦以见汉律之所包络,国典官令无所不具。"
> (《检论》)

所谓"一切著之于律",是汉代内法外儒的法典性质,正如史书关于文帝的记载,一方面说他"本好刑名之言",是其里;而他方面说他"除诽谤,去肉刑",获得儒家的"善人胜残去杀"之赞誉,是其表。《汉书·刑法志》讲到周勃、陈平维持旧律之对,复行三族之诛,就不能不叹:"风俗移易,人性相近,而习相远,信矣。夫以孝文之仁,平、勃之知,犹有过刑谬论如此甚也,而况庸材溺于末流者乎!"到了武帝,尊儒术,黜百家,然而他又"好以法制驭下"(《读史管见》),这就是内法外儒的一套作风。

汉代的内法外儒已如上言,同时也有法术与儒术对立的争论。文帝时晁错学申、商刑名,颇为文帝所奇,号称"智囊","法令多所更定",

因此惹起汉庭与诸侯间的不安,错因以遭斩。武帝时,张汤、赵禹之属条定法令,作见知、故纵、监临、部主之法,因而《汉书》说"腹诽之法比,而公卿大夫,多谄谀取容"。宣帝时又有桓宽所录《盐铁论》,记大夫与文学的辩诘,即法儒的争论实录。

总之,汉代是"蕃刑"(《刑法志》)与缛礼并进的,其间法儒或相互为用,或相为攻诘,而本质上则是相反相成的,法律通过经义的庸俗化,更加成为封建主的专制工具了。如晁错所说,"不如此,则天子不尊,宗庙不安"!封建制社会的法典形式在汉武帝时代已经有了显明的证据,这和古代法家的思想是不同的。酷吏人物和法术之士本质上也是不同的。

第二节　贾谊的思想

贾谊生于汉高祖七年,卒于文帝十二年(公元前 200—168 年),享年 32 岁。他是汉初的一个有独立性格的人,和齐鲁诸生的行径不同。

《史记》把他和屈原合传在一起,传旨说:"作辞以讽谏,连类以争义,《离骚》有之,作《屈原贾生列传》",这显然以屈贾为同型的人物看待。按淮南王刘安说:"(屈原)明道德之广崇,治乱之条贯,靡不毕见,其文约,其辞微,其志洁,其行廉,其称文小而其指极大,举类迩而见义远;其志洁,故其称物芳,其行廉,故死而不容自疏,濯淖污泥之中,蝉蜕于浊秽,以浮游尘埃之外,不获世之滋垢,皭然泥而不滓者也。"贾谊所追慕的,就在于此,即使天才与俗人间不可调和的矛盾,表现而为人格的内部悲剧,而把俗人所谄谀的盛世,暴露而为灭亡之路。如果说汉高祖以来齐鲁儒生是继承缙绅先生的形式说教,依春秋的礼仪,为汉祖汉宗绘制封建统治的场面(如叔孙通,详见下章说明),则贾谊是通过屈原的《离骚》路径,继承变《风》变《雅》的悲剧思想,客观上从人格的矛盾来说明制度的不合理,在他看来,一切都是痛哭流涕长太息的资料,"背理而伤道者,难偏以疏举"。

他的《吊屈原赋》，着重于屈原悲剧的辞句，如"已矣哉！国无人，莫吾知兮，又何怀乎故都？既莫足与为美政兮，吾将从彭咸之所居"。这是屈原的思想结论。他是和现实的俗人俗政不可两立的。贾谊之借屈原"因以自谕"，与司马迁之借晏婴因以自况，是相同的。贾谊的赋说：

> "乌乎哀哉兮，逢时不祥，鸾凤伏窜兮，鸱鸮翱翔。阘茸尊显兮，谗谀得志，贤圣逆曳兮，方正倒植。谓随夷溷兮，谓跖蹻廉。莫邪为钝兮，铅刀为铦。……"

> "讯（《史记》作讯）曰：已矣国其莫吾知兮，子独壹郁其谁语？凤缥缥其高逝兮，夫固自引而远去。……所贵圣之神德兮，远浊世而自臧，使麒麟可系而羁兮，岂云异夫犬羊？般纷纷其离此邮兮，亦夫子之故也！……彼寻常之污渎兮，岂容吞舟之鱼，横江湖之鳣鲸兮，固将制于蝼蚁！"

赋中第一义表示超人与俗人的斗争，第二义表示理想与猥俗的不相容，和《离骚》对现实悲剧的批评转入于悲剧思想，正相仿佛。由此可知贾谊具有志洁行廉的屈原精神。

他是少通诸子百家之书的（《史记》），但他的书已佚失，现存《新书》乃后人杂凑之书，不足为据。从他的《鵩鸟赋》、《自伤赋》，可以看出他有老庄思想，从他的《治安策》，又可以看出他有荀子思想，这些材料还存于《史记·汉书》之中。兹先研究他的《鵩鸟赋》：

> "万物变化兮，固无（《汉书》作"亡"）休息，斡流而迁兮，或推而还，形气转续兮，化变（《汉书》作"变化"）而嬗，沕穆无穷（《汉书》作"亡间"）兮，胡可胜言？"

这似庄子"万物皆种，以不同形禅"的相对的变化思想。

> "'祸兮福所倚，福兮祸所伏。'忧喜聚门兮，吉凶同域。……'命不可说兮，孰知其极，水激则旱兮，矢激则远'。万物回薄兮，振（《汉书》作"震"）荡相转。云蒸雨降兮，错缪（《汉书》作"纠错"）相纷。大专（《汉书》专作"钧"）槃（《汉书》作"播"）物兮，块

轧(《汉书》作"圠")无垠。天不可与虑兮，道不可与谋。迟数(《汉书》数作"速")有命兮，恶(《汉书》作"乌")识其时？"

按以上辞句引《老子·鹖冠子》文，申叙老庄是非吉凶相对之义，归纳到庄子的宿命哲学。

"且夫'天地为炉兮，造化为工'，阴阳为炭兮，万物为铜。合散消息兮，安有常则？千变万化兮，未始有极。忽然为人兮，何足控抟(《汉书》作"揣")，化为异物兮，又何足患？小知(智)自私兮，贱彼贵我，通(《汉书》作"达")人大观兮，'物无不可'(庄子有"无物不可"之句)。贪夫徇财兮，'烈士徇名'。夸者死权兮(《庄子》云："权势不尤，则夸者不悲也")，品庶冯(《汉书》冯作"每")生。怵迫之徒兮？或趋西东。大人不曲兮，亿(意)变'齐同'(《庄子·齐物论》)。……众人或或(惑)兮，好恶积意，真人澹(《汉书》作"恬")漠兮，独与道息。释知(智)遗形兮，超然自丧(《庄子》有"今者吾丧我"之句)，寥廓忽荒兮，与道翱翔(乘道德而浮游之意)。乘流则逝兮，得坻(《汉书》作"遇坎")则止，纵躯委命兮，不私与己。其生若浮兮，其死若休(《庄子》有"劳我以生，休我以死"之句)。澹兮(乎)若深渊之静(靓)，'泛兮(乎)若不击(《汉书》作"系")之舟'(《庄子》有"泛若不系之舟"句)。不以生故自宝(《汉书》作"保")兮，养空而游(浮)，德人无累兮，知命不忧，细故蔕葪(鲠刺，《汉书》作"蒂芥")兮，何足以疑！"

以上辞句，多出《庄子·齐物论》、《庄子·养生主》等篇文意，从自然天道观的相对无穷，到知识论的相对无真，以至人生观的死生齐一，结论为庄子的委命知命。贾谊的这篇赋，是战国老庄思想的继续，颇与汉初黄老的道术思想异趣。

复次，贾谊的《治安策》在形式上就有荀子的《富国》、《议兵》等篇的结构。他年十八在河南守吴公门下，甚得幸爱，吴公"与李斯同邑而尝学事"，故贾谊必深得荀子一派儒学的教养。我们且举两点来证明荀贾学术的师承关系：

贾谊《治安策》关于置三公三少以教训太子，主张从孩提之时，以道习之；他的立论点就是基于荀子的"性善者伪（人为）也"的理论，他说：

"夫习与正人居之，不能毋正，犹生长于齐不能不齐言也；习与不正人居之，不能毋不正，犹生长于楚之地不能不楚言也。故择其所耆，必先受业，廼得尝之，择其所乐，必先有习，廼得为之。孔子曰：'少成若天性，习贯如自然'。……习与智长，故切而不愧，化与心成，故中道若性。……夫心未滥而先谕教，则化易成也，开于道术智谊之指，则教之力也，若其服习积贯（行），则左右而已。夫胡粤之人，生而同声，耆欲不异，及其长而成俗，累数译而不能相通，行有虽死而不相为者，则教习然也。"（《汉书·贾谊传》）

这显然是荀子人性论的演绎，比喻也同于"居越而越，居楚而楚"的道理。他又有荀子"谨注错，慎习俗"的复述，荀子谓"积礼义而为君子"，贾谊说：

"安者非一日而安也，危者非一日而危也，皆以积渐，然不可不察也。人主之所积，在其取舍。以礼义治之者积礼义，以刑罚治之者积刑罚。"

这与荀子"习俗移志，安久移质"之说相合。荀学到了汉代和墨学首先衰微，贾谊思想中的荀学余绪实在是有价值的诸子遗产。

因此，他是一个敢说话的政论家，自负甚高，所谓"君子为国，观之上古，验之当世，参之人事，察盛衰之理，审权势之宜，去就有序，变化因时"（《过秦论》）。汉袭秦制，内法外儒，凡所设制度，和秦没有基本上的区别，《过秦论》曾说，前事不忘，后事之师，正是指汉代袭秦制必有危亡之结果。他说"秦之盛也，繁法严刑而天下震，及其衰也，百姓怨而海内叛矣"，这是说，汉代虽在繁法严刑之盛世，但里面却含有衰亡之征候。所谓"见终始之变，知存亡之由"，即预言汉朝封建制度必然导致"危民易与为非"的局面，而不能长治久安。他的《治安策》开首即说：

"进言者皆曰天下已安已治矣,臣独以为未也。曰安且治者,非愚则谀,皆非事实知治乱之体者也。"

他在博士官们修礼设仪,粉饰封建滥费的太平时,敢说这些人"非愚则谀",而其所为都是"背理而伤道"的,在他们争取富贵,歌颂功德时,他反而说"事执可为痛哭者一,可为流涕者二,可为长太息者六",难道汉代还有比文景之世的现实世界更理想的么? 他在这样的世界,暴露出不可克服的社会矛盾,必然要走入悲剧思想的途径。因此,我们不是以个人的主观主张来评价贾谊,而是以他所提出的历史的图景中之主要的棘手问题来评价。刘向谓贾谊的《治安策》,虽伊尹管仲不能远过,这是纯主观的评论,历史科学不作如斯看法。

贾谊所谓"抱火厝之积薪之下而寝其上,火未及燃,因谓之安,方今之执,何以异此? 本末舛逆,首尾冲决,国制抢攘,非甚可纪,胡可谓治?"其实,这不仅是汉初社会的矛盾,而且是封建制社会不能克服的矛盾。因此,贾谊理想中的政治治安及其阶级的正义心,被他所提出的问题从根本上讽刺了。

按他的《治安策》中所提出的问题在封建制社会是棘手而不能解决的。我们且分如下二点来论述:

第一,封建贵族的超经济的剥削,和理想中的廉洁社会是不相容的,在汉代就以买爵卖子制为法令,荀悦所谓"官家之惠,优于三代,豪强之暴,酷于亡秦"。贾谊说:

"今民卖僮者,为之绣衣丝履,偏诸缘,内之闲中;……美者黼绣,……今富人大贾,嘉会召客者以被墙;……今庶人屋壁得为帝服,倡优下贱得为后饰。……此臣所谓舛也。夫百人作之不能衣一人,欲天下亡寒,胡可得也;一人耕之,十人聚而食之,欲天下亡饥,不可得也。饥寒切于民之肌肤,欲其亡为奸邪,不可得也。国已屈矣,盗贼直须时耳!"

从卖奴隶说到农民暴动,这是最深刻的矛盾,所谓礼仪就建筑在文中所说的不生产的滥费之上。贾谊以为这个根本矛盾使秦亡国,汉代

亡朝呢,他说:

"今转而为汉矣。然其遗风余俗,犹尚未改。今世以侈靡相竞,而上亡制度,弃礼谊,捐廉耻日甚。"

他主张治安应从移风易俗做起,而在他看来,当时的风俗乃是豪强的掠夺世界:

"盗者剟寝户之帘,搴两庙之器。白昼大都之中,剽吏而夺之金。矫伪者出几十万石粟,赋六百余万钱,乘传而行郡国。此其亡行义之尤至者也,而大臣特以簿书不报,期会之间以为大故,至于俗流失,世坏败因,恬而不知怪,虑不动于耳目,以为是适然耳。"

在他的逻辑推论中,这是"奸人并起,万民离叛"的理由,然而法令则是一套严刑峻法,以防止"群下",这"群下"又是大多数的生产者,所谓"群下至众,而主上至少也,所托财器职业者粹于群下也"。贾谊指出,统治者对于他们的镇压方法是:

"束缚之,系缧之,输之司寇,编之徒官,司寇小吏詈骂而榜笞之,殆非所以令众庶见也。夫卑贱者习知尊贵者之一旦,吾亦乃可以加此也!"

这样看来,贾谊思想的人民性是突出的,甚至由于他对人民的同情,导出卑贱者对尊贵者的阶级反抗的观点。

第二,在这个矛盾上面,贾谊的主观理想要"化成俗定",使人民"主耳忘身,国耳忘家,公耳忘私,利不苟就,害不苟去,唯义所在",使上下阶级的矛盾统一起来,"与之俱安",这实在是一种幻想。因此他不能不说出危亡的趋势:

"今背本而趋末,食者甚众,是天下之大残也;淫侈之俗日日以长,是天下之大贼也。残贼公行,莫之或止,大命将泛,莫之振救,生之者甚少,而靡之者甚多,天下财产何得不蹶?汉之为汉,几四十年矣,公私之积,犹可哀痛,失时不雨,民且狼顾,岁恶不入,请卖爵子,既闻耳矣,安有为天下阽危者若是而上不惊者!"(《汉书·食货志》。王应麟说此段是《治安策》之一部分——引者按)

贾谊在形式上是设想统治者的治安问题，在内容里却含有对人民的同情。他主观上要求统一矛盾，而客观上却暴露出封建制的"残贼公行"制度中的矛盾。他的方策是使天下之民归农，皆著于本，颇有法家的富国强兵思想，这是一方面。另一方面，他以为封建统治必须廉洁，欲求廉洁，皇帝首先应该以身作则，要使皇帝能够这样做，首先要从太子的教养开始，于是贾谊演绎了荀子的人性论，说出一套主观的梦想来：

> "古之王者，太子乃生，固举以礼。……故自为赤子，而教固已行矣。……孩提有识，三公三少，固明孝仁礼义，以道习之，逐去邪人，不使见恶行。于是皆选天下之端士，孝悌博闻有道术者以卫翼之，使与太子居处出入，故太子乃生而见正事，闻正言，行正道，左右前后皆正人也。夫习与正人居之，不能毋正，……则德智长，而治道得矣。……教得而左右正，则太子正矣，太子正而天下定矣。"

他以为做皇帝的，从小孩做人起就积习于礼义，长大了便是积礼义的善人，皇帝是善人，以身作则，施布正义，天下人臣就全是向礼义的善人了。这是他对于封建统治阶级的理想，也即是中世纪思想家以社会改造建立于道义基础之上的一般观点。这种"法圣智"的荀学，是不是《治安策》的客观价值呢？我们以为，社会现实刚好讽刺了他的理想，因而他不能不把这个不可解决的矛盾，还原为正人与俗人的心理斗争，要求在他的内心里答出一个解决，然而解决的道路则是悲剧的。他和屈原相同，以自己的毁灭，表现出真与俗之间的社会悲剧，如他说：

> "阘茸尊显兮，谗谀得志；贤圣逆曳兮，方正倒植！"

一切既然是颠倒的，那么他的理想也就和现实不能相容，故他的内心解答是"哭泣岁余死"。我们并不是在这里赞扬这一悲剧性的解决，而是说在他的人格内部表现了封建社会矛盾图景的一个侧面，他的人格活动的确反映了"残贼公行"的社会裂口，这就不是缝弥封建矛盾的庸俗博士们所能望其项背的！

第三节　《淮南鸿烈集》中的子学及其学术

（一）淮南子的诸子发生说及其对儒法的批判

淮南王刘安,生年不可确考,卒于武帝元狩元年(公元前122年)。他的代表作即《淮南鸿烈集》。

《要略篇》的诸子发生说的要点是:

一、孔子修成康之道,述周公之训,以教七十子,使服其衣冠,修其篇籍,故儒者之学生焉。

二、墨子学儒者之业,受孔子之术,以为其礼烦扰而不说,厚葬靡财而贫民,久服伤生而害事,故背周道而用夏政,……故节财薄葬闲服生焉。

三、晚世之时,六国诸侯,溪异谷别,水绝山隔,各自治其境内,守其分地,握其权柄,擅其政令,下无方伯,上无天子,力征争权,胜者为右,恃连与国,约重致,剖信符,结远援,以守其国家,持其社稷:故纵横修短生焉。

四、申子者,韩、昭、厘之佐。韩,晋别国也,地墩民险,而介于大国之间,晋国之故礼未灭,韩国之新法重出,先君之令未收,后君之令又下,新故相反,前后相缪,百官背乱,不知所用:故刑名之书生焉。

五、秦国之俗贪狼强力,寡义而趋利,可威以刑,而不可化以善,可劝以赏,而不可厉以名,被险而带河,四塞以为固,地利形便,畜积殷富,孝公欲以虎狼之势而吞诸侯:故商鞅之法生焉。

以上所述的诸子要略,是就时代取舍与地理形势,而说明各家的起源。在叙述中含着议论的是,各家都是因了时势变迁,乘机而兴,由孔而墨,由墨而纵横名法,时移世迁,人心亦向背不同,地异势别,好恶亦南北殊途,因此,各家的真理价值亦是相对的,不足以称为大道。

在叙述中含着贬抑的是,各家的主张都是因了机会的适应,没有真正的创义,例如儒者之重衣冠篇籍,墨者之重节俭薄葬,没有"统天下、理万物、应变化、通殊类"的内容,因此,各家的主张更是形式的。

这里面所以未述阴阳家与道家,是因为他们的道术可以"接径直施,以推本朴,而兆见得失之变,利病之反,所以使人不妄没于势利,不诱惑于事态,有符曘昳兼稽时势之变,而与化推移者也"。刘安在主观上用阴阳五行之说合配于道家,以总统百家自居,《文心雕龙》所谓"淮南有倾天折地之说",盖指其主观高傲一切,有皇帝学者的势派。因此,他讲的诸子要略比司马谈的总结,从历史价值上来说,是不能相提并论的。

复次,在《鸿烈集》中各篇,每多评讥孔、墨,这是由《庄子》中剽窃来的,连文句也相似,但附有他自己的意见,例如:

"周室衰而王道废,儒墨乃始列道而议,分徒而讼,于是博学以疑圣,华诬以胁众,弦歌鼓舞,缘饰诗书,以买名誉于天下。繁登降之礼,饰绂冕之服,聚众不足以极其变,积财不足以赡其费。于是万民乃始慊鲑离跂,各欲行其知伪以求凿枘于世,而错择名利。是故百姓曼衍于淫荒之陂,而失其大宗之本。夫世之所以丧性命,有衰渐以然,所由来者久矣!"(《俶真训》)

"孔、墨博通,而不能与山居者入榛薄险阻也。……而欲以遍照海内,存万方,不因道之数,而专己之能,则其穷不达矣!"(《主术训》)

"逮至高皇帝,……天下雄隽豪英,暴露于野泽,……出百死而给一生,从争天下之权,奋武厉诚,以决一旦之命。当此之时,丰衣博带而道儒墨者以为不肖;逮至暴乱已胜,海内大定,……履天子之图籍,造刘氏之貌冠,总邹、鲁之儒墨,通先圣之遗教,戴天子之旗,乘大路,建九斿,撞大钟,击鸣鼓,奏咸池,扬干戚,当此之时,有立武者见疑一世之间,而文武代为雌雄,有时而用也。"(《氾论训》)

按以上所引的三段文字,反对儒墨,甚为露骨。我们应注意的是,其中所举的理由完全与墨家无关,但为什么儒墨或孔墨连称呢?墨家在汉初除了墨侠可以寻索外,并没有在朝的墨家,何以硬把墨者和儒者相混在一起呢?章太炎谓汉代礼法混合不分,我们看来,这里说的儒墨实际上乃指儒法。汉初黄老学派多沿袭了老庄反对儒墨的文法,在客观上没有多大价值。因此,我们只有从淮南王的主观主张方面寻索他的理论。

上面的引文,把儒者形容得言语无味,面目可憎,成了一群僧道,专门替主人设计富贵,装饰门面,这指的正是叔孙通到董仲舒的行径,排演《诗》、《书》、《礼》、《乐》的喜剧。显然,淮南王刘安的"招致天下诸儒方士,讲论道德,总统仁义",和汉廷法度之下的独尊儒术,形成两极。因此,他才指出儒者之出卖六艺,荒淫无耻,专己之能,苟取名誉;甚至更说,"行货赂,趣势门,立私废公,比周而取容,曰孔子之术也!"(《泰族训》)

他和武帝对立,"时欲谋反",《鸿烈集》道术的号召成了斗争的精神武器,明白地责骂汉廷是"俗学",是"暴行越知"。在上段《俶真训》的后面即说:

"是故圣人之学也,欲以返性于初而游心于虚也,达人之学也,欲以通性于辽廓而觉于寂漠也;若夫俗世之学也,则不然,擢德攓性,内愁五藏,外劳耳目,乃始招蛲振缱物之毫芒,摇消掉捎仁义礼乐,暴行越智于天下,以招号名声于世;此我所羞而不为也!是故与其有天下也,不若有说(乐)也,与其有说也,不若尚羊物之终始也。"

这显然是对于有天下的武帝进行肆无忌惮的攻击,而毫无保留。有天下而越智暴行,是他羞而不为的,他甚至说这样的诈术欺骗,无耻暴行,不如作一个老百姓,何必专己之能,居极害人呢!淮南王的野心在这里是通过了政权争夺的实质而展开学术的"鸿烈"旗号的。他手持了阴阳道家的圣学和通学,而与儒者的俗学和文学相抗,他说他具有圣洁清节的道德,而对方是"贪污之心",前者才可以有天下,而后者"皆以仁义之术教导于世,然而不免于偏身,犹不能行也,又况所教乎!

是何则,其道外也"(同上)。由此可见,汉初统治阶级之间儒道之争是各以"外道"互诎,以遂其政争的目的。淮南王刘安的道家旗号,与司马谈的道家要旨不同,后者是托重言以全百家,而前者则是托黄老以统一百家,例如:

> "黜谗佞之端,息巧辩之说,除刻削之法,去烦苛之事,屏流言之迹,塞朋党之门。……夫钳且、大丙,不施辔衔,而以善御闻于天下,伏羲、女娲不设法度,而以至德遗于后世。"(《览冥训》)

因此,刘安虽然明白反对武帝的"法度",但也主张黜息异说,屏绝外道。

同时,他在客观上把儒者歌颂的汉代隆盛之治,形容为乱世衰世的征象,例如:

> "乱世……为行者相揭以高,为礼者相矜以伪。车舆极于雕琢,器用逐于刻镂,求货者争难得以为宝,诋文者处烦挠以为慧,争为诡辩,久稽而不决,无益于治,工为奇器,历岁而后成,不周于用。"(《齐俗训》)

这颇暴露出封建统治者的享乐生活,尤其暴露出封建制社会不顾再生产而倾向于贵族的享乐范围。叔孙通的一套礼仪布置,董仲舒的一套《春秋》大义,除了反映封建制的"不周于用"的浪费外,便是虚伪的宗教形式。淮南王书更说道:

> "衰世之俗,以其知巧诈伪,饰众无用,贵远方之货,珍难得之财,不积于养生之具。……翡翠犀象,黼黻文章,以乱其目;刍豢黍粱,荆、吴芬馨,以嚂其口;钟鼓管箫,丝竹金石,以淫其耳;趋舍行义,礼节谤议,以营其心。……法与义相非,行与利相反。……且富人则车舆衣纂(绘)锦、马饰傅旄象、帷幕茵席、绮绣绦组、青黄相错、不可为象;贫人则夏被褐带索,晗菽饮水以充肠,以支暑热,冬则羊裘解札,短褐不掩形而炀灶口。故其为编户齐民无以异,然贫富之相去也,犹人君与仆虏,不足以论之!"(同上)

这指出贵族的豪奢与农民的穷困,形成了对立阶级的普遍现象,贫富的分野即人君与仆虏的区别,也指出封建的超经济剥削的后果,因此在后面又说:"雕琢刻镂,伤农事者也,锦绣纂组,害女工者也。农事废,女工伤,则饥之本而寒之原也。夫饥寒并至,能不犯法干诛者,古今之未闻也!"因此,汉初的社会矛盾,恐怕就是刘家圣朝内部也不能再隐瞒的。他曾经比喻亲戚手足对于这样衰乱之世也不能相顾,暗示出汉武帝的淫威政治。

复次,刘安也深斥法家。

"申、韩、商鞅之为治也,挬拔其根,芜弃其本,而不穷究其所由生。……凿五刑为刻削,乃背道德之本,而争于锥刀之末,斩艾百姓,殚尽太半。"(《览冥训》)

"水浊者鱼噅,令苛者民乱,城峭者必崩,岸峭者必陀,故商鞅立法而支解,吴起刻削而车裂。"(《缪称训》)

第一节已经讲过了汉室内法外儒的制度,《鸿烈集》中批评到缛礼便与苛刑并举,故反对儒者同时即反对刑名。我们只要看前面所引批评儒墨之文,就知道实际上是指儒法。淮南王刘安非议申、韩、商鞅,实际上是针对了汉庭来施行攻击,至于他在别处说明的法家道理,反与申、韩法家之言没有多大出入,他不过并重人治,所谓"国之所以存者,非以有法也,以有贤人也",请看他的原法的理论:

"法生于义,义生于众适,众适合于人心。……法者非天堕非地生,发于人间而反以自正。……所立于下者不废于上,所禁于民者不行于身。……故禁胜于身,则令行于民矣。"(《主术训》)

这不是剽窃法家所谓无尊卑贵贱一断于法的道理么?他更说:

"法者天下之度量而人主之准绳也。县法者,法不法也;设赏者,赏当赏也。……尊贵者不轻其罚,而卑贱者不重其刑;犯法者虽贤必诛,中度者虽不肖必无罪,是故公道通而私道塞矣。……法籍礼义所以禁君使无擅断也。人莫得自恣,则道胜,道胜而理达矣。"(同上)

他更申言法家的术与势,例如:

"圣主之治也,其犹造父之御,……进退履绳,而旋曲中规,取道致远,而气力有余,诚得其'术'也。是故权'势'者,人主之车舆也,大臣者人主之驷马也,……执术而御之,则管、晏之智尽矣,明分以示之,则蹠、跻之奸止矣。……故法律度量者,人主之所以执下。……有术则制人,无术则制于人。……数穷于下,则不能伸理,行堕于国,则不能'专制'。"(《主术训》)

这显明地又是一套封建专制的法术论,比申、韩所讲的更加"专制",所谓"失处而贱,得势而贵"正是他自己的注脚。由此推衍,《齐俗训》中更露骨地表白出封建自然经济的小天井意识:

"人不兼官,官不兼事。士农工商,乡别州异,是故农与农言力,士与士言行,工与工言巧,商与商言数,……各安其性,不得相干。"

由这种分割、不相干与的基尔特思想,又导出对于智能的轻视和对于思辨的抹杀,依此反对名墨诸子:

"先知远见,远视千里,人才之隆也,而治世不以责于民;博闻强志,口辩辞给,人智之美也,而明主不以求于下;敖世轻物,不汙于俗,士之伉行也,而治世不以为民化;神机阴闭,剞劂无迹,人巧之妙也,而治世不以为民业。故苌弘、师旷先知祸福,言无遗策,而不可与众同职也;公孙龙折辩抗辞,别同异,离坚白,不可与众同道也;……鲁般、墨子以木为鸢而飞之,三日不集,不可使为工也。……视高下不差尺寸,明主弗任。……故国治可与愚守也。"(《齐俗训》)

这样在精神上宣扬毫无个性发展的、高下智愚相齐的"俗",是中古不动的人性返原。在他看来,愚民政策的与愚守国,就是最好的统治方法。因此,他对于名家纵横家,更有如下的批判:

"公孙龙粲然于辞而贸名,邓析巧辩而乱法,苏秦善说而亡国。由其道则善无章,修其理则巧无名,故以巧斗力者,始于阳常卒于阴,以慧治国者,始于治常卒于乱!"(《诠言训》)

他从"齐俗"一观念出发,对于百家,主用黄老的道术来驾御。从精神上的齐俗,要求实际上不使习俗相反,所谓"有术以御之",这样就可以为王称霸了。因此,刘安和武帝得出的结论是一样的。他反对是非之论并作,例如:

> "弦歌鼓舞以为乐,盘旋揖让以修礼,厚葬久丧以送死,孔子之所立也,而墨子非之;兼爱尚贤,右鬼非命,墨子之所立也,而杨子非之;全性保真,不以物累形,杨子之所立也,而孟子非之。趋舍人异,各有晓心。……是非各异,习俗相反。君臣上下,夫妇父子,有以相使也,此之是,非彼之是也;此之非,非彼之非也!"(《氾论训》)

而且百家对于治道并无什么关系,他说:

> "百家异说各有所出。若夫墨、杨、申、商之于治道,犹盖之无一橑而轮之无一辐,有之可以备数,无之未有害于用也。己自以为独擅之,不通之于天地之情也。"(《俶真训》)

(二)淮南子中道家与阴阳家的传统及其宗教化庸俗化的思想

《淮南鸿烈集》中表现的自己的思想又如何呢?

刘安的这本书是招致宾客诸儒方士,集合许多人的意见写成的,类于《吕氏春秋》,可以说是"择焉而不精"。原来,此书除现存内篇二十一卷外,又有中篇八卷言神仙黄白之术,更有外篇十九卷。执笔者有苏飞、李尚、左吴、田由、雷被、毛被、伍被、大山、小山诸人,阴阳、儒、道、名、法毕集。故其书意多杂出,文甚沿复。此书《要略》对于书中二十训,都有提纲,说明成书之义旨,首末更夸大其辞,以为"刘氏之书"空前绝后,如开首说:

> "夫作为书论者,所以纪纲道德,经纬人事,上考之天,下揆之地,中通诸理,虽未能抽引元妙之中才,繁然足以观终始矣!"

这部杂家之言,间有儒者六艺与法家术势诸说,而主要篇幅则为阴阳五行家与老庄道家的混血种。我们要研究他的"杂"之所以然,而不是章实斋所谓"杂于己而不杂于人"的"杂"家定义。

在《要略》中叙明诸子发生之时，就没有把道家与阴阳家列入并论，仅从这点而言，刘安已经以阴阳道家之旨为超乎时空而居于百家之上。

在《要略》总要举凡，说明各篇题旨时，更明白地以阴阳道家分别篇名，大概《原道》、《俶真》、《精神》诸篇沿袭道家的术语，而《天文》、《地形》、《时则》诸篇沿袭阴阳家的术语，例如题旨说明：

"《原道》者，卢牟六合，混沌万物，象太一之容，测窈冥之深，以翔虚无之轸，托小以苞大，守约以治广，使人知先后之祸福，动静之利害，诚通其志，浩然可以大观矣。……"

"《俶真》者，穷逐终始之化，嬴垺有无之精，离别万物之变，合同死生之形，使人遗物反己，审仁义之间，通同异之理，观至德之统，知变化之纪，说符玄妙之中，通回造化之母也。"

这是属于道家的，即所谓"考验乎老、庄之术"。

"《天文》者，所以和阴阳之气，理日月之光，节开塞之时，列星辰之行，知逆顺之变，避忌讳之殃，顺时运之应，法五神之常，使人有以仰天承顺，而不乱其常者也。"

这是阴阳家的传统，其他《地形》、《时则》二篇附和《月令》的材料，题旨所述也同此意。至于二家的不可分离关系，他又说：

"言道而不明终始，则不知所仿依；言终始而不明天地四时，则不知所避讳。……言至精而不原人之神气，则不知养生之机，原人情而不言大圣之德，则不知五行之差。"

这与《史记·孟荀列传》所载驺衍"深观阴阳消息，而作怪迂之变、终始大圣之篇"一段话，其相符合。我们颇疑战国末叶的阴阳五行家言，在《淮南鸿烈集》中保存了不少遗文。《天文训》说：

"天先成而地后定，天地之袭精为阴阳，阴阳之专精为四时，四时之散精为万物。"

"天地以设，分而为阴阳，……阴阳相错，四维乃通，或死或生,万物乃成。"

这是大圣终始之德的总道理,至其所谓"称引天地剖判以来,五德转移,治各有宜,而符应若兹",和汉代统治阶级的宗教思想没有多少差别。《地形训》详言,东方苍色主肝,南方赤色主心,西方白色主肺,北方黑色主肾,中央黄色主胃;更详言五行相胜,"木胜土,土胜水,水胜火,火胜金,金胜木。……音有五声,宫其主也,色有五章,黄其主也,味有五变,甘其主也,位有五材,土其主也"。这更和汉代统治阶级的谶纬思想并没有什么区别。阴阳消长和五行变易是教人测机祥的,如说"阴气胜则为水,阳气胜则为旱","山为积德,川为积刑",书中荒唐比附,即《史记》所谓"先列中国名山大川通谷禽兽,水土所殖,物类所珍,因而推之,及海外人之所不能睹"。

汉代从武帝待诏金马门、宣帝正五经同异于石渠阁,都是在国教的形式之下把古代的思想加以庸俗化宗教化,刘安的野心也不例外。关于使人多忌讳的有神论,更有一套附会,如说"蚑行喙息,莫贵于人,孔窍肢体,皆通于天。天有九重,人亦有九窍,天有四时以制十二月,人亦有四肢以使十二节,天有十二月以制三百六十日,人亦有十二肢以使三百六十节。故举事而不顺天者,逆其生者也。"(详见《地形训》、《天文训》。)

从神权到皇权又是这样:"圣人用心,杖性依神,相扶而得终始。……在上位者左右而使之,毋淫其性,镇抚而有之,毋迁其德","天不定,日月无所载,地不定,草木无所植,所立于身者不宁,是非无所形。……䜣䜣然人乐其性者,仁也,举大功、立显名、体君臣、正上下、明亲疏、等贵贱、存危国、继绝世、决挐治烦、兴毁宗、立无后者,义也。……含阴吐阳而万物和同者,德也"(《俶真训》)。所谓其语闳大不经,正是中世纪统治阶级思想的特点。《淮南鸿烈集》中关于中世纪的仁义道德,前后各篇并不一致,上面的话杂糅了老、庄,故对于仁义之言有道家意,但在《泰族训》中就不同了,似乎又是阴阳家与儒者的混合。例如:

"昔者五帝三王之莅政施教,必用参五。何谓参五?仰取象于天,俯取度于地,中取法于人。乃立明堂之朝,行明堂之令,以调阴阳之气,以和四时之节,以辟疾病之菑;俯视地理以制度量,察陵陆水泽肥墩高下之宜,立事生财以除饥寒之患;中考乎人德以制礼乐,行仁义之道以治人伦,而除暴乱之祸。乃澄列金木水火土之性,故立父子之亲而成家,别清浊五音六律相生之数,以立君臣之义而成国,察四时季孟之序,以立长幼之礼而成官。此之谓参。制君臣之义、父子之亲、夫妇之辨、长幼之序、朋友之际。此之谓五。"

这种阴阳五行配合社会制度的不轨之言,在后来白虎观奏议中更表示得完整。这种思想是利用诸子思想的没落倾向,而引入中世纪的灾异迷信思想之中,所谓"优天地而和阴阳,节四时而调五行"。

复次,《鸿烈集》引申道家之说,雕琢其辞,成为类似赋体的章句,试看他的《原道训》的一段:

"太上之道,生万物而不有,成化像而弗宰,跂行喙息,蠉飞蠕动,待而后生,莫之知德,待之后死,莫之能怨。得以利者不能誉,用而败者不能非;收聚畜积而不加富,布施禀授而不益贫;旋县而不可究,纤微而不可勤;累之而不高,堕之而不下,益之而不众,损之而不寡,斲之而不薄,杀之而不残,凿之而不深,填之而不浅。忽兮怳兮,不可为象兮,怳兮忽兮,用不屈兮,幽兮冥兮,应无形兮,遂兮洞兮,不虚动兮,与刚柔卷舒兮,与阴阳俛仰兮。"

这是《道德经》的泛衍,除了文字的瑰奇诡异而外,没有新义。他又把《乐记》与《庄子》这两本不能互通的书硬结合在一起,如说:

"镜水之与形接也不设智故,而方圆曲直弗能逃也,是故响不肆应,而景不一设,呼叫仿佛,默然自得。人生而静,天之性也,感而后动,性之害也,物至而神应,知之动也。知与物接,而好憎生焉,好憎成形,而知诱于外,不能反己而天理灭矣。故达于道者,不以人易天,外与物化,而内不失其情,至无而供其求,时骋而要其

宿，……是以处上而民弗重，居前而众弗害，……以其无争于万物也，故莫敢与之争。"(《原道训》)

以上前面言性言智，与《庄子·齐物论》相背，而是修改《乐记》之语，作为前提，后面内天外人之说，是庄子的原旨。这个"天理"之杂说，是不可知论，后来宋儒就是这样移花接木的。汉人多以老、庄清净无为之要指概括道家，故《淮南鸿烈集》说：

> "达于道者，反于清净，容于物者，终于无为。以恬养性，以漠处神，则入于天门(按天门是纬书术语)。所谓天者，纯粹朴素，质直浩白，未始有与杂糅者也，所谓人者，偶𦙾智故，曲巧伪诈，所以俛仰于世人而与俗交者也。故牛歧蹄而戴角，马被髦而全足者，天也，络马之口，穿牛之鼻者，人也。循天者与道游者也，随人者与俗交者也。"(同上)

怎样"考验乎老庄之术，而以合得失之势"呢？在《主俗训》与《齐俗训》中，更推衍黄老，作为人君驭下的心术，说明"君人之事，所以因作任督责，使群臣各尽其能"，以简驭繁，以虚循变，故说："有天下者，岂必摄权持势，操杀生之柄而以行号令邪？吾所谓有天下者，……自得而已。自得则天下得我矣，吾与天下相得，则常相有己。"黄、老之术贵因循，尚权变，从汉代起就给了中国官僚政治的作伪装假以一套法术，这传统是深远的。"执一而应万，握要而治详，谓之术"，这种善于适应环境的"处其所安"，比中古基督教义的不反抗精神，尤为神秘。由人事的卑屈到道理的两可，使"万物之化无不遇，而百事之变无不应"，一切都在矛盾之中，而统治阶级则在矛盾之外，"将养其神，和弱其气，平夷其形"。这种统治阶级的思想通过了基尔特式的家系秘传，如蜘蛛网一般，在精神界结成一个天地，笼罩住人类的心灵。

第 三 章

董仲舒公羊春秋学的
中世纪神学正宗思想

第一节 中世纪神学的形成与董仲舒的神学

中国古代社会的氏族制残余的清算,始终是一个未完成的课题。特别在封建制社会形成之际,统治者必然要把古代的正在破坏的氏族公社,另以农村公社的形式恢复起来。本来与氏族制的残余相对应,在中国古代思想的发展上,也呈现着氏族形式的宗教的特征。一方面与先王观念的泛滥相联结,表现出普遍性的氏族宗教气氛;另一方面,与各国的氏姓族类相关联,又表现出各国之间的独立色彩的宗教。

所谓普遍性的氏族宗教气氛,即在于以神化先王为前提,以天人感应为内容。这就是缙绅先生和儒者的职业的构成部分。例如,周人的天道观及其敬德论本来是殷氏族宗教思想的损益或延展;在春秋的半官学时代,史赵、史墨、神灶、梓慎、申须、苌弘等人,皆以天道预测人事;甚至开创私学的孔墨,同样承袭天人感应的宗教思想,墨子的天志和天鬼的宗教形态固不待言,即如孔子,不但因"凤鸟不至,河不出图"而叹

"吾已矣夫"，更以禘尝之礼说明政治，这就可以看出他相信天道和人事的宗教联系。降及战国末叶的古代危机时代，各国之间察机祥，候星气的风气几乎湮没学术，各种迷信禁忌将代替自由研究，以驺衍为首的阴阳五行家遂逐渐占到统制地位。司马迁说："自齐威、宣之时，驺子之徒，论著终始五德之运。及秦帝，而齐人奏之，故始皇采用之。……形解销化，依于鬼神之事。驺衍以阴阳主运，显于诸侯，而燕齐海上之方士，传其术不能通。然则怪迂阿谀苟合之徒自此兴，不可胜数也。"（《史记•封禅书》）

中古制是古代制的否定，但同时又从氏族制的残余中保存了有利于统治阶级的公社制度。因此，天人感应的宗教思想，在两周是国民阶级思想发展的桎梏，而在秦汉则是神学思想建设的源泉。这种情况正是"在高级阶段上重复低级阶段的某些特征、特性等等，并且仿佛是向旧东西的回复（否定的否定）。"（列宁：《哲学笔记》，人民出版社版，页210）我们看了秦汉谶纬所讲的上帝和经义的关系，就明白这一道理。我们更应该指出，诸子之学是六经的发展，然而汉代儒学的六经为汉制法的思想，则是向旧的东西的复归。

在论述中世纪神学的形成之前，我们首先简单地回溯一下由古代宗教至中世纪宗教的否定之否定的特点。

恩格斯指出："古代一切宗教都是自发的部落宗教以及后来的氏族宗教，它们发生于而且结合着各该民族的社会和政治状况。宗教的这个基础一旦被破坏了，留传下来的社会形态、因袭的政治结构以及民族独立一旦被毁灭了，那么与之相应的宗教不消说也就崩溃了。"（马克思恩格斯：《论宗教》，人民出版社1954年版，页70）在中国古代社会，所谓"非我族类不在祀典"的民族特点，在各国之间是有严格区别的，宗庙社稷的祭法在各国之间也是不同的。在战国末叶的兼并战争中，各国虽然还各有其独立分离的天帝神，然而已经处于没落的境地。古代社会危机所造成的现实灾难，使人们重新记起宗教的迫切需要，当在现实中已经找不到出路时，便不能不寻求精神的解救来代替物质的解救。这里的重要问题在于寻求宗教。古代世界的"天"已经被破坏了,古代世界的"先王"已经被清算了,各国独立性的民族宗教已经被否定了,在这样的情况下怎样办呢?

在这时,驺衍的神秘主义不仅要代替已失去了的哲学,而且要代替已失去了的宗教,而为新王朝的统治阶级服务,即所谓"递兴废,胜者用事"。"天"怎样安排"胜者"皇帝的符应呢?

驺衍说,"凡帝王之将兴也,天必见祥乎下民",但这种"天"又是受五行法则的支配的,这样,似乎历史的发展,王者的兴废,不是由于"天"的自由意志,而是由于五行胜克之理。"天"对于帝王必须不早不晚,只能在五行胜克的转折点上来降祥瑞。人们虽然只能通过"天"所降的祥瑞来窥见五德的推移,但却又可以预知"代火者必将水",而且可以预见到"天且先见水气胜"。这样看来,"天"是最早的主宰,同时又是依据于五行之理的最高的主宰。"天"是五行胜克的指示器,就这方面说,"天"是机械的、被动的,它是神秘化了的五行法则的体现者。显然,在这种"天"的宗教观念中,存在着矛盾,使得那些齐燕方士、儒生和博士们难以通晓,又使得秦汉之际的皇帝们时而信服,时而怀疑。因为从"天"的宗教含义而言,"天"要求有至高无上的威权和绝对的自由的意志,而这种威权和意志在这里是受了限制的。最混乱的情况是:驺衍之徒说秦代变周,是以水德代火德,秦始皇听了就宣布自己做了黑(水)帝,然而汉高祖入关,不知道黑帝是秦人的上帝,只听说秦祠四帝,有白青黄赤帝四祠,马上说,"吾闻天有五帝,而有四,何也?……吾知之矣,乃待我而具五也",乃立黑帝祠(《封禅书》)。这样,秦汉皇帝究竟谁是水帝,就莫名其妙了。因此,驺衍的宗教观念里也出现这样一个褪色的"天"、形式的"天",它是朦胧的、暧昧不明的。这种朦胧与暧昧不明具有二重性。因为它要说明帝王的兴废,而不是说明帝王的受命,于是把殷周的"帝""天"显得成为一个冲淡了的、即将消失的影子。"天"既然隐在五行之理的背后,所以只有在被指定的场合下才现出一些奇迹来表明它的存在。其次,驺衍的"天"对西汉的宗教说,又是一个极其幽微的、即将显现出来的影子,似乎正在创造一种中央专制主义的宗教观的条件,因为汉代的"天"赋有鲜明的至上神的色泽,为万物之祖、百神之长,它的喜怒哀乐表现为自然界的寒温变异,自然法则仅仅作为"天"的神性的表露而存在。

这样看来,驺衍之徒的天道观通向神学,并为中世纪神学准备了条件,但其本身还没有形成神学的体系。

我们再来看秦汉之际的宗教。

《史记》的《封禅书》这样记载:"及秦并天下,令祠官所常奉天地名山大川鬼神,可得而序也。于是自殽以东,名山五,大川二。……自华以西,名山七,名川四。……而雍有日、月、参、辰、南北斗、荧惑、太白、岁星、填星、二十八宿、风伯、雨师、四海、九臣、十四臣、诸布、诸严、诸逑之属,百有余庙。……唯雍四畤(指青黄白赤)上帝为尊"。宣布"六合之内,皇帝之土"的秦始皇,虽然特别需要独尊的上帝,但又几乎把各地的民族神和自然神都请到神坛上祭祀起来。到了汉高祖时,除了他抢取了秦人的上帝,把自己钦定为黑帝而与原来的白青黄赤四帝相配列外,下诏说:"吾甚重祠而敬祭。今上帝之祭及山川诸神当祠者,各以其时礼祠之如故",还允许梁巫、晋巫、秦巫、荆巫等各有所祠,上帝和诸神还是一起受到尊敬的。汉文帝时,上帝诸神也是连类并提,例如制曰:"朕即位十三年于今,赖宗庙之灵,社稷之福,方内艾安,民人靡疾,闲者比年登,……此皆上帝诸神之赐也"。文帝后来又招集了些儒生,共议什么是汉德,究竟该是土德呢? 还是水德呢? 诏曰:"朕祈郊上帝诸神,礼官议,无讳以劳朕。"(参看《封禅书》)在这里,上帝还是不止一个,而是五个,上帝在诸神中的地位略加高了些,突出了些。这些情况正反映秦汉之际还没有真正实现封建制的中央集权主义与天子的至上威权,因而在超现实世界中上帝和诸神也还没有统一,而且还缺乏明确的至上神。但是,这种宗教的统一趋势则是已经在形成过程之中。

以一个统一的宗教来补足统一的帝国之所以必要,是因为神的王国是和封建国家的中央集权以及与之相应的土地财产的所有制关联着的,因为要理解东方的宗教史的关键,就在于土地私有权在法律观念上是缺乏的。

当汉武帝实行土地没收和盐铁国有,并真正开创了大一统的局面时,情况立刻显得不同了。上帝诸神不再"祠之如故",诸神之上的上帝成为现实的需要。司马迁说:"今天子(武帝)初即位,尤敬鬼神之祀",这种对鬼神的尊敬,并不是出于武帝的偏爱和嗜好,而正与其完成封建制的中央专制主义有关。新的上帝在塑造中,在探求中,于是儒生文学之士们和"海上燕齐怪迂之方士"便提供了不少关于新上帝"太一"的方案,而武帝则是言听计从,觉得正中下怀。我们看《史记·封禅书》怎样婉转地叙述着:

一、亳人谬忌奏祠"太一"方,因为"天神贵者太一",所以五帝降格,"太一佐曰五帝"。武帝接受了:"令太祝立其祠长安东南郊,常奉祠如忌方。"

二、其后有人上书言:"古者天子,三年壹用太牢祠神三一:天一、地一、太一",这又是特殊地位的至上神,武帝接受了,"天子许之,令太祝领祠之于忌太一坛上,如其方。"

三、上幸雍且郊,或曰:"五帝,太一之佐也,宜立太一而上亲郊之"。现在五帝已屈居于太一之下,降为"太一之佐",这是显著的变革。"上疑未定",但还是接受了:"令祠官宽舒等具太一祠坛,……五帝坛环居其下,各如其方"。五帝之上的至上神正式诞生了,隆重的宗教典礼开始举行,"十一月辛巳朔冬至昧爽,天子始郊,拜太一,朝朝日、夕夕月则揖",为了证明新的上帝没有被错认,只有援用奇迹,于是有司看到了祠上有光,而公卿也看到了"是夜有美光,及昼黄气上属天。"

至上神在中世纪的圣光中复活了,现在所缺乏的是关于神权和皇权的系统的理论证明。但理论的准备却不是缺乏的,因为新上帝的发现者不是别的学派,而正是阴阳家与儒家的混血种。五帝早已列入了五行范畴,太一本身又成了阴阳五行系统的最高的冠石。我们且对比一下阴阳五行系统与神的系统：

    一——阴阳——五行

太一——天地——五帝

新的宗教不能单靠皇帝的圣谕钦定，心须依赖神学家和庸俗哲学家的合作，从武帝之待召金马门到宣帝的讲议石渠阁，就是做这样的接种工作。因为作为十足的庸俗哲学的汉代儒学是阴阳五行化了的，而作为神学前身的五行学说，也正以儒术作比附，二者一经一纬，混合起来。两汉国教化了的僧侣们，便是神鬼化了的儒林与唯理化了的教徒，他们以神学家而兼政府官吏。皇帝在神国中同时也在王国中，是教主而兼天子，叫做"圣上"。

从思想史的源流而言，董仲舒执行了这样的任务：他给新宗教以系统的理论说明，把阴阳五行说提到神学的体系上来，把"天"提到有意志的至上神的地位上来，把儒家伦常的父权（它作为封建秩序的表征）和宗教的神权以及统治者的皇权三位一体化。总的来说，董仲舒完成了"天"的目的论。

要把阴阳五行说提到神学的体系上来，首先得把天从五行之理中解救出来，反过来使它去主宰五行之理，使五行之理成为天的目的的外现。这样的"天"就有了意志，有了主动性。要把儒家的伦常提到宗教的地位上来，就必须使之赋有最高范畴的性质，而且使之归属于"天"的意志与目的。这种唯心主义的目的论，必然是宗教的兼伦理的体系。在这种神学的内涵中，是以传统的天人感应为形式，即所谓"善复古，讥易常"的《春秋》之义，导引出适应于中世纪神学的一切教义。

以上我们是从宗教思想的发展上说明中世纪神学的形成途径与董仲舒的历史任务。现在我们再来具体地考察董仲舒与武帝的雄才大略相对应的活动。

儒者董仲舒，齐人，是中世纪神学体系的创造人。他约生于高祖中年，卒于武帝元狩之间，《太平御览》载（九七六引）："董仲舒专精于述古，年至六十余。"《汉书·五行志》说：

"昔殷道弛,文王演《周易》;周道敝,孔子述《春秋》;则乾坤之阴阳,效《洪范》之咎征,天人之道粲然著矣。汉兴,承秦灭学之后,景武之世,董仲舒治公羊春秋,始推阴阳为儒者宗。"

按《春秋》一书,自孟子以来即为儒家所推崇。但过去儒家,只从政治观点以推崇《春秋》的微言大义。自董仲舒起,始援阴阳家之言解说《春秋》,始为天道人事相互影响之说开拓了新土,始使《春秋》成为天人感应的神学经典,始使其政治范畴的微言大义兼有了哲学神学的内容。这是董仲舒在中世纪思想史上别开生面的东西,也是他在中世纪发端期所以取得正宗的合法地位的秘密。

武帝为什么要使人"具以《春秋》对"呢?这里实在有复古路径的主观选择的深意。著者认为春秋时代缙绅先生的形式说教,早已被孔、墨所批判,而创出显学;且又被战国诸子所分裂,而发展出各派一家之言。然而,到了中古,缙绅说教反而合拍于专制的教条。内求统一而外攘夷狄的武帝政策,则又有赖于尊王攘夷的"霸"道作为理论根据。汉代儒林之复古于"端委缙绅",不能不首先求之于"断烂朝报",这当与武帝的中央集权主义是相适应的。

董仲舒以"三年不窥园"的苦学(《汉书》卷五六,本传),"乘马不觉牝牡,志在经传"(《太平御览》)的专心,"论思《春秋》,造著传记"(《论衡·实知》)。甚至有这样的神秘传闻:

"董仲舒梦蛟龙入怀,乃作《春秋繁露》词。"(《西京杂记》卷二)

这样因龙入怀而论著《春秋》,是象征着什么呢?是不是象征着武帝的圣旨呢?我们不必为古人圆梦。但"繁露"之义,颇耐人寻味。按此,古有三说:一、以繁多露润之《周礼·大司乐》疏为说;二、以假古冕之旒露垂象取名为说;三、依《逸周书·王会解》"天子南面立,绕无繁露"孔注:"繁露,冕之所垂也",言通贯《春秋》属辞比事的精神为说。后说近似,取义之神秘,不言而喻。

董仲舒窥见武帝的圣意,便把春秋二百四十余年间的故事经验,比例推衍出适合于最高皇权的原理,神秘到"非常异义可怪之论"。例如他说：

"《春秋》大一统者,天地之常经,古今之通谊也。"(《汉书》本传)

"《春秋》之道,以元之深正天之端,以天之端正王之政,以王之政正诸侯之位,以诸侯之位正竟内之治,五者俱正而化大行。"(《春秋繁露·二端》)(凡下只注篇名)

"明君臣之义,守国之正也。"(《王道》)

"器从名,地从主人之谓,制权之端焉,不可不察也。"(《玉英》)

"《春秋》推天施而顺人理,……以至辱为亦不可以加于至尊大位。"(《竹林》)

"《春秋》尊礼而尊信,信重于地,礼尊于身。"(《精华》)

绝对王权在地下的现实世界,好像神国的五帝之上有"太一",他说：

"深察王号之大意,其中有五科:皇科、方科、匡科、黄科、往科,合此五科以一言,谓之'王'。……深察君号之大意,其中亦有五科:元科、原科、权科、温科、群科,合此五科以一言,谓之'君'。"(《深察名号》)

按他以"志为质,物为文,"并主张不得已而"宁有质无文","礼之所重者在其志"。因此,王君以礼尊身,好像"太一"之神降服五行,一切可以唯心出之。

中世纪宗教之所以成为精神的解救或把贫困表现为涂了油的圣光,是因为中世纪出现了赋有半自由身份而遭受超经济剥削的农民阶级,是为了对付农民的不可忍受的贫困的反抗。从秦末的陈胜、吴广大起义,已经证明了农民阶级的政治力量之足以决定王朝的兴亡,代秦而有天下的汉王室本是盗窃农民起义的果实,当然更能觉解此事。所以,从汉室定鼎起就不断地向农民解说:汉之代秦是出于天意所属,企图从

— 81 —

天的意志里找到自己统治世界的不变的根据。《汉书·高帝纪》所载诸多神话,皆自此出。

神话生长成神学,非一蹴可就,而需要着一个酝酿时期。事实上通过了从汉初至于文、景的约计六七十年间的"与民休息"政策,才提供出神话生长成神学的适切的土壤。《汉书·食货志》说:

> "至武帝之初,七十年间,国家亡事。……都鄙廪庾尽满,而府库余财,京师之钱,累百巨万,贯朽而不可校;太仓之粟,陈陈相因,充溢露积于外,腐败不可食,众庶街巷有马,仟伯(阡陌)之间成群。……役财骄溢,或至并兼,豪党之徒以武断于乡曲,宗室有士公卿大夫以下,争于奢侈。"

这里的富裕与安定,所谓"与民休息",不是矛盾的解决,而是矛盾的扩大,因此,我们必须知道:

第一,富裕只限于领主豪强官吏及王室与宗室的贵族阶级,而农民大众的痛苦生活不但并未从"与民休息"里减轻分毫,而且表现出封建制的基本的阶级矛盾。同时,在豪强兼并之中,豪族地主和皇族地主的矛盾也扩大了。《汉书·食货志》就把这样的矛盾叙述出来:

> "汉兴,接秦之敝,诸侯并起,民失作业,而大饥馑,凡米石五千,人相食,死者过半。高祖乃令民得卖子,就食蜀汉。天下既定,民亡盖臧(藏),自天子不能具醇驷,而将相或乘牛车。……文帝即位,……贾谊说上曰:'……失时不雨,民且狼顾,岁恶不入,请卖爵子,既闻耳矣。……兵旱相乘,天下大屈,有勇力者,聚徒而衡击,罢夫羸老,易子而咬其骨。……'……晁错复说上曰:'……今农夫五口之家,其服役者不下二人,其能耕者不过百畮,百畮之收不过百石,春耕夏耘,秋获冬藏,伐薪樵,治官府,给徭役,春不得避风尘,夏不得避暑热,秋不得避阴雨,冬不得避寒冻,四时之间,亡日休息。又私自送往迎来,吊死问疾,养孤长幼在其中,勤苦如此,尚复被水旱之灾,急政暴虐,赋敛不时,朝令而暮改,当具有者半贾(价)而卖,亡者取倍称之息;于是有卖田宅,鬻子孙以偿责者

矣。……'……至武帝之初……董仲舒说上曰：'……至秦……用商鞅之法，改帝王之制，除井田，民得卖买，富者田连仟伯，贫者无立锥之地。又颛川泽之利，管山林之饶，荒淫越制，逾侈以相高，邑有人君之尊，里有公侯之富，小民安得不困？又加月为更卒，已复为正，一岁屯戍，一岁力役，三十倍于古。……或耕豪民之田，见税什五，故贫民常衣牛马之衣，而食犬彘之食。重以贪暴之吏，刑戮妄加，民愁亡聊，亡逃山林，转为盗贼，赭衣半道，断狱岁以千万数。汉兴，循而未改。……'……仲舒死后，功费愈甚，天下虚耗，人复相食。"

第二，名义上是"与民休息"，实际上则使"农夫""四时之间，亡日休息"。此因中世纪王朝的本质，根本不能予人民大众以幸福的生活。所谓"与民休息"，实质上只是暂时对农民采取安定的政策，以争取统治阶级所支配的编户齐民归户籍以从事生产；暂时对诸侯权力采取妥协的政策，以确保地方与中央的和平共处。史称"文帝恭俭"而"好刑名黄、老之术"，"景帝遵业"而"不任儒"，其文化政策的实践意义即在于此。但是，从自足自给的生产体制，自然会引出土地的兼并；而在"贵者即富者"的中古身份性的体制里，诸侯王国与中央王室，特别是豪族地主和皇族地主又必然发生统治阶级的内讧，因而地方政权的强化，遂成了中央集权的威胁或王室统治的危机；豪族的土地占有制，遂成了国家土地所有制形式的威胁。文、景时代的政论家，如贾谊、晁错等，皆以兼并为危机的证件，而归本于尊王，其理由即在于此。《汉书·食货志》载晁错对文帝说：

"商贾大者积贮倍息，小者坐列贩卖，操其奇赢，日游都市，乘上之急，所卖必倍。故其男不耕耘，女不蚕织，衣必文采，食必粱肉，亡农夫之苦，有仟伯之得。因其富厚，交通王侯，力过吏势，以利相倾，千里游敖，冠盖相望，乘坚策肥，履丝曳缟。此商人所以兼并农人，农人所以流亡者也。今法律贱商人，商人已富贵矣；尊农夫，农夫已贫贱矣。故俗之所贵，主之所贱也。吏之所卑，法之所尊也。上下相反,好恶乖迕,而欲国富法立,不可得也。"

晁错所讲的这段话,是我们常引的文句,但其中所含的意义必须深一层来究明。第一,汉代贱商人的法律主要指其没有土地所有权,然而事实上商人因了交通王侯,而取得富贵,以至于和郡国诸侯相利用,威胁了皇权。第二,皇权所尊的和现实所贵的形成了矛盾,上下好恶的乖迕,表现出皇权和勾结商人的豪权之间的矛盾的一个侧面。第三,这里指的农民的流亡,是通过了豪族地主阶级才成为现实,不是单纯的商人所能趋使的,而所谓"兼并"也不是纯经济关系而成的。因此,这段话指出地方割据与中央集权的矛盾,以及豪族地主与皇族地主的矛盾。如实言之,这都不是中世纪统治者本身所能解决的。但是,站在中央集权的大一统的立场来看,则又是非解决不可的紧急问题。到了武帝时代,一改"恭俭""遵业"的作风,而毅然采行了"雄才大略"的"有为"路线,其目的就在于要解决这一矛盾。

史称武帝的"雄才大略",不是别的,正是为实现大一统而动员。它表现在政治经济上,就是为了削弱诸侯王国的叛逆的基础而厉行工商业(煮盐、冶铁、铸钱)的国有政策,特别是为了打击豪强地主而强化土地国有政策;表现在文化思想上,就是罢黜百家、独尊儒术的思想学术的统一政策。但是,在这里,对于离心的诸侯藩王,对于兼并的豪强地主,特别是对于饥饿的农民大众,为了使人们口服心服,更需要一套神学的正名主义。此所谓神学的正名主义,即把儒家的以道德情操为基础的正名主义庸俗化,把阴阳家的五行说唯理化,把汉之代秦的王朝更替,归结于奉天承运的天道的必然性,把现实中的中央集权的专制制度,说成官制像天的、永恒不变的神圣机构。董仲舒的《公羊春秋》学,正是这样一套神学。《汉书》本传所载董仲舒的《天人三策》,最足表现这一精神,例如其第三策说:

"道之大原出于天,天不变,道亦不变。……《春秋》大一统者,天地之常经,古今之通谊也。今师异道,人异论,百家殊方,指意不同;是以上亡以持一统,法制数变,下不知所守。臣愚以为:诸不在六艺之科、孔子之术者,皆绝其道,勿使并进。邪辟之说灭息,然后统纪可一,而法度可明,民知所从矣。"

这种神学,不啻是武帝雄才大略政策的代数学,因此,"武帝即位,举贤良文学之士前后百数,而仲舒以贤良对策焉。"(《汉书》本传语)"董仲舒表《春秋》之义,稽合于律,无乖异者。"(《论衡·程材》)

按董仲舒的《天人三策》,作于武帝建元元年。(《汉书·武帝纪》载于元光元年,而司马光《通鉴·汉纪》则上移此事于建元元年,二者相较,《通鉴》为正。此点,今人史念海已有考辨,文见《史与地》第33期)此时正值"恭俭遵业"与"雄才大略"的交叉点。从思想上看,则为黄、老刑名与儒家斗争极烈的顶点;前者以窦太后为中心,后者以武帝为代表。兹列其斗争的时间顺序如次:

一、建元元年,冬十月,诏……举贤良方正直言极谏之士。丞相绾奏,所举贤良,或治申、商、韩非、苏秦、张仪之言,乱国政,请皆罢。奏可。……元光元年,……五月诏贤良曰:"……受策察问咸以书对,著之于篇。……"于是董仲舒、公孙弘等出焉。(《汉书·武帝纪》)

二、建元二年冬十月,御史大夫赵绾,坐请毋奏事太皇太后,及郎中令王臧,皆下狱自杀。(应劭曰:"礼,妇人不豫政事,时帝已自躬省万机;王臧儒者欲立明堂辟雍;太后素好黄、老术,菲薄五经;因欲绝奏事太后,太后怒,故杀之。")丞相婴,太尉蚡,免。(同上)

三、辕固,齐人也,以治《诗》,孝景时为博士。……窦太后好《老子》书,召问固。固曰:"此家人言耳。"太后怒曰:"安得司空城旦书乎!"乃使固入圈击彘。上知太后怒,而固直言无罪,乃假固利兵;下,固刺彘,正中其心,彘应手而倒;太后默然,亡以复罪。后,上以固廉直,拜为清河太傅;疾,免。武帝初即位,复以贤良征。(《汉书·儒林传》)

四、及窦太后崩,武安君田蚡为丞相,黜黄老刑名百家之言,延文学儒者以百数;而公孙弘以治《春秋》为丞相,封侯。天下学士靡然乡风矣。弘……请……为博士官置弟子五十人,复其身。……制曰:"可。"自此以来,公卿大夫士吏彬彬多文学之士矣。(《汉书·儒林传》)

据史念海考辨:丞相卫绾奏请罢黜申、商、韩非、苏秦、张仪之学,系见董仲舒于是时对策,深为武帝所激赏,因而陈奏(见前文)。是知董仲舒又为当时黄老与儒家思想斗争的发动者;其天人三策在此一思想斗争里实有发端的意义。而此一思想斗争上的发端,与武帝雄材大略的封建制社会奠定工程,则恰相呼应。

说董仲舒的思想活动与武帝的政治措施恰相呼应,即是说前者是后者的苟合取容。我们看《汉书》载仲舒对策是怎样揣摩武帝的意思就明白这理。但反映了大一统的神学思想,既经发出之后,则又成了最高地主的政治斗争的原理。例如建元元年所作第三策,其由息灭"邪辟之说"而求"一统纪""明法度"的政治逻辑,到了二十余年之后(公元前140—115年)的元鼎年间,尚为武帝所实际运用:

一、元狩元年冬……十一月,淮南王安、衡山王赐谋反,诛,党羽死者数万人。……(二年)夏四月,……诏曰:"……日者淮南、衡山修文学,流货赂,两国接壤,怵于邪说(师古曰:怵,或体訹字耳,讠者诱也),而造篡弒。"(《汉书·武帝纪》)

二、元狩六年夏……六月,……遣博士大等六人,分循行天下,存问鳏寡废疾无以自振业者,贷与之。……元鼎二年……夏,大水,关东饿民以千数。秋九月,……遣博士中等,分循行,谕告所抵,无令重困,吏民有振救饥民免其厄者,具举以闻。(同上)

据例一可知:统制思想乃所以绝"篡弒"而求统一。在董生著作中有近百条《春秋》传记,而言之重复其义者,莫要于非僭。《王道》篇说:"臣下上僭,不能禁止,日为之食。……《春秋》异之,以此见悖乱之征。"据例二可知:置儒学博士乃借以向农民说教,使"山泽之民""仁行而从善,义立则俗易。"凡此,都是董仲舒承武帝意旨所演绎的庸俗哲学。《汉书》本传又说：

> "仲舒在家，朝廷如有大议，使使者及廷尉张汤就其家而问
> 之，其对皆有明法。自武帝初立，……而隆儒矣。及仲舒对册
> （策），推明孔氏，抑黜百家，立学校之官，州郡举茂材孝廉，皆自仲
> 舒发之。"

我们前面所说，董仲舒的神学与庸俗哲学是武帝政治的代数学，由
此可得明证。

总之，董仲舒不仅是中世纪神学思想的创建者，而且是封建制思想
统制的发动者；不仅是中世纪正宗思想的理论家，而且是封建政治的实
行家。他的理论，通过了武帝的雄才大略的钦定，实质上确立为神学的
正宗，因此他对古代"子学"作出了否定，为中世纪"经学"开拓了地基。
本传所说"学士皆师尊之"，本传赞所说"为群儒首"，《五行志》所说
"为儒者宗"，皆以此故。

第二节　董仲舒的神学世界观及其天人关系论

武帝时代的统治机构以农村为出发点，礼三老五更，举贤良文学，
表面上是提倡儒学，实质上是提倡神学。为了对付豪强地主阶级妨碍
皇权的集中，特别是为了对付农民的起义，在意识形态上不得不从天上
寻找逻辑的出发点。董仲舒谓"道之大原出于天，天不变，道亦不变"，
正道破此义。

这个作为上帝的"天"，是人按照宇宙的客观程序拟制的，而神学
则颠倒过来，反而说"天"为"道之大原"；这个作为上帝的"天"是"圣
人"按照自己的主观意图造作出来的，而神学则颠倒过来，反而说"圣
人法天"。单就此点而论，董仲舒的思想体系，已显然是被颠倒了的世
界意识，这种颠倒的虚伪形式，我们在后面就要指出，乃是神学目的论
的形式。

我们首先要究明的是，董仲舒所说的"天"究竟是什么样的天？

《春秋繁露》中的"天",有时虽泛指那种没有物质内容的数的总和(如卷十七《天地阴阳》篇所说:"天、地、阴、阳、木、火、土、金、水,九;与人而十者,天之数毕也"),但此等"天"字,皆不关重要;他的中心思想,所谓"道之大原"所从"出"的"天",显系有神圣性的上帝。

董仲舒迎合武帝法定"大一统"的帝国所应有的"大一统"的世界宗教的雄图,把"天"装点成至高无上、主宰人间的、有人格、有道德意志的神。这种迎合,不仅可以从社会意义看出来,而且在他们君臣问答之间就显示出来。武帝在天人对策中向董仲舒所发的问题,其中就包括了答案,"三代受命,其符安在? 灾异之变,何缘而起? 性命之情,……未烛其理,……何修何饰,而膏露降、百谷登?"(《汉书》本传)这即是说,宇宙内的一切,从自然、社会以至人类,都是照着天的目的意志而显现的。在这里,问题不在于"天"是否绝对排斥作为自然界的形象和属性,而在于怎样由上帝创造它们。明显地董仲舒的答案是:这些形象与属性已经不是作为自然而然的存在去理解,而是颠倒过来作为"天"的有目的的安排去理解,天的自然性一旦被赋予目的性,就必然在神学家手中成为圣光的外射。例如,天是高高在上的,无形而有光的,这本来是人们在感觉中所获得的自然的粗率的表象。但董仲舒却用神学家的头脑解释道:"天"之所以赋予它自身以这样的形象和属性,正足以证明"天"有一个目的,甚至这个目的之内还含有道德的动机。他说:

> "天高其位而下其施,藏其形而见其光(按这里一开始便把"天"当做有意志的神来表述,接着便解释他对天意的窥察)。高其位,所以为尊也;下其施,所以为仁也;藏其形,所以为神,见其光,所以为明,故位尊而施仁,藏形而见光者,天之行也。"(《离合根》)

高高在上,证明"天"有一个要使自己"尊"的目的;无形,证明"天"有一个要使自己"神"的目的;有光,证明"天"有一个要使自己"明"的目的。这就把自然的天加以目的论化而使之成为宗教的"天"了。必须指出,这种手法与其说是为了神化"天",毋宁说是为了对俗世的皇帝

暗示人主所应遵守的"天启的"道德诫令。按照"圣人法天"的公式,董
仲舒立即由天国转到人间,由上帝转到人主:

> "为人主者法天之行,是故内深藏所以为神,外博观所以为明
> 也,任群贤所以为受成,乃不自劳于事,所以为尊也,泛爱群生,不
> 以喜怒赏罚,所以为仁也。"(《离合根》)

> "天积众精以自刚,圣人积众贤以自强,天序日月星辰以自
> 光,圣人序爵禄以自明。"(《立元神》)

董仲舒便是这样从"天"的目的意志中找到了人主所应遵循的道德法,
并且从人主所需要的道德法中窥见"天"的目的意志。如果说,基督教
有圣父、圣子、圣灵的三位一体,佛教有佛、法、僧"三宝"的三位一体,
那末董仲舒所企图提供的正是天、道、圣人的三位一体——在这里,圣
人是天子,道德是国家的事务;于是,皇权与教权、神学的教义与国家的
法权便绝对地统一起来,东方的中古封建制政权获得了东方的宗教圣
光的点染。

按照宗教的必然的逻辑归宿,"天"归根到底是一个仁慈的造物
主、宇宙万物的创造者、一切神的君长。董仲舒对这一点有充分的自
觉。他努力把"天"扮演成这样的角色:自然界的万物——包括人在
内,都是天的有目的的创造活动的产物,所以,"天者,群物之祖也,故
遍复包函而无所殊"(《天人三策》),"天者万物之祖,万物非天不生"
(《顺命》)。在董仲舒看来,"天"为了人而创造万物,这是天意之仁的
证件:

> "生育养长成而更生,终而复始其事,所以利活民者无已。天
> 虽不言,其欲赡足之意可见也。古之圣人,见天意之厚于人也,故
> 南面而君天下,必以兼利之。"(《诸侯》)

> "天地之生万物也,以养人,故其可食者以养身体,其可威者
> 以为容服。"(《服制象》)

> "昊天生五谷以养人。"(《求雨》)

不宁唯是,"天"在创造人时还别具这样的苦心:"天之生人也,使之生

义与利,利以养其体,义以养其心。"(《身之养重于义》)这就把人的道德也归之于天启的目的论的范畴了。至于"天"按照自己的构造来创造人,我们再在后面详加论述。

自然界的变异,在董仲舒看来,正是天的有目的的、而且很有分寸的仁慈的措施:

"天地之物,有不常之变者,谓之异,小者谓之灾。灾常先至而异乃随之。灾者,天之谴也;异者,天之威也;谴之而不知,乃畏之以威。……凡灾异之本,尽生于国家之失,国家之失乃始萌芽,而天出灾害以谴告之,谴告之而不知变,乃为怪异以惊骇之,惊骇之尚不知畏恐,其殃咎乃至。以此见天意之仁而不欲陷人也。"(《必仁且知》)

这便是西汉神学思想中重要的构成部分——谴告论。董仲舒在其著名的《天人三策》中更大谈作为天人感应的谴告与祥瑞:

"《春秋》之中,视前世已行之事,以观天人相与之际,甚可畏也。国家将有失道之败,而天乃先出灾害以谴告之;不知自省,又出怪异以警惧之,尚不知变,而伤败乃至。以此见天心之仁爱人君,而欲止其乱也。自非大亡道之世者,天尽欲扶持而全安之,事在强勉而已矣。……故治乱废兴在于己,非天降命,不可得反(原作'不得可反',兹据刘敞校改),……天之所大奉使之王者,必有非人力所能致而自至者,此受命之符也。天下之人,同心归之,若归父母,故天瑞应诚而至。《书》曰:白鱼入于王舟,有火复于王屋,流为乌,此盖受命之符也。……及至后世,淫佚衰微,不能统理群生,诸侯背畔,残贼良民,以争壤土,废德教而任刑罚,刑罚不中则生邪气,邪气积于下,怨恶畜于上,上下不和,则阴阳缪盭而妖孽生矣,此灾异所缘而起也。"(《汉书》本传)

这种天人感应论,在宗教上是天的神权的最高证件,而在俗世中则是皇权的最高护符。"天"对人君是"仁爱"的。一方面,"天瑞"与灾异皆以人君是否"强勉行道"为转移,此与西周"以德配天"的思想同属一型。西周的天道观,本是古代维新路线所保留的氏族制残余,而其至中世纪的复活,正是否定之否定的范例之一。另一方面,这种宗教的意识形态,通过中央专制主义的法律制度的上层建筑,就替中国封建社会的土地国有制形式这一经济基础服务。因为神权、皇权和土地独占权(详后面土兼五行说)是一体的。天的降祥,可以欺骗人民,威胁豪族地主,使他们幻想最高统治者人君的"专制"(参看《白虎通义》)是怎样地合理的"合法";天的降威,同样可以使他们幻想这种"专制"又是怎样地不合理的"合法",因而合理的和不合理的存在,在绝对皇权那里都是合法的。

　　"天"既然是宇宙的主宰,则宇宙的构造及其运动当然也出于天的道德与意志。因此,在把"天"目的论化的同时,董仲舒无可避免地要处理阴阳、四时、五行的宇宙图式。这一图式在其神秘化的过程中,和朴素的唯物主义的五行说之为驺衍之流唯心主义化一样,把自然史过程愈来愈多地涂上了神怪的色彩,愈来愈紧密地与宗教相结合。这即是说,他把不是目的论的体系弄成自然律与道德律的统一形式,把各种各样的四时教令(如《吕览·十二纪》以至《淮南·时则训》)比附成道德的形式。阴阳五行的宇宙图式,本来就具有极度的宽广性,从阴阳的消长而言,可以解释时空内的一切变动,表征一切事物的物理的以至伦理的相反相成的属性;从时间的系统而言,可以由春秋推至四时、二十四节以至细分至十二干支;从空间的系统而言,可以由四方推至八隅、六合;从五行的系统而言,可以囊括一切事物的对应属性及其相互关系。在每一系统的相应性上含有无限的比附性的可能。正由于这一点,无需多大困难,就可以在自然时空的系统外,另辟伦理道德以至政治法制等等的系统,而与其他的系统并列对应起来,这一无所不包的宽广性本身已为唯心主义与神秘主义洞开了大门。然而,这一神秘的宇宙图式,是自然的而非意志的,是机械的而非目的的,要把这一宇宙图式的"天"与宗教的"天"调和起来,那就必然须把这一整个图式目的论化,须把其间烦琐的、细节上的、神秘的比附提到宗教的神性的体系上来。董仲舒理论的历史任务便是如此。

神学的目的论在形态上往往是伦理的目的论,因此,把阴阳、四时、五行的宇宙图式目的论化同时也必然是使之伦理的目的论化。这里,我们且不去详细论述董仲舒对这一宇宙图式的烦琐的配合——这种配合多半不是他的创见,他只是从其先行者已积累的材料加以神学的调剂而已。这种调剂,本源上是以君臣、父子、夫妇的中世纪编制为范本类推而出,但它一经成立之后,又转为历史观、政治论、人性论及伦理学的根据,因此,这一宇宙图式乃是董仲舒神学体系中不可缺少的一环,不能不予以较详细的分析。

董仲舒吸取了驺衍的思想,在《春秋繁露》的《五行相生》篇中写道:"天地之气合而为一,分为阴阳,判为四时,列为五行。"这是一个古老的宇宙图式,单从这一图式看,我们还不能知道它是唯物主义的自然观,还是神学的目的论。因此,我们必须追究他对这一图式的目的论的解释:

董仲舒写道:"阴,刑气也,阳,德气也"。阴阳流转而成四时,四时兼有"天"的刑德的状貌、措施,由此转入明白清楚的对"天"的意志的描述:

"春之为言,犹偆偆也;秋之为言,犹湫湫也,偆偆者喜乐之貌也,湫湫者,忧悲之状也。"(《阳尊阴卑》)

"春气爱,秋气严,夏气乐,冬气哀。爱气以生物,严气以成功,乐气以养生,哀气以丧终,天之志也。是故春气暖者,天之所以爱而生之,秋气清者,天之所以严而成之,夏气温者,天之所以乐而养之,冬气寒者,天之所以哀而藏之。"(同上)

"阳至其休而入化于地,阴至其伏而避德于下,是故夏出长于上,冬入化于下者,阳也,夏入守虚地于下,冬出守虚位于上者,阴也,阳出实入实,阴出空入空,天之任阳不任阴,好德不好刑,如是也。"(《阴阳位》)

天的四时的安排,既然对万物都具有刑德的目的性,同时又具有道德的动机，"是故先爱而后严，乐生而哀终，天之当也，……是故天数右阳而不右阴，务德而不务刑"（《阳尊阴卑》），这样便由自然范畴而达到德性范畴，复由神学范畴达到中世纪的封建编制的范畴，"故四时之比，父子之道，天地之志，君臣之义也"，而阴阳在刑德的对应上则归结为"理人之法"。因为"刑之不可任以成世也，犹阴不可任以成岁也，为政而任刑，谓之逆天，非王道也"。必须指出，董仲舒既然认定阴为天之刑，阳为天之德，于是他就把驺衍的宗教思想和儒家的庸俗哲学混合起来，使统治阶级的德治主义取得了神学的证明。汉武帝的政治是"阴法阳儒"，董仲舒的神学正是给这个政治涂上了上帝的油漆。

阴阳与四时相配，同时又与四方相配，这种关联，董仲舒同样作了目的论的说明。我们且先看他说的阴阳流转与四时合配的空间关系：

> "阳气始出东北而南行，就其位也，西转而北入，藏其休也。阴气始东南而北行，亦就其位也，西转而南入，屏其服也。是故阳以南方为位，以北方为休；阴以北方为位，以南方为休。阳至其位而大暑热，阴至其位而大寒冻。"（《阴阳位》）

在董仲舒看来，"天"对于阴阳流转所至的时空关系的确定，同样具有鲜明的伦理的目的性：

> "是故天以阴为权，以阳为经，阳出而南，阴出而北，经用于盛，权用于末，以此见天之显经隐权，前德而后刑也。"（《王道通三》）

阴阳在四时之内有出入上下，在四方之内又有终始，这在董仲舒是有专篇论述的，而阴阳在四时四方之内逆行所至，更产生了五行。我们且从三方面来考察董仲舒的五行论：

一、董仲舒在五行中看出了天意的有经有权的安排："故至春，少阳东出就木与之俱生；至夏，太阳南出就火与之俱暖，此非各就其类而与之相起与？少阳就木，太阳就火，火木相称，各就其正，此非正其伦与？至于秋时少阴兴而不得以秋从金，从金而伤火功，虽不得以从金，亦以秋出于东方，偝其处而适其事，以成岁功，此非权与？……是故天之道有伦、有经、有权。"（《阴阳终始》）而天具有显经隐权的目的，则已见上述。

二、董仲舒所谓五行，即《五行之义》篇所说："一曰木，二曰火，三曰土，四曰金，五曰水。木，五行之始也；水，五行之终也；土，五行之中也；此其天次之序也。"关于五行的时空配置，董仲舒以为，"木居左，金居右，火居前，水居后，土居中央。"具体言之，即"木居东方而主春气，火居南方而主夏气，金居西方而主秋气，水居北方而主冬气，……土居中央，谓之天润"。至于五行的相互关系，董仲舒以为有两种相反的法则，即"比相生"与"间相胜"。所谓"比相生"者，即木生火，火生土，土生金，金生水，水生木（《五行相生》）；所谓"间相胜"者，即金胜木，水胜火，木胜土，火胜金，土胜水（《五行相胜》）。所有此种相生相胜的关系，则由于"木主生而金主杀，火主暑而水主寒，……土者，天之股肱也，其德茂美，不可名以一时之事。故五行而四时者，土兼之也，金木水火虽各职，不因土方不立"（《五行之义》）。这里，可注意的是："土"的位置是突出的，"中央"这一职方也是突出的。"天"既然安排好这样的中央地主，"法天"的实践意义就比较明白了，后来的《白虎通义》对此点更有发挥。

三、董仲舒又从另一角度大谈五行相生的道德意义，五行是一种永恒的秩序："此其父子之序，相受而布，是故木受水，而火受木，土受火，而金受土，水受金也。诸授之者皆其父也，受之者皆其子也。常因其父，以使其子，天之道也。是故木已生而火养之，金已死而水藏之，火乐木而养以阳，水克金而丧以阴，土之事天竭其忠，故五行者，乃孝子忠臣之行也。"（《五行之义》）

此外，董仲舒对于天人关系的见解，在这里也应特别叙述。因为这是董仲舒由其世界观过渡到其历史观、伦理学、政治论及政治主张的桥梁。首先，董仲舒以为人类的存在，是宇宙自身完成的不可或缺的基本构成部分。其理由有二。第一，是因为"天、地、阴、阳、木、火、土、金、水，九，与人而十者，天之数毕也，故数者至十而止，……天至于人而毕"(《天地阴阳》)。第二,是因为"人之(为)人,本于天。天亦人之曾祖父也,此人之所以乃上类天也。人之形体,化天数而成,人之血气,化天志而仁;人之德行,化天理而义;人之好恶,化天之暖清;人之喜怒,化天之寒暑。"(《为人者天》)于是,人类在万物之中,最为高贵。所以说:"人受命于天,固超然异于群生,人有父子兄弟之亲,出有君臣上下之谊,会聚相遇则有耆老长幼之施,粲然有文以相接,欢然有恩以相爱,此人之所以贵也。生五谷以食之,桑麻以衣之,六畜以养之,服牛乘马,圈豹槛虎,是其得天之灵,贵于物也,故孔子曰:'天地之性人为贵'。明于天性,知自贵于物,知自贵于物然后知仁谊,知仁谊然后重礼节,重礼节然后安处善,安处善然后乐循理,乐循理然后谓之君子,故孔子曰:'不知命亡以为君子',此之谓也。"(《汉书》本传)这是因为宇宙的主宰者——天,按照自己的构造,创作了人类,使之灵长万物,代行自己的意志。所以在《人副天数》篇说道:"天地之精所以生物者,莫贵于人。人,受命于天也;故超然有以倚(高物)。物疢疾莫能为仁义,唯人独能为仁义;物疢疾莫能偶天地,唯人独能偶天地。人有三百六十节,偶天之数也;形体骨肉,偶地之厚也;上有耳目聪明,日月之象也;体有空窍理脉,川谷之象也;心有哀乐喜怒,神气之类也。观人之体,一何高物之甚而类于天也!……是故凡物之形,莫不优从旁折天地而行,人犹题(颋)直立端尚(向),正正当之,是故所取天地少者旁折之,所取天地多者正当之;此见人之绝于物而参天地。是故人之身,首妛员,象天容也;发,象星辰也;耳目戾戾,象日月也;鼻口呼吸,象风气也;胸中达知,象神明也;腹胞实虚,象百物也。……天以终岁之数,成人之身。故小节三百六十六,副日数也;大节十二分,副月数也;内有五脏,副五行数也;外有四肢,副四时数也;乍视乍瞑,副昼夜也;乍刚乍柔,副冬夏也;乍哀乍乐,副阴阳也;心有计虑,副度数也;行有伦理,副天地也。此皆暗肤(虑)著身,与人俱生,比而偶之弇合。于其可数也副数,不可数者副类,皆当同而副天一也。"这样,作为天的创造物的人类,在宇宙中的位置是异常重要的。所以董仲舒在《立元神》篇又说道:"天地人,万物之本也;天生之,地养之,人成之。……三者相为手足,合以成体,不可一无也。"但是,人类虽是天之骄子,有"绝于物而参天地"的特权,却只能顺天之命,而不能逆天之志,这在《春秋繁露》中,像一根红线一样的贯穿着全部。在这里,如果我们知道了董仲舒的"人"的实质所指即是统治世间的"天子",则其世界观里的天人关系论之实践意义及其中世纪的奴婢哲学的本质,将更为明白。因为天人感应的"人",不是一个自然人,而是人的头脑的领袖又是所谓"圣人",而圣人的位置又是三代圣王,是最高统治者。汉代皇帝应该是这样的"人"。

第三节　董仲舒的历史观、伦理学、人性论及其政治思想

董仲舒根据着上述的世界观及其天人关系论而到达于历史观、伦理学、人性论及政治论,正如物体循力学法则而下落坠地一样的自然。

第一,他根据着"天之道终而复始"的循环论,建立起黑白赤三统说的互相交替循环的历史哲学(《三代改制质文》篇)。在这种历史观中,以夏为黑统,尚黑色;商为白统,尚白色;周为赤统,尚赤色;继周而起的王朝,应反转来为黑统而尚黑色;而且此三统又与"四法",即商夏质文,互相交错,至十二世而完成历史的一大循环。中国封建制社会的政治风云之不断的起伏并没有改变了其生产方式,相反地又在旧的基础上重新反复,这种历史传统在董仲舒思想中首先取得了"合理"的说明,他代表了中世纪正宗思想的首创者。董仲舒历史观中的三统说与当时流行的五德说,不但有其承借关联,而且同是儒学和神秘五行说的混合种。根据这种历史观,既然承认历史变迁的形式并没有改变其实质,那么也就可以归结到"凡是现实的都是合理的"之迎合权威的结论,所以它对于当时业经形成的中央集权的专制主义的汉代王室支配,自然具有着积极的巩固作用。

第二,董仲舒又根据其"王道任阳不任阴"——"阳尊阴卑"的世界

观,建立起"三纲五纪"的伦理学。他在《基义》篇说:"凡物必有合,合必有上、必有下、必有左、必有右、必有前、必有后、必有表、必有里,有美必有恶,有顺必有逆,有喜必有怒,有寒必有暑,有昼必有夜,此皆其合也。阴者阳之合,妻者夫之合,子者父之合,臣者君之合,物莫无合,而合各有阴阳。……君臣父子夫妇之义,皆取诸阴阳之道。君为阳,臣为阴;父为阳,子为阴;夫为阳,妻为阴。阴道无所独行,其始也不得专起,其终也不得分功,有所兼之义。是故臣兼功于君,子兼功于父,妻兼功于夫,阴兼功于阳。……阳之出也,常县于前而任事;阴之出也,常县于后而守空处,而见天之亲阳而疏阴,任德而不任刑也。是故仁义制度之数,尽取之天;天为君而复露之,地为臣而持载之,阳为夫而生之,阴为妇而助之,春为父而生之,夏为子而养之,……王道之三纲,可求之于天,天出阳为暖以生之,地出阴为清以成之。……然而,计其多少之分,则暖暑居百,而清寒居一,德教其与刑罚,犹此也。故圣人多其爱而少其严,厚其德而简其刑,以此配天。"由此观之,不惟"三纲五纪"的伦理,而且专制主义的阴法阳儒的政治都同样在董仲舒的体系中,获得了神学的根据,使神权、皇权和父权三者的关系成为封建主义的合理的天然配合。

第三,董仲舒又根据其神学的天道观念,把王者规定成为承天命统治人民而完成天的意志的最高地主。他说:"夫万民之从利也,如水之走下,不以教化堤防之,不能止也。"又说:"天令之谓命,命非圣人不行;质朴之谓性,性非教化不成;人欲之谓情,情非度制不节;是故王者上谨于承天意以顺命也,下务明教化民以成性也。正法度之宜,别上下之序,以防欲也。修此三者,而大本举矣。"他在《王道通三》篇中,更神秘地说道:"古之造文者,三画而连其中谓之王。三画者,天地与人也,而连其中者,通其道也。取天地与人之中,以为贯而参通之,非王者孰能当是? 是故王者唯天之施(法),施(法)其时而成之(□□),法其命而循之诸人,法其数而以起事,治其道而以出法,(法其道而以出)治,(法)其志而归之于仁",这样,又从神秘主义的文字学上,神圣化了汉代的专制统治权。《玉杯》篇说:"《春秋》之法,以人随君,以君随天。曰缘民臣之心不可一日无君,一日不可无君,而犹三年称子者,为君心之未当立也。此非以人随君邪? 孝子之心,三年不当,三年不当,而逾年即位者,与天数俱终始也。此非以君随天邪? 故屈民而伸君,屈君而伸天,《春秋》之大义也。"这里所导出的神学政治的结论,依然是封建专制的护符。

第四,董仲舒更以"屈民而伸君"为根据,使社会的阶级秩序绝对化,使社会等级制度宗教化,以隐蔽阶级的对立。他说:"吾闻圣王所取仪金(法)天之大经,三起而成,四转而终。官制亦然者,此其仪与? 三人而为一选,仪于三月而为一时也;四选而止,仪于四时而终也。三公者,王之所以自持也;天以三成之,王以三自持。……备天数以参事,治谨于道之意也。……天有四时,时、三月;王有四选,选、三臣。是故有孟有仲有季,一时之情也;有上有中有下,一选之情也。……人之材固有四选,如天之时固有四变也。……尽人之变合之天,唯圣人者能之,所以立王事也。……故一岁之中有四时,一时之中有三长,天之节也;人生于天而体天之节,故亦有大小厚薄之变,人之气也。先王因人之气而分其变,以为四选;是故三公之位,圣人之选也;三卿之位,君子之选也;三大夫之位,善人之选也;三士之位,正直之选也。分人之变,以为四选,选立三臣,如天之分岁之变,以为四时,时有三节也。天以四时之选,与十二节相合而成就岁;王以四位之选,与十二臣相砥砺而致极。道必极其所致,然后能得天地之美也。"(《官制象天》)这样,封建制社会的绝对王国就和天上的神国一致了。武帝这个"圣王"的法律即是天经。

第五,董仲舒根据着天道不能有阳而无阴的原理,又规定人民之性叫做"瞑",只有统治者的教化而后可善,此点除前引本传"夫万民之从利也如水之走下"而外,在《深察名号》篇又说:

"今世暗于性,言之者不同,胡不试反性之名? 性之名非生与? 如其生之自然之资谓之性,性者质也;诘性之质于善之名,能中之与？既不能中矣，而尚谓之质善何哉？性之名不得离质，离质如毛，则非性已，不可不察也。《春秋》辨物之理以正其名，名物如其真，不失秋毫之末。故名贯石则后其五，言退鹢则先其六，圣人之谨于正名，如此。君子于其言无所苟而已，五石六鹢之辞是也。栣众恶于内，弗使得发于外者，心也；故心之为名栣也。人之受气，苟无恶者，心何栣哉？吾以心之名，得人之诚，人之诚有贪有仁，仁贪之气，两在于身。身之名取诸天，天两有阴阳之施，身亦两有贪仁之性，天有阴阳禁，身有情欲栣，与天道一也。是以阴之行不得干春夏，而月之魄常厌于日光，乍全乍伤，天之禁阴如此，安得不损其欲而辍其情以应天？天所禁而身禁之，故曰身犹天也。禁天所禁，非禁天也，必知天性，不乘于教终不能栣。察实以为名，无教之时，性……何据若是？故性比于禾，善比于米；米出禾中，而禾未可全为米也；善出性中，而性未可全为善也。善与米，人之所继天而成于外，非在天所为之内也。天之所为，有所至而止；止之内谓之天性，止之外谓之人事，事在性外，而性不得不成德。民之号，取之瞑也。使性而已善，则何故以瞑为号？以霣者，言弗扶则将颠陷猖狂，安能善？性有似目，目卧幽而瞑，待觉而后见；当其未觉，可谓有见质，而不可谓见。今万民之性，有其质而未能觉，譬如瞑者待觉，教之然后善；当其未觉，可谓有善质，而不可谓善。与目之瞑而觉一概之比也。静心徐察之，其言可见矣。性而瞑之未觉，天所为也。效天所为，为之起号，故谓之民。民之为言，固犹瞑也。随其名号以入其理，则得之矣。是正名号者于天地，天地之所生，谓之性情，性情相与为一，瞑情亦性也，谓性已善，奈其情何？故圣人莫谓性善，累其名也。身之有性情也，若天之有阴阳也。言人之质而无其情，犹言天之阳而无其阴也。穷论者无时受也，名性不以上，不以下，以其中名之。性如茧如卵，卵待复而为雏，茧待缲而为丝，性待教而为善，此之谓真天。天生民性，有善质而未能善，于是为之立王以善之，此天意也。民受未能善之性于天，而退受成性之教于王,王承天意,以成民之性为任者也。今案其真质,而谓民性已善者,是失天意而去王任也。万民之性苟已善,则王者受命尚何任也?其设名不正,故弃重任而违大命,非法言也。《春秋》之辞,内事之待外者从外言之。今万民之性,待外教然后能善,善当与教,不当与性;与性则多累而不精,自成功而无贤圣,此世长者之所误出也,非《春秋》为辞之术也。不法之言,无验之说,君子之所外;何以为哉?或曰:性有善端,心有善质,尚安非善?应之曰:非也。茧有丝而茧非丝也,卵有雏而卵非雏也,比类率然,有何疑焉?天生民有六经,言性者不当异然。其或曰:性也善。或曰:性未善。则所谓善者各异意也。性有善端,动之爱父母,善于禽兽,则谓之善,此孟子之善。循三纲五纪,通八端之理,忠信而博爱,敦厚而好礼,乃可谓善,此圣人之善也。是故孔子曰:善人吾不得而见之,得见有常者斯可矣。由是观之,圣人之所谓善,未易当也。非善于禽兽则谓之善也;使动其端善于禽兽则可谓之善,善奚为弗见也?夫善于禽兽之未得为善也,犹知于草木而不得名知,万民之性,善于禽兽而不得名善。知之名乃取之圣,圣人之所命,天下以为正;正朝夕者视北辰,正嫌疑者视圣人。圣人以为无王之世,不教之民,莫能当善;善之难当如此,而谓万民之性,皆能当之,过矣。质于禽兽之性,则万民之性善矣;质于人道之善,则民性弗及也。万民之性善于禽兽者,许之;圣人之所谓善者,勿许。吾质之命性者异孟子;孟子下质于禽兽之所为,故曰性已善;吾上质于圣人之所善,故谓性未善,善过性,圣人过善。《春秋》大元,故谨于正名。名非所始,如之何谓未善已善也?"

就上引资料加以分析,有下列各点应加注意:

一、与孟子性善说以及荀子性恶说不同,董仲舒提出了自己的性三品说。其所谓"名性不以上,不以下,以其中名之",即以性三品说为前提而发。人性的上中下三品,即《实性》篇所说"圣人之性"、"中民之性"及"斗筲之性"。这种三品说的荒谬,在于他把统治阶级的人性划为"善",而把贫贱的被统治阶级的人性划为"恶"。

二、董仲舒的性三品说与孔子"性相近,习相远,惟上智与下愚不移"之义颇有承借关系。但孔子的"上智与下愚不移",是古代国民阶级未长成而氏族贵族尚在支配的"别贵贱"意识,而董仲舒的三品说则是从人性理论上抬高封建主阶级的地位,以巩固支配阶级的统治和消除社会的矛盾。

三、"善过性,圣人过善","中民之性"只有在圣王教化之下才可以为善,而不可以教化及于圣。在这里,孟子"人皆可以为尧、舜"及荀子"涂之人皆可以为禹"之古代自由人平等思想同被否认;"过善"的"圣人"之不可及,正是封建专制的统治者的神圣化、政权的绝对化及其超经济剥削的合理化之理论根据。

四、最恶心的是他对万民之性的论述,所谓"民之为言固犹瞑也"的命题,是古代奴隶定义的中世纪再版,所不同的仅在于农奴须待教化而已。他的教化论还不能和"人性依存于教育"的命题相提并论,因为他提出了神学人性论:"王承天意,以成民之性为任者也","万民之性苟已善,则王者受命尚何任也?"在所谓"谓民性已善者,是失天意而去王任也"的命题里,一方面显示了汉初"与民休息"的放任政策必需结束,另一方面又强调着统治人民须赖强力的政策。被统治阶级之依附于统治阶级以及农民之依附于地主阶级,在天意所授的人性里早有根据了。于是封建的隶属关系成为天意的表现。

五、董仲舒之证成其性三品说,一则说"如毛",二则说"与天道一也",三则说"性比于禾,善比于米",四则说"性有似目",五则说"性如茧如卵",六则说"比类皆然",七则说"善于禽兽之未得为善也,犹知于草木而不得名知";凡此云云,在方法上皆与孟子的"无类"逻辑比附方法同属一型。

总之,人类是"天"所创造,"使行仁义而羞可耻"(《竹林》)的傀儡,所以它的权利与义务,只能顺"天"而不能逆"天"。王者的一切措施,既然悉系上承于天意,则其专制自为的生杀予夺,自然是"春露秋霜,皆出圣恩"。所以董仲舒的宗教化的唯心主义体系,能与汉代的中央集权的专制主义,发生牢固的依存关系,在逻辑上,实有其必然的基础。由此我们可以知道:中世纪正宗的历史观、伦理学、人性论及政治主张必然以神学的世界观为其立足的地盘。

第四节　董仲舒的知识论及其逻辑思想

从文字形式上看,董仲舒的著作里(如本传所载的《天人三策》及流传于今的《春秋繁露》,其《公羊决狱》早经散失),保留着以宇宙为对象的自然知识;如"天地"、"山川"、"风雨"、"阴阳"、"五行"、"四时"等范畴,几于无处无之,且均占有着立论前提的地位,似甚重要。但从思想实质上看,董仲舒的唯心主义的知识论实为儒学庸俗化的典型。兹分别言之:

第一,以自然认识"非圣人所欲说",乃"君子之所甚恶"。例如:

"能说鸟兽之类者,非圣人所欲说也。圣人所欲说在于说仁义而理之,知其分科条别,贯所附,明其义之所审,勿使嫌疑,是乃圣人之所贵而已矣。不然,传(傅)于众辞,观于众物,说不急之言,而以惑后进者,君子之所甚恶也,奚以为哉?圣人思虑不厌,昼日继之以夜,然后万物察者,仁义矣。由此言之,尚自为得之哉?"(《重政》)

这样看来,物质存在的第一性认识,便成了"惑后进"的无益之论,只有从圣人主观的道德观方面出发,才是认识的正途。

第二,理性(智)的极则在于"奉天而法古"并向先王看齐("览先王"),而以"不诎上"和"不危身"为判断是非的尺度。所以说:

"义不诎上,智不危身;故远者以义讳,近者以智畏。畏与义兼,则世愈近而言愈谨矣。……《春秋》之道,奉天而法古。是故虽有巧手,弗修规矩不能正方圆;虽有察耳,不吹六律不能定五音;虽有知(智)心,不览先王不能平天下。然则,先王之遗道,亦天下

之规矩六律已。"（《楚庄王》）

一切知识活动都在讳忌敬畏之中，封建主义的教条"规矩"是最高的戒律。

因此，认识的目的不在暴露真实，求得真知，而在于向政治的及道德的要求屈服。从这种曲解了客观世界的知识（"讳"与"畏"）也合于"义"看来，这正是缙绅先生作风复活的知识论的基本特征。

"义不讪上"和"智不危身"的知识领域的清规更有具体的说明，详见于《楚庄王》篇。他以"《春秋》分十二世，以为三等，有见；有闻；有传闻。有见三世；有闻四世；有传闻五世。……所见六十一年，所闻八十五年，所传闻九十六年"。他据此说孔子有"所见异辞，所闻异辞，所传闻异辞"所谓三世异辞，立为张三世之法。立言既然要"义不讪上"并"智不危身"，于是他说："于所见微其辞，于所闻痛其祸，于传闻杀其恩，与情俱也。"（同上）这就是说，孔子在其生世哀、定、昭的记事，措辞宜慎重隐微，不妨把事实加以曲书，故说"于所见微其辞"；对于襄、成、宣、文之世之所闻，和自己时代接近，记事须渗透主观的恩爱，故说"于所闻痛其祸"；至于僖、闵、庄、桓、隐之世，相去自己生世已远，记事就不妨胆大直率，讥刺无用顾忌了，故说"于传闻杀其恩，与情俱也"。这是何等唯心所欲的历史方法论！我们拿董说去和司马迁的观点对照一下，就知道唯心主义和唯物主义的斗争了。

同时，正因为在封建的政治与道德以及情感之上赋予了限制知识发展的合法权利，所以董仲舒知识论里的自然范畴，其现象与本质是常相矛盾的。此即是说，从现象看，表现为"天道本来如此，因而人道不得不如此"的语法，而本质上则为"人道是如此，所以天道也应当如此"的逻辑推断。在此处，"人是宇宙的立法者"，其所说的自然法则，皆非出于客观的研究，而是出于主观的比附，是一种由比附而成的拟人主义的系统。例如：

"凡执贽，天子用畼（鬯），公侯用玉，卿用羔，大夫用雁。雁乃有类于长者：长者在民上，必施然有先后之随，必俶然有行列之治；

故大夫以为贽。……羔有角而不任,设备而不用,类好仁者;执之不鸣,杀之不谛(啼),类死义者;羔食于其母,必跪而受之,类知礼者,……故卿以为贽。玉有似君子:……玉至清而不蔽其恶,内有瑕秽必见之于外;故君子不隐其短,不知则问,不能则学,取之玉也。君子比之玉:玉润而不污,是仁而至清洁也;廉而不杀,是义而不害也;坚而不磿(硁、磨),过而不濡,视之如庸,展之如石,状如石搔而不可从绕,洁白如素而不受污,玉类备(德)者,故公侯以为贽。畅有似于圣人者:纯仁淳粹,而有知之贵也,择于身者尽为德音,发于事者尽为润泽,积美阳芬香以通之天;畅亦取百香之心,独末之合之为一。而达其臭气畅于天("于天"原作"天子"),其淳粹无择与圣人一也,故天子以为贽,而各以事上也。"(《执贽》)

董仲舒在雁、羔、玉、畅的习性及化学物理构造上,一一看出了道德等级的意义,显然是意识决定存在的范例,是唯心主义拟人的比附。在拟人的比附方法里,表现出董仲舒的知识论的神学本质,也显露出地主阶级意识的烙印。劳动人民是不能执"贽"的,他们所用的劳动工具又该怎样比附呢?"天"既然有偏心,那么劳动人民的东西自然是最臭的了。在论董仲舒的神学世界观时,我们曾说,它是以当时君臣父子的中世纪编制为模型而创出其宇宙构造及万物性质,正与此处所说的神学的知识论相为呼应。

第三,认识在于密察神秘的本体,而不究事物内在的联结。他说:

"其(《春秋》)辞体天之微,故难知也。弗能察,寂若无;能察之,无物不在。是故为《春秋》者,得一端而连之,见一空而博贯之,则天下尽矣。"(《精华》)

然而在二百四十二年春秋时代的杂多现象之中,怎样就能得出"人道浃而王道备"与"万物之聚散皆在于是"的法则呢?这除了具有特别的知识论为前提,绝不会以偏得全的,换言之,二百四十二年的时间包括了千秋万世的行为律,实在是一种非常异义可怪的时间论。他说:

"《春秋》文成数万,其旨数千,万物之散聚皆在《春秋》。"
(《史记·太史公自序》引)

"《春秋》论十二世之事,人道浃而王道备,法布二百四十二年之中,相为左右,以成文采,其居参差,非袭古也。是故论《春秋》者,合而通之,缘而求之,伍其比,偶其类,览其绪,屠其赘,是以人道浃而王法立。"(《玉杯》)

原来董仲舒所谓伍比偶类、合通缘求而得的东西,正是绝对皇权的"王法"。这个普遍妥当的秩序,完全依靠主观的"志"("欲致精者,必虚静其形,形静志虚者,精气之所趣也"),任自己的意愿感情,去"得一端而连之,见一空而博贯之",丝毫没有客观存在的新事物发展的根据。《公羊》家的认识论观点可谓荒唐已极!

这种伍比偶类的比附的方法,导源于思孟学派和驺衍学派的逻辑。董仲舒承借了孟轲"吾善养吾浩然之气"(参考《循天之道》),也承借甚至放大了思、孟的无类逻辑,同时,驺衍的从经验开始,而转向扩充式的主观的类推逻辑方法,在此处,更循着血缘关系,也同样得到承借与放大。例如:

"今平地注水,去燥就湿;均薪施火,去湿就燥。百物去其所与异,而从其所与同;故气同则会,声比则应,其验皦然也。试调琴瑟而错之,鼓其宫则他宫应之,鼓其商而他商应之;五音比而自鸣,非有神,其数然也。美事召美类,恶事召恶类,类之相应而起也,如马鸣则马应之,牛鸣则牛应之。"

"帝王之将兴也,其美祥亦先见;其将亡也,妖孽亦先见;物故以类相召也。故以龙致雨,以扇逐暑,……天将阴雨,人之病故为之先动,是阴相应而起也。天将欲阴雨,又使人欲睡卧者,阴气也;有忧亦使人卧者,是阴相求也;有喜使人不欲卧者,是阳相索也。水得夜益长数分,东风而酒湛溢,病者至夜而疾益甚。鸡至几明皆鸣而相薄,其气益精。故阳益阳,而阴益阴,阳阴之气,固可以类相益损也。"

"天有阴阳，人亦有阴阳。天地之阴气起，而人之阴气应之而起；人之阴气起，而天地之阴气亦宜应之而起；其道一也。明于此者，欲致雨则动阴以起阴，欲止雨则动阳以起阳。故至雨非神也，而疑于神者，其理微妙也。"

"非独阴阳之气可以类进退也，虽不祥祸福所从生亦由是也；无非己先起之而物以类应之而动者也。故聪明圣神，内视反听，言为明圣。内视反听，故独明圣者知其本心，皆在此耳。"

"故琴瑟报弹其宫，他宫自鸣而应之，此物之以类动者也；其动以声而无形，人不见其动之形，则谓之自鸣也。又相动无形，则谓之自然，其实非自然也，有使之然者矣。物固有实使之，其使之无形。《尚书》传言：周将兴之时，有大赤鸟衔谷之种而集王屋之上者，武王喜，诸大夫皆喜，周公曰：茂哉茂哉。天之见此，以劝之也。"（《同类相动》）

上引一大段，充分表现着思、孟、驺衍型的类概念的滥用。在此处，由于古代逻辑遗产的蓄积及假借，诚然带来一些细节上的积极的部分，如以类为联系的纽带，以种类为差别性的根据。但他的类比的推理，却是思、孟、驺衍的传统，董仲舒处处言类而处处不知类，他是在"类与不类，相与为类"（庄子语）的无类比附中，遂行着上下天人之际的主观牵附。因而，无类的比附逻辑，成了天人感应神学在认识论上的依据。

主观的无类牵附方法，必然导出客观世界为主观自我的外化。所谓"己先起之而物以类应之而动"，所谓"内视反听"，所谓"知其本心"，皆是此义。客观为主观的所生，正是唯心主义的基本命题。在董仲舒论到了宇宙运动问题的时候，一般的否定了事物的自己运动，一切的运动，皆是应外在的"无形"力量的冲击而起。所以说"相动无形，则为之自然；其实非自然也，有使之然者矣。物固有实使之，其使之无形"。在此处，董仲舒的唯心主义遂与机械方法的外因论相会合而为一体。此种作为运动原因的无形力量，董仲舒明言其为"聪明神圣"者的"本心"；再溯上去，就是赋有着智力与意志的人格神（天），武王、周公都能以内心的本心来预知的,所以说"天之见此,以劝之也"。这样,又与有神论及目的论相合流。

从唯心论、外因论、有神论及目的论出发,归纳的推理方法根本无从产生,而只有走上纯演绎的推理方法一途。董仲舒于此,通过了儒家传统的以微知著、因小见大的逻辑,承借了驺衍察机祥的庸俗哲学,而表达自己的演绎推理。例如:

> "《春秋》至意有二端,不本二端之所从起,亦未可与论灾异也,大小微著之分也。夫览求微细于无端之处,诚知小之为大也,微之将为著也。吉凶未形,……故圣人能系心于微而致之著也。是故《春秋》之道,以元之深正天之端,以天之端正王之政,以王之政正诸侯之即位,以诸侯之即位正竟(境)内之治。五者俱正,而化大行。"(《二端》)

此处作演绎推理大前提的范畴叫做"元",这是把武帝的"太一"神唯理化了的东西。董仲舒曾作解释如下:

> "谓一元者,大始也。知元志者(按"知""志"通,应作"知元年者"),大人之所重,小人之所轻。唯圣人能属万物于一而系之元也。……元犹原也,其义以随天地终始也。……故元者,为万物之本,而人之元在焉。安在乎?乃在乎天地之前。(据钱校"错简"定说,移为相接之文。)"(《玉英》、《重政》)

> "《春秋》谓一元之意,一者万物之所从始也,元者辞之所谓大也。谓一为元者,视大始而欲正本也。《春秋》深探其本而反自贵者始,故为人君者正心以正朝廷,正朝廷以正百官,正百官以正万民,正万民以正四方;四方正,远近莫敢不壹于正,而亡有邪气奸其间者。是以阴阳调而风雨时,群生和而万民殖,五谷孰而草木茂。天地之间,被润泽而大丰美;四海之内,闻盛德而皆徕臣。诸福之物,可致之祥,莫不毕至,而王道终矣。"(《汉书》本传)

这样看来,董仲舒所说的"元",无疑地是"太一"神的正名主义的理论范畴。因而其演绎的途径是从一到多、从心到物的波状扩张推理。此一逻辑的推理形式与董仲舒在伦理学上的动机论（"正其谊不谋其利，明其道不计其功"），在法律学上的诛心说，均密切相关。而最重要的，即此种推理的终始程序，完全是当时中央集权主义的统治政术的反映。在"天"有天地之前的"元"、有"太一"，在地下就有帝王的正心，居然"能属万物于一而系之元"，而百官万民就都正于帝王，没有奸邪了！他又说：

> "《春秋》何贵乎元而言之？元者，始也；言本正也，道，王道也；王者，人之始也。王正则元气和顺，风雨时，景星见，黄龙下；王不正则上变天贼气并见。……《春秋》立义，天子祭天地，诸侯祭社稷，诸山川不在封内不祭。有天子在，诸侯不得专地，不得专封，不得专执。天子之大夫不得舞天子之乐，不得致天子之赋，不得适天子之贵。君亲无将，将而诛。大夫不得世，大夫不得废置君命。立适以长不以贤，立子以贵不以长，立夫人以适不以妾。天子不臣母后之党。亲近以来远，未有不先近而致远者也。故内其国而外诸夏，内诸夏而外夷狄，言自近者始也。……明王视于冥冥，听于无声，天复地载，天下万国，莫敢不悉靖供职受命者，不示臣下以知之至也。故道同则不能相先，情同则不能相使；此其教也。由此观之，未有去人君之权能制其势者也，未有贵贱无差能全其位者也。"（《王道》）

> "天下者无患，然后性可善，性可善然后清廉之化流，清廉之化流，然后王道举，礼乐兴，其心在此矣。……故曰立义以明尊卑之分，强干弱枝以明大小之职，别嫌疑之行以明正世之义，采摭托义以矫失礼；善无小而不举，恶无小而不去，以纯其美；别贤不肖以明其尊，亲近以来远，因其国而容天下，名伦等物不失其理，公心以是非，赏善诛恶而王泽洽，始于除患正一而万物备。"（《盟会要》）

上引董仲舒"自近者始"的"王道"政治的推理方法，与孟子"善推其所为"的王道推理，并无二致；故其在逻辑上同样为"无类"的比附，或类概念的滥用。董仲舒所不同于孟子者，在于他的王道观以中世纪中央专制主义（"强干弱枝"）的"国之元"的人君为发动的枢纽，而配于"天"之"元"，复由此导出"天子之赋"和"人君之权"。在这样的理论之下，和土地国有制相矛盾的"专地"就成为不合法的了，武帝专地盗土的法律就理论化了。因此，作为逻辑细胞的概念（"名"），分析到最后，一般的皆在天上寻出了起源。例如：

> "名生于真，非真弗以为名。名者，圣人之所以真物也。名之为言，真也。故凡百讥有黮，黮者各反其真，则黮黮者还昭昭耳。欲审曲直，莫如引绳，欲审是非，莫如引名；名之审于是非也，犹绳之审于曲直也。诘其名实，观其离合，则是非之情不可以相谰已。"（《深察》、《名号》）

此所谓"名生于真"，我们不可望文生义，以为董仲舒是以概念为客观事物的反映；相反地，他所谓"真"，乃是"天意"的别名，"真"与"名"的关系，恰如其所说的"天人之际"。例如：

> "是非之正取之逆顺，逆顺之正取之名号，名号之正取之天地，天地为名号之大义也。古之圣人，谪而效天地谓之号，鸣而命施谓之名，名之为言，鸣与命也。号之为言，谪而效也。谪而效天地者为号，鸣而命者为名。名号异声而同本，皆鸣号而达天意者也。天不言使人发其意，弗为使人行其中，名则圣人所发天意，不可不深观也。受命之君，天意之所予也。故号为天子者，宜视天如父，事天以孝道也。号为诸侯者，宜谨视所候，奉之天子也，号为大夫者，宜厚其忠信，敦其礼义，使善大于匹夫之义，足以化也。士者，事也。民者，瞑也。士不及化，可使守事，从上而已。五号自赞，各有分，分中委曲，曲有名，名众于号，号其大全名也者，名其别离分散也。号凡而略，名详而目，目者，遍辨其事也，凡者，独举其大也。享鬼神者，号一曰祭，祭之散名，春曰祠，夏曰礿，秋曰尝，冬曰烝；猎禽兽者。号一曰田，田之散名，春苗秋搜，冬狩夏狝，无有不皆中天意者，物莫不有凡号，号莫不有散名，如是，是故事各顺于名，名各顺于天，天人之际，合而为一，同而通理，动而相益，顺而相受，谓之德道。《诗》曰：'维号斯言，有伦有迹'，此之谓也。"（《深

察》、《名号》)

于此,我们需要略为分析:

第一,董仲舒所说的"大全名"与"分散名"之概念分类法,无疑地是《荀子·正名》篇所说"大共名"与"大别名"之直接承借。在"物莫不有凡号,号莫不有散名"的命题里,固然表现着"共名"与"别名"之相盈而不相离,而实质上则是"君者群也"、"王承天意以成民之性"与"民受未善于天而退受成教之性于王"的中世纪名分绝对化的逻辑反映。他不说"名实"而说"名号",在形式上固然是《韩非子·诡使》篇所说"夫立名号所以为尊也"的沿袭,但他更变质而为"先正王而系万事"。荀、韩的逻辑思想是古代的变革武器,而董仲舒则使之庸俗化以"别嫌疑,异同类","切刺讥之所罚,考变异之所加"。在这样逻辑的体系里阶级的名号都固定起来,而和法典形式相适应,特别是人民的名号,"民者瞑也"的正名,充分暴露了他的阶级立场。

第二,董仲舒以逆顺为是非的标准,名号为逆顺的标准,皆是儒家正名主义传统的庸俗化;至于以天地为名号的大义,名与号皆圣人鸣谓而达天意者,所说"天不言使其发其意。弗为使人行其中,名则圣人所天意,受命之君,天意之所予",则是董仲舒所新创,而与其天人感应之说相互呼应。他在推理论上的滥用类概念所作种种神学的比附,正导源于此种概念起源论的神学性质。他的主观唯心主义的认识方法,就在于所谓"举事变见有重焉","见事变之所至者","因其所以至者而治之"。

第三,董仲舒的逻辑以无类的演绎比附及神学的概念起源为最大特征;他的主观比类,所谓"耳闻而记,目见而书,或徐或察,皆以其先接于我者序之"(《观德》),亦恰在此特征上保证了它的中世纪思想史上的正宗地位。正宗既然确立,则作为正宗反对者的异端,循着思想史的辩证发展,必然在概念起源上提出唯物主义的观点,在推理方法上转入归纳法,并以经验及归纳为核心,而从事于神学的批判,使目的论的宇宙观失其依据。在这一意义上,就在汉代出现了唯物主义的体系,而以王充为杰出的代表。

第 四 章

司马迁的思想及其史学

第一节 司马迁的时代和他的著作的思想性

司马迁是中国伟大的历史学家、文学家和社会思想家。他"年十岁,则诵古文"(《史记·太史公自序》),认识古文经籍;他"观史记考行事"(《天官书》),"䌷史记石室金匮之书"(《自序》),熟习前代古史;他"悉论先人所次旧闻,弗敢阙"(《自序》),明悉古今掌故;他游历名山大川,足迹遍及当时郡国(详见王国维《太史公行年考》),采寻遗文逸事。他更有诸子的传统,他的父亲谈,"学天官于唐都,受《易》于杨何,习道论于黄子"(《自序》)。谈尝引《易大传》说的"天下一致而百虑,同归而殊途",教训他说,百家之学都是务为治的,没有什么正统与异端的区别,"直所从言之异路,有省不省耳"。(《自序》、《索隐》说:"案六家同归于正,然所从之道殊涂,学或有传习省察,或有不省者耳。"此注不甚显明,以谈注谈,后文即说"群臣并至,使各自明","纂言"或"端言",都可听察而用,故"有省有不省",言能不能省察而用。)

从汉代以来,各家都承认他广博,汉班固说他"其涉猎者广博,贯穿经传,驰骋古今上下数千载间"(《汉书·司马迁传》),唐刘知几说他"语其通博信作者之渊海也"(《史通·书志》篇,按刘氏好斥太史公纰缪),唐张守节《史记正义序》说他"贯纴经传,旁搜史子",唐司马贞《史记·索隐序》说他属稿时"先据《左氏》、《国语》、《世本》、《战国策》、《楚汉春秋》及诸子百家之书,而后贯穿经传,驰骋古今,错综隐括"。更重要的是,他的《史记》一书的内容。

司马迁用一生精力所写成的伟大著作《太史公书》,即后人所称的编于二十四史首部的《史记》。这是一部继承战国时代诸子百家传统的私人著述,和当时御用学者博士官们所做的奔竞工作是背道而驰的。在这一部史无前例的通史中,包括着从黄帝到汉武帝为止的约三千年历史,分为十二本纪(近似于政治史)、十表(近似于年表)、八书(近似于社会制度史)、三十世家(近似于国别史和人物传记)、七十列传(近似于人物传记和思想史),共一百三十篇。纪、表、书、世家和列传就是郑樵所说的"五体",开创了中国史家"纪传体"的先河。从《史记》的内容来看,司马迁企图要对三千年的历史图景作出前人所不能作的总结,特别是企图要把汉兴以来的当代社会图景,冒大不韪而创出当代学者所不敢做的"实录"。在这一点,连不同意司马迁的进步的世界观的班固,也不能不借他人的口吻来叹服说,"其文直,其事核,不虚美,不隐恶,故谓之实录"。从《史记》所交织的对象来看,又可以说"好学深思"的司马迁的史学眼光是嶙峋不凡的:时代的制度演变、民族的生活状况、社会的人物面貌、思想潮流的发展倾向,都生动地被他用多种多样的文学形式描画出来,特别是他略古详今的记述以及统治者和被统治者占据同等地位的实录,更表现出光辉的价值,而为后代官方史学者所不能及。至于《史记》所表现的古典现实主义文学,其价值也和历史学相埒,它对于后代文学的影响之大也和对于后代历史学的影响相埒。顾亭林说:"古人作史有不待论断而序事之中即见其指者,惟太史公能之。"(《日知录》卷二十六)

司马迁生于汉景帝中元五年(公元前145年),一说生于武帝建元六年(公元前 135 年),殁年不可确考。王国维《太史公行年考》说:"史公卒年虽未可遽知,然视为与武帝相终始,当无大误也。"按武帝殁于后元二年(公元前 87 年),如果他还活着,时当 59 岁。他是受过腐刑之人(时当四十九岁),且《自序》说,"身毁不用矣","意有所郁结,不得通其道也,故述往事,思来者"(《自序》)。他的《悲士不遇赋》更说:"悲夫士生之不辰,愧顾影而独存!恒克己而复礼,惧志行之无闻!谅才韪而世戾,将逮死而长勤。虽有形而不彰,徒有能而不陈!何穷达之易惑,信美恶之难分。时悠悠而荡荡,将遂屈而不伸!"(《艺文类聚》卷三十)这可知道他怎样地被"理不可据,智不可恃"(同上)的黑暗专制所残害了。他不能长寿,是可以假定的。他《报任安书》大约在武帝太始四年,或云延和二年,这是他晚年最后的一封血泪书。这书里明言死意,而所以苟活者,以书初稿已毕,还待修改。疑他殁年也在其后的一二年间,故当为五十五六岁之间(公元前 91 或 90 年),因他已经"居则忽忽若有所亡,出则不知所如往"(《报任安书》,见《汉书·司马迁传》)。他似比武帝早死几年。

武帝建元五年已经罢黜百家,表章六经,完成了封建统治的神学正统,把秦始皇消极的做法(定于一尊,以吏为师,还没有提倡"一"是什么样的教权),发展而为积极的法令,定正统于儒,划出了时代的特征。司马迁正处于古代思想到了划时代灭绝的时候。他之所以成为异端"邪说"的学派,就因为他的思想富有人民性,和统治阶级的支配思想立于反对的地位。后来班固虽然继承他的史学,而对于他的诸子论断,直谓其缪。班氏说:

> "其(迁)是非颇缪于圣人,论大道则先黄老而后六经,序游侠则退处士而进奸雄,述货殖则崇势利而羞贱贫,此其所蔽也。"(《汉书·司马迁传》)

按《史记》缺亡十篇,为元成间褚少孙所补,所缺亡的有《孝景本纪》、《孝武本纪》。他的书是在死后问世的,《汉书》说,"迁既死后,其书稍出"(《司马迁传》),在这里可能多因触犯合法思想的炎威,于是不得不"藏之名山,传之其人"(《司马迁传》)。他自比于孔子作《春秋》,褒贬当世,不是偶然的。《三国志·王肃传》:"司马迁以受刑之故,内怀隐切,著《史记》非贬孝武。……武帝闻其述《史记》,取孝景及己本纪览之,于是大怒,削而投之,于今此两纪有录无书。"这个传说,学者间并不以为信实,但景武本纪之缺亡,不能说没有缘故。

现存景武本纪,据赵翼《廿二史札记》以为《武帝纪》与《史记·自序》相违,"少孙所补,则系全取《封禅书》下半篇所述武帝事",仅侈陈封禅一事而已。这是事实。然《封禅书》就对于鬼神迷信之事,婉转地讽刺了武帝。书里指出迷信的渊源始于骀衍,直非"燕、齐海上之方士,传其术,不能通,然则怪迂阿谀苟合之徒自此兴,不可胜数也"(《封禅书》)。他叙武帝被这般人所包围,"具见其表裹"(《封禅书》),并说到重儒术,招贤良,并没有提及武帝的"杰作"——罢黜百家。

《史记·儒林列传》提到百家与儒学的兴衰,这样说:

> "孝文帝本好刑名之言,及至孝景,不任儒者,而窦太后又好黄老之术,故诸博士具官待问,未有进者。及今上(武帝)即位,赵绾、王臧之属明儒学,而上亦乡之(按语气有抑意),于是招方正贤良文学之士。……及窦太后崩,武安侯田蚡为丞相,绌黄老刑名百家之言,延文学儒者数百人。"

词意婉转曲折,并未说到百家之言乱政。这就和现存《汉书·武帝本纪》所叙"治申、商、韩非、苏秦、张仪之言乱国政,请皆罢"不相同了。

对于中国第一位传教主董仲舒,《儒林列传》只记他的灾异阴阳之学的不合实际,并没有一字提及他向武帝所上"推明孔氏,抑黜百家"(《汉书·董仲舒传》)的主张,这一对策乃是千古正统的发端(《汉书》谓自仲舒发之)。

反之,《儒林列传》把奔竞利禄的博士官,平实地讲出来,结尾说:"自此以来,则公卿大夫士吏,斌斌多文学之士矣。"这显然是一种反语,对于儒学的变质暗示出他的愤慨,所以在《自序》里说:

　　"臣下百官,力诵圣德,犹不能宣尽其意。且士贤能而不用,有国者之耻,主上明圣而德不布闻,有司之过也! 且余尝掌其官,废明圣盛德不载,灭功臣世家贤大夫之业不述,堕先人所言,罪莫大焉!"

　　苏子由说:"西汉自孝武之后,崇尚儒术,至于哀平,百余年间,士之以儒生进用,功业志气可纪于世者,不过三四。"(《栾城集》卷二十《私试进士·策问二十八首》)

　　这样看来,幸进利禄者虽"斌斌"然,但非贤能,而"内修法度"(《自序》)的武帝虽"圣明"然,但德不布闻。他所谓"理不可据,智不可恃",不是对于罢黜百家的评语么? 他不肯"苟合取容",怎能不以不羁之才"论列是非"而"遂其志之思"呢? 他"论大道先黄老而后《六经》"的思想,和当时绌黄、老而章六经的合法思想,实不相容。他是一个封建时代大胆敢说话的人,他的异端思想,他自己说得明白:

　　"太史公遭李陵之祸,幽于缧绁,乃喟然而叹曰:'是余之罪也夫! 是余之罪也夫! 身毁不用矣! 退而深惟曰:夫《诗》、《书》隐约者,欲遂其志之思也。昔西伯拘羑里,演《周易》;孔子厄陈蔡,作《春秋》;屈原放逐,著《离骚》;左丘失明,厥有《国语》;孙子膑脚,而论《兵法》;不韦迁蜀,世传《吕览》;韩非囚秦,《说难》、《孤愤》;《诗》三百篇,大抵圣贤发愤之所为作也,此人皆意有所郁结,不得通其道也,故述往事,思来者。'"(《自序》)

　　他是据理恃智的人,当武帝罢黜百家之世,说话要"遂其志之思",就必须"隐约",不能放肆。这种做法,当然不是对现状上治安策,而是向往于光明的前景。往事陈迹还可述,而对于景、武间的史实,他如果不完全做歌功颂德的儒士,就要遭统治阶级打击。他的《悲士不遇赋》说:

　　"人理显然,相倾夺兮。(暗指黜百家)好生恶死,才之鄙也。好贵夷贱,哲之乱也。(暗指博士官)炤炤洞达,胸中豁也。昏昏罔觉,内生毒也。我之心矣,哲已能忖,我之言矣,哲已能选。"

这是天才哲士和庸俗儒生的内心斗争，基本上是悲剧性的。他对《屈原·贾生列传》的崇高叙述，是有意义的。他《报任安书》自言他的职位是"主上所戏弄倡优畜之，流俗之所轻也"，因此，他一再说不能与俗人言，并以为即使有主张，亦"无益，于俗不信，只取辱耳"。他更说：

> "仆窃不逊，近自托于无能之辞，网罗天下放佚旧闻，考之行事，稽其成败兴亡之理，凡百三十篇。亦欲以究天人之际，通古今之变，成一家之言。……仆诚已著此书，藏之名山，传之其人。"

他以"一家之言"自居的历史理论，为来者借鉴，所谓"具见其表表，后有君子，得以览焉"（《天官书》）。在满天下博士的教条儒学之间，百家之言中的一家言，"言之成理，持之有故"，是不会被允许的，因此，他所谓的"激于义理"的"哲"思"哲"言，就会被封建正统儒学所倾夺。

反之，他一点也不把儒者表章六经看在眼下，仅仅说：

> "自孔子卒，京师莫崇庠序，唯建元元狩之间，文辞粲如也！"（《自序》）

按建元元狩之间，是武帝的黄金时代，也是中国封建制社会法典化的划期时代，儒林里出了一个董仲舒大师，他是中国的奥古斯丁（中世纪初期基督教义的建设者）。在西洋古代文化衰微之时，教父学和新柏拉图主义，新毕达哥拉斯主义相结合，神学宗教代替了希腊的自由思想。奥古斯丁主义就是这一活动的创始者，使庸俗哲学与宗教统一，开始建立了合法思想，把异教的哲学科学目为邪魔外道，而加以杀害。董仲舒的五行灾异说，继承了驺衍，他的迷信的方士思想脱化于黄、老，而又抬出孔子以糅合这些基本信仰。由此，孔子成了教主似的"素王"，五经博士便像基督教的僧侣，掌握着思想文化的合法的权力，五经在笺注主义的烦琐校补之下，成了教条，成了神学，而经术之外的活的思想，都被认为"乱国政"，而加以绝灭，于是思想由秦始皇时的消极的统一，而趋向积极的统一。董仲舒在对策里说："今师异道，人异论，百家殊方，旨意不同，是以上无以持一统。"因此他的建置方案是：

"不在六艺之科,孔子之术者,皆绝其道,勿使并进,邪僻之说息灭,然后统纪可一,而法度可明。"(《汉书·董仲舒传》)

这就是司马迁所谓的"文辞粲如也"。"法度"二字正是把秦汉以来思想文化统一政策的趋势,以法典形式表明出来。这个历史的趋势,并不是一次完成,而是通过了曲折迂回的路径,达到形式的法定,秦人以吏为师是一个创始阶段;经过汉高祖之"不喜儒",汉孝文帝之好刑名,犹继承秦制;孝景帝之不任儒,窦太后之好黄、老,又有对于道家合法正统之追求探索。这就是迂回曲折的路径。到了武帝罢黜百家,表章六经,统一于儒术,便达到了中世纪思想教条化的建立阶段。这倒不是由于董仲舒的超人知能,运转乾坤,而是历史发展的必然趋势。

司马迁据理恃智,"原始察终,见盛观衰"(《自序》),所谓"一家之言",实具有着百家的异论殊方的传统。他虽然不能不在"积威约之势"之下,主张"隐约"以见其志之思,但他究竟不能在法度国政方面明白地论列是非。他在《报任安书》中说:"乃欲印首信眉,论列是非,不亦轻朝廷羞当世之士耶?"他只能说:"要之死日,然后是非乃定。"(同上)所以,《史记》一书,如果不是因一家之言,有"乱国政",而触犯统纪,何以要"藏之名山,传之其人"以求偿于后世识者呢? 思想"倾夺"之风已成,使他不能不直说"理不可据,智不可恃",然而他的"激于义理"的思想,正表现出伟大的反抗精神。

第二节　司马迁的唯物主义思想

我们知道,司马迁虽然没有把《史记》里的历史观点概括成为有体系的学说,然而这毫不足以损害《史记》所表现的有机联系着的历史观点。我们应该这样说,司马迁没有专文(包括《史记·自序》)抽象地讲述他的历史观点,可是他的全部《史记》都表明了他的历史观点,换言之,他的历史观点贯穿于社会历史的和各阶级人物的记录中,这种观点虽然有时隐约难辨,但我们只要全面地加以分析,就不难看出他的宝贵的唯物主义的思想。

严格地讲来，司马迁在《史记·自序》中和他的个别论断中所归纳的历史学，还不能完全表示出他的历史观点的实质。有些语句是值得重视的，例如他说的从盛世看出衰世的发展观点（"见盛观衰"），研究现象间的因果观点（"原始察终"），但有些概括性的说明仍然是一般化的，例如他说："网罗天下放佚旧闻，考之行事，稽其成败兴坏之理。……欲以究天人之际，通古今之变，成一家之言。"又例如他说："述往事，思来者，于是卒述陶唐以来至于麟止（按指武帝事）"（《自序》和《报任安书》）。如果我们不通过《史记》本身作全面而具体的研究，仅依据这些一般的说明加以引申，那么我们就既不能把司马迁和刘向、班固以来的史学家严格地区别开来，也不能看出司马迁究竟怎样网罗旧闻，怎样参之行事，怎样运用他的历史观点（理），怎样对待自然和社会的复杂关系，以通晓历史的演变，而形成他自己的历史学说。

我们知道，司马迁是当时懂得自然科学的一位学者，他研究过天文星历，也参加过武帝时代修订历法的科学工作。因此，他的唯物主义的世界观是和他的科学知识相联结在一起的。在他的时代，阴阳五行一类怪诞的神学世界观是极其嚣张的，并已经成了汉代统治阶级合法的御用的欺骗理论。勇于坚持唯物观点的司马迁就不能不对这些迷信的宗教观展开斗争，因此，他说明他作《历书》的目的在于使"律历更相治，间不容翲（秒）忽"，重视算术的功用，他说明他作《天官书》的目的在于反对那些"星气之书，多杂机祥，不经"（《自序》）。他根据他父亲的遗教，提出对待自然史的唯物观点。下面就是值得重视的一段朴素的唯物主义的名言：

> "夫阴阳四时八位十二度二十四节，各有教令，顺之者昌，逆之者不死则亡，未必然也。故曰，使人拘而多畏。夫春生夏长秋收冬藏，此天道之大经也，弗顺则无以为天下纲纪，故曰，四时之大顺，不可失也。"（《自序》）

他反对天人感应的神学世界观，主张掌握自然规律的唯物世界观，这就是"原始察终"和"究天人之际"的绝好注脚。他运用了这条遗教，批判了继承孟子的阴阳家驺衍，斥责他的神学观点，"其语不经"，"其语不轨"，"迂大而宏辩之术"，助长了秦汉之间"营于巫祝，信机祥"的迷信思想（《孟荀列传》）。因此，他敢于进退古人，合于自然历史的客观存在的规律的传闻从之，不合的不从，他说："故言九州山川，《尚书》近之矣，至《禹本纪》（按已佚）、《山海经》所有怪物，余不敢言之也。"他更接受荀子的传统，否认远古的神话，批判了汉人的造谣。他说："学者多称五帝，尚矣，然《尚书》独载尧以来，而百家言黄帝，其文不雅驯，荐绅先生难言之。"（《五帝本纪》）

司马迁在《儒林列传》中委婉地记述了汉代神学大师董仲舒治公羊家《春秋》的目的，拿阴阳灾变的迷信以取悦于武帝，语句间并没有明白地显露出对公羊学的批判来，然而到了《伯夷列传》却对这种神学天道观发出了深刻的讽刺。他首先讲到古代的好人有的饿死，有的夭亡，为什么强要说"天之报施善人"？古代的坏人横行杀人而竟然长寿，这又是根据什么道德来得到果报呢？接着他说到"近世"的汉代，坏人毫无忌惮地干坏事，却一辈子享受富贵并传给子孙，但好人言行拘谨，什么不满意的事也不敢轻易做，却多数遭了祸灾。最后他说："余甚惑焉！傥所谓天道，是邪非邪？"从这一段文学素描中，我们可以看出司马迁是怎样依据唯物的自然史观点攻击了当时居于统治地位的神学观点，这就是他"通古今之变"的绝好例证。恩格斯在《自然辩证法》中论证古代唯物主义者几乎不谈神怪而是单纯解释自然事物。司马迁就是这样。他介绍他父亲的遗训说："形（物质）神（精神）离则死，死者不可复生，离者不可复反"，这一命题不但集中地表现了他的唯物观点，而且为后来论究"形"和"神"的关系的无神论思想开创范例。

其次，我们再看司马迁怎样运用唯物的自然史观点到社会史的范围。

旧唯物主义者在自然史哲学中坚持了唯物主义观点，而一降到复杂的社会哲学方面则大都显出唯心主义观点，因此哲学史中有不少伟大的自然哲学家同时又是渺小的社会哲学家。当然,我们研究司马迁的历史观点不能离开他所处的时代。在这一时代,封建制社会以法典的形式逐渐固定起来,正如《史记·自序》所说的"汉兴,萧何次律令,韩信申军法,张苍为章程,叔孙通定礼仪"(《酷吏列传》中更暴露了汉武帝的一大套严刑峻法)。因此,在历史所限定的条件之下,司马迁的历史观点不能不有局限性,即不能不露出属于唯心主义的成分,例如循环论(如说三代若循环)和强调地理条件的说法(如在《货殖列传》所论的风俗观点),然而他的积极的唯物观点和他的朴素辩证法的思想方法却是他的思想中的主导部分。他在《货殖列传》中,关于人类物质生活资料的生产史有如下的名论:

> "待农而食之,虞(矿)而出之,工而成之,商而通之,此宁有政教发征期会哉(按指官府的政治力量)?人各任其能,竭其力,以得所欲。故物、贱之征贵,贵之征贱,各劝其业,乐其事,若水之趋下,日夜无休时,不召而自来,不求而民出之。岂非道之所符,而自然之验耶!"

很明显的,这是把物质生产的历史当作不以人的意志为转移的自然史去看待的,它和自然现象一样,也有一定的规律(道)可寻,而不是如一般唯心主义的说法,它的发展反而决定于上层建筑如政治教育之类。应该指出,这是素朴唯物观点的因素,二千余年前对人类社会史的分析方面有这样伟大的思想,的确是杰出而罕见的。例如他把一个平常从事生产的白圭,居然和古代的大政治家和军事家平列地叙述在一起,他说:"吾(白圭)治生产,犹伊尹、吕尚之谋,孙、吴用兵,商鞅行法是也。"(《史记·货殖列传》)

司马迁更洞察到阶级社会通过生产关系而自然发生的剥削和被剥削的关系。他说:"凡编户之民,富相什(十),则卑下之,伯(百),则畏惮之,千则役,万则仆;物之理也。"(同上)显然,他虽然在主观上分别地对财产所有作了不同的道德评价,如说,"本富(指劳动而富)为上,末富(指商贾而富)次之,奸富(指榨取而富)最下",并且反对豪富欺凌,但他客观上揭发了阶级社会的阶级奴役关系是一种自然规律(物之理)。如果我们拿司马迁的观点和宋代史学家司马光说的"贵贱贫富以天之分,……僭天之分,必有天灾"(参看《士则篇》和《宋文鉴》中的《论阶级》)的封建主义说教相比较,我们立即可以看出,汉宋二代两个姓司马的史学家所持的历史观有唯物主义萌芽和唯心主义的分野。

司马迁的阶级论是立基于人生欲望的自然法论,这种由人类学的绝对人性观点出发的经济观点,自然会得出这样的结论,即"富无经业,财货无常主,能者辐辏,不肖者瓦解"(《货殖列传》)的理论。我们不要认为这观点是幼稚的,应该说这是一种进步的理论,它代表封建社会受压迫的居民和农民的小私有幻想,其最高的图景,有如他说的,勤劳的人民如果力事生产,可以致"千金之家,比一都之君,巨万者乃与王者同乐"(同上)。显然,这种朴素的平等思想是对于封建社会超经济剥削制度的讽刺。无怪班固要从封建统治者的角度,歪曲司马迁为"述货殖则崇势利而羞贫贱"了。最可笑的是,胡适从这里诬蔑司马迁为资本家说话了!

司马迁关于社会政治制度发展变革的历史,常从进化观点出发而进行考察,反对不考察历史实际,而蔽于偏见的思想,例如《史记·六国年表》序中就有这样一段论秦代制度变革的名文:

> "秦取天下多暴,然世异变,成功大。传曰,法后王何也? 以其近己而俗变相类,议卑而易行也。学者牵于所闻,见秦在帝位日浅,不察其终始,因举而笑之,不敢道,此与以耳食无异。悲夫!"

我们知道,古代思想中唯物主义和唯心主义的斗争及它们所代表的阶级地位,常是通过法律道德等方面的折射而表现出来的。司马迁在这一点上还含有丰富的辩证法观点。这里只举一些典型的论断。他大胆地宣称法律是一种治人的工具,否定它是所谓合于理性的范畴。他有一篇叙述儒家叔孙通赞汉高祖定礼的故事,首先说明制定礼法的大师是这样的卑躬屈节的人物,即"难与进取,可与守成"的、"面谀以得亲贵"的"知当世之务的圣人";其次叙述了一通为最高统治者皇帝大排喜剧的场面,最后写道:"高祖曰:'吾乃今日知为皇帝之贵也'"。
于是乎定礼大师叔孙通被任命为太常,受赐金五百斤,一群追随他的儒
生也都做了郎官并受了赏金。这就是所谓叔孙通定礼的内幕。原来,
司马迁在《自序》里用表面恭维的形式讲汉代的王道世界,而在具体事
例的叙述中,却是这样礼让和无耻之间的辛辣的矛盾!其次,我们再看
司马迁对汉武帝法度的具体叙述。张汤是替武帝立法的能手,张汤定
了不少维持封建制度的专制法令,只要武帝喜欢,张汤都会奸诈地附会
经义,以满足武帝的口胃,因此当时"天下事皆决于(张)汤",然而司马
迁居然敢说,正因为这样的法律,张汤在世时,百姓已经不能安生,要
"骚动"了,张汤死后,"而民不思"!从这里,我们可以看出,司马迁的
法律观点已经接触到封建制度的深刻的矛盾,即一方面是披着神圣外
衣的庄严制度,而另一方面是剥去圣光的非法横夺,这正适合于他借汲
黯的话所形容的汉武帝的专制面貌——"陛下内多欲,而外施仁义"的
活生生的例证了。

司马迁从客观的社会制度发现矛盾、揭露矛盾和善于绘制矛盾图
景的例子,更大量地载在《平准书》和《酷吏列传》中。他对于一般财政
大臣们和一群酷吏人物的描绘,不仅给读者以生动的典型形象,而且由
此暴露出封建社会的统治阶级和被统治阶级的基本矛盾。恩格斯曾指
出优秀的文学要比社会学、统计学、公法学更能表露出社会的丰富而多
样的图景,我们以为司马迁的优良传统在两方面是兼而有之的。这里,
看一下酷暴的杜周怎样为封建法律下了一个定义就明白了。有人责问
杜周,你不循照法律,专门以人主的好恶来治狱,执法的人是这样么?
杜周说:"三尺(法律)安出哉?前主所是,著为律,后主所是,疏为令,
当时为是,何古之法乎?"原来,所谓当时神圣的法律在司马迁的笔下
就是任意杀害人民的工具。然而从司马迁的朴素的辩证观点讲来,统
治阶级的法律并没有维持了"盛世",反而是所谓"见盛观衰",财产所
有的集中和阶级斗争的危机就表现出来了。司马迁一方面在《平准
书》中说明了最高地主大量没收了居民的财富、土地和奴婢,使中家以

上大率破产,说明了少数特权豪强地主"蹄财役贫",使农民陷于水深火热之中;另一方面在《酷吏列传》中最后指出了农民起义已经广泛地出现,著名的大暴动和不可胜数的小暴动交织成一幅汉代"盛世"的群众火山,不但杀不完,斩不绝,而且吓得统治阶级"上下相为匿,以文辞避法焉"。

司马迁揭露社会矛盾的唯物观点和辩证法思想的因素,又表现在他的道德观点方面。在汉武帝利用儒家道德思想来定于一尊的时代,道德显然是为封建统治阶级服务的,并且是加强束缚人民的工具。司马迁不但暴露了汉代"内法外儒"的法律实质,而且也暴露了"内法外儒"的道德实质。他指出有两种道德:一种是有财富有权势的人的道德,它是以权力的窃取和财富的掠夺为标准,他说,"鄙人有言曰,'何知仁义?已飨(享)其利者为有德。'……窃钩者诛,窃国者侯,侯之门仁义存",他们的身份是所谓"朋党宗强比周,设财役贫,豪强侵凌孤弱,恣欲自快"。另一种是被压迫者被统治者的道德,它是以平等的报施和患难的恤救为标准,他说,"布衣之徒,设取予然诺,千里诵义,为死不顾世,……故士穷窘而得委命,此岂非人之所谓贤豪间者耶?诚使乡曲之侠,与季次、原宪比权量力,效功于当世,不同日而论矣。……虽时扞当世之文罔,然其私义廉洁退让,有足称者。名不虚立,士不虚附"(《游侠列传》)。由此可见,司马迁之反对封建主义的道德律,居然敢于给道德范畴打上阶级对抗的烙印,这的确是前无古人的创见。

不但如此,他所说的被压迫阶级的道德并非一种抽象的原理,而是实指当代反抗封建主义专制政权的人民群众的思想和品质。他列举了当代的许多任侠人物,也即《墨经》说的"士,损己而益所为"的武侠,他们是和豪强地主阶级对立的,例如,朱家的品质是"振人不赡,先从贫贱始",郭解的品质是"振人之命,不矜其功"。司马迁之所以为这些下层人物立传,据他说,他们和一般富贵人们不同,"其言必信,其行必果,已诺必诚,不爱其躯,赴士之阨困,既已存亡生死矣,而不矜其能,羞伐其德"。这样看来,我们就知道《史记》六家之一的墨家思想并没有阙如,显然地是因了当代的忌讳,藏到《游侠列传》里去了。司马迁也这样说,墨侠"排摈而不载,自秦以来,匹夫之侠,湮没不见,余甚恨之"。我们再从他叙述陈涉起义的故事来看,游侠人物和农民起义的领导人物是血肉相连的,他说:"桀、纣失其道而汤武作,周失其道而《春秋》作,秦失其政而陈涉发迹。"(《自序》)这样看来,陈涉的暴动,和传统思想所谓的汤武圣王开创商周二代的王朝以及孔子素王著作垂法万世的《春秋》是等量齐观的。司马迁虽然在形式上因有所忌讳而不得不规避其词,说什么"三代若循环"的王道,然而一到了他的具体叙述里,便反而倒转过来,把统治者所骂的盗贼俨然形容成圣王了。这一点连班固也毁谤他不利于统治阶级而"进奸雄"。这是不是司马迁的思想体系有了矛盾呢?否否,这是他用"具见表裹"的隐显相层法来暴露封建世界的不可调和的矛盾。他也暗示过,这种叙述体裁是从作《春秋》的孔子那里学习得来的。由此看来,司马迁既然同情了被统治者所骂为"大逆无道"的起义农民,那么,司马迁的思想也就要被正宗学者诬为"缪于圣人"了。

这种道德观点也在《管晏列传》中露显出来。据柳宗元考证,《晏子春秋》是墨子之徒所作的。司马迁不但借晏婴痛骂了当代儒家的"滑稽而不轨",而且崇赞晏婴的品质,"国有道,即顺命;无道,即衡命",并说如果晏婴活着的话,愿为之执鞭。这样的人民性的思想和游侠的道德观点是互相关联着的。

第三节　司马迁诸子要旨的历史价值

司马迁转述司马谈论六家的要旨和《礼》、《乐》、《诗》、《书》、《春秋》的大义,其先后顺列,没有什么轻重,同视为史文不可或废的精神遗产。

我们在研究司马谈、司马迁父子的诸子要旨以前,首先说明一下汉初的学风。

汉初人对于道家与法家，同等重视，所谓黄老刑名，是相提并论的。汉制多沿秦制，已成定论，秦尚刑法，故汉初法家思想尚支配一时，《管子》《商君书》即成于汉初人之手。汉高帝本不好儒，还因讨厌儒士，溺污儒冠，孝文、孝景之世亦不任儒，黄、老之学在这时颇有势力，在淮南王的治下更多道家之流。此时虽有山东儒墨之称，而墨学在汉初早已衰微下去，据王充说，墨学"得愚民之欲"，墨侠正是游侠，其后转为民间的宗教。后来，道家从庙堂之上打下来，转为汉朝的道教，成为农民暴动的宗教旗帜，似有和墨侠汇流的可能。

黄、老在汉初得势是有原因的。当时经过了秦灭六国的战争、六国反秦战争、楚、汉战争以及秦、汉对外战争，这些战争比过去战国的兼并战争，规模大了不知若干倍。到了汉朝统一，人民稍得喘息，厌乱安定之情思，唤起宗教的安慰，故变质了老庄之言所谓黄老"道家"（汉人名词）思想，"有见于屈，无见于伸"（荀子语）的不抵抗心理，发展而为"以虚无为本，以因循为用"（《自序》）的泯没得失的观念，这对于统治阶级是一剂适时的补药。同时，"无为而治"的君道，正投合了汉初皇帝消灭异己的心理武器。汉朝皇家有一个时候是想把"指约而易操，事少而功多"（《自序》）的道教崇为国教的。

司马谈和汉初的思想有些不同。他仕于武帝"建元元封之间，愍学者之不达其意而师悖，乃论《六家要旨》"。他崇尚道家，主要在于托黄老以为重言，而讽刺俗人汉武帝与俗人董仲舒，"论六家之要旨"是这样的：

"阴阳之术，大祥而众忌讳，使人拘而多所畏。然其序四时之大顺，不可失也。"

"儒者博而寡要，劳而少功，是以其事难尽从。然其序君臣父子之礼，列夫妇长幼之别，不可易也。"

"墨者俭而难遵，是以其事不可遍循。然其强本节用，不可废也。"

"法家严而少恩。然其正君臣上下之分，不可改矣。"

"名家使人俭而善失真。然其正名实，不可不察也。"

"道家使人精神专一，动合无形，赡足万物。其为术也，因阴阳之大顺，采儒墨之善，撮名法之要；与时迁移，应物变化，立俗施事，无所不宜。……儒者则不然，以为人主天下之仪表也，主倡而臣和，主先而臣随，如此则主劳而臣逸；至于大道之要，去健羡，绌聪明，释此而任术；夫神大用则竭，形大劳则散，形神骚动，欲与天地长久，非所闻也。"

"夫阴阳四时八位十二度二十四节，各有教令，顺之者昌，逆之者不死则亡，未必然也；故曰，使人拘而多畏。夫春生夏长秋收冬藏，此天道之大经也，弗顺则无以为天下纲纪；故曰，四时之大顺，不可失也。"

"夫儒者以六艺为法，六艺经传以千万数，累世不能通其学，当年不能究其礼：故曰，博而寡要。……"

"墨者亦尚尧舜道，(下引韩子叙墨者食衣住行之伦德)……使天下法若此，则尊卑无别也，夫世异时移，事业不必同：故曰，俭而难遵，要曰强本节用，则人给家足之道也。……"

"法家不别(辨)亲疏，不殊贵贱，一断于法，则亲亲尊尊之恩绝矣，可以行一时之计，而不可长用也：故曰严而少恩。"

"名家苛察缴绕，使人不能反其意，专决于名，而失人情：故曰，使人俭而善失真。若夫控名责实，参伍不失，此不可不察也。"

"道家无为，又曰无不为，其实易行，其辞难知；其术以虚无为本，以因循为用，无成势，无常形，故能究万物之情；不为物先，不为物后，故能为万物主；有法无法，因时为业，有度无度，因物与合，故曰，'圣人不朽，时变是守。'虚者道之常也，因者君之纲也，群臣并至，使各自明也，其实中其声(名)者谓之端，实不中其声(名)者谓之窾(空)，窾言不听，奸乃不生，贤不肖自分，白黑乃形，在所欲用耳，何事不成！乃合大道，混混冥冥，光耀天下，复反无名。凡人所生者神也，所托者形也，神大用则竭，形大劳则散，形神离则死，死者不可复生，离者不可复反，故圣人重之。由此观之，神者生之本也，形者生之具也，不先定其神，而曰我有以治天下，何由哉？"

司马迁在《史记·自序》里所载的这一篇司马谈传授的《六家要旨》是当时很好的诸子概说，其中可从客观的与主观的两方面来研究。

一、就客观价值而言，这种"整齐百家"的"要旨"，多从结果上去分析，虽不能概括诸子的学旨，但说出了诸子部分的真面目。

第一，阴阳家的思想在诸子中最无足取。其言吉凶机祥，实如谈所谓"未必然也"，它对于人类的思维无疑是一种迷信的束缚，"使人拘而多畏"。后来司马迁在别处评论驺衍之说，攻击更加露骨。但这种思想在秦汉学术界是颇有势力的显学，司马谈父子拿古代朴素的自然天道观，反对宗教的世界观，似想恢复原来唯物的五行说。

第二，儒者的六艺教条，荀子所谓"俗儒""贱儒"的仪式，正由汉儒继承下来，汉初鲁诸子的行为，实为代表。所谓"累世不能通其学，当年不能究其礼，……博而寡要"，实在是对儒学末流的入骨批评。

第三，墨者社会思想的基本观点，确是"尊卑无别"四字，从这里可以看出墨家的进步性质来，所谓"兼"是"别"非，正是墨家的优良传统，比"人给家足之道"更重要些。由"俭而难遵"、"世异时移，事业不必同"看来，墨家在汉初是衰微了的。

第四，法家的基本观点在于"不别亲疏，不殊贵贱，一断于法"，这点和墨家的非"别"相同，他们都反对氏族贵族的亲亲制。但法家正君臣上下之分又和儒者序君臣之礼可以互相沟通。司马谈虽然把法家的优劣颠倒了，但由此可以看出汉代阴法阳儒的趋势。

第五，《六家要旨》中对于名家批评得比较概括中肯。名家之控名责实，是有逻辑学的片面道理的，然而他们陷于"专决于名"的唯心主义，这就缪误失真了。

第六，道家是司马谈所服膺的学派，《六家要旨》中所说的道家思想，已经不是老、庄哲学的真面目，而是汉人所认为的"道家"思想。从道家网罗了阴阳、儒、墨、名、法之长处看来，《六家要旨》实在肿胀了老庄,客观的批判价值反而甚低。

二、就主观价值而言,《六家要旨》除了把道家抬高地位,兼容百家而外,另有一种针对武帝思想统一的反抗精神,这是前人所没有理会的,而又是异常重要的。

谈仕于建元元封之间,当武帝罢黜百家,定黑白于一尊之时,他"愍学者之不达其意而师悖",提出百家皆务为治、殊途同归的主张,不但不赞成武帝时代一般儒士所明之法度,而且站在表彰六经的反面。他嘱告他的儿子迁:"废天下之史文,余甚惧焉,汝其念哉!"迁俯首流涕接受了其父修史的遗嘱,他们父子在思想深处实有难言之隐。

按武帝"修明法度"的建置中心,在于表章六经,绝百家之道,不使并进,使统纪可一,而法度可明。司马谈借了道家玄虚的至高无形之义,认为武帝的固定形式的法度,难以"与时迁移,应物变化"。他说:"形神骚动,欲与天地长久,非所闻也!"司马谈以为道家的容量甚大,可以"用阴阳之大顺,采儒墨之善,撮名法之要",只要有这种海量,不管阴阳、儒、墨、名、法,都可以并至兼进,使他们各以其术争鸣,这样自然而然地使贤不肖分别,使黑白是非表现,何必要来一个统纪于一的千古不变的法度呢? 所以他说:

"群臣并至,使各自明也,其实中其声者谓之端,实不中其声者谓之窾,窾言不听,奸乃不生,贤不肖自分,白黑乃形,在所欲用耳,何事不成!"

这不是很明白的么? 这和董仲舒的对策不使百家并进,而统纪可一的话,不是针锋相对的么? 道理的最高处是"无成势、无常形"。"儒者则不然",引导统治者走向徒劳无功的背大道所在处。《六家要旨》更明显地指出所谓"法度"不知时变的精神,反之,道家"以虚无为本,以因循为用",却没有把形势定死,所以说:

"有'法'无'法',因时为业,有'度'无'度',因物与合,故曰'圣人不朽,时变是守'。"

由此看来,一于法度,就是违背了大道之常,而失君之纲,毫不懂得虚因之义。使人民不自明，而自己一个人全明。这不是形敝神竭的愚策么？

司马谈的意思是这样：人君要把精神专一，先定其神，而不着其形，由无为之虚，而因循万变之实，这样就无所用其统纪于一的法度，否则，如儒者的建置方案，就必流于"博而寡要，劳而少功"了。人君如果不在根本上定其神，而反在法度上定其形，使形神离叛，虽有法度修明的表面统一，然而他说："我有以治天下，何由哉？"

因此，他主张一道不可遍循，而要省察时变，应物咸宜。百家之旨，都是务为治的，欲用之在我。一旦罢黜，黑白和贤不肖的评价就失去自然的标准。特别更不必要什么一个法度，一个儒术，一个信仰，强劳不自然的神形。百家各有"不可失"，"不可易"，"不可废"，"不可改"，"不可不察"，"不可不重之"的优点，为什么要悖师害理的统一思想呢？因此，不干涉义，正是司马谈崇尚道家的内心隐处。

严格地讲来，这并非如《汉书》所说的"先黄老而后六经"，而是托黄老以为重言，隐约其词地反对当时儒者绝百家之道不使并进，而主张百家争鸣才是明理的大道，这里道家便成了反对法度统纪的依据。这更不是以道反孔，只要看司马谈说的"孔子修旧起废，论《诗》、《书》，作《春秋》，则学者至今则之"（《自序》），嘱告他的儿子迁取法《春秋》之意，就知道司马谈评儒，重指末流，而非笼统地反儒。

第四节　司马迁所整齐的学术及其思想的人民性

司马迁"厥协六经异传，整齐百家杂语"，经传与百家之排列，没有如后儒那样看得先后不同，很平常地依据这些旧闻而"原始察终，见盛观衰"罢了。

关于诸子的评述，他在《史记》里并没有完全依照其父的《六家要旨》，发挥道家高于诸子之说，由他列孔子于世家看来，他还是比较重儒，但他严格地把古代儒家和汉代儒林区别开来。我们先看他的百家提要：

关于孔子及其门弟子与孟、荀：

"周室既衰，诸侯恣行，仲尼悼礼废乐崩，追修经术，以达王道，匡乱世，反之于正，见其文辞，为天下制仪法，垂六艺之统纪于后世，作《孔子世家》。"

"孔子述文，弟子兴业，咸为师傅，崇仁厉义，作《仲尼弟子列传》。"

"猎儒墨之遗文，明礼义之统纪，绝惠王利端，列往世兴衰，作《孟子荀卿列传》。"

关于道家、法家：

"李耳无为自化，清净自正；韩非揣事情，循势理，作《老子韩非列传》。"

其他如兵家有《孙子吴起列传》，纵横家有苏秦与张仪等列传，而墨家名家与阴阳家则附属于他处论列。按情理讲，司马迁有谈的《六家要旨》为本，对于道、墨、名、阴阳诸家，应有详传，然今存《史记》李耳庄周虽有传，异常简略，甚至含糊其辞，墨、名、阴阳三家则间或交代几句，其插叙之中也与文法不称，必非原来草稿。《太史公书》问世之时，已有散落、删削、增补、错简，这已成为定论，尤其诸子列传，更由于触犯到当时的法度，更要遭不幸。试看他的《自序》提要，说李耳无为自化，清净自正，在列传里应有的文章甚多，而重要的文字仅此八字，即使故意简略，也可以由儒道互绌的话里，看出在法度的威炎之下，不敢申述。他说：

"世之学老子者则绌儒学，儒学亦绌老子，道不同不相为谋，岂谓是邪？李耳无为自化，清净自正。（结论）"

关于墨子的"要旨"，司马谈说得很详明，甚至说道家"采儒墨之善"，迁也说孟、荀二家"猎儒墨之遗文"。然而不但在《史记》中没有墨子传记，而且仅有 26 个字羼入《孟荀列传》之末尾，"盖墨翟，宋之大夫，善守御，为节用，或曰并孔子时，或曰在其后"，丝毫没有谈所谓"尊卑无别"的教义。这一疑案，只有从法度不许言墨来推想。由战国儒墨互绌，被汉初儒道互绌所代替，墨家在此时首先遭绌，事自显然。这也不完全是司马迁的隐约，他的外孙杨恽祖述其书时，更因时忌有删削的可能。《汉书·司马迁传》说：

　　"迁既死后，其书稍出，宣帝时迁外孙平通侯杨恽祖述其书，遂宣布焉。"

成为一家之言的《史记》和官立五经的博士书不同。《史记》是当时的私家著述，宣布之后，先藏汉秘府（例如成帝时东平王宇来朝，上书求太史公书），经过转折，始达民间。因此，《史记》整齐的诸子百家学说，断章插话，不能完整。王国维说：

　　"汉时太史令但掌天时星历，不掌纪载，故史公所撰书，仍私史也。况成书之时又在官中书令以后，其为私家著述甚明，故此书在公生前，未必进御。"（《太史公行年考》）

现在我们再研究他的子学评述。

上面指出《史记》所述老子道德之意仅有撮要八个字。此外，他虽然赞老子深远，而所次旧闻，则把老子其人的身世，记得莫名其妙，伏下了后代的一笔老子疑案。在孔子问礼于老子的一段，还稍存有其父谈重视道家的寓意，如：

　　"孔子适周，将问礼于老子，老子曰：'子所言者，其人与骨，皆已朽矣，独其言在耳。且君子得其时则驾，不得其时则蓬累而行。吾闻之，良贾深藏若虚，君子盛德容貌若愚。去子之骄气与多欲，态色与淫志！是皆无益于子之身。'"（《老庄申韩列传》）

但上面的传说，还暗示着反对封建法度的寓意。所谓当时修明法度的俗人，正是"骄气与多欲，态色与淫志"的专制人物。《史记》还引述一段杂言，并无评论，似拟老子与孔子的对话，来托为重言，申斥当时的博士，例如说：

　　"老子送之（指孔子），曰：'吾闻富贵者，送人以财，仁人者，送人以言。吾不能富贵，窃仁人之号，送子以言，曰、聪明深察而近于

> 死者,好议人者也,博辩广大危其身者,发人之恶者也,为人子者毋
> 以有己。为人臣者毋以有己。'"(《孔子世家》)

他说庄子著书,"以诋訾孔子之徒,以明老子之术",并在论荀子时
兼斥"如庄周等又滑稽乱俗",颇有抑意。因此,他说:

> "然善属书离辞,指事类情,周剽剥儒墨,虽当世宿学,不能自
> 解免也。其言洸洋自恣以适己,故自王公大人不能器之。"(《老庄
> 申韩列传》)

"善属书离辞",说明庄子是诡辩的能手;"指事类情",说明庄子以
自然类比人性;"洸洋自恣以适己",说明庄子以主观唯心的理论来对
人世游戏。这三句评语颇中肯。

关于儒家,首先要看《史记》中对孔子的评述。

汉初人所造的老子与晏婴论孔的故事,类似于儒者之托尧舜,借以
反对汉代的儒者。司马谈的《六家要旨》显然就是这样,《史记》评儒者
的悖师,即出于所谓晏婴论孔的传说。《孔子世家》里也保存了司马谈
的遗意,例如:

> "晏婴进曰:'夫儒者滑稽而不可轨法;倨傲自顺,不可以为
> 下;崇丧,遂哀,破产厚葬,不可以为俗;游说乞贷,不可以为
> 国。……今孔子盛容饰,繁登降之礼,趋详之节,累世不能殚其学,
> 当年不能究其礼,君欲用之以移齐俗,非所以先细民也。'"

这是司马迁论儒学所谓"具见表里"之里,至于现实社会的儒者的
"表"呢?首先就有孔甲、叔孙通。

汉初叔孙通率鲁诸生制礼作乐以来,至武帝置五经博士,儒者独
尊,这就是所谓"倨傲自顺,不可以为下";他们争竞利禄,也就是所谓
"游说乞贷,不可以为国";叔孙通的一套礼仪又是所谓"繁登降之礼,
趋详之节"。《儒林传》是一篇儒学史,说明儒者之源流。从孔子论次
《诗》、《书》,修订《礼》、《乐》并作《春秋》,七十子或做师傅卿相,或友
教士大夫,经过战国孟、荀显学,至秦六艺缺亡,以至秦汉之际的儒者。
汉代就不是过去的儒者了,在《史记》的叙述里,成了一种礼拜仪式的

宗教神父学派了,他说:

　　"陈涉之王也,而鲁诸儒持孔氏之礼器,往归陈王,于是孔甲为陈涉博士。……然而缙绅先生之徒,负孔子礼器,往委质为臣者何也? 以秦焚其业,积怨而发愤于陈王也。"

　　"及高帝……围鲁,鲁中诸儒,尚讲诵习礼乐弦歌之音不绝。……"

　　"汉兴,然后诸儒始得修其经艺,讲习大射乡饮之礼。叔孙通作汉礼仪,因为太常,诸生弟子共定者,咸为选首。……"

　　"(孝文、孝景)诸博士具官待问,未有进者。及今上即位,赵绾、王臧之属明儒学,而上亦乡之,于是招方正贤良文学之士。……"

　　"及窦太后崩,……绌黄、老刑名百家之言。延文学儒者数百人,而公孙弘以春秋,白衣为天子三公,封以平津侯,天下之学士,靡然乡风矣!"

　　司马迁在上面一段朴实的记载之中,一再暗示儒学末流是为了具官待问,封侯拜相,他们伪托礼仪,取得太常博士等官。于是司马迁大叹天下学士儒者,靡然从风,以复古于缙绅先生的《春秋》形式为号召,以奔竞利禄之途为目的。

　　所以,我们认为晏婴论孔的传说,是一种托辞,借以骂汉儒末流下贱到"滑稽而不可轨法"。《儒林列传》在此段文字下面,还详引博士弟子的制度,说那些"仪状端正"的"出入不悖"的彬彬少年,都有资格渐进而为官儿,食几百几千禄石,因而儒林便成"乞贷人"了!《史记·礼书》缺亡,恐怕也是因为讽刺过火吧。

　　司马迁把《管晏列传》次于《伯夷列传》,以晏婴人格甚高,"君语及之,即危言;语不及之,即危行。国有道,即顺命,无道,即衡命",并进而赞美说:"至其谏说,犯君之颜,此所谓进思尽忠,退思补过者哉,假令晏子而在,余虽为之执鞭,所忻慕焉!"这明明又是对合法博士的反语责斥。他认为"今上"天下,都是些卖膏药的诙谐博士,像晏子的人一个也没有了，故说晏子在，他愿为之执鞭。由此看来，上面晏子论孔的话是托为重言，便更加了然了。据柳宗元辨《晏子春秋》，谓其旨多尚同、兼爱、非乐、节用者，皆出于墨子，断为墨子之徒所作。那么，司马迁之重视晏子，颇有以墨反儒的暗示。按晁公武《郡齐读书志》说《晏子春秋》是"晏子之后为之"，但未定何人为之。刘向把此书列为儒家，实甚不类。

从叔孙通到董仲舒，一在形式上兴儒术，一在精神上兴儒学，在司马迁看来，都是晏婴的罪人，试看《史记》如何为他们做列传，便知道"累世不能通其学，当年不能究其礼"，不是指孔子，而是影射谁人了。

史记合传纪人，都有取意，如管、晏合传，孟、荀合传，屈、贾合传等。刘敬与叔孙通合传也有寓意。刘敬的"和亲"献策开中国封建制皇朝屈辱政策的创例，和刘敬配传的是叔孙通的创礼仪，使汉高帝享受得竟然说"吾乃今日知为皇帝之贵也"，一创对外的献媚，一创对内的献谀，这可看出司马迁寓论断于叙事的《春秋》笔法。他纪叔孙通创朝仪说：

"汉五年，……诸侯共尊汉王为皇帝于定陶，叔孙通就其仪号。……群臣饮酒争功，醉或妄呼，拔剑击柱，高帝患之。叔孙通知上益厌之也，说上曰：'夫儒者难与进取，可与守成。臣愿征鲁诸生与臣弟子共起朝仪。……'上曰：'可试为之。……'于是叔孙通使征鲁诸生三十余人，鲁有两生不肯行，曰：'公所事者且十主，皆面谀以得亲贵。……吾不忍为公所为，……公往矣，毋汗我！'叔孙通笑曰：'若真鄙儒也，不知时变。'遂与所征三十人西，及上左右为学者，与其弟子百余人，为绵蕝野外，习之月余。叔孙通曰：'上可试观'，上即观，使行礼，曰：'吾能为此。'乃令群臣习肄。会十月，汉七年，长乐宫成，诸侯群臣皆朝。十月，仪：先平明，谒者治礼。引以次入殿门，廷中陈车骑，步卒卫官，设兵张旗志，传言趋，殿下郎中侠陛，陛数百人，功臣列侯诸将军军吏，以次陈西方东乡，文官丞相以下，陈东方西乡，大行设九宾，胪句传：于是皇帝辇出房，百官执职传警，引诸侯王以下至吏六百石，以次奉贺，自诸侯以下，莫不振恐肃敬。……诸侍坐殿上，皆伏抑首，以尊卑次起上寿。……无敢让哗失礼者。于是高帝曰：'吾乃今日知为皇帝之贵也！'乃拜叔孙通为太常，赐金五百斤。叔孙通因进曰：'诸弟子儒生随臣久矣，与臣共为仪，愿陛下官之。'高帝悉以为郎。叔孙通出，皆以五百斤金赐诸生，诸生乃皆喜曰：'叔孙生诚圣人也，知当世之要务！'"

这一段喜剧的描写，是太史公的绝妙手笔！高帝自补了白青黄赤四天帝以外的第五帝，以应符瑞，在人间还没有享受皇帝的场面，故在这样活剧的彩排里，他乐得称做皇帝极为可贵，而通与诸生弟子则"乞贷"出官禄，洋洋自喜，于是乎叔孙通成了识世务的大"圣人"！礼仪在汉初儒者手里就是这样的法宝！叔孙通之识当世之务，在于懂得高帝的心理，《廿二史札记》指出汉初将相大都粗人，不是狱卒材官白徒，便是屠狗吹鼓手贩缯挽车者，这些人是不会温顺的；叔孙通所说的"儒者难以进取，可与守成"的话，可谓动人的"游说"。司马迁的这段描述，就是对于晏子论孔的活现的注脚，含有思想斗争的精神，这正是他的史学思想的反抗精神！

武帝不仅需要这种形式，更须在精神内容上利用儒者了。董仲舒的灾异阴阳说，曾载之《儒林列传》，前面已经提及，兹再据《汉书》说明一下继叔孙通而更进一步的董仲舒的贤良对策。他的建置方案，罢黜百家灭息邪说，已如上言，这里仅论他的儒学。

叔孙通止于看到高帝要羁驭群臣的心理，而"面谀"礼仪；董生更看到武帝"永思所以奉至尊，章洪业"，依据《春秋》大一统之义，配"天下之常经"，立"古今之通谊"。武帝的意旨是：

"朕获承至尊休德，传之亡穷，而施之罔极，任大而守重，是以夙夜不皇康宁，永惟万事之统，犹惧有阙。"（《汉书·董仲舒传》）

武帝由于这种惶惧，才问董生"大道之要，至论之极"。在董生的对策里，首先说了一篇命符灾异的宗教理由，进而说明，王者承天意以从事于正，要据《春秋》一元之意，由上而下地统一法纪，"壹于正而亡有邪气"，"教化立而奸邪皆止"，武帝还疑"当世之务，条贯靡竟，统纪未终"，故董生说要"有始有卒"，必须原大道之"天不变，道亦不变"，居君子之位如同乘车者，不能如小人之负担者，结论是《春秋》之大一统，其策便是绝灭百家邪说而一统于六艺（详见《董仲舒传》）。

这不是晏子所说的"倨傲自顺，不可以为下"么？合叔孙通和董仲舒而论，又不是"累世不能殚其学，当年不能究其礼，君欲用之，以移……俗，非所以先细民"么？更不是对于叔孙通"道固委蛇"以及对于董生"更化"民俗的反驳么？

以上所辨，是关于司马迁评儒之一表一里，经过这样具体说明，便使他所说的"具见表里"，始由隐约而显著，从而知道这位伟大的历史家"原始察终，见盛观衰"的真意。他尊崇孔子作《春秋》，并以《史记》继绪《春秋》自居，他正是在"贬天子，退诸侯，讨大夫，以达王事"。他说："有国者不可以不知《春秋》，前有谗而不见，后有贼而不知，为人臣者不可以不知《春秋》，守经事而不知其宜，遭变事而不知其权"，实际上他是托《春秋》来表白自己，从后两句话更可以看出他婉转地反对法度的干涉。

他在《孔子世家》中，着重记述两点。第一点是说明《春秋》之义的创例，辞约指博，谓"推此类以绳当世，贬损之义，后有王者，举而开之，《春秋》之义行，则天下乱臣贼子惧焉"，甚至他以为孔子对于《礼》、《乐》、《诗》、《书》的整理，是广义的历史记述，"以备王道"，不是如谶纬所说的"孔子为汉制法"。第二点是说明大儒的道行，卓尔独立，结论是，"君子能修其道，纲而纪之，统而理之，而不能为容，今尔（子贡）不修道而求为容，赐、而志不远矣！……颜回曰：夫子之道至大，故天下莫能容，虽然，夫子推而行之，不容何病？不容、然后见君子。夫道之不修也，是吾丑也，夫道既已大修而不用，是有国者之丑也！"第一点是他所师承的，第二点除率己外，更反对汉儒的无行。

《史记》关于后期儒家，有《孟荀列传》，可注意者如下：

一、他记述孟子的思想并无内容，而特详于继承孟子的骈衍，并评论他"其语闳大不经"，"其言不轨"，似以阴阳家与孟子有源流关系。

二、他记述荀子颇重在反对当时"骀衍之术迂大而闳辩"并开启"营于巫祝，信机祥"的风气；"于是推儒墨道德之行事兴坏，序列著数万言而卒"，这似以荀子为战国学术之综合者。

在前面我们已经指出《史记》中的子学研究，缺亡甚多。因此，关于名法墨以及阴阳，甚少详述，多附在《孟荀列传》之后。如对名家公孙龙仅指出"为坚白同异之辩"，对法家先辈李悝，仅指出"尽地力之教"，对韩非叙述略详，说"韩子引绳墨，切事情，明是非，其极惨礉少恩"，这和《六家要旨》是相同的，唯对于纵横家的记载特别详尽，这是战国史的一种侧面叙述。

《汉书》说他"序游侠则退处士而进奸雄，述货殖则崇势利而羞贫贱"，实在是大谬不然的。我们认为这正是他的思想富有人民性的地方。他不但独创了广及人民各方面言行记载的先例，而且变相地发挥墨家的要旨。兹将他在这方面的创例提要录后：

"布衣匹夫之人，不害于政，不妨百姓，取与以时，而息财富，智者有采焉。作《货殖列传》。"

"救人于厄，振人不赡，仁者有乎；不既信，不倍言，义者有取焉。作《游侠列传》。"

他在《货殖列传》中更有大胆的评论，他说：

"……待农而食之，虞而出之，工而成之，商而通之，此宁有政教发征期会哉？人各任其能，竭其力，以得其所欲，……各劝其业，乐其事，……岂非道之所符，而自然之验邪？"

"礼生于有而废于无，故君子富、好行其德，小人富、以适其力。……人富而仁义附焉。"

他从自然史与社会史论述货殖家的理由，以为求富是"物之理"，"人之欲"。他编次《货殖列传》，列举着春秋战国的名贤，把货殖家和百家之学同样看待。这自然更要被汉代统治阶级目为异教徒，然而他说：

"今治生不待危身取给,则贤人勉焉。是故本富为上,末富次之,奸富最下。无岩处奇士之行,而长贫贱,好语仁义,亦足羞矣!"

这无异对乞贷献谀的儒者当头一棒!他以为素位而行,致富可以"比一郡之君,与王者同乐,……所谓素封",何必以儒言儒行向皇帝乞怜呢!我们认为这是墨家的变相说法,此义即所谓"能者富之贵之,不能者贫之贱之"。他说:

"贫贵之道,莫之夺予,而巧者有余,拙者不足。"

"富无经业,则货无常主,能者辐辏,不肖者瓦解。"

据《六家要旨》说,"墨者强本节用,人给家足之道,不可废也",他在这里的货殖经济论,正是墨家的要旨。因此,他不写墨者列传,自有隐忧。

从游侠的叙述中,更明显地可以看出墨家的墨侠派了。《游侠列传》说:

"韩子曰、……(墨)侠以武犯禁。……今游侠,其行虽不轨于正义,然其言必信,其行必果,已诺必诚,不爱其躯,赴士之厄困,既已存亡生死矣,而不矜其能,羞伐其德,盖亦有足多者焉,且缓急人之所时有也。"

按《墨经》说:"士、损己而益所为也",司马迁的话正合此旨。战国墨侠的言行早已失传,因此司马迁说:"(儒)墨皆排摈不载,自秦以前,匹夫之侠,湮灭不见,余甚恨之!"他编次的游侠的旧闻,不失为墨侠的要旨。

墨子说,窃夫虒,世谓之不仁,而窃国都,则以为义,这是知小物而不知大物。他更以为攻取国家民人财富,统治者可以铭于金石钟鼎,布为诰词,以诫子孙对于所有权的尊重,为什么贱人窃取行为,不能书于竹帛铭于席豆,把他的占有物成为合法的财产呢?他依此,说明仁义是俗人之论,不合逻辑。这一理论很可能成了墨侠的行动原则,《游侠列传》给我们提供了佐证:

"鄙人有言曰：'何知仁义，已飨其利者为有德。'……窃钩者诛，窃国者侯，侯之门仁义存，非虚言也。今拘学或抱咫尺之义，久孤于世，岂若卑论侪俗，与世沉浮而取荣名哉！而布衣之徒，设取予然诺，千里诵义，为死不顾世，此亦有所长，非苟而已也。故士穷窘而得委命，此岂非人之所谓贤豪间者耶？诚使乡曲之侠，与季次、原宪比权量力，效功于当世，不同日而论矣；要以功见言信，侠客之义，又曷可少哉？……虽时扞当世之文罔，然其私义廉洁退让，有足称者！名不虚立，士不虚附，至如朋党宗强比周，设财役贫，豪暴侵凌孤弱，恣欲自快，游侠亦丑之！"

这一段墨侠反抗统治阶级、而不苟取荣名，为人民打抱不平之流风余韵，可以作为汉初墨侠的写照。司马谈比较稳妥，还说"其事不可遍循"，而司马迁却为墨侠抱恨了。在他看来，真正与儒林对立的，实在是游侠义士。因此说：

"余悲世俗不察其意，而猥以朱家郭解等（侠）令与豪暴之徒同类而共笑之也！"

他所记载的汉初游侠诸人，朱家，"诸所尝施，唯恐见之，振人不赡，先从贫贱始，家无余财，衣不完采，食不重味，乘不过轺牛。专趋人之急，甚己之私"，这不是难以使人遵从或"时忧过计"的墨子传统么？郭解，"折节为俭，以德报怨，厚施而薄望，……既已振人之命，不矜其功"，"邑中少年及旁近县贤豪，夜半过门，常十余车，请得解客舍养之"，这不是像一个墨者钜子么？

然而，王孟、周庸、睏氏皆江淮以北豪侠，被"景帝尽诛其属"。郭解之父任侠，文帝时被诛死，郭解则遭公孙弘所议"大逆无道，遂族郭解翁伯"。这不能不使司马迁悲恨世俗之无知，痛惜侠士之不幸。

汉儒多说山东儒墨，迁也说"鲁人皆以儒教，而朱家用侠闻"，由此语可知儒侠在汉的分野。据他说，游侠虽遭皇帝之杀害，而侠风尤甚，"其后，代诸白，梁韩无辟，阳翟薛况，陕（郏）韩孺，纷纷复出焉"，"自是之后，为侠者极众，……关中长安樊仲子，槐里赵王孙，长陵高公子，西河郭公仲,太原卤公孺,临淮儿长卿,东阳田君孺,遂为侠,而逡逡有退让君子之风"。我们不能不想到前后汉之交的农民起义,和他们"大逆无道"或"时扞文罔"的脉络关系了。司马迁不敢正面提出墨者,而以当时流行的游侠为墨者列传,转折地说出前世"湮灭无闻"而汉兴风行的匹夫之侠,这种考究源流的史笔是杰出的。

汉代墨者转化为游侠,与儒者转化为博士,两相对照,其流变显示出时代的学术斗争演化的显明痕迹,由此我们就知道到封建制社会,合法正统与异教"邪道"是怎样地不可两立。司马迁说:

> "……夷吾桎梏,百里饭牛,仲尼畏匡,菜色陈蔡,此皆学士所谓有道仁人也,犹然遭此菑;况以中才而涉乱世之末流乎?其遇害何可胜道哉!"

司马迁的史学"好学深思,心知其意",是有内容的。章学诚甚重此旨,而力辩迁无讪上谤君之意,对于《游侠》、《货殖》诸篇不能无所感慨(《文史通义·史德》)。章氏此论不确。按司马迁"究天人之际,通古今之变",固然有史学价值,但他并非仅为史学而史学,其"成一家之言"的内容,多针对现实的黑暗而批判,并对社会制度提出他的积极愿望与理想,这实在是他的史学的战斗精神。他充满了感慨、深叹、愤恨、悲悯、申诉与讽刺,更富有人民性的思想,西洋中世纪的初期还没有这样的人物。

第 五 章

西汉中叶的社会危机和社会批判的思想

第一节 汉代异端思想的源流

严密地讲来,汉代的异端思想,起于贾谊,但贾谊还是在预觉的阶段。第一,他主要认为汉循秦制(《过秦论》一篇作品寓意于秦之不可法,实在是"过汉论",后来葛洪的《过汉》篇即仿效《过秦论》),有蹈秦人末路的危险。第二,他根据的东西,不是治安的有效政策,而是治安的主观图景,在理想与现实之间发生极大的矛盾之时,便产生了他的悲剧歧路。第三,他从历史的教训之中,强调了儒家对古制的观点,而在其思想血脉中又保留着道家的狂士传统,因而离开现实更远,走进了理想主义的道路。第四,在汉朝封建王权已经确立的时代,地上的世界并不是乐土,好像西方人在中世纪寻求到天国,汉代人也在中世纪寻求到三代,来作幻想的寄托。有诸子传统的贾谊,不会成为叔孙通的现状主义者,也不会成为晁错的权力主义者,因此,贾谊没有走入庸俗化的途径,他的超俗的理想被司马迁赞为"其志洁、其行廉"的抗议思想。

有正统思想的"法度"化和庸俗化,就会产生反抗正统思想的"异端"，这二者中间的对立，正如恩格斯所说的，通过中世纪历史的延续中有一条红线贯穿着，这基本上就是唯心主义和唯物主义的斗争。罢黜百家而独尊儒术的汉武帝是中国封建制社会完成时期的人物。所谓中世纪的秦皇与汉武正如古代的文王与周公，他们都是适应着社会制度的变化而出现的，一定的人物与一定的社会关系即是典型与现实的关系。汉武帝的"法度"使正统思想确立起来，这是中世纪历史法典化的产物。但法度与思想之间的主观的统一、现实世界与"颠倒的世界意识"（马克思语）之间的讽刺画似的人为和谐，即使在开始的时候，就已表现出认识对客观世界的歪曲。到了农民起义之时，这种颠倒的世界意识，被历史现实所拆散，"彬彬然文学之士"群的说教，在竹竿铁锄的摇撼之下，显得越发矛盾，死的明堂辟雍和活的灾异变乱，显得越发不成节奏。然而，正因为如此，神秘的宗教才更成为庙堂之上的最后根据。武帝天汉二年的汉代初期农民起义，并没有使"法度"退伍，相反的，宣帝"中兴"（《汉书·宣帝赞》），更发扬了武帝待诏金马门的合法制度，创出了钦定的"称制临决"，宣布了石渠阁的统一五经同异的思想，"综核名实，政事文学法理之士咸精其能"（《宣帝赞》），诸儒也多以"论于石渠"（《儒林列传》）为经院学者的标榜。《汉书·宣帝纪》说：

　　　　"诏诸儒讲五经同异，太子太傅萧望之等平奏其议，上亲决焉。（甘露三年，公元前 52 年）"

　　在西洋中世纪，皇权与教权是分立的，而在中国中世纪，则皇帝统一了教权皇权，石渠阁的会议可为代表，这是吸取并复活中国古代"学在官府"的传习而复转变成中世纪的制度。然而，以司马迁为首，就早已与武帝时代的农民战争相应，在中国第一部伟大的史书里，发抒了个性嶙峋的批评，尤其在讲制度的《平准书》与《货殖》、《游侠》二列传，讲思想的《儒林》、《酷吏》二列传，栽植下汉代唯物主义思想的根苗，以后桓宽撰述《盐铁论》所暴露的思想矛盾（文学之评，即儒林眼里的酷吏；大夫之评，即酷吏眼中的儒林），多模仿《平准书》的论断，反映出武帝以来的社会矛盾。贡禹的奏议更归纳成为原则，把汉代说成是阴暗无日的世界。

这是汉代异端精神的第一期。它与桓谭到王充的第二期思想——名副其实的异端思想不同的所在，是后者更深刻地形成唯物主义和无神论的思想体系，而与统治阶级的谶纬迷信的合法正统（白虎观的神学）正相对立。至于第三期和鸿都门对照的王符、仲长统等人，则更指出了不可挽救的社会矛盾，导入了现实的危机，王朝的崩溃。

第二节　司马迁叙述的汉代社会矛盾与儒法诘辩的根源

上面我们曾经说到汉代统治阶级"内法外儒"的学术倾向，这一倾向，前有司马迁的《儒林》、《酷吏》二列传，后有《桓宽》所述的《盐铁论》一书，都暴白得甚为露骨。这里有两点值得我们注意：第一，汉初封建社会的内部矛盾，从儒法的诘难中显示出端倪；第二，儒法其外衣而博士与酷吏其内容的汉代学术，正反映出现实矛盾在意识上的虚伪化装。

《盐铁论》的撰者桓宽，《汉书》里没有列传，他的生卒年代不可确考。他是宣帝时代（公元前73—52年）的人物，他所记录的是武帝到昭帝时代的阶级矛盾。《四库全书总目》说：

> "《盐铁论》，汉桓宽撰。宽字次公，汝南人。宣帝时举为郎，官至庐江太守丞。昭帝始元六年（公元前81年）诏郡国举贤良文学之士，问以民所疾苦，皆请罢盐铁榷酤，与御史大夫桑弘羊等建议相诘难。宽集其所论为书凡六十篇。……后罢榷酤而盐铁则如旧。"

桓宽是一位儒者，治《公羊春秋》，似有董仲舒学派的传统，而又怀疑了儒学的世界观，在《盐铁论》卷末《杂论》一篇中虽称桑弘羊为博物通士，使巨儒宿学，不能自解，而对于儒学则倍加赞誉，甚推重中山刘子雍为宏博君子,九江祝生不畏强暴。桓宽虽然主观上同情于尚六艺的文学,贬斥务权利的大夫,但他的撰述,却客观地记录下当时社会制度的中心问题,即土地国有制和豪族土地占有制之间的矛盾以及财产所有制的法律形式,同时也指出了由制度矛盾所发生的思想争辩,不过形式上好像仅限于盐铁所有权罢了。

首先,我们从司马迁对于社会制度方面的批评来研究。这里,并不仅限于汉武帝所实行的盐铁、酒榷、均输等统制政策,而要说明武帝前后的汉代许多经济设施的意义;然后再研究《盐铁论》中所表现的思想诘难。

一、管制盐铁:武帝元狩五年(公元前 118 年),孔仅、东郭咸阳大农丞,领盐铁事,他们"言山海天地之藏也,皆宜属少府(韦昭云:少府,天子私所给赐经用也。公用属大司农);陛下不私,以属大农佐赋。愿募民自给费,因官器作煮盐,官与牢盆(苏林云:牢,价值也)。浮食奇民,欲擅管山海之货,以致富羡,役利细民,其沮事之议,不可胜听。敢私铸铁器煮盐者,钛左趾,没入其器物。郡不出铁者置小铁官,便属在所县。使孔仅、东郭咸阳乘传举行天下盐铁,作官府,除故盐铁家富者为吏,吏道益杂不选,而多贾人矣"(《史记·平准书》)。元鼎六年(公元前 111 年),"汉发南方吏卒往诛之(西南夷),间岁万余人,费皆仰给大农,大农以均输调盐铁助赋,故能赡之。明年元封元年(公元前 110 年)桑弘羊为治粟都尉,领大农,尽代仅筦天下盐铁。"(同上)

二、均输平准:武帝元封元年,"桑弘羊以诸官各自市,相与争,物故腾跃,而天下赋输或不偿其僦费(僦言所输物不足偿其顾载之费也)。乃请置大农部丞数十人,分部主郡国,各往往县置均输盐铁官,令远方各以其物,贵时商贾所转贩者为赋,而相灌输。置平准于京师,都受天下委输。召工官治车,诸器皆仰给大农。大农之诸官,尽笼天下之货物,贵即卖之,贱则买之。如此,富商大贾,无所牟大利,则反本,而万物不得腾跃。故抑天下物,名曰平准。天子以为然,许之。于是天子,北至朔方,东至太山,巡海上,并北边以归,所过赏赐,用帛百余万

匹,钱金以巨万计,皆取足大农。"(《史记·平准书》)

三、酒榷:武帝天汉三年(公元前98年)春二月,初榷酒酤(《汉书·武帝纪》)。斯时桑弘羊为大司农,此制大概是他所建。应劭曰:"县官自酤榷卖酒,小民不复得酤也。"韦昭曰:"以木渡水曰榷,谓禁民酤酿,独官开置,如道路设木为榷,独取利也。"

四、算缗:武帝元狩四年初算缗钱,与管盐铁事差强同时。"商贾以币之变,多积货逐利。于是公卿言……异(前)时算轺车,贾人缗钱皆有差,请算如故(李斐曰:缗,丝也,以贯钱也,一贯千钱,出二十算也)。诸贾人末作,贳贷(疑脱"卖"字)买,居邑稽(《汉书》作贮积)诸物,及商以取利者,虽无市籍,各以其物自占(郭璞云:占,自隐度也,谓各自隐度其财物多少,为文簿送之官也,若不尽,皆没入于官),率缗钱二千而一算。诸作(如淳曰:以手力所作而卖之)有租及铸,率缗钱四千一算。非吏比者,三老、北边骑士,轺车以一算。商贾人轺车二算。船五丈以上一算,匿不自占,占不悉,戍边一岁,没入缗钱。有能告者,以其半畀之。……杨可告缗遍天下,中家以上,大抵皆遇告,杜周治之,狱少反者。乃分遣御史廷尉正监,分曹往,即治郡国缗钱,得民财物以亿计,奴婢以千万数,田、大县数百顷,小县百余顷,宅亦如之。于是商贾中家以上,大率破。……初大农筦盐铁官布多,置水衡欲以主盐铁,及杨可告缗钱,上林财物众,乃令水衡主上林,上林既充满益广。……乃大修昆明池,列观环之,治楼船高十余丈,旗帜加其上,甚壮。于是天子感之,乃作柏梁台,高数十丈,宫室之修,由此日丽。乃分缗钱诸官,而水衡、少府、大农、太仆各置农官,往往即郡县比没入田田之。其没入奴婢,分诸苑养狗马禽兽,及与诸官。诸官益杂置多,徒奴婢众,而下河漕,度四百万石,及官自籴乃足。所忠言,世家子弟富人,或斗鸡走狗马,弋猎博戏,乱齐民。"(《史记·平准书》)

就上面所讲的四点而论,土地和重要的生产资料都归国家所有,特别在法律上是国家所有。大司农这一官制即执行国有制的公共事务的职务。政策的拥护者就是大商贾出身的酷吏,表面上则装成法家的面貌。武帝时代的这些法令不是和平的,而是属于封建式的财产动员性的,从这里,暴露出在中央集权的强化中国家皇权和豪族地主的阶级矛盾。所谓管制盐铁与酒榷专卖、均输、平准以及没收的大量土地和劳动力,《史记》谓与民争利,我们认为,这是中央集权的封建主义所依据的物质基础。《汉书·食货志》说:"赋、供车马甲兵士徒之役,充实府库赐予之用。税、给郊社宗庙百神之祀,天子奉养,百官禄食庶事之费",《续汉书·汉仪注》说:"田租刍槀,以给经用,山泽鱼盐,市税,少府以给私用",这大体上好像有公私财政的分野,然在实际上,并看不出公私经济的严格的区分。孔仅等所谓"宜属少府",归天子私奉养者,仅说应宜而已,故大司农一职,掌诸钱谷金帛诸货币而外,复领盐铁等事,实在是一个庞大的公私混合的财政机关。至于公私支出的项目,桓谭在《新论》中说:"汉百姓赋敛,一岁四十余万万。吏奉用其半,余二十万万,藏于内府为禁财。少府所领园池作物之入十三万万,以供常赐。"这些数目很难认为确数,但当不远于事实,并可看出公私经济的支出滥费。

我们认为,汉代国有土地制之下的地租形态是一种代役租,其性质属于劳役地租。汉代赋税,据《汉书·刑法志》说:"税以足食,赋以足兵",《食货志》说:"税谓公田十一及工商衡虞之入,赋供车马甲兵士徒之役",似税谓纳物制,赋则徭役制。田租之税,史称汉初十五而一,后改三十而一,但公私经济不分的时代,计算是不能合规则的,《货殖列传》就说列侯封君食租税,岁率户二百。所以,贡禹谓农夫已奉谷租,又出槀税,乡部私求,不可胜供;王莽王田诏谓豪民侵凌,分田劫假,厥名三十税一,实十税五。这表示中世纪田税与地租是难以十分确定的。"赋"在贡献形式之下交纳,更不如纳税形式比较有经济的关系,《高帝纪》诏:"欲省赋甚。今献未有程,吏或多赋以为献,而诸侯王尤多,民疾之。"按高帝四年初为算赋,《汉仪注》谓民年十五以上至五十六,出钱人百二十为一算,为治库兵车马。至武帝复加口钱,《贡禹传》说:"古民亡赋算口钱,起武帝征伐四夷,重赋于民。民产子三岁则出口钱,故民重困,至于生子辄杀,甚可悲痛。宜令儿七岁去齿乃出口钱,年二十乃算。"其他,额外赋取,名目尚多,兹不重举。这样看来,赋税二者之在汉代武帝盛世,刻意诛求,无微不至,左雄所谓"乡官部吏,职斯(厮)禄薄,车马衣服,一出于民,特选横调,纷纷不绝"。

《史记》称武帝的政策是抑商益赋之道,然也须待研究。按汉代的商业的确随着国家的统一而发展起来,贡禹说:"商贾求利,东西南北,各用知巧。好衣美食,岁有什二之利,而不出租税。农夫父子,暴露中野,不避寒暑,捽草杷土,手足胼胝。已奉谷租,又出稿税,乡部私求,不可胜供。故民弃本逐末,耕者不能半。"求富之道,又如司马迁所谓"农不如工,工不如商"。到了武帝时,商贾"重装富贵,周流天下",《史记》谓"千金之家比一都之君,巨万者乃与王者同乐,岂所谓素封者邪非也"(《货殖列传》)。秦汉之际求富起家者,多因盐铁之利,如猗顿用盐事起,而邯郸郭纵以铁冶成业,与王者埒富;如南阳行贾,尽法孔氏用铁冶为业,而鲁人曹邴氏尤甚,以铁冶起富。初,汉律轻商,贱待商贾,禁其不能有土地所有权,并不得为吏,不得乘车,似官吏与商贾实不同器。但经济上的特殊阶级决不能和政治上的统治阶级分离,史称富商大贾交通诸侯,实际上他们已经通过参与政权的步骤,具有了和地主阶级同样的身份性。

武帝实施政策的时候,掌理经济命脉的人物,上下尽多商人。不但作盐铁官吏的就是盐铁家富者,所谓"吏道不选,而多贾人",屯积居奇,上下其手,"商贾以币之变,多积货逐利";而且如孔仅、东郭咸阳、桑弘羊等掌大司农高职者,更是商贾起家的,《史记》说:

> "桑弘羊以计算用事侍中。咸阳齐之大煮盐,孔仅南阳大冶,皆致生累千金,故郑当时进言之。弘羊雒阳贾人子,以心计,年十三,侍中。故三人言利,事析秋毫矣!"(《平准书》)

这样看来,通过政治上特权的享有,商人就不永远是商人,而一旦取得特殊的身份和地位,就可以参与土地的占有了。

财官与酷吏的结合,是汉代法家变质的原因。司马迁《史记·酷吏列传》说:武帝时酷吏宁成宣称曰"仕不至二千石,贾不至千万,安可比人乎!乃贳贷买陂田千余顷,假贫民役使数千家,数年会赦,致产数千金。……其使民威重郡守"。酷吏张汤,"为人多诈,舞智以御人,始为小吏乾没(《正义》云:"乾没谓无润及之而取他人也。"案即指无报偿原则之超经济的掠夺),与长安富贾田甲鱼翁叔之属交私。……为御史大夫……承上指,请造白金及五铢钱,笼天下盐铁,排富商大贾,出告缗令,鉏豪强并兼之家,舞文巧诋以辅法。……天下事皆决于汤。百姓不安其生,骚动。县官所兴,未获其利,奸吏并侵渔"。这种官商不分的现象,并非抑商,而是武帝利用大商人阶级和豪强兼并的地主阶级斗争的一个侧面。所以武帝问张汤:"吾所为,贾人辄先知之,益居其物,是类有以吾谋告之者!"这话再明显不过了,不是说明官商"舞文巧诋以辅法"么?其他如攻剽为盗的酷吏义纵,"以鹰击毛挚为治,后会五铢钱白金起,民为奸,京师尤甚。乃以纵为右内史"。椎埋为奸的王温舒,"好杀伐,性威不爱人。天子闻之,以为能,迁为中尉","温舒为人谄(《汉书》作多诣),善事有势者,即无势者视之如奴,有势家虽有奸如山弗犯,无势者贵戚必侵辱,舞文巧诋下户之猾,以焄(《汉书》作动)大豪。……中猾以下皆伏,有势者为游声誉称治,治数岁,其吏多以权富(《汉书》富字上多出贵字)"。按《史记》描写的王温舒近似特务,熟习关中俗性,尽用恶豪,用投铦购告言奸之法,置伯落长以牧司奸,把一些无权势无身份地位的人,治奸罪,糜烂狱中;行论无出者,其爪牙吏虎而冠。但有一点却要知道,大豪多以势更富,故称誉温舒的德政;官吏更多以权富贵,故温舒以匿吏奸利遭灭族,而家累千金。又如酷吏杜周,初为义纵的爪牙,后"为廷尉,其治大放(倣)张汤,而善候伺,上所欲挤者,因而陷之,上所欲释者,久系待问而微见其冤状。客有让周曰:'君为天下决平,不循三尺法,专以人主意指为狱,狱者固如是乎?'周曰:'三尺安出哉?前主所是著为律,后主所是疏为令,当时为是,何古之法乎?……'杜周初征为廷史(廷尉史),有一马,且不全,及身久任事至三公列,子孙尊官,家訾(赀)累数巨万矣!"这样看来,法律上的特权成了任意刻求的依据,于是富贵不分的封建制度便因所谓抑商政策而反使中产以下者破产,财富更向特种身份性的贵族集中。《酷吏列传》还有治米盐事而大小皆关其手的减宣,更有使豪恶吏伏匿,而善吏不能为治的尹齐等。司马迁以为这些人"虽惨酷,斯称其位",实际上当时遍天下富豪酷吏相为勾结,已经把汉廷腐蚀到危机四伏了。因此,我们不要机械地区别汉代的商人和豪强,他们之间有阶级内部的混战,武帝就利用了这种关系使他们两败俱伤,以期巩固中央专制主义的政权,而实质上受祸害的是依附的农民。《酷吏列传》最后说:"至若蜀守冯当暴挫,广汉李贞擅磔人,东郡弥仆锯项,天水骆璧推咸,河东褚广安杀,京兆无忌、冯翊殷周蝮鸷,水衡阎奉扑击卖请,何足数哉? 何足数哉?"

危机是什么呢? 司马迁以因果方式的叙述文章,直指出农民暴动。《酷吏列传》说:

> "自温舒等以恶为治,而郡守都尉诸侯二千石欲为治者,其治大抵尽放(倣、效也)温舒,而吏民益轻犯法,盗贼滋起。南阳有梅免、白政,楚有殷中、杜少,齐有徐勃,燕赵之间有坚卢、范生之属,大群至数千人,擅自号,攻城邑,取库兵,释死罪,缚辱郡太守、都尉,杀二千石,为檄告县,趣具食。小群盗以百数,掠卤乡里者,不可胜数也。于是天子始使御史中丞、丞相、长史督之,犹弗能禁也,乃使光禄大夫范昆,诸辅都尉及故九卿张德等,衣绣衣,持节、虎符发兵以兴击。斩首,大部或至万余级,及以法诛通行饮食,坐连诸郡,甚者数千人。数岁,乃颇得其渠率。散卒失亡,复聚党阻山川者,往往而群居,无可奈何,于是作沈命法曰:群盗起不发觉,发觉而捕弗满品者,二千石以下至小吏,主者皆死,其后小吏畏诛,虽有盗不敢发,恐不能得,坐课累府,府亦使其不言,故盗贼浸多,上下相为匿,以文辞避法焉。"

《史记·平准书》中把财官聚敛之臣与酷吏并举,如张汤、减宣、杜周、尹齐、王温舒,用惨急刻深之法,佐辅垄断统制的财政政策之实行。杜周等之为人已如上叙,张汤亦然,"智足以拒谏,诈足以饰非,务巧佞之语,辩数之辞,非肯正为天下言,专阿主意,主意所不欲,因而毁之,主意所欲,因而誉之,好兴事舞文法,内怀诈以御主心,外挟贼吏以为威重"(《汲黯列传》)。他甚至进言,如果有反对刻求者以腹诽论罪,故"卿大夫多谄谀取容矣"。他们利用权势舞文乱法,已经形成一套官僚机构,虽汲黯之贤,有势则宾客十倍,无势则否,所谓"一贫一富,乃知交态,一贵一贱,交情乃见"(史迁引语),正是汉代社会的写照。司马迁把民变的原因归结于法外权势的横敛诛求,特别是国有生产资料,《平准书》最后说:

> "外攘夷狄,内兴功业,海内之士力耕不足粮饷,女子纺绩不足衣服,古者尝竭天下之资财以奉其上,犹自以为不足也。"

武帝时代财政政策的性质及其结果,不但没有使土地国有制以及中央专制主义巩固起来,而且也没有抑制了豪强,反而由于官商勾结,产生了大豪强阶级的法外富贵。这里,我们再看一下武帝统治政策的其他表现,太史公所谓"事势之流相激使然,曷足怪焉"。这些表现都暗示或明言于《平准书》中,举其大者,例如:

第一,封建享乐:汉初,萧何营未央宫,壮丽之极使高帝赞美。武帝元鼎二年起柏梁,元封二年起甘泉通天台、长安飞廉馆,太初元年起建章宫,四年起明光宫,景帝时"益造苑马以广用,而宫室列观舆马益增修矣",武帝度为上林苑,举籍阿城以南,盩厔以东,宜春以西。其他郡国列侯,亦甚奢纵,高帝诏:"为列侯食邑者,皆佩之印,赐大第。"武帝时,"宗室有土公卿大夫以下,争于奢侈,室庐舆服僭于上,无限度"。厚葬之风甚炽:"汉天子即位一年而为陵,天下贡赋三分之:一供宗庙,一供宾客,一充山陵。武帝享年久长,比崩而茂陵不复容物。"这些当是所谓"内兴功业"之大端,所以王充说:"岁凶之时,掘丘墓取衣物者以千万数。"

第二,好大喜功:《平准书》言武帝穿汾河渠,凿直渠,穿朔方渠,作者皆数万人,功未就而费亦各巨万十数;又指出军事编制的屯垦,徙民于关以西,及充朔方以南新秦中,七十万口,衣食皆仰给县官,费以亿计。更糜费者为信神仙，封泰山，益之以事巡游，修祠宫，比秦皇要纵奢十百倍。

第三，大事四夷：《史记》、《汉书》都对于武帝耗民力、费府库远事四夷，多致讥评。我们仅将《平准书》中所讥评者择述一二。匈奴数侵，边粟不足给食，于是募民能输及转粟于边者，拜爵，爵得至大庶长。又说，匈奴绝和，侵扰北边，兵连而不解，天下苦其劳，而干戈日滋，行者赍、居者送，中外骚扰而相奉，百姓抏弊以巧法，财赂衰耗而不赡，人物者补官，出货者除罪，选举陵迟，廉耻相冒，武力进用，法严令具，兴利之臣，自此始也。又云，汉军之士马死者十余万，兵甲之财，转漕之费不与焉。于是大农陈藏钱经耗，赋税既竭，犹不足以奉战士。……议令民得买爵及赎禁锢，免减罪，请置赏官，命曰武功爵。级十七万，凡直（值）三十余万金。（数字疑有误）诸买武功爵官首者，试补吏，先除，千夫如五大夫。其有罪又减二等，爵得至乐卿，以显军功。军功多用越等，大者封侯卿大夫，小者郎吏，吏道杂而多端，则官职耗废。

第四，削减郡国：汉时郡国有政治经济的独立权，赵翼《廿二史劄记》说，汉初诸侯王守地甚大，任期永长；且自置官属。王鸣盛《十七史商榷》说，郡国封王自除丞尉，且讲武勤兵，校猎财力，兵权自擅。更威胁汉廷者，为经济财政之权。《史记》说："郡国诸侯，各务自拊循其民。吴有豫章郡铜山，濞则招致天下亡命者，益铸钱，煮海水为盐，以故无赋，国用富饶。"（卷一〇六）"蜀严道铜山，得自铸钱，邓氏钱布天下。"（卷一二五）"四郡之众，地方数千里，内铸消铜以为钱，东煮海水以为盐。"（卷一一八）七国反，多恃经济财政之基础。故《平准书》说："吴诸侯也，以即山铸钱，富埒天子，其后卒以叛逆；邓通大夫也，以铸钱财过王者。故吴邓氏钱布天下，而铸钱之禁生焉。"武帝的统制政策，正为了削弱郡国封王的经济独立权，而谋中央财政的统一。《盐铁论》大夫曰："山泽无征则君臣同利，刀币无禁则奸贞并行，夫臣富相侈，下专利则相倾也。""文帝之时，纵民得铸钱冶铁煮盐，吴王擅鄣海泽，邓通专西山，山东奸猾，咸聚吴国，秦雍汉蜀因邓氏。……禁御之法而奸伪

息。……故统一则民不二也，币由上则下不疑也。"(《错币》)

综上所述，我们可以看出司马迁已经在他的笔伐汉代的史论中说出了汉代的社会矛盾。基本的矛盾是农民和统治阶级的对抗；在统治阶级之间，主要的矛盾是皇权和豪权的对立。汉武帝就利用了酷吏和商人，对豪门地主阶级施展出一系列的打击，以期巩固中央专制主义的皇权。但这种矛盾的解决，反而扩大了矛盾，形成社会的危机。至于儒林和法吏的诘辩怎样反映出统治阶级内部斗争的图景，将在下节详论。

第三节 汉代政权的矛盾与儒法的辩难

《盐铁论》所述的"文学曰"部分，凡古之云云，大都是儒林的空想，凡今之云云，大都针对国家财产所有制的结果(不是性质)，反映出一部分身份性地主阶级的不满。因为中央集权专制主义造成另一部分大豪富的政治特权以及因此享有的经济特权，不但没有真正消灭豪强，反而是打击一类豪强地主，制造另一类豪强地主。儒林"发愤懑刺讥公卿，介然直而不挠，可谓不畏强御矣"(《杂论》)，其阶级愤懑情绪是露骨的。他们指出"今杀人者生，剽攻窃盗者富"(《周秦》)，"其位弥高而罪弥重，禄滋厚而罪滋多"(《褒贤》)，"为利者满朝市，列田畜者弥郡国，横暴掣顿，大第巨舍之旁，道路且不通"(《救匮》)，"富者以财贾官，勇者以死射功，戏车鼎跃，咸出补吏，累功积日，或至卿相，垂青绳，搌银龟，擅杀生之柄，专万民之命"(《除狭》)，从这些话看来，一切问题都归结在财产关系。

按贤良文学来自乡村，如丞相史指出他们"穷巷多曲辩，而寡见者难喻。……世人有言，鄙儒不如都士，文学皆出山东，希涉大论"，希望他们在京师久居，渐识世事，明白政策之所以然(《国病》)，而和缓阶级的内讧，以期他们不"坚任古术，而非今之理"，但他们则终以"殊途"立异，仍"辩讼愕愕然，无赤赐之辞，而见鄙倍之色"。从这一点来看，文学所批评的话，是以受打击的豪门地主阶级的意识而与寄生于皇权势力的富豪的思想相诘难,更明白地说,这是封建政权的矛盾反映于酷吏与儒林的对立。

以下我们考察文学与大夫诘难的两个主要问题。

第一,关于国有财产的问题。贤良文学对于国有财产的政策的责难,是根据儒林的道德观点而出发的,特别采用董仲舒对策的思想(《论菑》篇引江都相董生之言)而出发的。他们和酷吏的权利思想相反,开宗明义即说:

> "窃闻治人之道,坊淫佚之原,广道德之端,抑末利而开仁义,毋示以利。……今郡国有盐铁酒榷均输,与民争利,散敦厚之朴,成贪鄙之化。"(同上)

他们也反对官家的与民争利的所谓"万物并收"的平准政策,以为那些财政政策并没有帮助国有财富的积累,而是便利了富商与官吏,例如:

> "高帝禁商贾不得仕宦,所以遏贪鄙之俗,……排困市井,坊塞利门,而民犹为非也,况上之为利乎! 传曰:'诸侯好利则大夫鄙,大夫鄙则士贪,士贪则庶人盗',是开利孔为民罪梯也。"(同上)

> "县官猥发,阖门擅市,则万物并收,万物并收则物腾跃,腾跃则商贾牟利自市,牟利自市,则吏容奸豪,而富商积货储物,以待其急,轻贾奸吏收贱以取贵。未见准之平也。"(《本议》)

大夫主张平准的最大理由,除供给边费以外,是为了通有无;文学则以为这样的通货不是为了通有无,而是为了皇族的享乐,所谓内兴功业:

> "昔桀女乐充宫室,文绣衣裳,故……女乐终废其国。今骡驴之用,不中牛马之功,鼲貂旃罽,不益锦绨之实,美玉珊瑚出于昆山,珠玑犀象出于桂林,此距汉万有余里,计耕桑之功,资财之费,是一物而售百倍,其价一也,一揖而中万钟之粟也。夫上好珍怪,则淫服下流,贵远方之物,则货财外充,是以王者不珍无用以节其

民,不爱奇货以富其国。故理民之道,在于节用尚本,分土井田而已。"(《力耕》)

凡封建享乐都是不生产性的糜烂消费,蠹蚀再生产,文学曰:

"今世俗坏,而竞于淫靡,女极纤微,工极技巧,雕素朴而尚珍怪,镂山石而求金银,没深渊求珠玑,设机陷求犀象,张网罗求翡翠,求蛮貊之物以眩中国,徙卭筰之货致之东海,交万里之财,旷日费功,无益于用。"(《通有》)

"若则饰宫室,增台榭。梓匠斲巨为小,以圆为方,上成云气,下成山林,则材木不足用也;男子去本为末,雕文刻镂,以象禽兽,穷物究变,则谷不足食也;妇女饰微治细,以成文章,极技尽巧,则丝布不足衣也;庖宰烹杀胎卵,煎炙齐和,穷极五味,则鱼肉不足食也。当今世非患禽兽不损,材木不胜,患僭侈之无穷也,非患无旃厥橘柚,患无狭庐糟糠也。"(同上)

大夫以为"内兴功业",正是"功巨者用大"所必要的设施,不能省事节用。文学则反对功业所依托的"公田":

"今县官之多张苑囿公田池泽,公家有鄣假之名,而利归权家,三辅迫近于山河。……假税殊名,其实一也。"(《园池》)

文学数责"功积于无用,财尽于不急"之滥费,几为各篇通义,名之曰"聚不足",他们指出了一堆武帝的糜费结果,例如:今富者井干增梁,雕文槛修,垩垔壁饰;今富者连车列骑,骖二辀轺;今富者缛绣罗纨;今富者银口黄耳,金罍玉钟;今富者祈名岳,望山川,椎牛击鼓,戏倡儛像;今富者绣茵翟柔,蒲子露林;今富者钟鼓五乐,歌儿数曹;今富者(棺木)绣墙题凑;今富者(嫁娶)皮衣朱貉,繁露环珮;今诸侯百数,卿大夫十数(妻妾);今猛兽奇虫不可以耕耘,而令当耕耘者养育之,百姓或短褐不完而犬马衣文绣,黎民或糟糠不接而禽兽食肉;今县官多畜奴婢,私作产业,……百姓或无斗筲之储,宫奴累百金,黎民昏晨不释事,奴婢垂拱遨游也;数巡狩五岳滨海之馆,以求神仙蓬莱之属,数幸之郡县,富人以赀佐,贫者筑道旁,小者亡逃,大者藏匿(此寓武帝,非指秦皇);以至于今世俗宽于行而求于鬼,怠于礼而笃于祭,嫚亲而贵势,至妄而信,日听驰言而幸得,出实物而享虚福。因此,贤良文学对于武帝以来汉廷苛削的结果,得出以下的论断:

> "宫室奢侈,林木之蠹也,器械雕琢,财用之蠹也,衣服靡丽,布帛之蠹也,狗马食人之食,五谷之蠹也,口腹纵恣,鱼肉之蠹也,用费不节,府库之蠹也,漏积不禁,田野之蠹也,丧祭无度,伤生之蠹也。堕成变故伤功,工商上通伤农,故一杯棬用百人之力,一屏风就万人之功,其为害亦多矣!"(《散不足》)

第二,关于随着国家财产所有和豪族财产占有的矛盾而产生的阶级关系。贤良文学对于官吏与富商的相通,对于官吏法外的渔利,造成社会危机之结果,更有露骨的责难。他们把计臣与酷吏并举,例如:

> "县官用不足,故设险兴利之臣起,磻溪熊罴之士隐。泾淮造渠以通漕运,东郭偃孔仅建盐铁册(策)诸利,富者买爵贩官,免刑除罪,公用弥多,而为者徇私。上下兼求,百姓不堪。抗弊而从法,故憯急之臣进,而'见知'废格之法起。杜周、咸宣之属以峻文决理'贵',而王温舒之徒以鹰隼击杀'显'。其欲据仁义以道事君者寡,偷合取容者众。"(《刺复》)

从这话里可以看出,打击了一部分"贵显"的地主阶级,又因此造成了另一种身份的阶级,这种阶级关系的变动是被文学家们所反对的。按当权的大夫和乡野的文学好像在原则上有相似的主张,即中央集权的统一政策。但他们之间的主张在性质上并不相同,大夫们的统一主张是建筑在土地和其他财富的国有,其政策的打击对象实为郡国诸侯和豪强地主旧时所享有的财富权力。例如大夫曰:"文帝之时,纵民得铸钱冶铁煮盐,吴王擅鄣海泽,邓通专西山,山东奸猾,咸聚吴国,秦、雍、汉、蜀因邓氏",而笼一盐铁,即是"统一则民不二"的方策。又曰:"异时盐铁未笼,布衣有胸郑,人君有吴王,专山泽之饶,薄赋其民,赈赡穷小,……私威积而逆节之心作。夫不早绝其源而忧其末,若决吕梁,沛然其所伤必多矣!……王法禁之,今放民于权利,罢盐铁以资暴强,遂其贪心,众邪群聚,私门成党,则强御日以不制,而并兼之徒奸形成矣。"(《禁耕》)又曰:"今意总一盐铁,非独为利入也,将以建本抑末,离朋党,……绝并兼之路也。……往者豪强大家得管山海之利,采铁石鼓铸煮盐,一家聚众或至千余人,大抵尽收放流人民也。远去乡里,弃坟墓,依倚大家,聚深山穷泽之中,成奸伪之业,遂朋党之权,其轻为非亦大矣!"(《复古》)又曰:"今夫越之具区,楚之云梦,宋之钜野,齐之孟诸,有国之富而霸王之资也。人君统而守之则强,不禁则亡。齐以其肠胃予人,家强而不制,枝大而折干,以专巨海之富,而擅鱼盐之利也。势足以使众,恩足以卹下,是以齐国内倍而外附,权移于臣,政坠于家。……今山川海泽之原,非独云梦、孟诸也,鼓金煮盐,其势必深居幽谷,而人民所罕至,奸猾交通,山海之际,恐生大奸,乘利骄溢,敦朴滋伪,则人之贵本者寡。"(《刺权》)

文学在形式的原则上虽不反对专制主义的统一,但他们主张有本以"统"之,礼义以"一"之,即从思想上从事于专制的统一,而反对从国家财产的所有上统一,如说:"古者贵德而贱利,重义而轻财。……自食禄之君子违于义而竞于财,大小相吞,激转相倾"(《错币》)。他们更主张节欲式的俭约,如说:"禁溢利,节漏费,溢利禁则反本,漏费节则民用给,是以生无乏盗,死无转尸也"(《通有》)。他们的财富观点是从自然经济的"利土自惜"和小生产性的"分土耕田"或"均贫而寡富"出发的,并根据这样的有利豪族地主兼并的观点,反对铁器国有的政策。他们以为,"铁器者农夫之死生也,死生用则仇雠灭,仇雠灭则田野辟,田野辟则五谷熟,宝路开则百姓赡而民用给,民用给则国富,国富而教之以礼,则行道有让而工商不相豫,人怀敦朴,以自相接而莫相利"(《禁耕》)。他们虽然同意大夫所谓之民大富则不可以禄使,大强则不可以威罚,但注重救伪以质,坊失以礼,而反对只识小利而忘大志,以利相趋使。他们说,强暴兼并而不能统一,归结于土地财产的皇权独占,所谓"权利深者不在山海,在朝廷",反其道而行之,"均贫而寡富,……好本稼穑,编户齐民无不家衍人给,故利土自惜,不在势居街衢,富在俭力趋时,不在岁司羽鸠也"(《通有》)。我们从这里可以知道,文学贤良乃以小生产性的"散不足"的地主阶级的意识,而与"利在势居"或"聚不足"的皇权集中的意识,相为诘难。这是一方面。另一方面在文学批判大夫的政治主张时,有许多合于历史的现实,值得我们注意。

他们认为"公卿积亿万,大夫积千金"的财富集中,其原因是财富成了权贵的附丽:

"古者事业不二,利禄不兼,然后诸业不相远,而贫富不相悬也。……因权势以求利者,入不可胜数也。食湖池,管山海,刍茭者不能与之争泽,商贾不能与之争利。子贡以布衣致之,而孔子非之,况以势位求之者乎?"(《贫富》)

借权势或势位,枉道而假财,其结果是权家富而百姓滋伪。

"有司之虑远,而权家之利近,令意所禁微,而奢僭之道著。自利官之设,三业之起,贵人之家,云行于涂,毂击于道,攘公法,申私利,跨山泽,擅官市,非特巨海鱼盐也;执国家之柄以行海内,非特田常之势,陪臣之权也。威重于六卿,富累于陶卫,舆服僭于王公,宫室溢于制度,并兼列宅,隔绝闾巷,阁道错连,足以游观,凿池曲道,足以骋骛,临渊钓鱼,放犬走兔,隆豺鼎力,蹋鞠斗鸡,中山素女抚流征于堂上,鸣鼓巴歈作于堂下,妇女被罗纨,婢妾曳缔纻,子孙连车列骑,田猎出入,毕弋捷健。"(《刺权》)

大夫以为国家垄断天下盐铁诸利,可以排除豪富大贾,买官赎罪,可以损有余补不足,而文学曰:

"今欲损有余补不足,富者益富,贫者益贫矣;严法任刑欲以禁暴止奸,而奸犹不止。"(《轻重》)

由富而贵,和由贵而富,是息息相通的。故因势致富,利在权家,而因财猎势,复权在富家。文学以为这就是大乱的原因。例如:

"今吏道壅而不选,富者以财贾官,勇者以死射功,戏车鼎跃,咸出补吏,累功积日,或至卿相。……擅杀生之柄,专万民之命。弱者犹使羊将狼也,其乱必矣,强者则是予狂夫利剑也,必妄杀生

矣。是以往者郡国黎民相乘而不能理,或至锯颈杀不辜而不能止,执纲纪非其道,盖博乱愈甚!"(《除狭》)

大夫所谓的"受命专制,宰割千里"的国家权力,其结果乃是"一官之伤千里",而"有富贵,由蹻、跻之养也"。因此,"亲戚相推,朋党相举,父尊于位,子溢于内,夫贵于朝,妻谒行于外",这经济外法纪外的暴夺,正由于"大夫君以心计册国用,言利末之事析秋毫",有以助成之。封建中央专制主义的政策依据于权力滥用,上下形成了一套贪污机体,不仅是大官贵族而已。故文学说:

"繇使相遣,官庭摄造,小计权吏,行施乞贷,长吏侵渔。上府下求之县,县求之乡,乡安取之哉?……故贪鄙在率不在下,教训在政不在民也。"(《疾贪》)

封建社会是经常的在动员状态之下,一切人力物力的收夺都超出了经济的报偿法则。像在汉朝文景之世,由于相对的休养生息,还不至于使危机暴露,还可以因循节约,到了武帝,"内兴功业,外事四夷",动员是无止境的,暴夺是可怕的,文学说:

"今中国为一统,而方内不安,繇役远而外内烦也。……近者数千里,远者过万里,历二期长子不还,父母愁忧,妻子咏叹,愤懑之恨发动于心,慕思之痛积于骨髓。"(《繇役》)

"军阵数起,用度不足,以訾征赋常取给贱民,田家又被其劳,故不齐出于南亩也。大抵逋流皆在大家,吏正畏惮,不敢笃责。刻急细民,细民不堪,流亡远去。中家为之色出,后亡者为先亡者服事,录民数创于恶吏,故相去尤甚,而就少愈多。"(《未通》)

"师旅相望,郡国并发,黎人困苦,奸伪萌生,盗贼并起,守尉不能禁,城邑不能止,然后遣上大夫衣绣衣以兴击之。当此时百姓元元莫必其命,故山东豪杰颇有异心(按指天汉二年农民起义)。"(《西域》)

贤良文学们反对土地和重要财富的国家所有制,因而暴露出统而一之不使有二心的国有政策,不过是封建的巧夺与暴征,取与于经济报偿之外,赏罚于法纪绳墨之外,以致不但没有消灭豪族,反而使财富集中于另一部分贵族,糜烂腐蚀,其结果产生汉代第一次的农民起义。

文学们所主张的"散不足"和所反对的"聚不足",好像有均贫富的思想,而实质上所谓"均贫而寡富"的小所有制正是豪族地主阶级兼并的温床。这种论点完全是为了反对以"损有余而补不足"为理由的"人君统而守之"的财产政策出发的。

第四节 儒林与酷吏的思想实质

我们更应在贤良文学与大夫的诘难之中,分析汉代儒者与法吏的真面目。从大夫眼中看儒者,或从文学眼中看法家,我们知道法家成了酷吏,儒家成了牧师,他们之间的争辩即王充所谓"两刃相割,利钝乃知,二论相订,是非乃见"。这是一方面。另一方面,我们应该依据太史公在《史记》中先后相次的《儒林列传》与《酷吏列传》,更进一步地去理解统治阶级之间的统一关系。这即是说,武帝以来,儒法相争,而实相成,故诘辩是形式,而他们之间的相互表里,又表现出汉代的文化政策。他们两派在朝廷之上居然能够大打笔墨官司,而无所顾忌,就意味着在朝野合法的矛盾之上,还有一个统一——宣帝所谓王霸杂之的汉家法,这即是说,阴法阳儒的矛盾,由皇帝御而用之,可以头头是道。《儒林》、《酷吏》二传相次的实录,正是太史公暴露武帝"内阴忌而外好施仁义"的表里,同时也说明太史公书不隐孝武的矛盾了(孔僖、裴松之即指出这一点)。我们可以这样讲,由诘辩暴露出来的阶级矛盾是真实的,而由现实矛盾所反射出来的思维,尤其他们之间的主观的主张,则是形式的。我们舍去他们的主观论点不讲,单从他们在互相批评、讽刺时所描述的对方的形象中,才可以看出他们的阶级的特征。

第一,大夫与文学相互的讽刺,颇重视对方的出身。上面已经说过,大夫眼中的一群文学之士是穷巷鄙儒,少见寡闻,希涉世面,不能了解现实的道理和当今的时务。同时文学又以大夫是一群都市的权利贪

鄙之徒,专迎合皇帝的意志。两方面都表现出各自的阶级的歧视。关于"忧边"一事,大夫说到文学的近视。例如:

> "君臣所宣明王之德安宇内者,未得其纪,故问诸生(指始元二年举贤良问事)。诸生议不干天则入渊,乃欲以闾里之治,而况国家之大事,亦不几矣。发于畎亩,出于穷巷,不知冰水之寒,若醉而新寤,殊不足与言也。"

但文学在《刺权》篇又反讥大夫都人士的远虑,不过是权家专制的表现,远虑由于近利:

> "有司之虑远,而权家之利近,令意所禁微,而奢僭之道著。自利害之设,三业之起,贵人之家云行于涂,毂击于道,攘公法,申私利,跨山泽,擅官市。……"

最有趣的是他们从贫富的观点上,相互暴白。我们且看他们在互攻中所表现的立场:

> "大夫曰:'挟管仲之智者,非为厮役之使也;怀陶朱之虑者,不居贫困之处(按似指叔孙通的奴婢行为)。文学能言而不能行,居下而讪上,处贫而非富,大言而不从,高厉而行卑,诽誉訾议以要名,采善于当世。夫禄不过秉握者不足以言治,家不满担石者不足以计事,儒皆贫羸,衣冠不完,安知国家之政、县官之事乎?'"(《地广》)

> "未有不能自足而能足人者也,未有不能自治而能治人者也。故善为人者能自为者也,善治人者能自治者也。文学不能治内,安能理外乎?"(《贫富》)

> "夫怀枉而言正,自托于无欲而实不从,……今内无以善,外无以称,贫贱而好义,虽言仁义,亦不足贵也。"(《毁学》)

> "儒墨内贪外矜,往来游说,栖栖然亦未为得也。故尊荣者士之愿也,富贵者士之期也。……而拘儒布褐不完,糟糠不饱,非甘菽藿而卑广厦,亦不能得已。"(同上)

> "夫智不足与谋,而权不能举当世,民斯为下也。今举亡而为

有,虚而为盈,布衣穿履,深念徐行,若有遗忘,非立功成名之士。"(《褒贤》)

"文学高行,矫然若不可卷,盛节絜言,皦然若不可涅。然戍卒陈胜释辁辂,首为叛逆,自立张楚,……而齐鲁儒墨揎绅之徒,……负孔氏之礼器诗书,委质为臣,孔甲为涉博士,卒俱死陈,为天下大笑,深臧高逝者固若是也?"(同上)

"文学言行,虽有伯夷之廉,不及柳下惠之贞,不过高瞻下视,絜言污行,觞酒豆肉,迁延相让,辞小取大,鸡廉狼吞,赵绾、王臧之徒以儒术擢为上卿,而有奸利残忍之心,主父偃以口舌取大官,窃权重,欺绐宗室,受诸侯之赂,卒皆诛死。"(同上)

上面大夫对于儒林责斥的话,不是胡乱编排的,孔甲、叔孙通,都是例子。大夫所谓儒者"厮役之使","高厉而行卑","怀枉而言正","内贪外矜","絜言污行","辞小取大",正揭出汉世儒林的一面,这也正是地主阶级之不得不以寒酸外衣,达到名为"保守"而实进取的目的。反之,文学在对大夫的反攻之中,指出原来家族传统低贱的富商,通过帮助皇权集中才取得了特殊的权势地位,从而利用劫掠行为,打击异己,并在朝廷之上出现了一群虎狼:

"《传》曰:'君子可贵可贱,可刑可杀,而不可使为乱。'若夫外饰其貌而内无其实,口诵其文而行不由(犹)其道,是盗固与盗而不容于君子之域,春秋不以寡犯众,诛绝之义有所止,不兼怨恶也。"(《晁错》)

"君子之仕,行其义,非乐其势也,受禄以润贤,非私其利,……今则不然,亲戚相推,朋党相举。……无周公之德而有其富,无管仲之功,而有其侈。"(《刺权》)

"杨子曰:'为仁不富,为富不仁。'苟先利而后义,取夺不厌,公卿积亿万,大夫积千金,士积百金,利己并财以聚百姓,寒苦流离于路,儒独何以完其衣冠也?"(《地广》)

"因权势以求利者,入不可胜数也,……故古者大夫,……不

为权利以充其私也。……君子因人主之正朝,以和百姓润众庶,而不能自饶其家,势不便也。"(《贫富》)

"今之在位者,见利不虞害,贪得不顾耻,以利易身,以财易死。……今公卿以其富贵笑儒者之常行,得无若太山鸱吓鹓雏乎? ……夫太山鸱啄腐鼠于穷泽幽谷之中,非有害于人也;今之有司盗主财而食之于刑法之旁,不知机之是发,又以吓人,其患恶得若太山之鸱乎!"(《毁学》)

"为人臣权均于君,富侔于国者亡,故其位弥高而罪弥重,禄滋厚而罪滋多。……今有司盗秉国法,进不顾罪,卒然有急,……所盗不足偿于臧获。当世嚣嚣,非患儒之鸡廉,患在位者之虎饱。"(《褒贤》)

第二,大夫与文学的相讥,更表现出主观认识与社会实践的矛盾,一方眼里所发现的对方的错误都是言行相背的诡辩。文学说大夫"相迷以伪,相乱以辞,相矜于后息,期于苟胜";大夫则说文学"结发学语,服膺不舍,辞若循环,转若陶钧,文繁于春华,无效于抱风,饰虚言以乱实,道古以害今"。他们之间,各说各自有理,而自己说的理大都是庸俗化宗教化的说教,故"非人者无以易之"(此语大夫称引墨子);各非他人无理,而刺讥对方无理的地方,却暴露出对方一定的思想实际,下面,就是他们的言行相背的实例:

"大夫曰:'言之非难,行之为难,故贤者处实而效功,亦非徒陈空文而已。'"(《非鞅》)

"但居者不知负戴之劳,从旁议者与当局者异忧。……今贤良文学臻者六十余人,怀六艺之术,骋意极论,宜若开光发蒙,信往而乖于今,道古而不合于世务,……将多饰文诬能以乱实耶?"(《刺复》)

"今儒者释耒耜而学不验之语,旷日弥久而无益于理。……巧伪良民以夺农妨政。……文学言治尚于唐虞,言义高于秋天,有华言矣,未见其实也。……《诗》、《书》负笈,不为有道,要在安国家利人民,不苟文繁众辞而已,……论者不期于丽辞,而务在事实。……持规而非矩,执准而非绳,通一孔晓一理,而不知权衡,以所不睹不信人,若蝉之不知雪,坚据古人以应当世,犹辰参之错,胶柱而调瑟,固而难合矣。……今文学言治则称尧舜,道行则称(言)孔墨,授之政则不达。怀古道而不能行,言直而行之枉,道是而情非,衣冠有以殊于乡曲,而实无以异于凡人。"(《相刺》)

"说西施之美无益于容,道尧舜之德无益于治。今文学不言所为治,而言以治之无功,犹不言耕田之万,美富人之囷仓也。……文学可令扶绳循刻,非所与论道术之外也。"(《遵道》)

"儒者……称往古而言訾当世,贱所见而贵所闻。"(《论诽》)

"色厉而内荏,乱真者也,文表而柔里,乱实也,文学衰衣博带,窃周公之服,鞠躬蹴踏,窃仲尼之容,议论称诵,窃商赐之辞,刺讥言治,过管晏之才,心卑卿相,志小万乘;及授之政,昏乱不治。……文学桎梏于旧术,牵于间言者也。"(《利议》)

自武帝立五经博士,开弟子员,设科对策,劝以官禄以来,汉世儒者俱向禄利之途奔竞(《汉书·儒林传》),他们大都以口给御人,借求荣名,尤其在廷辩之时,更巧辞诡辩,射取博士,元帝时五鹿充宗朱云之廷辩,争获上宠,即是一例(《汉书·朱云传》)。上面大夫非儒的话,是有历史依据的。这里指出了儒者言古不考今,重闻不贵见,闲言而无实,华辞而无方,"呻吟槁简,诵死人之语",以为博大,其道似是而情实非,乃至"徼而以为知,讦而以为直,不孙以为勇",这正揭发出儒者言行的表里恰是两样的,所谓"外直内枉"。至于文学对于大夫的刺议,为了报复大夫给他们加的伪君子的头衔,反讥大夫为真小人,外小枉而内大枉(按大夫主张小枉大直),有司尽是些偷合取容,枉道悦主,以满足富贵欲望的人:

"文学曰:'塞士之涂,壅人之口,道谀日进,而上不闻其过。……公卿处其位不正其道,而以意阿色顺,风疾小人,戾戾而从,以成人(指皇帝)之过也。'"(《论诽》)

"今之士，今之大夫，皆罪人也，皆逢其意以顺其恶，……巧言以乱政，导谀以求合。"（《孝养》）

"今子处宰士之列，无忠正之心，枉不能正，邪不能匡，顺流以容身，从风以说上，上所言则苟听，上所行则曲从，……终无所是非。……公卿面从之儒，非吾徒也！"（《刺议》）

"今公卿处尊位，……百姓贫陋困穷，而私家累万金。……今执政患儒贫贱而多言，儒亦忧执事富贵而多患也。……林中多疾风，富贵多谀言，万里之朝日闻唯唯，而后闻诸生之愕愕。"（《国病》）

"丞相御史，……成同类，长同行，阿意苟合以说其上，斗筲之人，道谀之徒，何足选（算）哉！"（《杂论》）

第三，大夫与文学的诘难，各持有古代学术的招牌，大夫装成法家，文学号称儒家，但从他们的相互暴白之中，可以看出法儒变质的所在。

文学眼中的法家，已经是统治人民如禁盗贼的酷吏，在上面我们已经详细引证过。《大论篇》大夫自己也说，"治民者若大匠之斲斧斤而行之，中绳则止。杜大夫（周）王中尉（温舒）之事绳之以法，断之以刑，然后寇止奸禁。"这就是说，酷吏对于人民的封建斧斤（例如"法西斯"一语，即罗马法官的斧斤徽征），是怎样的一种专制手段！汉武帝所谓"善言古者必有验于今"，就说明不能单靠他的"外好施仁义"以统治人民。文学攻击这点说："以箠楚正乱，以刀笔正文，古之所谓贼，今之所谓贤也。"在《申韩》篇，大夫把法的意义狭义地规定为"止奸之禁"，只要懂得不利于统治阶级的所谓"奸邪正法"，就是审是非察治乱的圣人了；但文学说，其结果正相反，"今杀人者生，剽攻窃盗者富"，刑律便宜了官商富豪，在《刺复》篇更说，"憯急之臣进，见知之法起，贵显者以峻文鹰隼得权势"。文学又说到止奸等于造奸的道理：

"今之治民者，若拙御马，行则顿之，止则击之，身创于箠，吻伤于衔，求其无失，何可得乎？乾谿之役，土崩梁氏，内溃不能禁，峻法不能止，故罢马不畏鞭箠，罢民不畏刑法。"（《诏圣》）

　　"方今律令百有余篇,文章繁,罪名重,郡国用之疑惑,或浅或
深,自吏明习者不知所处,而况愚民乎?……此断狱所以滋众而民
犯禁也。……任刑名之徒,则复吴秦之事也。"(《刑德》)

　　反之,大夫眼中的儒者,在上面已经讲过,是"诵死人之语"的说教
者,只知道"重怀古道,枕藉《诗》、《书》",而不知今世当务之急,这在
《盐铁论》中处处可以看到的,尤其关于拒胡,他们也只能说些尧、舜、
孔、孟的德化空论。此外,我们更要知道,贤良文学又是阴阳五行之徒,
他们推本董仲舒,"始江都董生,推言阴阳四时相继,四时之序,圣人之
所则也",他们极言谶纬式的宗教,例如:

　　"好行善者,天助以福,符瑞是也。……好行恶者,天报以祸,
妖菑是也。……日者阳,阳道明,月者阴,阴道冥,君尊臣卑之
义。……故臣不臣,则阴阳不调,日月有变,政教不均,则水旱不
时,螟螣生,此灾异之应也。"(《论菑》)

　　大夫并不反对宗教,也承认"文学言刚柔之类,五胜相代生。《易》
明于阴阳,《书》长于五行",他们对此,自认外行,曾要求文学解说,但
毕竟怀疑文学的宗教观,例如:

　　"大夫曰:'巫祝不可与并祀,诸生不可与逐语。信往疑今,非
人自是。夫道古者稽之今,言远者合之近。日月在天,其征在人。
菑异之变,夭寿之期,阴阳之化,四时之叙,水火金木妖祥之应,鬼
神之灵,祭祀之福,日月之行,星辰之纪,曲言之故,何所本始? 不
知则默,无苟乱耳!'"(同上)

　　文学依据阴阳怪论,以为当时水旱之灾皆由天人感应所致,他们
说,"政有德则阴阳调,星辰理,风雨时,故循行于内,声闻于外,为善于
下,福应于天",甚至推论到国有财富的政策,还使上帝大不满意,"县
官鼓铸铁器,大抵多为大器,务应员程,不给民用",以致百姓不安,上
天降灾。反之,大夫则深疑灾异天降和人事有什么关系,例如:

　　"禹、汤圣主,后稷、伊尹贤相也,而有水旱之灾。水旱天之所
为,饥穰阴阳之运也,非人力,……天道固然。"(《水旱》)

大夫似欲借自然命运之说,以支持财富国有政策的合理;文学则依其阴阳五行的目的论,来说明这种所有制形式之有逆天道。如果我们从儒林和酷吏的思想意识方面来分析,儒林的世界观是僧侣主义的目的论,特别具有浓厚的宗教色彩,而酷吏的世界观是庸俗的命定论,特别具有显著的附和命运来宰割人民的思想。在这样思想斗争的背后,隐然存在着皇族和豪族的阶级内讧。他们的宗教和哲学思想,通过了道德法制的折射而间接地反映了经济的关系,特别是财产所有的形态。

第五节　贡禹的社会批判

贡禹(公元前 124—44 年)是宣元之间的博士贤良,在儒林中是铁中铮铮,他和王吉并为世所称,所谓"王阳在位,贡公弹冠",可见他与一班利禄之辈道不相谋。《汉书·王吉列传》赞说:

> "汉兴将相名臣,怀禄眈宠,以失其世者多矣,是故清节之士
> 于是为贵。然大率多能自治而不能治人,王、贡之材优于龚、鲍
> (指守死善道)……"

贡禹虽感自己"家日以益富,身日以益尊",但并未忘草茅民间,而以素餐尸禄为耻。史称他在位数言得失,书数十上,但保存于《汉书》中的言论仅有些片断文字,其全部思想,已不可确知。大体看来,他似是一个地主阶级的温和的反对派,专以武帝以来的苛政为攻击对象,如他说,"高祖、孝文、孝景皇帝,循古节俭,……后世争为奢侈,转转益甚";"武帝始临天下……自见功大威行,遂从(纵)耆(嗜)欲"。他的奏议内容见于《汉书》者,有下列几点:

一、封建的滥费,造成人民的贫困。他指出这是起自武帝(其实是以武帝为代表人物)的现象,他说:

> "后世(即武帝以来)争为奢侈,转转益甚。臣下亦相放(仿)
> 效。……方今齐三服官,作工各数千人,一岁费数巨万,蜀广汉主
> 金银器,岁各用五百万,三工官官费五千万,东西织室亦然。厩马

食粟将万匹。臣禹尝从之东宫，见赐杯案尽文画金银饰。……东宫之费，亦不可胜计。天下之民所为大饥饿死者是也。今民大饥而死，死又不葬，为犬猪所食。人至相食，而厩马食粟，苦其大肥，气盛怒至，乃日步作之，王者……固当若此乎？"

二、封建的享乐，造成人民的死亡。他攻击统治者的淫乱，说：

"武帝时又多取好女至数千人，以填后宫。及弃天下，昭帝幼弱，霍光专事，不知礼正，妄多减金钱财物鸟兽鱼鳖牛马虎豹生禽，凡百九十，物尽瘗臧之。又皆以后宫女置于园陵。……诸侯妻妾或至数百人，豪富吏民畜歌者至数十人，是内多怨女，外多旷夫。……长安自城西南至山西至鄠，皆复其田，以与贫民。方今天下饥馑，可亡（不）大自损减以救之，（而）称天意乎？……盖为万民，非独使自娱乐而已也！"

武帝的国有财富政策，造成社会的危机。他针对这种现实攻击的言论是大胆的，他说：

"起武帝征服四夷，重赋于民，民产子三岁则出口钱，故民重困，至于生子辄杀，甚可悲痛！……今汉家铸钱及诸铁官皆置吏，卒徒攻山取铜钱，一岁功十万人已（以）上，中农食七人，是七十万人常受其饥也。……凿地数百丈，……斩伐林木，亡有时禁，水旱之灾，未必不由此也。自五铢钱起已（以）来，七十余年，民坐盗铸钱被刑者众。富人积钱满室，犹亡厌足，民心动摇。商贾求利，东西南北，各用智巧，好衣美食，岁有十二之利，而不出租税。农夫父子暴露中野，不避寒暑，捽草耙土，手足胼胝；已奉谷租，又出槀税，乡部私求，不可胜供。故……贫民虽赐之田，犹贱卖以贾，穷则起为盗贼。……诸离宫及长乐宫卫，可减其太半，以宽繇役。又诸官奴婢十万余人，戏游亡事，税良民以给之，岁费五六巨万，宜免为庶人。……近臣自诸曹侍中以上。家亡得私贩卖与民争利。……武帝……行壹切之变，使犯法者赎罪，入谷者补吏，是以天下奢侈，官乱民贫，盗贼并起。"

三、封建统治阶级为了巩固其统治权,镇压农民起义,设置了一套服务于封建经济基础的机器。贡禹指出礼义孝悌的官话,其内容包含了犬彘行为,这更是对汉代的道德教条、人伦诏旨的矛盾的揭露。请看他的名论:

> "盗贼并起,亡命者众,郡国恐伏其诛,则择便巧史书习其计簿,能欺上府者,以为右职。奸轨不胜,则取勇猛能操切百姓以苛暴威服下者,使居大位。故亡义而有财者显于世,欺谩而善书者尊于朝,悖逆而勇猛者贵于官。故俗皆曰(按此盖为舆论),何以孝悌为?财多而光荣;何以礼义为?史书而仕宦;何以谨慎为?勇猛而临官。故黥劓而髡钳者,犹复攘臂为政于世,行虽犬彘,家富势足,目指气使,是为贤耳!故谓居官而置富者为雄桀,处奸而得利者为壮士。兄劝其弟,父勉其子,俗之坏败,乃至于是!察其所以然者,皆以犯法得赎罪,求士不得真贤,相守崇财利,诛不行之所致也。"

贡禹上面的批判,把汉代封建的政治和礼法,形容成了中世纪的黑暗。他指出汉武帝的"法度"内容,不是法律,而是"以其舍法度而任私意"。这已经暴露出封建制的经济外和法律外的"一切之变",即统治阶级的政策所表现的,是一切皆在常规的平时之外(普通叫做动员);他的宗教信仰所表现的,是一切皆在理性的逻辑之外(所谓任私意即独断);他的仁义孝悌的教条所表现的,是人类意识的一种自我掏空。这里对于宗法礼教的批判,同时包含着对于法律政治的批判。

第 六 章

两汉之际的思想

第一节　两汉神学正宗的危机及
二重真理观的出现

　　汉代统治阶级思想的宗教化,是通过了"官学"形式的复活,在政权与教权合一、帝王而兼教皇的严格思想统制下面实现的,并由此而显示出露骨的奴婢作用。这种神学的发生、发展及其危机的暴露,是有长期而曲折的过程的,并通过政治法律的折射而表现出它的"圣光"的阴暗。兹据史实,分述其历史过程于下:

　　(1)武帝元光元年(公元前134年)五月,诏策贤良:"咸以书对,著之于篇,朕亲览焉。"董仲舒公孙弘等以经术进。这是经术的宗教为汉制法的转折点。

　　(2)元光五年(公元前130年),武帝诏策诸儒,擢公孙弘对为第一,待诏金马门。每期会议,弘都献媚,利用经术来缘饰一切制度。

　　(3)元朔五年(公元前124年)夏六月,诏令礼官劝学讲议洽闻,举经典遗逸者,置博士弟子员,大合天下之书,建藏书之策,置写书之官,下及诸子传说,皆充秘府。

(4)天汉□年,孔安国献古文经传,藏于秘府。

(5)武帝□□年,河间献王得古文经传,献于朝。

(6)武帝□□□年,张汤决大狱,欲传古义,乃请博士弟子治尚书春秋,补廷尉史。

武帝时代正宗思想,是儒学神学化、学校寺院化、帝王教皇化的中世纪统治阶级思想的典型。昭帝承"雄材大略"政策碰壁之余,"战战栗栗"(始元五年六月诏语),除"增博士弟子员满百人"(《汉书·儒林列传·序语》)而外,少有作为。但至宣帝时代起,更大有变本加厉之势。例如:

(7)元康元年(公元前65年),修武帝故事,议论六艺群书,诏博举明先王之术者,以消"阴阳未时"之灾。于是,刘向、张子侨、华龙、柳褒等,待诏金马门,而萧望之、梁丘贺、夏侯胜、韦元成、严彭祖、尹更始以儒进。

(8)甘露元年(公元前53年)召五经名儒萧望之等大议殿中,平公羊穀梁同异,各以经处是非。时,《公羊》博士严彭祖,侍郎申挽、伊推、宋显,《穀梁》议郎尹更始,待诏刘向、周庆、丁姓并论;《公羊》家多不见从,愿请引入侍郎许广,监议者亦并引《穀梁》家中郎王亥各五人,议三十余事;望之等十一人各以经谊对,多从《穀梁》。由是《穀梁》之学大盛,庆姓皆为博士。

(9)甘露三年(公元前51年)三月,修武帝故事,诏萧望之、刘向、韦元成、薛广德、施雠、梁丘临、林尊、周堪、张山拊、欧阳地余诸儒,讲五经同异于石渠,帝亲临决焉。乃立《梁丘易》、大小夏侯《尚书》、《穀梁》《春秋》博士。学者滋盛,弟子万余。

(10)黄龙元年(公元前49年)增五经博士员十二人,博士弟子员倍百人。

总观宣帝时代,其一,由亲览贤良策到亲临决五经同异,说明思想统制更进一步。其二,由"公卿大夫士吏斌斌多文学之士",到"弟子万余"，到"博士弟子员倍百人"，说明学校＝寺院组织更见扩大。其三，石渠阁的神学会议更为神学奠定了钦定的基础。元成哀平四朝，仍循此路向：

（11）元帝初元二年（公元前47年）冬，以萧望之道经术功，赐爵关内侯。

（12）元帝□□□年，通一经者皆复，更为设员千人，郡国置五经百石卒史。

（13）成帝□□□年，召见班伯于宴昵殿，容貌甚丽，诵说有法，拜为中常侍。郑宽中、张禹朝夕入说尚书论语于金华殿。

（14）河平三年（公元前26年）秋八月，使谒者陈农求遗书于天下。诏光禄大夫刘向校经传诸子诗赋，步兵校尉任宏校兵书，太史令尹咸校术数，侍医李柱国校方技。向子歆，河平中受诏与父向校秘书。

（15）河平五年（公元前24年），东平王宇，求子史诸书及太史公书。上以问，大将军王凤对曰："……诸子书或反经术，非圣人；或明鬼神，信物怪；太史公书有战国纵横权谲之谋，汉兴之初，谋臣奇策，天官灾异，地形厄塞，皆不宜在诸侯王。不可予。不许之辞宜曰：五经圣人所制，万事靡不备载；王审乐道，傅相皆儒者，旦夕讲诵，足以正身虞意。夫小辨破义，小道不通，致远恐泥，皆不足以留意。诸益于经术者，不爱于王。"对奏，天子如凤言，遂不与。

（16）哀帝□□□年，刘歆请立《左氏春秋》，与五经并列学官，帝令歆与五经博士讲论其义。

（17）平帝元始四年（公元前4年），王莽奏起明堂辟雍灵台，为学者筑舍万区，作市常满仓，制度甚盛。益博士员，经各五人。征天下通一艺教授十一人以上，及有《逸礼》、《古文尚书》、《毛诗》、《周官》、《尔雅》，天文、图谶、钟律、月令、兵法、史篇文字，通知其意者，皆诣公车。网罗天下异能之士，至者前后千数，皆令记说廷中，将令正乖缪，壹异说。

（18）元始□年，置六经祭酒，秩上卿，每经一人。

据此可知：其一，武帝罢黜百家，以及史籍所称某某帝好经学，某某帝尊儒术，由大将军王凤的奏议所说，已完全暴露其秘密，正宗思想与中央集权的不可分性，已一览无余。其二，寺院组织，循着自上而下的集权途径，已由中央深入于郡国，五经博士及博士弟子员而外，又增设了五经百石卒吏，及六经祭酒，完成了寺院的金字塔形式。其三，诵说儒经还有所谓"法"，连"容貌"也成了说经者（学人＝僧侣）的必具条件，其神学性质，已须眉毕现。其四，在中央，既为"学者"（僧侣）划区"筑舍""作市"，制度甚盛，又令诣公车来京的千数僧侣，各于廷中记说，正乖缪，壹异说，是正宗而又加以正宗化，不仅儒外无学，儒内亦不得有派；宗教思想的统制至此已渐臻极峰。其五，中央存书既多，为选定正宗，淘汰异端，校正书籍已成专业，且有严密的分工。

至于东汉，又进一层，宗教思想与寺院组织更加完备：

（19）光武中兴，恢弘稽古，《易》有施孟梁丘贺京房，《书》有欧阳和伯夏侯胜、建，《诗》有申公、辕固、韩婴，《春秋》有严彭祖、颜乐安，《礼》有戴德、戴圣，凡十四家博士。太常差选有聪明威重一人为祭酒，总领纲纪。

（20）建武四年（公元 28 年）正月，朝公卿大夫博士于云台，议立《费氏易》、《左氏春秋》博士。

（21）建武十九年（公元 43 年）擢何汤为武贲中郎将，拜桓荣为议郎，赐钱十万，同授皇太子《尚书》。每朝会荣辄于公卿前敷奏经书，拜荣为博士。车驾幸太学，会博士论难于前，荣被儒服，温恭有蕴藉，辩明经义，每以礼让相厌，不以辞长胜人。特加赏赐。又诏诸生雅吹击磬，尽日乃罢。后荣入会庭中，诏赐奇果，受者皆怀之，荣独举手捧之以拜。帝笑之曰："此真儒生也！"以是愈加敬厚。

（22）中元元年（公元 56 年），宣布图谶于天下。

（23）明帝永平二年（公元 59 年）冬十月，帝备法物之驾，盛清道之仪，坐明堂而朝群后，登灵台以望云物，袒割辟雍之上，尊三老五更。飨射礼毕，帝正坐自讲，诸儒执经问难于前。冠带搢绅之人，圜桥门而观听者,盖亿万计。

(24)永平十五年(公元72年)命皇太子诸王说经。帝亲于辟雍自讲所制五经章句(《东观记》作"《五行章句》"),已,复令桓郁(即桓荣子)说一篇。帝谓郁曰:"我为孔子,卿为子夏,起予者商也!"

(25)永平□□年,班固为郎,典校秘书。

(26)章帝建初元年(公元76年)诏贾逵入讲北宫、白虎观,令撰"欧阳大小夏侯《尚书》古文同异",及"齐鲁韩《诗》与《毛》氏异同",并"《周官》解故"。

(27)建初四年(公元79年)冬十一月,议郎杨终上言:"今天下少事,学者得成其业,而章句之徒,破坏大体,宜如石渠故事,永为后世。"帝亦以宣帝立大小夏侯《尚书》,及京氏《易》,建武置颜氏严氏《春秋》,大小戴礼博士,自中元元年,诏书五经章句烦多,议欲减省。至永平元年,长水校尉儵奏言:先ником大业当以时施行,欲使诸儒共正经义,颇令学者得以自助。于是上太常将大夫博士议郎郎官及诸生诸儒,会白虎观,讲议五经同异,使五官中郎将魏应主承制问难,侍中淳于恭奏,帝亲称制临决,如孝宣甘露石渠故事。学者如博士赵博、李育,校书郎班固,卫士令贾逵,议郎杨终,鲁阳乡侯丁鸿,广平王羡,及太常楼望,少府成封,屯骑校尉桓郁等,皆与会集议,连月乃罢。并令固撰集其事,著为《白虎通义》。

似此,由"亲称制临决",到"正坐自讲所制章句",由"弟子万余"到"冠带搢绅之人圜桥门而听者盖亿万计","共正经义",由"皇帝亲称制临决"的集议,至"连月乃罢",并令史臣撰集成书,作为正宗教义的经典,其规模之大,仪式之隆,诚千古所未有。

前后213年(由公元前134—公元79年)来,儒书圣经化、学校寺院化的宗教思想完成的进程,由董仲舒开其端绪,白虎观会议集其大成。然而,汉代的宗教的仪式和思想,并不是如统治阶级的想法,而是越到后来越不美妙,就在图谶国教化的时候,也还有人提出反抗的意见,就在白虎观会议的时候,便有无神论的异端代表者王充的反抗。因

此,我们更应该注意下列数点:

第一,两汉之际的折中主义代表者,如刘氏父子及班氏父子,与扬雄等,皆当时寺院中人。寺院乃正宗圣地,与秦之"以吏为师"者相对,汉行"以师为吏"之策,而从中竟生出了有离于宗的折中思想,实为正宗危机的标志。

第二,折中思想所以出现于两汉之际,系因此时期为经济矛盾和阶级斗争的剧烈时代,正宗神学的一元原理,在农民战争对封建制度的摇撼之下,已经显出了危机,因而产生了折中主义的思想,以济正宗之穷。

第三,在正宗统制的二百余年里,"经义"的解释,始终有"同异"问题出现,每一次的皇帝"亲览"、"临决"和"自讲",都不能根绝正宗思想内部的同异纠纷,这一方面证明这种思想统制在历史上绝没有成功,另一方面证明地主阶级之间的内部矛盾随着土地所有关系的复杂化而也复杂起来。

第二节　刘向、刘歆父子的折中思想

刘向、刘歆父子在经学方面的活动,有别章评述。现在,我们只将其天人关系论与文史整理工作,提出加以考察。此两点之所以必要,是因为前者表现着他们的世界观,后者表现着他们的历史观。世界观与历史观在一般的情况之下应当相为一致,而在刘氏父子的思想系统里,二者之间却存在着显著的矛盾。此在思想史的研究上,实有待于具体的解明。

《汉书》(卷二七上)《五行志》说:"汉兴,承秦灭学之后,景、武之世,董仲舒治《公羊春秋》,始推阴阳,为儒者宗。宣元之后,刘向治《穀梁春秋》,数其旤(古"祸"字)福,传(或作"溥")以《洪范》,与仲舒错(互不同)。至向子歆,治左氏,传其《春秋》,意亦已乖矣;言五行传,又颇不同。"

我们统计《五行志》所载,刘氏父子推演灾异者,共一百八十二事,

上起西周幽王二年（公元前 780 年），下逮西汉成帝元延元年（公元前
21 年），言论凡二百二十六则。就思想内容来看，比之于董仲舒，虽有
鼠牙雀角之异同，而本质上则同为神学的世界观；其牵强附会尤与董仲
舒异曲而同工。此事早经唐代刘知几所驳斥，兹摘录其二例如下：

一、"《志》云：严（庄）公七年秋，大水。董仲舒、刘向以为：严
母姜与兄齐侯淫，共杀桓公；严释父仇，复娶齐女，未入而先与之
淫，一年再出会于道逆乱，臣下贱之之应也。又云：十一年秋，宋大
水，董仲舒以为：时鲁、宋比年有乘丘、鄑之战，百姓愁怨，阴气盛，
故二国俱水。按：此说有三失焉。何者？严公十年、十一年，公败
宋师于乘丘及鄑。夫以制胜克敌，策勋命赏，可以欢荣降福，而反
愁怨贻灾邪，其失一也。且先是数年，严遭大水，校其时月，殊在战
前；而云与宋交兵，故二国大水，其失二也。况于七年之内，已释水
灾，始以齐女为辞，终从宋师为应，前后靡定，向背何依？其失三
也。夫以一灾示眚，而三说竞兴，此所谓敷演多端，准的无主也。"
（《史通》卷一九《五行错误》篇）

二、"哀公十三年十一月，有星孛于东方。董仲舒、刘向以为：
周之十一月夏九月，日在氐，出东方者轸角亢也。或曰：角亢，大国
之象，为齐、晋也。其后，田氏篡齐，六卿分晋。按星孛之后，二年
《春秋》之经尽矣；又十一年左氏之传尽矣；自传尽后八十二年，齐
康公为田和所灭，又七年晋静公为韩、魏、赵所灭，上去星孛之岁，
皆出百余年；辰象所缠，气祲所指，若相感应，何太疏阔者哉？且当
《春秋》既终之后，《左传》未尽之前，其间卫弑君，越灭吴，鲁逊越，
贼臣逆子，破家亡国多矣，此正得东方之象，大国之征，何故舍而不
录，远求他代者乎？又范与中行，早从殄灭，智入战国，继踵云亡，
辄与三晋连名，总以六卿为目，殊为谬也。寻斯失所起，可以意测。
何者？二传所引，事终西狩获麟，左氏所书，语连赵襄灭智；汉代学
者，唯读二传，不观左氏，故事有不周，言多脱略。且春秋之后，战
国之时，史官阙书，年祀难记，而学者遂疑篡齐分晋时，与鲁史相

邻,故轻引灾祥,用相符会。白圭之玷,何其甚软?"(同前《五行杂
驳》篇)

今按:刘氏父子的神学思想,与其"宗室"的贵族地位及所遇经历,
均密切相连。兹分别叙述如下:

《汉书》(卷三六)《楚元王传》附:刘向字子政,本名更生,年十二
以父德任为辇郎。既冠,以行修饬擢为谏大夫,及宣帝循武帝故事,招
选名儒俊材置左右,向以通达能属文辞进对。时,宣帝复兴神仙方术之
事,而淮南有《鸿宝苑》、《秘书》,书言神仙使鬼物为金之术,及驺衍重
道延命方,世人莫见;而向父德武帝时治淮南狱得其书。向幼而读诵以
为奇,献之;言黄金可成。上令典尚方铸作事,费甚多,方不验,吏劾向
铸伪黄金,系当死;上奇其材,得逾冬减死论。会初立《穀梁春秋》,征
向受《穀梁》,讲论五经于石渠,复拜为郎中给事黄门,迁散骑谏大夫给
事中。及成帝即位,向迁光禄大夫,诏领校中五经秘书二十余年;向乃
集合《洪范》、《五行传》论奏之,序次列《女传》以戒天子,及采传记行
事,著《新序》、《说苑》各若干篇。向校书,辄为一录,论其指归,辩其讹
谬,随竟奏上,皆载在本书;时又别集众录,谓之《别录》。哀帝建平二
年(公元前5年),年七十二而卒。

刘向思想的神学的本质,除依伏生《尚书大传》以推演灾异而外,
本传对其在元帝时上封事谏有详细的记载:

> "舜命九官,济济相让,……众贤和于朝,则万物和于野。故
> 萧韶九成,而凤皇来仪,击石拊石,百兽率舞。……武王、周公继
> 政,……诸侯和于下,天应报于上,……此皆以和致和,获天助也。
> 下至幽厉之际,朝廷不和,转相非怨。……当是之时,日月薄蚀而
> 无光,……天变见于上,地变动于下,水泉沸腾,山谷易处,……霜
> 降失节,不以其时。……此皆不和,贤不肖易位之所致也。自此之
> 后,天下大乱,……诸侯背叛而不朝,周室卑微,二百四十二年之
> 间,日食三十六,地震五,山陵崩阤二,彗星三见,夜常星不见,夜中
> 星陨如雨一,火灾十四,长狄入三国,五石陨坠,六鹢退飞,多麋,有

蜮、蜚，鹳鹆来巢者皆一见，昼冥晦，雨木冰。李梅冬实，七月霜降，草木不死，八月杀菽，大雨雹，雨雪雷霆，失序相乘，水、旱、饥、蝝、螽、螟蛰午并起，当是时祸乱辄应，弑君三十六，亡国五十二，诸侯奔走，不得保其社稷者，不可胜数也。……由此观之，和气致祥，乖气致异，祥多者其国安，异众者其国危，天地之常经，古今之通义也。……今贤不肖浑殽，白黑不分，邪正杂糅，忠谗并进，……更相谮愬，转相是非，……分曹为党，往往群朋，将同心以陷正臣。正臣进者治之表也，正臣陷者乱之机也。乘治乱之机，未知孰任，而灾异数见，此臣所以寒心者也。夫乘权借势之人，子弟鳞集于朝，羽翼阴附者众，……是以日月无光，雪霜夏陨，海水沸出，陵谷易处，列星失行，皆怨气之所致也。……初元以来六年矣，案春秋六年之中，灾异未有稠如今者也。……原其所以然者，谗邪并进也。……今二府奏佞调不当在位，历年而不去，故出令则如反汗，用贤则如转石，去佞则如拔山，如此望阴阳之调，不亦难乎？……此天地之所以先戒，灾异之所以重至者也。……今以陛下明知，诚深思天地之心，迹察两观之诛，览否泰之卦，观雨雪之诗，历周唐之所进以为法，原秦鲁之所消以为戒，考祥应之福，省灾异之祸，以揆当世之变，放远佞邪之党，坏散险诐之聚，杜闭群枉之门，广开众正之路，决断狐疑，分别犹豫，使是非炳然可知，则百异消灭，而众祥并至，太平之基，万世之利也。臣幸得托肺腑，诚见阴阳不调，不敢不通所闻，窃推春秋灾异，以救今事一二，条其所以，不宜宣泄。"

按刘向此疏，本为攻击其政敌许史（外戚）弘恭、石显（宦臣）等人而发，反映出统治阶级内部的斗争。疏中明白地提到"阴阳不调"的危机，比董仲舒的理论就显得悲观了。但疏中，不仅以阴阳休咎论时政得失，而且引灾异推演之术以为政治斗争（党争）之工具，由虞至汉的历史，完全用天人感应思想，加以说明，其为神学的世界观，殊无可疑。《汉书》（卷五六）《董仲舒传赞》所说："刘向称董仲舒有王佐之才，虽伊、吕亡以加，筦、晏之属，伯者之佐，殆不及也"，当由于此。

刘歆在世界观方面所持的见解与态度,与其父向大体相同。此点可由《五行志》资料证明。

但刘氏父子思想的另一方面,则不同于董仲舒之流的神学,因为刘氏有一种与神学系统不能并立的人文主义思想。我们此处所说,系指其在文史整理方面的业绩。

如前所述,刘向领校中五经秘书前后历二十余年,曾有《别录》一书。刘歆于河平中亦受诏与父向领校秘书,讲六艺传记诸子诗赋术数方技,无所不究。向死后,哀帝使歆嗣父前业。歆乃摄《别录》指要,集六艺群书,种别为《七略》。

刘氏《别录》、《七略》二书,同亡于唐末五代之乱,今俱不传。然班固之《汉书·艺文志》即因《七略》之辞,删存其要而成。严可均(《全汉文编》)马国翰(《玉函山房辑佚书》)张选青(《受经堂丛书》)姚振宗(《师石山房丛书》)等各有辑本。凡此,虽非原书旧观,然据以为研究资料,对其思想尚可得其仿佛。

刘向、刘歆父子的《别录》与《七略》,除以《辑略》冠首而外,内分《六艺》、《诸子》、《诗赋》、《兵书》、《术数》、《方技》六略,共辑书三十八种,六百三十四家,一万三千三百九十七篇,图四十五卷,由先秦至汉的学术流派及其重要篇籍,大体均有著录。这客观上不仅为目录学的最初范例,且为探讨古代思想的重要依据之一。

《诗赋》、《兵书》、《方技》三略,应分属于文艺史、兵学史及科学史的范围,不在社会思想史课题以内。思想史所应研究者,则在于《六艺》、《诸子》、《术数》三略。但《术数略》属于宗教迷信部分,《六艺略》属经学传授部分,本书另有考辨,兹仅就《诸子略》加以说明。

《别录》与《七略》的《诸子略》共辑书十种,一百八十七家,四千三百六十四篇;所提出的思想史方面的问题,计有:

(一)先秦诸子思想皆起于孔子死后,即以孔子为中国古代思想的开山祖;(二)分诸子思想为九流十家,而以其源皆出于王官;(三)诸子思想皆起于王道既微,诸侯力政之时。此三者本为中国古代思想史上的重大问题。刘向说：

　　"昔周之末，孔子既没，后世诸子，各著篇章，欲崇广道艺，成
一家之说，旨趣不同，故分为九家，有儒家，道家，阴阳家，法家，名
家，墨家，纵横家，杂家，农家。"（《别录佚文·诸子略辑略》）刘歆
也说：

　　"昔仲尼没而微言绝，七十子丧而大义乖，故《春秋》分为五，
《诗》分为四，《易》有数家之传；战国纵横，真伪分争，诸子之言，纷
然殽乱；至秦患之，乃燔灭文章，以愚黔首。汉兴，改秦之败，大收
篇籍，广开献书之路。迄孝武世，书缺简脱，礼坏乐崩，……于是建
藏书之策，置写书之官，下及诸子传说皆充秘府。"（《七略佚文·
诸子略辑略》）

　　《诸子略》将起于孔子以后的诸子思想，分为九流十家，并指定其
皆出于王官：

　　"儒家者流，盖出于司徒之官，明教化者也。道家者流，盖出
于史官，明成败兴废，然后知秉要持权，故尚无为也。阴阳家者流，
盖出于羲和之官，敬顺昊天，以授民时者也。法家者流，盖出于理
官者也。名家者流，盖出于礼官；名位不同，礼亦异数，孔子曰：必
也正名乎。墨家者流，盖出于清庙之官，茅屋采椽，是以尚俭；宗祠
严父，是以右鬼神；养三老五更，是以兼爱；选士大射，是以尚贤；顺
四时五行，是以非命；以孝示天下，是以尚同。纵横家者流，盖出于
行人之官，遭变用权，受命而不受辞。杂家者流，盖出于议官。农
家者流，盖出于农稷之官。此九家者，各引一端，高尚其事，其家虽
殊，譬犹水火相灭亦相生也。舍所短取所长，足以通万方之略矣。
又有小说家者流，盖出于街谈巷议所造。"

　　这一看法，含有下列许多问题：

　　先秦学人论述诸子哲学，只将诸子中学说相契合或互联结的作为
一类，并不加以学派的专名：如庄子以关尹、老聃为一类而不名为道家
（《天下》篇），荀子以子思、孟轲为一类而不名为儒家（《非十二子》

篇),皆其例证。自司马谈《论六家要旨》,始以儒、墨、名、法、阴阳、道德等学派专名为标准而评骘诸子学说。刘向、刘歆父子因校理群书感于编目分类的需要,增加纵横、杂、农、小说等名,置于六家之后;自是遂有九流十家之目。

近人对于刘氏所持九流十家之说,颇有非议。但最武断的是胡适,他在其《诸子不出于王官论》中说:

> "古无九流之目,《艺文志》强为之分别,其说多支离无据。……其最谬者,莫如论法家。……凡一家之学,无不有其为学之方术,此方术即是其逻辑。……古无有无名学之家,故名家不成一家之言。……汉儒固陋,……不明诸家为学之方术,于是凡苛察缴绕之言,概谓之名家。名家之目立,而先秦学术之方法论亡矣;刘歆、班固承其谬说,列名家为九流之一,而不知其非也。"(《中国哲学史大纲》卷上,附录,页4—5)

我们以为,九流十家之说,诚有可议,但将名家列为九流之一,则无甚可议之处。我们虽承认"凡一家之学,无不有其为学之方术",但我们却不否认先秦诸子中实有于名学用力最大、成绩最著、并以名学成家的学派,如惠施,公孙龙以及《墨经》作者等是。倘依胡适之论,非至否认逻辑的独立地位不止,宁非大错!

《诸子略》划分学派,其可议之处,从梁启超以来有不少专论。撮要述之,计有下列各点:(一)太史公所说"儒、墨、名、法、阴阳、道德"六分法,大体上足以包举先秦重要学派,无可非议。(二)刘氏续增"纵横、农、杂、小说"四家,颇类蛇足;即在目录学上也殊无根据。(三)六家皆以学显;然战国虽有纵横之士,未闻有纵横之学。(四)农家如指关于农业技术,则根本不成为学派,如指许行一派,则又不出道、墨二家的"支与流裔"。(五)杂家本不能成词;既杂即不能成家,成家则不应名杂。(六)小说家不在"可观"之列,本已为刘氏所自认;据桓谭《新论》所释,"合丛小语,近取譬论,以作短篇",则文以载道,其所明道术,不会外乎六家要旨。我们认为上面对分类法的批评,都近于烦琐,因为研究诸子思想的学派性,即使推翻了九流说,也不能得出正确的理解。

刘氏的诸子出于王官说,自班固以下,即有争论。我们看来:西周以前学在官府,而私学开创于春秋战国之际,谓诸子出于王官,殊难一概抹杀。不过,汉代以师为吏,学官为思想的合法生产者,帝王为正宗的钦定者与经义的统一者。这无疑地是复西周学在官府之古,此点当为刘氏诸子出于王官说的现实基础。另一方面,西周学在官府之制,反映了氏族贵族的专政,后来派生出贤人作风,而贤人作风特征之一,即是"今不如古"的退化史观。所以,刘氏的诸子出于王官说,遂充满了"世道凌夷"之感。例如:

> "诸子十家,其可观者,九家而已。皆起于王道既微,诸侯力政,时君世主,好恶殊方。是以九家之术,蜂出并作,各引一端,崇其所善,以此驰说,取合诸侯;其言虽殊,辟犹水火相灭亦相生也,仁之与义,敬之与和,相反而皆相成也。《易》曰:'天下同归而殊途,一致而百虑。'今异家者,各推所长,穷知究虑,以明其指,虽有蔽短,合其要归,亦六经之支与流裔,使其人遭明王圣主,得其所折中,皆股肱之材已。仲尼有言:'礼失而求诸野。'方今去圣久远,道术缺废,无所更索。彼九家者不犹愈于野乎?若能修六艺之术,而观此九家之言,舍短取长,则可以通万方之略矣。"(《七略佚文·诸子略总序》)

似此,以"王道既微"为诸子时代的特征,与孔、孟、庄、荀的"世衰道微"说,初无二致。至其以诸子为"六经之支与流裔",并确指某家之学出于某官之掌,则为汉代儒学正宗及经学基尔特传授制度的适切反映。这与其视为"暗合古史",不如视为替汉制寻找历史根据,更近真实。

然而,纵令如此,刘氏父子的《别录》与《七略》所论古今学术的演变,的确从人文主义的观点出发,其中离开神学气息。此种精神,在刘歆的《让太常博士书》里,表现得更为清楚:

> "昔唐虞既衰,而三代迭兴,圣帝明王累起相袭,其道甚著,周

室既微,而礼乐不正,道之难全也如此。是故孔子忧道之不行,历国应聘,自卫反鲁,然后乐正,《雅》、《颂》乃得其所。修《易》序《书》,制作《春秋》,以纪帝王之道。及夫子没而微言绝,七十子终而大义乖。重遭战国,弃笾豆之礼,理军旅之陈。孔氏之道抑,而孙吴之术兴。陵夷至于暴秦,燔经书,杀儒士,设挟书之法,行是古之罪,道术由是遂灭。汉兴,去圣帝明王遐远,仲尼之道又绝,法度无所因袭。时独有一叔孙通略定礼仪,天下唯有《易》卜,未有它书。至孝惠之世,乃除挟书之律,然公卿大臣绛、灌之属,咸介胄武夫,莫以为意。至孝文皇帝,始使掌故晁错从伏生受《尚书》。《尚书》初出于屋壁,朽折散绝,今其书见在,时师传读而已。《诗》始萌芽。天下众书往往颇出,皆诸子传说,犹广立于学官,为置博士。在汉朝之儒,唯贾生而已。至孝武皇帝,然后邹、鲁、梁、赵,颇有《诗》、《礼》、《春秋》先师,皆起于建元之间。当此之时,一人不能独尽其经,或为《雅》,或为《颂》,相合而成,《泰誓》后得,博士集而读之。故诏书称曰:'礼坏乐崩,书缺简脱,朕甚闵焉。'时汉兴已七八十年,离于全经,固已远矣。及鲁恭王坏孔子宅欲以为宫,而得古文于坏壁之中,《逸礼》有三十九篇,《书》十六篇。天汉之后,孔安国献之,遭巫蛊仓卒之难,未及施行;及《春秋左氏》,丘明所修,皆古文旧书,多者二十余通,藏于秘府,伏而未发。孝成皇帝闵学残文缺,稍离其真,乃陈发秘藏,校理旧文,得此三事。以考学官所传,经或脱简,传或间编,传问民间,则有鲁国桓公、赵国贯公、胶东庸生之遗学,与此同抑而未施。此乃有识者之所惜闵,士君子之所嗟痛也。往者辍学之士,不思废绝之阙,苟因陋就寡,分文析字,烦言碎辞,学者罢老,且不能究其一艺。信口说而背传记,是末师而非往古。至于国家将有大事,若立辟雍封禅巡狩之仪,则幽冥而莫知其原,犹欲抱残守缺,挟恐见破之私意,而无从善服义之公心。或怀妒嫉,不考情实,雷同相从,随声是非,抑此三学。以《尚书》为不备,谓左氏为不传《春秋》,岂不哀哉?今圣上德通神明,继统扬业，亦闵文学错乱，学士若兹，虽昭其情，犹依违谦让；乐与士君子同之，故下明诏，试左氏可立不，遣近臣奉指衔命，将以辅弱扶微，与二三君子比意同力，冀得废遗。今则不然，深闭固距而不肯试，猥以不诵绝之。欲以杜塞余道，绝灭微学，夫可与乐成，难与虑始，此乃众庶之所为耳，非所望士君子也。且此数家之事皆先帝所亲论，今上所考视，其古文旧书，皆有征验，外内相应，岂苟而已哉？夫礼失求之于野，古文不犹愈于野乎？往者博士，《书》有欧阳，《春秋》公羊，《易》则施、孟。然孝宣皇帝，犹复广立穀梁《春秋》，梁丘《易》，大小夏侯《尚书》，义虽相反，犹并置之；何则？与其过而废之也，宁过而立之。《传》曰：'文武之道，未坠于地在人；贤者志其大者，不贤者志其小者'。今此数家之言，所以兼包大小之义，岂可偏绝哉？若必专己守残，党同门，妒道真，违明诏，失圣意，以陷于文吏之议，甚为二三君子不取也。"

从上面的议论看来，刘歆在信古的外衣里，表现出存古的主张，反对绝灭各家的"专己守残"的政策，反对"雷同相从"的陋习。章太炎说刘歆是一位"良史"，在这一点上是正确的。

此外，刘向在《战国策》、《孙卿新书》二书校录里，其所述古代学术的变迁大势，亦复同此。就此方面来看，他指出文化史的发展不但与阴阳灾异等神学范畴无甚关系，纯属人事以内，而且还主张存异说，反对专一说、党同门。我们如果拿这点与《五行志》所载的话相对照，显然是二元的折中主义的思想系统。

我们知道，两汉之际，农民战争的浪潮愈激而愈高，封建统治者内部，一部分人物被现实所冲击而渐趋于清醒，一部分人物则益趋于迷信。在王朝内部更出现了朋党之争及篡弑的危机，所谓经今古文学的论争，遂被政治斗争所利用。参与此一政治斗争（例如刘向与萧望之、周堪、金敞等"四人同心辅政"，共抗外戚许史及中书宦官弘恭、石显；刘歆更为王莽的国师）的刘氏父子，在托古改制之中，还看出了"礼失求诸野"的现实危机。他们虽然为阶级所限定，只能部分地摆脱神学，而不能成为彻底的无神论者,但在人文思想方面却保持着清醒的自觉。他们的思想体系的矛盾,即是所谓"二重真理观"。

这种二重真理观或折中主义的自我矛盾,一方面暗示了一元论神学思想的危机,另一方面表白了对于中世纪社会矛盾之无力解决。刘歆的自杀悲剧,即其明证。他们并不能自知矛盾的历史秘密,例如班固的《刘向歆传赞》曾说:

> "刘氏《洪范论》发明《大传》,著天人之应;《七略》剖判艺文,总百家之绪。"(《汉书》卷三六)

似此,对于不相容的矛盾思想,给以相等同的赞辞,正是折中主义史家论断的笔法。

第三节　扬雄的二元论思想

《汉书》(卷八七)《扬雄传》说:

> "扬雄字子云,蜀郡成都人也,……少而好学,不为章句训诂,通而已,博览无所不见。为人简易佚荡,口吃不能剧谈,默而好深湛之思。清静亡为,少耆欲,不汲汲于富贵,不戚戚于贫贱。不修廉隅,以徼名当世。家产不过十金,乏无儋石之储,晏如也。"

《传赞》说:

> "雄年四十余,自蜀来至游京师。大司马车骑将军王音奇其文雅,召以为门下史,荐雄待诏,岁余,奏《羽猎赋》,除为郎给事黄门,与王莽、刘歆并。哀帝之初,又与董贤同官。当成、哀、平间,莽、贤皆为三公,权倾人主,所荐莫不拔擢,而雄三世不徙官。及莽篡位,谈说之士,用符命称功德,获封爵者甚众,雄复不侯,以耆老久次转为大夫,恬于势利,乃如是。实好古而乐道,其意欲求文章成名于后世,以为经莫大于《易》,故作《太玄》;传莫大于《论语》,作《法言》;史篇莫善于《仓颉》,作《训纂》;箴莫善于《虞箴》,作《州箴》;赋莫深于《离骚》,反而广之;辞莫丽于相如,作《四赋》;

皆斟酌其本，相与放依而驰骋云。用心于内，不求于外。于时，人皆智之。唯刘歆及范逡敬焉；而桓谭以为绝伦。王莽时，刘歆、甄丰皆为上公，莽既以符命自立即位之后，欲绝其原，以神前事，而丰子寻，歆子棻复献之，莽诛丰父子，投棻四裔，辞所连及，便收不请。时雄校书天禄阁上，治狱事使者来欲收雄，雄恐不能自免，乃从阁上自投下，几死。莽闻之曰：雄素不与事，何故在此？间请问其故，乃刘棻尝从雄学作奇字，雄不知情。有诏勿问。然京师为之语曰：惟寂寞，自投阁，爱清静，作符命。雄以病免，复召为大夫。家素贫耆酒，人希至其门。时有好事者，载酒肴从游学，而钜鹿、侯芭常从雄居，受其《太玄》、《法言》焉。……年七十一，天凤五年卒。侯芭为之起坟，丧之三年。"

从扬雄的生平看来，他是一个不满现状而又不敢斗争的人，是一个为统治阶级所不喜欢而有正义感的学者如桓谭所称赞的人。扬雄的思想，一方面摄取《周易》与《老子》的理论，并杂以阴阳家的神秘主义（历数），而铸成其二元论的世界观，另一方面又根据儒教的人生哲学，建立其伦理学说。他的《太玄赋》说：

"观大《易》之损益兮，览老氏之倚伏。省忧喜之共门兮，察吉凶之同域。皦皦著乎日月兮，何俗圣之暗烛？岂惕宠以冒灾兮，将噬脐之不及？若飘风以不终朝兮，骤雨不终日；雷隆隆而辄息兮，火犹炽而速灭，自夫物有盛衰兮，况人事之所极？"

从这里，可以看出，扬雄承继《周易》与老子的世界观的确证。在这几句话里又充分表现出他在倚伏、喜忧、吉凶、俗圣、寒暖、盛衰的两面，惶惑起来，怀疑起来。这就导出他的世界观的摇摆不定性。但他在伦理问题上，又将老子与其他诸派的思想，完全舍弃，而独尊崇儒教。所以他说：

"老子之言道德，吾有取焉耳；及槌提仁义，绝灭礼学，吾无取焉耳。"（《法言·问道》）

又说：

"庄、杨荡而不法，墨、晏俭而废礼，申、韩险而无化，邹衍迂而不信。"（《法言·五百》）

似此，周、秦诸子伦理哲学，既均不足取，显然只有儒家堪作楷模，这是扬雄思想的结论。所以他说：

"或曰：人各是其所是，而非其所非，将谁使正之？曰：万物纷错，则悬诸天；众言淆乱，则折诸圣。或曰：恶睹乎圣而折诸？曰：在则人，亡则书，其统一也。"（《法言·吾子》）

在扬雄看来，"说天者莫辨乎《易》，说事者莫辨乎《书》，说体者莫辨乎《礼》，说志者莫辨乎《诗》，说理者莫辨乎《春秋》"（《法言·寡见》）这些儒教的经典，"或因或作，而成于仲尼"（同上，《问神》），因此认为"山𡹅之蹊，不可胜由矣；向墙之户，不可胜入矣。曰：恶由入？曰：孔氏。孔氏者，户也。"（《法言·吾子》）他又说：

"书不经，非书也；言不经，非言也；言书不经，多多赘矣。"（《法言·问神》）

凡此都是扬雄的伦理学说采取儒家的证明。

扬雄的世界观，无疑地混合着唯物论的因素。例如《太玄·玄莹》篇说：

"夫作者贵其有循而体自然也。……故不攫所有，不强所无。譬诸身，增则赘，而割则亏。……其可损益欤？"

这一段话，有二点可以注意：第一，不局限于人生论范围，而以自然＝宇宙为研究的对象，这表现出从儒家传统思想中获得了相对的解放。因为"其所循也大，则其体也壮，其所循也小，则其体也瘠"，可见在扬雄看来，唯有从客观世界出发，世界观才有根据，才可成为伟大的体系；第二，自然是独立于人类意识而存在的客观实在，一切的学说，只有契合于自然的本质，才能成为真理，如果出于主观的歪曲，即或"攫"自然所本有，或"强"自然所本无，而妄事增减，则非"赘"即"亏"，皆是错误。这两点，在基本的精神上，都是唯物主义世界观的命题。

其次，扬雄以为宇宙是一元的存在，其根源的范畴，就是他所说的

"玄",《太玄·玄图》所谓"夫玄也者,天道也,地道也,人道也。"

在这里,扬雄作为宇宙最后根据的"玄",实际上就是老子所说的"道"的同义语。请看他说:

> "玄者,幽攡万类而不见其形者也。……仰而视之在乎上,俯而窥之在乎下,企而望之在乎前,弃而忘之在乎后;欲违则不能,嘿则得其所者,玄也,……知阴知阳,如止知行,知晦知明者,其惟玄乎。"(《太玄·玄攡》)

可见扬雄所谓"玄"与老子的"道"同样,从玄妙莫测上而言,是超感觉的范畴,但同时又都是规定着万物的发生、运动及其秩序的最高的原动力。

在另一方面,"玄"之与"易",也是异名同实的东西。此点早经司马光道破。例如他说:

> "观《玄》之书,昭则极于人,幽则尽于神,大则包宇宙,细则入毛发,合天地人之道以为一,刮其根本,示人所出,胎育万物而兼为之母。……考之于混元之初而玄已生,察之于今而玄非不行,穷之于天地之末而玄不可亡,叩之以万物之情而不漏,测之以鬼神之状而不违,概之以六经之言而不悖。……乃知《玄》者,所以赞《易》也,非别为书以与《易》竞也。……或曰:《易》之法与《玄》异,……如与《易》同道,则既有《易》矣,何以《玄》为?曰:夫畋者,所以为禽也,网而得之与弋而得之,何以异哉?书者,所以为道也;《易》、网也,《玄》、弋也;何害不既网而使弋者为之助乎?"(《读玄》)

在汉代儒术神学化并庸俗化的时代,扬雄敢于怀疑"俗"的一方面,部分采取了老子思想,自有其异端的倾向,又通过了《老》与《易》的模拟而表示出部分的唯物主义色彩。同时,他在玄学的研究上,一方面开魏晋玄学作风的先河,另一方面在两汉之际也有其独立的贡献。本传《赞》载:

> "雄……作《太玄》。……刘歆亦尝观之,谓雄曰:'空自苦!

今学者有禄利,然尚不能明《易》,又如《玄》何? 吾恐后人用复酱瓶也。'雄笑而不应。……天凤五年卒。……时大司空王邑、纳言严尤闻雄死,谓桓谭曰:'子常称扬雄书,岂能传于后世乎?'谭曰:'必传! 顾君与谭不及见也。凡人贱近而贵远,亲见扬子云禄位容貌不能动人,故轻其书。昔老聃著虚无之言两篇,薄仁义,非礼学,然后世好之者尚以为过于五经,自汉文景之君及司马迁,皆有是言;今扬子之书,文义至深而论不诡于圣人,若使遭遇时君,更阅贤知为所称善,则必度越诸子矣。'"

扬雄的唯物主义思想,在汉代因了非禄利之学,"时人皆曶之",而独见称于异端思想家桓谭,此点大可注意! 到了道学支配的宋代,程子还斥之为"曼衍而无断,优柔而不决"(反对其二元论的两重灵魂),朱子作《通鉴编目》,特书"莽大夫扬雄死"(斥其附新篡汉),其秘密即在于此。

但是,扬雄思想的积极性因素也止于此。他由以"玄"为宇宙的最高动力出发,更向前进,即杂以阴阳家的历法(如《玄图》所谓:"一与六共宗,二与七共明,三与八成友,四与九同道,五与五相守"),而构成了神秘的宇宙间架。这就是说,扬雄认"玄"在空间上分为一方二方三方,共为三"方";每方又各分为一州二州三州,共为九州;每州又各分为一部二部三部,共为二十七"部";每部又各分为一家二家三家,共为八十一家。在时间上,玄又综合了"方""州""部""家"四者如☰(一方一州一部一家)☷(一方一州一部二家)等为"首",共为八十一"首";每首附九"赞",共为七百二十九"赞";每二赞为一日,此七百二十九赞,共合三百六十四日半;此外,另加两赞,凑成了一年三百六十五日半之数。扬雄以为在这样的宇宙间架中,"旁通上下",万物可得而有;"九营周流",岁时可得而成。扬雄更进一步,仿《易纬》及《孟京易》的卦气说,以代表每州第一部第一家的首,为一"天",共为九天。他说:

"九天,一为中天,二为羡天,三为从天,四为更天,五为睟天,六为廓天,七为减天,八为沈天,九为成天。"(《玄数》)

在《玄图》篇又申述其理：

> "诚有内者存乎中，宣而出者存乎羡，云行雨施存乎从，变节易动存乎更，珍光淳全存乎晬，虚中弘外存乎廓，削退消部存乎减，降队幽藏存乎沈，考终性命存乎成。是故一至九者，阴阳消息之计邪。反而陈之，子则阳生于十一月，阴终于十月可见也；午则阴生于五月，阳终于四月可见也。生阳莫如子，生阴莫如午，西北则子美尽矣，东南则午美极矣。"

这就是说，阳始于亥，生于子；阴始于巳，生于午，一岁始于十月，十一月为中首，此时万物萌动，蕴蓄未发；终于十月，十月为成首，此时万物命终，成熟收藏。并且，人类既是太玄支配下的一小玄，则其发展的阶段，也自然是九个。所以扬雄接着便论到了人类的九个发展阶段，而归本于"生神莫先乎一"的观点。他说：

> "故思心乎一，反复乎二，成意乎三，条畅乎四，著明乎五，极大乎六，败损乎七，剥落乎八，殄绝乎九。生神莫先乎一，中和莫盛乎五，倨剧莫困乎九。夫一也者，思之微者也；四也者，福之资者也；七也者，祸之阶者也。三也者，思之崇者也；六也者，福之隆者也；九也者，祸之穷者也。二五八，三者之中也。"

他甚至拿数字来说明阶级的命定以及阶级的调和：

> "自一至三者，贫贱而心劳；四至六者，富贵而尊高；七至九者，离咎而犯菑，五以下作息，五以上作消。数多者见贵而实索，数少者见贱而实饶。息与消乱，贵与贱交。"

> "一与六共宗，二与七共明，三与八成友，四与九同道，五与五相守。"

这样，只要理解了太玄之理，则未来的吉凶祸福，便皆可预卜。这无疑地是神秘主义的唯心主义思想。特别应加注意的是，他的宇宙构成论，剥去了物质性，神化了数字性，宇宙除了"数"的机械的结合和调和，再没有东西了。这一点正是宋代周敦颐太极图的张本。

我们从这一点和前述的观点相对照，有充分的理由说，扬雄的世界观是由唯物主义因素和唯心主义因素所奇妙结合的二元论的体系。

至于扬雄的伦理学说,除了大体上复述儒教的传统教条(例如五伦说与五常说)以外,无甚积极的建树。但他主张"人之性也,善恶混,修其善则为善人,修其恶则为恶人"(《法言·修身》),以加重人为的自我修养的必要性,这无异对董仲舒的性三品说,作出了相反的命题。此外,扬雄在伦理问题范围内,颇能严守人文主义的观点,以反驳今文派所吸收的宗教迷信观念。例如《法言·吾子》说:"古者杨、墨塞路,孟子辞而辟之,廓如也;后之塞路者有矣,窃自比于孟子。"扬雄以孟子自命,所批判的对象,正是一些迷信观念。例如:

一、或问:"五百岁而圣人出,有诸?"曰:"尧、舜、禹,君臣也,而并;文、武、周公,父子也,而处;汤、孔子,数百岁而生。因往以推来,虽千一(引者按:即千岁一圣,或一岁千圣)不可知也。"(《法言·五百》)

二、或问:"圣人占天乎?"曰:"占天地。""若此,则史也何异?"曰:"史以天占人,圣人以人占天。"(同上)

三、或问:"星有甘石何如?"曰:"在德不在星。"(《法言·五百》)

四、象龙之致雨也,难矣哉。(《法言·先知》)

五、或问黄帝终始。曰:"托也。昔者姒氏治水土,而巫步多禹。扁鹊,卢人也,而医多卢。夫欲仇伪者,必假真。禹乎!卢乎!终始乎!"(《法言·重黎》)

六、或问:"赵世多神,何也?"曰:"神怪茫茫,若存若亡,圣人曼云。"(《法言·君子》)

七、或问:"人言仙者,有诸乎?""吁!吾闻伏羲、神农殁,黄帝、尧、舜殂落而死,文王毕,孔子鲁城之北,独子爱其死乎?非人之所及也!仙亦无益子之汇矣。"(《法言·君子》)

八、或曰:"圣人不师仙,厥术异也。圣人之于天下,耻一物之不知;仙人之于天下,耻一日之不生。"曰:"生乎!生乎!名生而

实死也。"（同上）

九、或曰："世无仙，则焉得斯语？"曰："语乎者，非嚣嚣也与？惟嚣嚣，能使无为有。"（《法言·君子》）

十、或问仙之实。曰："无以为也，有与无，非问也，问也者，忠孝之问也。忠臣孝子，惶乎不惶。"（同上）

十一、有生者，必有死；有始者，必有终；自然之道也。（同上）

这些命题，都具有鲜明的无神论倾向。扬雄的这种无神论是和他的唯物主义的因素分不开的。因此，扬雄在政治思想方面也具有一些人民性，反对"坐视天下民之死"。《法言·问道》篇说：

或问无为。曰："奚为哉？在昔禹夏袭舜之爵，行尧之道，法度彰，礼乐著，垂拱而视天下民之阜也，无为矣；绍桀之后，篡纣之余，法度废，礼乐亏，安坐视天下民之死，无为乎？"

扬雄反对"无为"，而王充主张"无为"，形式上极端相反，而所指并非一事。

总之，扬雄并非富于独创性的思想家，例如他的《太玄》一书，不但在内容上是拾前人牙慧，毫无新见，即其全书的结构，也全然模拟《易经》而成。他的《法言》一书，也是模拟《论语》体裁而成。而且其唯物主义因素与无神论的思想，也仅是一种萌芽的形态，而缺乏体系性，甚至此等断片，也非出自创见。所以扬雄的思想，虽然字面上非常古奥晦涩，而其思想的内容，和诸子时代比较起来，依然是贫弱的。宋苏轼谓扬雄"以艰深之词，文浅易之说"，正指此事。但是，扬雄处于阴阳家方士思想弥漫朝野的两汉之际而竟能正视历史上的唯物论无神论的遗产，以对抗当时神学家的非常异义可怪之论，这实在是值得我们特别重视的。

第四节　班固的庸俗思想及其人文思想

在理解班固的思想之前，我们先理解一下班氏的家世。兹据《汉

书》(卷一〇〇)《叙传》及《后汉书》(卷七〇)《班彪传》所载,分述如下:

一、按班氏得姓,始于秦之灭楚。班固的七世祖班壹及六世祖班孺,当秦末汉初之际,均为著名的边地豪强:"始皇之末,班壹避坠(地)于楼烦,至牛羊数千群。值汉初定,与民无禁,当孝惠、高后时,以财雄边,出入弋猎,旌旗鼓吹。……故北方多以壹为字者。壹生孺,孺为任侠,州郡歌之。"

二、从五世祖班长起,班氏即由富而贵,从豪强变成了官吏:"孺生长,官至上谷守。长生回,以茂材为长子令。"

三、从曾祖班况起,班氏大富大贵,以农村的豪强进入了庙堂。"回生况,举孝廉为郎,积功劳至上河农都尉,……入为左曹越骑校尉。成帝之初,女为倢伃,致仕就第,赀累千金,徙昌陵。昌陵后罢,大臣名家,皆占数于长安。"

四、从祖父班稚起,班氏一门,才人辈出,对正宗思想的生产上及对农民战争的镇压上,均有大功:"况生三子:伯、斿、稚","王莽少与稚兄弟同列友善,兄事斿而弟畜稚","建始河平之际,许班之贵,倾动前朝,熏灼四方,赏赐无量,空虚内藏,女宠至极,不可尚矣。"更分别言之:

大伯祖班伯,少受《诗》于师丹,成帝召见于晏昵殿,班伯"容貌甚丽,诵说有法,拜为中常侍",诏受《尚书》、《论语》于郑宽中、张禹,"既通大义又讲异同于许商,迁奉车都尉。""家本北边,志节慷慨"。河平中,"定襄大姓石季群辈,报怨杀追捕吏,伯上状因自请愿试守期月","拜伯为定襄太守"。"伯至,请问耆老父祖故人有旧恩者,迎延满堂,日为供具,执子孙礼。""诸所宾礼皆名豪,怀恩醉酒,共谏伯宜颇摄录盗贼,具言本谋亡匿处。""乃召属县长吏,选精进掾吏,分部收捕,及它隐伏,旬日尽得。郡中震栗,咸称神明。"及"许商、师丹为光禄大夫,伯迁水衡都尉,与两师并侍中,皆秩中二千石。"

二伯祖班斿"博学有俊材","举贤良方正,以对策为议郎,迁谏大夫右曹中郎将,与刘向校秘书;每奏事,斿以选受诏,进读群书。上器其能,赐以秘书之副"。

祖班稚"少为黄门郎中常侍。""哀帝即位,出稚为西河属国都尉,迁广平相。"平帝即位,太后临朝,莽秉政,方欲文致太平。大司空甄丰"劾阏空造不祥,稚绝嘉应,嫉害圣政,皆不道。""稚惧,上书陈恩谢罪,愿归相印,入补延陵园郎。太后许焉。"

五、伯父班嗣,父班彪,俱以学显名当世:"斿亦早卒,有子曰嗣,显名当世","稚生彪,彪字叔皮,幼与从兄嗣共游学。家有赐书,内足于财,好古之士,自远方至,父党扬子云以下,莫不造其门。"然嗣与彪的思想属性,则大异其趣:

1. 伯父班嗣"虽修儒学,然贵老严(庄)之术。桓生(谭)欲借其书,嗣报曰:'若夫严子者,绝圣弃智,修生保真,清虚澹泊,归之自然,独师友造化而不为世俗所役者也。渔钓于一壑,则万物不奸其志;栖迟于一丘,则天下不易其乐;不绁圣人之罔,不囅骄君之饵,荡然肆志,谈者不得而名焉;故可贵也。今吾子已贯仁谊之羁绊,系名声之缰锁,伏周孔之轨躅,驰颜闵之极挚;既系挛于世教矣,何用大道为自炫耀?昔有学步于邯郸者,曾未得其仿佛,又复失其故步,遂匍匐而归耳。恐似此类故不进。'嗣之行己持论如此。"

2. 父班彪"唯圣人之道然后尽心焉"。此所谓"圣人之道",可分两点:其一,在王莽失败,群雄逐鹿之际,从符瑞迷信的宿命论观点,力说刘氏正统不可动摇。他在《王命论》说:"神器有命,不可以智力求也。……盖在高祖,其兴也有五:一曰帝尧之苗裔,二曰体貌多奇异,三曰神武有征应,四曰宽明而仁恕,五曰知人善任。……若乃灵瑞符应,又可略闻矣:初,刘媪妊(孕)高祖而梦与神遇,震电晦冥有龙蛇之怪,及其长而多灵,有异于众,是以王武感物而折券,吕公睹形而进女,秦皇东游以压其气,吕后望云而知所处;始受命则白蛇分,西入关则五星聚,故淮阴留侯谓之天授,非人力也。历古今之得失,验行事之成败,稽帝王之世运,考五者之所谓,取舍不厌斯位,符瑞不同斯度,而苟昧于权利,越次妄据,外不量力,内不知命,则必丧保家之主,失天年之寿,遇折足之凶,伏铁钺之诛。英雄诚知觉寤,畏若祸戒,超然远览,渊然深识,收陵婴之明分,绝信布之觊觎,距逐鹿之瞽说,审神器之有授,毋贪不可几,为二母之所笑,则福祚流于子孙,天禄其永终矣。"此种拥汉思想的神学性,初不亚于董仲舒。其二,在儒学正宗时代,据儒家观点攻击司马氏史学思想的异端性。其后传略论(见本传)说,"孝武之世,太史令司马迁采《左氏》、《国语》,删《世本》、《战国策》,据楚汉列国时事,上自黄帝,下讫获麟,作《本纪》、《世家》、《列传》、《书表》凡百三十篇,而十篇缺焉。迁之所记,……采经摭传,分散百家之事,甚多疏略,不如其本。务欲以多闻广见为功,论议浅而不笃。其论术学,则崇黄老而薄五经;序货殖,则轻仁义而羞贫穷,道游侠,则贱守节而贵俗功,此其大敝伤道,所以遇极刑之咎也。……诚令迁依五经之法言,同圣人之是非,意亦庶几矣。……司马迁序帝王则曰本纪,公侯传国则曰世家,卿士特起则曰列传;又进项羽、陈涉而黜淮南、衡山,细意委曲,条例不经。"在这里,所谓"条例不经",只指出了"进项羽、陈涉而黜淮南、衡山",至于迁之进孔子而黜墨子,则不在此例;其为正宗观点,其正宗思想之"细意委曲"在乎拥汉,已昭然若揭。而此种史学,正是"班司同异"的核心。

据上可知:两汉的班氏,自始即赋有边疆豪强的传统及正宗的家学渊源。从班壹"以财雄边",到班伯"家本北边,志节慷慨",及其定襄太守任中收捕盗贼的"杰作",再到班超之西域冒险与劫杀,更到作为班固系狱致死主因的"诸子多不遵法度,吏人苦之";都是七世祖传的豪强铁证。所谓"固不教学诸子",则是旧日史家的误断。从班伯的晏昵殿儒教神父式的诵说有法,到班彪的疾恶陇嚣及《王命论》之作,再到班固白虎观集议的"实主其事",即是正宗的家学承传;从班斿与刘向同校秘书,并"以选受诏,进读群书",及承"赐以秘书之副",到班彪"继采前史遗书,旁贯异闻,作《后传》数十篇"及《后传略论》的对司马氏史学攻击,再到班固的"除兰台令史","典校秘书",与其断代史(《汉书》一百二十卷,起元高祖,终于孝平、王莽之诛,十有二世,二百三十年)

的创著,以及班昭的续成工程,则是正宗史学的家传。凡此等等,皆是两汉儒学宗教化,学校寺院化,帝王教皇化,学者神父化演进程序上的产物。理解了这些情况,然后始可以理解班固的思想。

据《白虎通义》看来,班固的思想乃是董仲舒神学体系的延长和扩大。关于这一点,另有专章详述,这里从略。

不仅如此,班固在天人关系问题上,也承袭了董仲舒及刘氏父子滥释灾异的附会之法。这在《五行志》里,有明白的证据;其荒唐违谬之处,也经刘知几驳斥。例如:

> "《志》云:'昭公十六年九月大雩。先是昭母夫人归氏薨,昭不戚而大搜于比蒲。'又曰:'定公十二年九月大雩。先是公自侵郑归而城中城,二大夫围郓。'案:大搜于比蒲,昭之十一年;城中城,围郓,定之六年也。其二役去雩,皆非一载。夫以国家恒事而坐延灾眚,岁月既遥而方闻响(感)应,斯岂非乌有成说,叩寂为辞者哉? 此所谓影响不接,牵引相会也。"(《史通》卷一九《五行错误》篇)

> "当春秋之时,诸国贤俊多矣。如沙鹿其坏,梁山云崩,鹢退蜚于宋都,龙交斗于郑水,或伯宗子产具述其非妖,或卜偃、史过盛言其必应,盖于时有识君子以为美谈,故左氏书之不刊,贻厥来裔。既而古今路阻,闻见壤隔,至汉代儒者董仲舒、刘向之徒,始别搆异闻,辅申他说,以兹后学,陵彼先贤;盖今谚所谓季与厥昆争知嫂讳者也。而班《志》尚舍长用短,损旧习新,苟出异同,自矜魁博,多见其无识者矣。此所谓不循经典自任胸怀也。"(同上)

> "所定各目凡二十种,但其失既众,不可殚论。……又案斯志之作也,本欲明吉凶,释休咎,惩恶劝善以戒将来。……亦有穿凿成文,强生异义。如蜮之为惑;麋之为迷;陨五石者,齐五子之征;溃七山者,汉七国之象;叔服会葬,郕伯来奔,亢阳所以成妖;郑易许田,鲁谋莱国,食苗所以为祸。诸如此比,其类弘多,徒有解释,无足观采,知音君子,幸为详焉。"(同上)

倘由此推理,班固应有一套神学的学术思想史论,方见其上下一贯;然而,班固承袭了刘氏父子人文主义的传统。如众所周知,他的《艺文志》完全抄袭了刘氏的《别录》与《七略》,据姚振宗考释,班固对于《别录》与《七略》不过是将作为总最的"辑略"折入"六略"里面;其诸书,除出入省并,皆"六略"所有;其注亦不出《七略》之外。总之,《艺文志》乃《七略》的节本,所谓"《别录》繁矣,《七略》从简;《七略》简矣,班氏裁为《儒林列传》,编为《艺文志》,则简而又简"。(《师石山房丛书》、《七略佚》、《文叙》)

诚然,《白虎通义》是笔录,《艺文志》是抄袭;笔录或抄袭不能与创著同视。然而,从其裁成取舍之际,未尝不可窥得班固思想的大体。事实如前所述,《白虎通义》是神学的,《艺文志》是人文的,二者之间殊无必然性的内在联系,而思想属性上判然两撅的两种文献,皆假班固之手传于后世,其为折中主义观点,似无可疑。而且此两大文献,所影响于后世学术思想者至深且巨,使我们不得不着重地提出。

班固的史学与司马迁异。例如他说司马迁"是非颇缪于圣人:论大道则先黄老而后六经,序游侠则退处士而进奸雄,述货殖则崇势利而羞贫贱,此其所蔽也。"(《汉书·司马迁传赞》)凡此所说,是班固、史迁之所以异,也是班彪略论之笔直的学舌。班固依此清规,将陈胜从"世家"里拖出,将项羽从"本纪"里拖出,取"以类相从"之义,而退之于"列传";并在论赞里抄入了贾谊《过秦论》。在《游侠》、《货殖》二传的叙文里,复据"各有等差"的阶级观点,对于司马迁的正义是非,颠之倒之。例如:将司马迁以郭解为"廉洁退让,有足称者,名不虚立,士不虚附",换书为"以匹夫之细,窃杀生之权,其罪已不容于诛矣";将司马迁的"仓廪实而知礼节,衣食足而知荣辱,礼生于有而废于无,人富而仁义附焉",换书为"四民不得杂处,欲寡而事节,财足而不争,在民上者道之以德,齐之以礼,故民有耻而且敬,贵谊而贱利"等等。这样,就完成了与《史记》严有区别的"是非不颇缪于圣人"的正宗史学。

但是,纵令如此,班固的史学思想与其天道观念,依然不能结合。

例如在《陈胜、项羽列传》论赞里,抄完贾谊以"仁义不施"为秦灭亡原因的论断以后,接着又说:"及羽背关怀楚,放逐义帝,而怨王侯畔己,难矣;自矜功伐,奋其私智而不师古,始霸王之国,欲以力征经营天下,五年卒亡其国,身死东城,尚不觉寤,不自责过失,乃引天亡我,非用兵之罪,岂不谬哉?"这样承袭《史记》从人为得失方面寻找王朝兴亡的原因,而与《五行志》及《白虎通义》里的神学思想,显属两种,其为折中主义更为明显。

如果将《汉书》的全部论赞及叙文,加以归类研究,则班固的是非评断,不但自论相违之处甚多,且其思想的支离贫乏而无创见,亦难以为讳。

在这里,我们要问:官学的正宗思想,到了两汉之际,为什么竟转入于折中主义? 为什么像班固这样典型的正宗人物,亦竟如此呢? 关于这一问题,我们不能从思想家的思维能力优劣来说明。其最大的原因当在于两汉之际的社会危机。西汉自成帝以降,农民战争渐趋高潮,而以王莽时代为最高峰,到了东汉光武末年,方告一阶段。但中古的统治者,经此震撼,虽然"宣布图谶于天下",愈加走上神学迷信一途,但董仲舒以来的一元神学系统之不足以解决问题,则渐唤起学人的注意。从这里,就产生了刘向、刘歆父子及扬雄的二重真理观。尤其到了班固时代(公元 1—92 年),桓谭及王充的异端体系正在形成中,他们的怀疑和批判的光芒,更使正宗思想暗淡无光;因而连白虎观神学集议的主稿人(班固)也失去了对正宗的信心,变成了二重人格的折中主义者。

第 七 章

汉代白虎观宗教会议与神学思想

第一节　白虎观会议的历史意义

《白虎通义》这一本书,自《隋书·经籍志》著其篇籍以来,各史记载稍有出入。《旧唐书·经籍志》说它是汉章帝撰,《新唐书·艺文志》说它是班固等撰。《后汉书·班固传》称它做《白虎通·德论》,《隋书》、《旧唐书》称它做《白虎通》,《新唐书》称它做《白虎通义》。它的篇目,各史记载也不大相同。按"白虎"指汉宫白虎观,汉章帝在这里大会经师,钦定经义,连月乃罢,《后汉书·章帝纪》称,令群臣"作白虎议奏",《儒林列传》序称"命史臣著为通义"。我们可以这样讲,原来诸儒所讲说的经义,大约都称做"议奏",或"通德论",经章帝最后裁决以后,史臣所撰集的就称做"通义",现存的《白虎通义》或省略"义"字的《白虎通》一书,当是班固所撰集的。《后汉书·班固传》所谓"令固撰集其事",即指此书。

汉代自叔孙通制礼作乐以来,经义为汉治法,成了经师们荣显的专门行道。汉武帝罢黜百家定儒术为一尊的法度,首创金马门待诏的制度,显示出封建制社会的法典的雏形。汉宣帝甘露三年(公元前51年)"诏诸儒讲五经同异,萧望之等平奏共议,上亲制临决",史称石渠阁(未央殿北藏秘书的地方)奏议,这是封建制政权的完整的法典,可惜书佚不传了。东汉光武帝中元四年(公元56年)宣布图谶于天下,进一步把经义庸俗化,完成了国教的形式。到了章帝建初四年(公元79年)把前汉宣帝、东汉光武的法典和国教更系统化,这就是所谓"白虎观奏议"的历史意义。《后汉书·鲁恭传》说,东汉章帝"深惟古人之道,助三正之微",《章帝纪》说,"诏曰:《春秋》于春每月书王者,重三正、慎三微也。律十二月立春不以报囚,月令冬至之后有顺阳助生之文,而无鞫狱断刑之政。朕咨访雅儒,稽之典籍,以为王者生杀,宜顺时气,其定律无以十一月十二月报囚"。注引《礼纬·斗威仪》说,"三微者三正之始,万物皆微,物色不同,故王者取法焉"。三正指夏、商、周三代正朔之月(周尚赤,十一月;殷尚白,十二月;夏尚黑,十三月)。这正是《白虎通义·三正》篇的历史证件。他诏定刑律,要咨访儒生,稽之典籍,然后作出自己的号令,这也可以和《白虎通义》这一完整的法典互证。《后汉书·曹褒传》更显示出章帝制订"国宪"的消息:

"〔汉章帝〕元和二年下诏曰:《河图》称'赤九会昌,十世以光,十一以兴'(按上三句话,属于《会昌符》,也见于《汉书·律历志》)。"九"附会光武,"十"附会明帝,"十一"附会章帝)。《尚书·璇玑》钤,(纬书)曰:'述尧理世,平制礼乐,放唐之文'(按与纬书本文略有出入,因汉代五经家都说汉为尧后,故这里这样说)。予(章帝)末小子,托于数终(即"十一"之数),曷以缵兴,崇弘祖宗,仁济元元。(下引纬书从略)……每见图书,中心恧焉!……敕〔曹〕褒曰:'此制(指叔孙通《汉仪》十二篇)散略,多不合经,今宜依礼条正,使可施行。于南宫、东观,尽心集作。'褒既受命,乃次序礼事,依准旧典,杂以五经谶记之文,撰次天子至于庶人冠婚吉凶终始制度,以为百五十篇。"

上面讲的章帝和曹褒的话,和《白虎通义》的年代相次,两相印证,

就可以了解汉章帝的法典内容。《曹褒传》论更指出汉代法典制作的演变,最后说到章帝的"国宪":

> "孝章永言前王,明发兴作。专命礼臣,撰定'国宪',洋洋乎盛德之事焉!"

我们认为白虎观所钦定的奏议,也就是赋予这样的"国宪"以神学的理论根据的谶纬国教化的法典。谶纬在战国以前是没有的,约在秦、汉之际才制作出来。这些书到了隋代大都毁禁不传,余有不少佚文,散见各书。谶是符谶、图谶,是借助于经义而附会的一种变相的隐语,从秦代开始利用这种预兆吉凶的符验,来为王朝统治者服务,史称"秦谶"。纬对经而言,是解经家在经的章句以外附会出的一套迷信,利用来为汉代政权编排统治合法化的根据,如汉为火德,承尧之绪等等。汉代各经有纬,史称"纬书"。因此,图谶纬书是神学和庸俗经学的混合物。这种经义国教的意义,和恩格斯所指出的基督教是一种神学和庸俗派哲学的混合物同样,"它(基督教)那留传下来的官方形态是国教形态,是尼克亚宗教会议(按 325 年在罗马尼克亚城举行的宗教会议,统一了宗教思想,确立了教会在争取政权斗争中的组织基础和策略基础)为着配合国家的目的而制出的。……基督教已成为国教这一事实,就足以证明它是适合当时情况的宗教。在中世纪,随着封建制度的发展,基督教形成为与封建制度相适应的宗教。……中世纪把哲学、政治、法律等思想体系的一切形态囊括在神学之内,变为神学的分科。"(《费尔巴哈与德国古典哲学的终结》,参看中文版《马克思恩格斯文选》,卷二,页 397)从西汉的石渠阁的经义钦定到东汉白虎观的经义钦定,就是这种形态。所谓"亲制临决"的钦定的法典形式,企图使皇帝成为国家的本质,使上帝成为宗教的本质,并使二者的关系固定化起来,这也如恩格斯所指出的"国王一词乃是君主制的完成,这犹之乎对上帝一词的崇拜是宗教的完成。国王一词是国家的本质,犹之乎上帝一词是宗教的本质,尽管这两词毫无意义"。(《英国状况》,引自《马克思恩格斯论宗教》,页 41)

明白了汉代经学国教化的历史性质，我们再进一步详述一下所谓"白虎观奏议"的历史事实：

"〔建初四年〕十一月壬戌，诏曰：盖三代导人，教学为本。汉承暴秦，褒显儒术，建立五经，为置博士。……孝宣皇帝以为去圣久远，学不厌博，故遂立大小夏侯《尚书》，后又立京氏《易》（按甘露三年论定五经于石渠阁）。至〔光武〕建武中，复置颜氏、严氏《春秋》、大小戴礼博士。……〔光武〕中元元年诏书，五经章句烦多，议欲减省（按此年宣布图谶于天下）。至〔明帝〕永平元年……〔樊〕鯈奏言，先帝大业当以时施行，欲使诸儒共正经义。……于是，下太常将大夫博士议郎郎官及诸生诸儒，会白虎观，讲议五经同异；使五官中郎将魏应承制问，侍中淳于恭奏，帝亲称制临决，如孝宣甘露石渠故事，作《白虎·议奏》。"（《后汉书·章帝纪》）

东汉章帝白虎观钦定经学的史实，又见于《后汉书·儒林列传》、《贾逵传》、《班固传》、《丁鸿传》、《杨终传》和《陈敬王羡传》等，此外《后汉书·蔡邕传》、《东观汉记》、《后汉纪》各书都有记载，并把石渠阁和白虎观的法典相提并论，追述渊源，即后汉书翟酺传所谓"武帝大合天下之书，而孝宣论六经于石渠"。在这些记载中，《杨终传》讲的可以参证，兹择录于下：

"〔杨〕终又言（上面讲的是天下多乱事），宣帝博征群儒，论定五经于石渠阁。方今天下少（!?）事，……章句之徒破坏大体，宜如石渠故事，永为后世则。于是诏诸儒于白虎观，论考同异焉。"

从上面白虎观会议的形式看来，我们可以知道，作为"国宪"的钦定经义是集合了大群儒生的奏议而最后由皇帝裁决的法典，在经义统一之后，它是"永为世则"的统治阶级的支配思想，不能再有异议。皇帝是以一个大家长和大教主的身份参与经义的裁决的。现在我们再从白虎观奏议的另一方面，研究其主要精神是什么东西。

参加白虎观会议的人物，在《后汉书》中可考的有数十人，其中今文学家和古文学家表面上虽有争辩，但他们都迷信谶纬。例如贾逵是

当时的著名人物,也大倡图谶,他说:

> "昔武王终父之业,鸑鷟在岐,宣帝威怀戎狄,神雀仍(频)集,此胡降之征也。……五经家皆无以证图谶,明刘氏为尧后者,而左氏独有明文。……左氏以为少昊代黄帝,即图谶所谓帝宣也。如令尧不得为火,则汉不得为赤,其所发明,补益实多。陛下通天然之明,建大圣之本,改元正历,垂万世则,是以麟凤百数,嘉瑞杂遝。"(《后汉书·贾逵传》)

《后汉书》论曰:"贾逵能附会文致,最差贵显",这就说明白虎观会议的人物庸俗化到什么程度了。

丁鸿也是参加白虎观会议的重要人物,《东观汉记》说他附会图谶,有这样的话:

> "陛下尊履蒸蒸,奉承弘业。祀五帝于明堂,配以光武二祖四宗,咸有告祀。瞻望太山,嘉泽降澍,柴祭(《尔雅》:"祭天曰燔柴")之日,白气上升,与燎烟合,黄鹄群翔,所谓神人以和答响之休符也。"

他大谈什么日食的天人感应,《后汉书》本传记载他的话和《白虎通义》中说的内容相一致:

> "臣闻日者阳精,守实不亏,君之象也;月者阴精,盈毁有常,臣之表也。故日食者,臣乘君,阴陵阳,月满不亏,下骄盈也。……春秋日食三十六,弑君三十二,变不空生,各以类应。夫威柄不以放下,利器不以假人。览观往古,近察汉兴,倾危之祸,靡不由之。"

《后汉书》赞,对丁鸿"人道悖于下,效验见于天"的日食的宗教说,讽刺道:"高论白虎,深言日食!"

又例如杨终是建议召开白虎观会议的人物,他曾受诏把司马迁的《史记》删除了十余万言,又作过赞颂汉代嘉瑞的诗十五章。又如李育是在白虎观和贾逵辩论的人物,但他和贾逵一样,"多引图谶,不据理体"(《儒林列传》)。撰集《白虎通义》的班固更有完整的唯心主义理论体系,他曾根据图谶纬书,做了一篇历史理论,从开天辟地,讲到汉章帝的白虎观法典,所谓"作《典引》篇,述叙汉德",用荒唐的宗教呓语,说明汉继尧统的天命。这篇东西实可当做《白虎通义》的序言。他说:

"……夫图书(《河图》《洛书》)、亮章天哲也(天授于天子),孔猷、先命圣孚也(孔子的图书专给合格的汉家皇帝),体行德本正性也,逢吉丁辰景命也。顺命(瑞符)以创制,定性以和神,答三灵(神)之繁祉,展放(效)唐之明文(语出《尚书纬·璇玑钤》,言汉为尧后)。……是时圣上(章帝)固已垂精游神,包举艺文,屡访群儒,谕咨故老,与之乎斟酌道德之渊源,肴核仁义之林薮,以望元(天)符(瑞)之臻焉。既成群后之说辞,又悉经五(指五年卜征)縣(兆辞)之硕(大)虑矣。……汪汪乎丕天之大律(语出《尚书·太誓》篇,"律"即法典),其畴(谁)能亘(竟)之哉!唐哉皇(汉)哉!皇(汉)哉唐哉!(唐指尧,皇指汉,即言唯尧唯汉永垂世则)"(《后汉书·班固传》)

班固上面的话,不但从僧侣主义的宗教理论说明历史的变化,而且用经学和神学的混合观点,颂扬汉章帝的历史功绩,这即是说,章帝之所以能"永年丕天之大律",制定法典,是因为他要应天之瑞符,以"垂精游神,包举艺文"的神圣天资,把一切道德仁义和礼法制度的所以然都作出最后的裁决,发扬光大了西汉宣帝石渠阁的传统。因此,《后汉书》赞,不能不指出"〔班〕固迷〔于〕世纷"了。

这样看来,参与白虎观会议的"理论"家们和西汉宣帝石渠阁集论的"理论"家一样,好像罗马末期的庸俗哲学家们,不是贪财营利的学究,便是投靠富豪之家的清客,甚至是皇帝宫中头号得宠的阴谋家。他们不是讲哲学,而是为统治阶级安排宗教,迫寻精神的解救以代替物质的解救;或者是利用经义为汉制法的法学家们,他们为皇帝制出空前极无耻之能事的国家法来。同时,凤毛麟角的思想家如王充便不能不"挥动讽刺的鞭子鞭笞他们那蜕化的同时代人"(参看恩格斯:《论布鲁诺·鲍威尔与原始基督教》,译文引自《马克思恩格斯论宗教》,页69—

70）。

根据《白虎通义》所引的经传看来，它是尽其杂糅混合的能事的，它把《易》、《诗》、《书》、《春秋》（包括各家的序传）《礼》、《乐》、《论语》、《孝经》以及各种逸文，和图谶纬书混合在一起，望文附会，曲解引申，特别是谶纬，构成《白虎通义》的依据。清代今文学家庄述祖也不能不说："傅以谶记，援纬证经，自光武以《赤伏符》即位，其后灵台郊祀，皆以谶决之，风尚所趋然也。故是书论郊祀、社稷、灵台、明堂、封禅，悉檃括纬候，兼综图书，附世主之好，以绳道真，违失六艺之本。"（《珍艺宦文钞》卷五，《白虎通义考序》）按庄氏似只以《郊祀》等篇杂引谶纬，其实如果把《白虎通义》的文句和散引于各书中的谶纬文句对照，各篇都是一样的，百分之九十的内容出于谶纬。我们以为，《白虎通义》之为庸俗经学和神学的混合物，从宗教仪式和宗教信仰两方面都可以看出来。恩格斯说："对向来的一切宗教说，仪式是大事。只有参加祭祀仪式和巡行瞻礼，而且在东方更须遵守十分繁缛的吃斋与清净戒律，才能被接受进教。"（《马克思恩格斯论宗教》，页71）《白虎通义》的宗教仪式是十分繁缛的，在这方面就需要杂引经义来做附会的理由；但是宗教更要求把过去的传统遗说，唯理地庸俗化，《白虎通义》在这方面就大量地"檃括纬候，兼综图书"，以曲说六经，附和皇帝完成国教的意志了。因此，《白虎通义》与其说是杂引经义本文，不如说主要是杂糅图谶纬候。

为什么白虎观神学主要杂引图谶纬书呢？因为依照神学大师们讲来，一切经义都是为汉制法的，而所谓经又是天授古代皇帝们制作的，《白虎通义·五经》章说："后世圣人易之以书契，百官以理，万民以察，后世圣人者谓五帝也"。这些书都是神书，例如《尚书纬·璇玑钤》说："孔子曰，'五帝出受录图'"（《文选》注引），又说"孔子求书，得黄帝元孙帝魁之书，迄于秦穆公，凡三千二百四十篇，断远取近，定可以为世法者百二十篇，以百二篇为《尚书》，十八篇为《中候》"（《尚书·序正义引》）。《白虎通义·五经》篇就根据这种纬书的神话，附会说："传曰：

三皇百世,计神元(天)书,五帝之世,受录图、史记、从政录,帝魁以来除礼乐之书三千二百四十篇也。"

又按这些神学大师们说,五经是这样的东西:"经所以有五何?经、常也,有五常之道,故曰五经。"(同上)因此,五经是"五帝之经",又必须经过孔子来定,才没有失真,"周衰道失,纲散纪乱,五教废坏,故五常之经(按此句也是纬书语),咸失其象:《易》失理则阴阳万物失其性……"(同上,原文下接"而乖设法谤之言",卢文弨校云:"有讹",陈立《疏证》云:"意谓孔子未定之前,《书》则设诽谤之言,《诗》则歌谣怨诽之词,当更有礼乐失所之语。"按脱文必指除《易》以外之五经。)

为什么又要"五帝之经"以外的《孝经》和《论语》呢?《白虎通义》暗暗地杂引纬书说:"复作《孝经》何?欲专制正(卢校:正字下脱"法"字)。于《孝经》何?夫孝者自天子下至庶人,上下通《孝经》者(卢校:此句有脱文)。……所以复记《论语》何?见夫子遭事异变,出之号令足法。"(同上)这段话虽然脱讹难解,但如果把纬书的来源指出来,我们就可以明白《孝经》、《论语》在神学家的附会之下是专什么"制",正什么"法"了。《公羊传序》疏引纬书《孝经·钩命决》说:"孔子在庶,德无所施,功无所就;志在《春秋》,行在《孝经》。"《太平御览》六百十引《钩命决》说:"子曰:'吾作《孝经》,以素王无爵禄之赏,斧钺之诛,故称明王之道。'"《孝经序》疏引《钩命决》说:"人伦尊卑之行,在于《孝经》也。"《孝经》疏引《孝经纬·援神契》说:"天子孝曰就","诸侯孝曰度","卿大夫孝曰誉","士孝曰究","庶人孝曰畜"。其次,《论语》没有纬书,但有谶书八卷(见《七录》)。《白虎通义·辟雍》篇说:"《论语》谶曰:五帝立师,三王制之。"(《古微书》也载这句话)接着讲帝王和孔子的传授。这样看来,《孝经》、《论语》都是孔子为了后代帝王取法而预言的法典,而汉代皇帝所专之制,所正之法,就是孔子早已设置安排好的神权、皇权和父权三者相结合的专制主义和封建法律。《孝经纬·援神契》更明白地说:"孔子作《春秋》,制《孝经》。""告备于天曰:《孝经》四卷、《春秋》、《河洛》凡八十一卷,谨已备。天乃虹郁起,白雾摩地,赤虹自上下,化为黄玉,长三尺,上有刻文。孔子跪受而读之,曰:'宝文出,刘季握,卯金刀,在轸北,字禾子,天下服。'"(见《御览》五四二及《宋书·符瑞志》引,按同样文句又出于《春秋纬·汉含孳》)"卯金刀"即"刘"字。这种符咒式的经义完全把孔子的书说成了天授为汉立法的东西了。《春秋纬·汉含孳》更说:"孔子曰:'丘揽史记,援引古图,推集天变,为汉帝制法,陈叙图录。'"(《公羊传序》疏引)我们看了汉代用《春秋》之义,代替法律以断狱的史实,更可以明白这一道理。因此,宗教地改变历史传下的思想形式和材料,是石渠阁从至白虎观钦定经义的统治阶级的支配思想。

这就是白虎观会议的历史意义。这也正如马克思所指出的,"统治阶级将物质的生产归其统治,同时也要求安排精神的生产手段"(《德意志意识形态》,郭译本,页90)。汉代土地所有制形式的皇权集中、中央专制主义和文化思想钦定以及谶纬经学国教化,是相为适应的。

第二节　白虎观奏议的神学的世界观

作为"国宪"或"大律"或"专制正法"的白虎观奏议,是有一套宗教化的理论体系的。过去学者把这个书认成经学,加以崇赞,显然是一种偏见。

首先,我们要研究《白虎通义》里所显示的有神论的世界观。什么是宇宙的根源呢?《白虎通义·天地》篇说:

"天者何也? 天之为言'镇'也,居高理下为人镇(神)也。"

按《经典释文》引《春秋纬·说题辞》说:"天之言'镇'也,居高理下,为人经纬。"此句的出处显然是纬书。卢校以《艺文类聚》引作"天者'身'也",谓"身"与"天"古音相近。陈立《白虎通疏证》:"《尔雅·释文》引《礼统》云:'天之为言,镇也,神也,……'皆叠韵为训。"这里讲的"天",就是"神"的代名词。"为人镇"即

"为人神"。这毫无对《白虎通义》作曲解的意思。

"地者易也，万物怀任，交易变化。"

按《类聚》六、《御览》三十六引《春秋纬·元命苞》说："地者'易'也，养物怀任，交易变化，含吐应节，故其立字，'土''力'于'乙'者为'地'。"

接着便转入世界如何生成的理论：

"始起先有太初，然后有太始，形兆既成，名曰太素。"

按这也出于纬书，刘仲达《鸿书》引《孝经纬·钩命决》："天地未分之前有太易，有太初，有太始，有太素，有太极，是为五运。"疑文或有脱讹，或省略太易、太极。

"混沌相连，视之不见，听之不闻。然后剖判清浊，既分精曜，出布庶物，施生精者为三光，号者为五行。五行生情性，情性生汁中，汁中生神明，神明生道德，道德生文章。"

按《说郛》引《诗纬·推度灾》说："三气未分别，号曰浑沌，上清下浊，号曰天地。"

"故〔《易》〕《乾凿度》曰：太初者气之始也，太始者形之始也，太素者质之始也。阳唱阴和，男行女随也。"

按《御览》卷一引《推度灾》说："阳本为雄，阴本为雌，物本为魂。雄生八月仲节，号曰太初。〔雌生九月节，号曰太始（据《广雅·释天》补）〕。行三节〔行之始也〕。""雄雌俱行三节"，"雄含物魂，号曰太素。"

表面看来，这种世界生成论很像浑沌观，即认为世界是"某种从浑沌中产生出来的东西，是某种发展起来的东西，某种形成的东西"（恩格斯《自然辩证法》，人民出版社1955年版，页8），但实质上，在这一生成过程的背后，却隐藏着一种神秘的推动力，它便是"天皇大帝"太一。"太一分而为天地，转而为阴阳，变而为四时，列而为鬼神，其降曰命。"《礼记·礼运》天地既源于神，因而天地的运转便出于神按君臣之义所作的有目的的安排。《白虎通义·天地》篇说：

"天道所以左旋,地道右周何? 以为天地动而不别,行而不离;所以左旋右周者,犹君臣阴阳相对之义也。"

按天左旋、地右动,见于《春秋纬·元命苞》(《文选》注引)。

"君舒臣疾,卑者宜劳。天所以反常行何? 以为阳不动无以行其教,阴不静无以成其化。"

"日月五星比天为阴,故右行,右行者犹臣对君也。(《礼纬》)《含文嘉》曰:计日月右行也;(《尚书纬》)《刑德放》曰:日月东行。"(《日月》篇)

按《春秋纬·潜潭巴》说:"君德应阳,君臣得道叶度,则日含王字。君臣和,得道叶度,则日月大光明,天下和平,上下俱昌,延年益寿。"(《御览》八百七十二引。史称汉文帝时日中有王字,我们从自然现象推察,这或者是当时日中出现的黑子)

"日行迟,月行疾何? 君舒臣劳也。……(《春秋纬》)《感精符》曰:三纲之义,日为君,月为臣也。"

按《感精符》还说:"人主含天光,据玑衡,齐七政,操八极,故君明圣,天道得正,则日月光明,五星有度。"(《后汉书·明帝纪》注引)

这就是汉代皇帝的颠倒的世界意识。马克思说:"人创造宗教,而非宗教创造人。……可是人,他并不是抽象的、蛰居于世外的生物。人,他是人的世界,是国家,是社会。这个国家,这个社会产生宗教;但因为国家和社会是颠倒的世界,所以它们产生出来的宗教是颠倒的世界意识。"(《黑格尔法律哲学批判导言》,《马克思恩格斯论宗教》,页1—2)汉代皇帝钦定的宗教天道观之所以是谶纬式的经义,是因为创造宗教的人是帝王,是封建制的社会,是中央专制主义的国家。颠倒的世界意识是从皇帝的角度出发的。这样就明白问题的关键,不是神创造世界,而是帝王按照他的世界意识创造宗教。正是这样封建主义的意识形态,才折射出天地日月星辰的宗教观。因此,自然被特定的国家、社会和特殊的人物模拟成合乎封建制社会的等级制了。《白虎通

义》大讲什么君为臣纲,父为子纲,夫为妻纲的三纲,都是从天地阴阳
之义来比拟附会,因而我们可以了解,不是天上的神权配合地下的君
权、父权、夫权,而是君权、父权、夫权的世界意识折射出神权来。所以
恩格斯说:"宗教是窃取人和自然的一切内涵,转赋予一个彼岸的神的
幻影,而神又从他这丰富的内涵中恩赐若干给人和自然。"(《英国状
况》,引自《马克思恩格斯论宗教》,页3)

《白虎通义》更把五行阴阳说庸俗化了并神秘化了。《五行篇》说:

> "五行者何谓也?谓金木水火土也。言'行'者,欲(犹)言为
> 天行气之义也。地之承天,犹妻之事夫,臣之事君也。其位卑,卑
> 者亲视事,故自同于一,行尊于天也。"(据卢校改补)

这样它利用封建的三纲意识把五行庸俗化了。依据这样说法,不
但天上地下有尊卑的等级,而且五行之中也有尊卑的等级。同篇引
《春秋纬·元命苞》,更说:

> "土在中央,中央者土,土主吐,含万物,土之为言'吐',也。"

按上文是据《元命苞》语:"土为言'吐'也,言子成父道,吐也,气精
以辅也。阳立于三,故成生。其立字,'十'夹'一'为'土'。"(《御览》
三十七引)纬书解释字义,好像拆字算卦之流,金木水火土五行之字,
都用这种拆字法解义,实在够得上荒唐不经了。"土"字卜辞金文作🜨
或🜨,丝毫没有"十夹一为土"的意义。

> "地,土之别名也,比于五行最尊,故不自居部职也。《元命
> 苞》曰:土无位而道在,故大一不与化,人主不任部职。"(按《元命
> 苞》下文还有"地出云起雨,以合从天下,勤劳出于地,功名归于
> 天"四句,见《御览》三十六引)

这样地又把五行中之土,说成等级最尊的一种气,因为土地所有制
在法律上是皇权所有形式,在颠倒了的世界意识上就变成"土无位而
道在",像皇帝之无所不有。所以下文又说:"土者最大,苞含物,将生
者出,将归者入,不嫌清浊为万物。"汉代皇权独占了天下的土地,所谓
"尊者配天",好像就是适应着神权,"功名归于天"或"子成父道"的

"天子"的本义。《春秋纬·元命苞》说:"五气之精,交聚相加,以迎阳气,道人致和,阴阳之性以一起,人副天道,故生一子。"(《御览》三百六十引)这不是明白地讲出专制主义的五行宗教观了么? 为了更容易理解,这里再择引《白虎通义》讲人事取法五行的话如下:

"父死子继何法? 法木终火王也。"

"兄死弟及何法? 法夏之承春也。"(《乐纬·稽耀嘉》说:"兄弟之叙,生于火。")

"主幼臣摄政何法? 法土用事于季孟之间也。"

"子顺父、妻顺夫、臣顺君何法? 法地顺天也。"(即上引《元命苞》:"子成父道,气精以辅也。")

"臣有功归于君何法? 法归明于日也。"

"君有众民何法? 法天有众星也。"

"王者赐,先亲近后疏远何法? 法天雨,高者先得之也。"

"不以父命废王父命何法? 法金不畏土而畏火。"

"有分土、无分民何法? 法四时各有分,而所生者通也。"

这样看来,君权父权夫权之下的一切制度都是天所指挥的五行变化的征候,也即是神恩赐给封建制社会的权利义务的关系。在这里,最不平等自由的尊卑上下的制度是为神所最喜欢的。如上面所举的例子,太阳里面有"王"字的符瑞,不是别的,正是由特定的人制造出来的神的人格化的世界意识,再颠倒过来出现人格的神化那样的宗教。因此,不但太阳被刻上阶级烙印的"王"字,而且太阳系都刻上统治阶级的幻觉。如《白虎通义》引《春秋纬·感精符》说:"三纲之义,日为君,月为臣"之类。所谓"太阳之下没有新事物",正是这样五行的宗教观的主要精神。

关于自然变化,《白虎通义》又用谶纬讲出一套阴阳消息和神的意志之间的关系。例如《四时》篇说:

"岁时何谓? 春夏秋冬也。时者'期'也,阴阳消息之期也。四时天异名何? 天尊,各据其盛者为名也。春秋物变盛,冬夏气变盛。春曰'苍天'，夏曰'昊天'，秋曰'旻天'，冬曰'上天'。"

"或言'岁'，或言'载'，或言'年'何？言'岁'者，以纪气物，帝王共之，据日为岁。年者'仍'也，年以纪事，据月言年。……载之言'成'也，载成万物，终始言之也。"

这样看来，时间范畴在阴阳消息之中，是上帝和帝王商量妥当的一种规定。其中虽然有变化，但它的规律是上帝布置的，连名词都早已确定了。帝王还设下一种神圣的地方，叫做"灵台"，专门来"候天意"。例如《辟雍》篇说：

"天子所以有灵台者何？所以考天人之心，察阴阳之会，揆星辰之证（征）验，为万物获福〔于〕无方之元。"

按《续汉志》引《礼纬·含文嘉》说："礼天子灵台，所以观天人之际，阴阳之会也，揆星辰之征，验六气之瑞，应神明之变化，睹日气之所验，为万物履福于无方之原。"据此，《白虎通义》文有脱讹。《御览》五百三十四引《诗纬·泛历枢》文："灵台，候天意也；经营灵台，天下附也。"和上文可以互证。

帝王还可以反过来主动地和上帝打交道，但做这样神秘的事，也要有一个特别的地方，叫做"明堂"。上文接着说：

"天子立明堂者，所以通神灵，感天地，正四时，出教化，宗有德，重有道，显有能，褒有行者也。"

此段话也出于《礼纬·含文嘉》，见《初学记》引。又按明堂的按这样子就像天宫，"明堂之制：周旋以水，水行左旋，以象天；内有太室，象紫宫；南出明堂，象太微；西出总章，象五潢；北出玄堂，象营室；东出青阳，象天市。上帝四时各治其宫，王者承天统物，亦于其方以听国事。"（《御览》引《明堂阴阳录》）

然而自然并不像这样颠倒意识的样子，也并不听帝王的这样鬼话，而反是如老子说的"天地不仁，以万物为刍狗"。因为宗教既然拜倒在自然的威力之下，封建制社会的人类便成了自然的奴役，自然便统治着人类的命运。汉朝皇帝怎样改元，也改不掉没落的命运，而且越改越糟,最后为农民战争所推翻。五精之神并不是灵验的,汉朝皇帝的好日子实在不长,所能"太平世",如《易飞候》所描述的:"太平之时,十日一雨,凡岁三十六雨,此休征时若之应。"(《御览》十引)在地下既然罕见,那就不能不从天上寻找神学观念了。请看《灾变》篇杂引图谶纬候所讲的阴阳怪气吧:

> "天所以有灾变何?所以谴告人君觉悟其行,欲令悔过修德,深思虑也。(《孝经纬》)《援神契》曰:行有点缺,气逆干天,情(精)感变出以戒人也。"

董仲舒在西汉早已讲过:"灾者天之谴也,异者天之威也。"(《春秋繁露·必仁且知》篇)这是庸俗哲学和荒唐纬书的混合物。实际上在汉代封建制社会,这样的变异并不是反常的现象,而正是司空见惯的常事。据《汉书·五行传》看来,灾异的名目,数不胜数,汉代没有一天可以祛蔽除害。从宗教的意识上讲来,正如恩格斯说的:"祛蔽除害,必先找出蔽害的原因,……就发现……惶惑、空虚。"空虚的存在,是"因为宗教是人的自我掏空的行为。在空虚借以遮蔽的紫袍褪色之后,在它借以掩护的云霭消散之后,你们大吃一惊地见它在天日之下毕现了。"(《英国状况》,引自《马克思恩格斯论宗教》,页3—4)因此,宗教既然是现实贫困的表现,那么灾变就在天日之下把汉代宗教的惶惑意识和空虚境界暴露得体无完肤了。请看《白虎通义》讲灾变的定义吧:

> "灾异者何谓也?《春秋〔纬〕·潜潭巴》曰:灾之〔为〕言伤也,随事而诛,异之〔为〕言怪也,先发感动之也。"(纬书文,也见《御览》八百八十五引)
>
> "变者何谓?变者非常也。《乐〔纬〕·稽耀嘉》曰:禹将受位,天意大变,迅风靡木,雷雨昼冥。"(按据《宋书·礼志》引,下文还有"以明将去虞,而适夏也。")
>
> "妖者何谓也?衣服乍大乍小,言语非常。"
>
> "孽者何谓也?曰介虫生,为非常。"
>
> "霜之为言'亡'也,阳以散亡。"(《御览》十四引《春秋纬·考

异邮》（尤）说"四时代谢，以霜收杀，霜之为言'亡'也，物以终也。"）

"雹之为言'合'也，阴气专精，积合为雹。"（《考异邮》语，《御览》十四引，并有"以妾为妻，……阴精凝而见成也。强臣擅命，夷狄内侮，后妃专恣，刑杀无辜，则天雨雹。"）

"日食必救之何？阴侵阳也。"（见上文所释，阴侵阳象臣侵君）

"日食、大水则鼓用牲于社，大旱则雩祭求雨，非虚言也，助阳责下，求阴之道也。"（按《考异邮》说："旱之言'悍'也，阳骄蹇所致也。"《御览》三十五引，大旱象阳灭阴；日食和大水象阴灭阳）

这样看来，自然现象的一切风雷雨霜以及日食水旱等等都是变异妖怪甚至衰亡没落的征候。如果把纬书列举的其他阴阳相侵的怪异现象都综括起来讲，那么汉代社会就经常是处在上帝的谴告威胁之下，成了鬼怪世界了。这样惶惑空虚的世界真是自我掏空到无底洞去了。然而这并不妨碍宗教大法师们把空虚装饰起来，把惶惑镇定起来，披上紫袍，驾起瑞气，以欺骗人民。《白虎通义·封禅》篇说：

"天下太平，符瑞所以来至者，以为王者承天统理调和阴阳。阴阳和，万物序，休气充塞，故符瑞并臻，皆应德而至。〔王者〕德至天，则斗极明，日月光，甘露降。德至地，则嘉禾生，蓂荚起，秬鬯出，太平感。德至文表，则景星见，五纬顺轨。德至草木，则朱草生，木连理。德至鸟兽，则凤皇翔，鸾鸟舞，麒麟臻，白虎到。……德至山陵，则景云出，芝实茂，……。德至渊泉，则黄龙见，醴泉涌，河出龙图，洛出龟书……。"

上文都是《孝经纬·援神契》的话，散见《御览》和各经疏中所引。从宗教意识上讲，所谓"符瑞"表面上看来是怪异妖变的反面，而实质上是另一种怪异妖变，不过把这一些自然现象叫做"瑞"，把那一些自然现象叫做"灾"罢了，因而穿上宗教紫袍的自然现象好像是"赏"的观念，其紫袍褪色的自然现象好像是"罚"的观念。什么时候"天下太平，符瑞并臻"呢？这就要看王者的"德"，这个神圣的主观因素，居然能使上帝跳起舞来。然而跳舞也不容易，按照各种谶纬所载的这些符瑞，除了神话传说中的几位皇帝如黄帝、尧、舜等神人偶应而外，平常并不常见的，例如《白虎通义》论符瑞说的："黄帝之时，凤凰蔽日而至。"当然，这并不能阻止神学家们造谣，说汉代皇帝时常感应上帝，连出符瑞。

第三节　白虎观奏议的神学的历史观和伦理、政治观

　　明白了《白虎通义》的神学的世界观，我们更进而详论它的神学的历史观。

　　据封建神学家们说，历史只是帝王受命于天的传授史，《白虎通义·爵》篇说：

　　　　"故《援神契》曰：天复地载，谓之天子，上法斗极。《钩命决》曰：天子爵称也。……帝王之德有优劣，所以俱称天子者，以其俱命于天。"

　　《三正》篇说：

　　　　"帝王始起，先质后文者，顺天地之道，本末之义，先后之序也。"

　　这是说，帝王的历史只是神灵转化的历史。《春秋纬·演孔图》和上引的纬书是一致的："天子皆五气之精宝，各有题序，次运相据，起必有神灵符纪，诸神扶助，使开阶立遂（隧）。""王者常置图箓坐旁，以自正。"（《初学记》九、《御览》七十六引）帝王又有定义，《白虎通义》引《稽耀嘉》说："德合〔象〕天地者称帝"，"仁义所生称王"；引《元命苞》说："帝者谛也，象可承也"，引《乾凿度》说："王者往也，天下所归往"；而在历史上能够这样应天承德的就是所谓"五帝三王"。

　　五帝，据说是黄帝、颛顼、帝喾、帝尧、帝舜。他们之所以有"至尊之称，号令天下"，统治人民，是因为：

"（黄帝）黄者，中和之色，自然之性，万世不易。"

"（颛顼）'颛'者'专'也，'顼'者'正'（政）也，能专正（政）天人之道。"

"（帝喾）'喾'者'极'也，言其能施行，穷极道德也。"

"（尧）犹'巍巍'也，至高之貌，清妙高远，优游博衍，众圣之主，百王之长也。"

"（舜）犹'僢僢'也，言能推行尧道而行之。"（《号》篇）

上帝安排好这样的序列，合于什么"五际"，《诗纬》《汛历枢》说，"卯西之际为革正，午亥之际为革命，神在天门，出入候听。"（《诗·关雎序正义》引）按汤武始言"革命"，那么所谓"五帝"相禅似乎是"革正"。《白虎通义·三正》篇："文家先改正，质家先伐"，"改正"和革正同义，"伐"和革命同义。这样说来，五帝，三王，文质相继又是天命的步骤。不管革正也罢，或革命也罢，都是"神"的意志在那里指挥。然而为什么历史又由帝变而为王呢？《白虎通义·号》篇说：

"三王者何谓也？夏、殷、周。……王者受命，必立天下之美号，以表功自克（见），明易姓为子孙制也。……必改号者，所以明天命已著，欲显扬己于天下也。……不显不明，非天意也。"

这好像是说，王之不同于帝，就在于天意命王"为子孙制"，以专制天下。三王为什么要称做夏、殷、周呢？同篇说：

"'夏'者，大也，明当守持大道。'殷'者，中也，明当为中和之道也。'周'者，至也，密也，道德周密，无所不至也。"

既然三王都有伟大的道德，那一种道德又都是受天命来统治人民的根据，为什么三王又要革命改制呢？于是神学家的历史观便"发明"了三统说。意思是这样，王者受天命而起，必须应天命而改制，以表示"受之于天，不受之于人，所以变易民心，革其耳目，以助化也"。怎样改制呢？那也要取法于天，因为天有三统，在三微之月（十一月、十二月、十三月），所以受命的皇帝必须改正朔，其朔也有三，《白虎通义·三正》篇说：

"受命各统一正也,敬始重本也。'朔'者,苏也,革也,言万物革更于是,故统焉。《礼·三正记》曰:正朔三而改,文质再而复也。"

这就是《礼纬》讲的"正朔三而改,文质再而复",所谓三王之道若循环。《宋书·礼志》引《元命苞》说:"王者受命,昭然明于天地之理,故必移居处,更称号,改正朔,易服色,以明天命,圣人之宝,质文再而改,穷则相承,周则复始。"这种质文循环的历史观,表现在两方面,一即三正之月,一即三尚之色。《春秋纬·感精符》说:"天统,十一月建子,天始施之端也,谓之天统者,周以为正。地统,十二月建丑,地助生之端,谓之地统,商以为正。人统,十三月建寅,物大生之端,谓之人统,夏以为正。"《礼记·檀弓》上疏引《礼纬·稽命征》说:"其天命以黑,故夏有元珪。天命以赤,故周有赤雀衔书。天命以白,故殷有白狼衔钩。"这都是说帝王受命,精神感动上帝,上帝降下符瑞。《感精符》更指出:"帝王之兴,今从符瑞,周感赤雀,故尚赤;殷感白狼,故尚白;夏锡元珪,故尚黑"。《白虎通义》就根据《礼纬·春秋纬》等纬书,讲出这样天命循环的话:

"十一月之时,阳气始养根株,黄泉之下,万物皆赤,……故周为天正,色尚赤也。十二月之时,万物始萌牙(芽)而白,白者阴气,故殷为地正,色尚白也。十三月之时,万物孚甲而出,其色皆黑(此句从《礼纬》校),人得加功,故夏为人正,色尚黑。……三正之相承,若顺连环也。"("三正",按此段话也是《礼纬》语,文间有小异)

从天统和符瑞,说明帝王的历史都是上帝意志的昭示,而表现于正朔的时间和灵符降下的颜色。因为帝王相承,其正朔的时间和崇尚的颜色,都是循环的,所谓"三正之相承,若顺连环也","周而复始,穷则反本"。这里,问题到了真正的关键处,就是汉代帝王的历史又该怎样编排呢?不论图谶或纬书,都讲到孔子所定的六经是贯通百王之则,垂为汉代法。神学家一方面要从符瑞等等,说明汉代帝王统治人民在孔子的图书中早已肯定,甚至说汉代取得天下是承尧后;另一方面又要说明质法天,文法地,质文循环是可怕的,因此孔子不能不为汉制法,使它永久不衰亡。上引《白虎通义》文末句这样说:

> "孔子承周之弊,行夏之时,知继十一月正者,当用十三月也。"

这意思是说,孔子所谓"行夏之时,乘殷之辂,服周之冕",是"兼三代而为法,盖取其可久者也",完全是为了汉代皇帝设想,使他们能永世为王。公羊家董仲舒根据这点,为汉武帝制法,实在是《白虎通义》的僧侣主义历史观的开创者。董仲舒对策说:"继治世者其道同,继乱世者其道变,今汉继大乱之后,若宜少损周之文致,用夏之忠者,是则继周而后当与夏制同尚忠矣。"这样看来,"三统"的命定论不利于为统治阶级的时候,就不能不求救于意志论的"三教"道德观了。

纬书所说的"三教",本来也是一种循环论,例如《白虎通义》引《乐纬·稽耀嘉》说:"〔三〕教者所以追补败政靡敝溷浊,谓之治也",引《春秋纬·元命苞》说:"三王(原作'正',讹)之有失,故立三教,以相指受(变)。夏人之王(立)教以忠,其失野,救野之失莫如敬。殷人之王(立)教以敬,其失鬼,救鬼之失莫如文。周人之王(立)教以文,其失薄(《礼》疏引"薄"作"荡"),救薄之失莫如忠。……三者如顺连环,周则复始,穷则反本。"但是,好像在三代是不自觉的、盲目的,因而就有循环相承的历史;经过孔子的发现,如董仲舒所说,《春秋》已经把一切后代的历史都规定好了,统纪是可以"一"之于"《春秋》之法",汉代帝王就成了懂得天道或上帝意志的自觉的王者了。《白虎通义》中很多采用公羊家的神学,《三教》篇说:

> "三教所以先忠者,行之本也。三教一体,而分不可单行。故王者行之有先后,何以言三教并施,不可单行也?以忠、敬、文无可去者也。"

既然三教一体而不可分,汉代帝王似乎就可以综合了三代的道德律,因而似乎就可以完全适应上帝的意志。《春秋纬·元命苞》说:"天人同度,正法相受,天垂文象,人行其事,谓之教,教之为言'效'也,上为下效,道之始也。"(《御览》三百六十引)皇帝效法上帝,又代表上帝再下行于人民,因此《白虎通义》又说:

> "教者何谓也? 教者'效'也,上为之,下效之,民有质朴,不教不成。"(按这几句话也是采《元命苞》语,《翻译名义集》四引)

从皇帝的教化到人民的道德,等于说从上帝的意志到人民的服从,因此,《孝经纬·援神契》说:"天子行孝,四夷和平","孝悌之道,通于神明。"(《御览》四百十二引)怎样就能有这样大的神通呢? 如《春秋纬·保乾图》说:"天子至尊也,神精与天地通,血气含五帝精,天爱之子之也。"(《御览》七十六引)《白虎通义·魂魄精神》篇说:

> "魂犹'伝伝'也。……少阳之气,故动不息于人,为外主于情也。魄者犹'迫'然著人也,此少阴之气,像金石著人,不移主于性也。魂者'芸'也,情以除秽。魄者'白'也,性以治内。"(按出《孝经纬·援神契》,《左传》昭七年疏引)

> "精者'静'也,太阳施化之气也。……神者恍惚,太阳之气也,出入无间,总云支体,万化之本也。"

帝王有了这样的精神魂魄,就不至于逆天道,也就不至于"随行为命",遭天所剿绝了。(参看《白虎通义·寿命》篇和《援神契》所讲的"随命",《礼记·祭法》疏引)

照神学家说,尽管文质有循环,教化有循环,但是"道无循环",因为"天不变,道亦不变"。这个不变的道德律,叫做三纲六纪。《白虎通义·三纲六纪》篇说:

> "《含文嘉》曰:君为臣纲,父为子纲,夫为妻纲。又曰:敬诸父兄,六纪道行,诸舅有义,族人有序,昆弟有亲,师长有尊,朋友有旧。……所以张理上下,整齐人道也。……是以纲纪为化,若罗纲之有纪纲,而万目张也。"

据说,这样封建制社会的天罗地网,是不变的道德规律,"三网法天地人,六纪法六合",一切行为都要钳在尊卑上下的不平等关系之

中。封建的家族宗法制度既然和上层建筑相联系,也和经济基础相结合,于是《白虎通义》又说:

　　"宗者何谓也? 宗者'尊'也,为先祖主者,宗人之所尊也。礼曰:宗人将有事,族人皆侍。"

　　"族者何也? 族者凑也,聚也,谓恩爱相流凑也。……有会聚之道,故谓之'族'。"(《宗族》)

　　"所以有氏者何? 所以贵功德,贱伎力。"(《姓名》)

在内容上是等级尊卑的阶级关系,在外表上正是马克思在《共产党宣言》中所指出的温情脉脉的自然关系。《白虎通义·礼乐》篇就显示出在所谓"承顺天地,序迎万物,天下乐之"的礼乐的温情之中,原来是这样的社会:

　　"有贵贱焉,有亲疏焉,有长幼焉。朝廷之礼,贵不让贱,所以明尊卑也;乡党之礼,长不让幼,所以明有年也;家庙之礼,亲不让疏,所以明有亲也。此三者行,然后王道得。"

最后,从道德观,我们更不难看出白虎观会议所钦定的国家论,封建制所谓的"朕即国家",在《白虎通义》开宗明义就说:

　　"王者,父天母地,为天之子也。……天复地载,谓之天子。"

封建制国家的机器是建筑在封建的土地所有制上面的。《白虎通义》把这种机器用宗教的形式讲出来,并袭用古代的社稷,讲了一通封建国家的理由,《社稷》篇说:

　　"王者所以有社稷何? 为天下求福报功。……故封土立社〔神〕,示有土也。(社,土地之主)稷,五谷之长,故立稷〔神〕而祭之也。"(按语出《孝经纬·援神契》,《路史·炎帝纪》注、《御览》五百三十二引)

封建制国家要有封禅,《封禅》篇说:

　　"王者易姓而起,必升封泰山何? 报告之义。始受命之日,改制应天,天下太平,功成封禅,以告太平也。"

《白虎通义》杂引纬书《元命苞》,把封建制国家的等级制度,更规定得好像法律的条文,例如说:"公者,'通'也,公正无私之意也;侯者,'候'也,候逆顺也;……伯者,'白'也(明白于德);子者,'孳'也,孳孳无己也;男者,'任'也,人皆五十里。"(《爵》篇)只有直接生产者耕男织女没有爵而称匹庶。按古语"匹庶"或"匹夫匹妇"之"匹"指一对劳动男女,如"匹马"之"匹"称一对马,"匹布"之"匹"称两幅布,汉代贱视劳动者,还保存这一名称。因此,同篇说:

"庶人称匹夫匹妇者,匹,偶也,与其妻为阴阳相成之义也。一夫一妇成一室,明君人者,不当使男女有过失时,无匹偶也。"

剥去礼教的外貌,揭露其中的阶级性质,这是说,自然经济之下的耕男红(工)女的农业劳动和手工业劳动的结合关系,必须不失其时,日夜相继地为剥削阶级(君人者)贡献剩余生产物,好像夫妇匹偶的自然结合一样。然而,不管汉代的法律怎样用酷刑来对待匹庶,甚至《白虎通义》说他们"与禽兽为伍",因反抗贫困而起义推翻汉王朝的依然是他们。

第 八 章

王充的无神论和唯物主义思想

第一节　王充的时代以及"正宗"与"异端"、
唯心主义与唯物主义斗争的演进

　　王充(公元27—104年)的反谶纬反宗教的思想,毫无疑问地是中世纪思想史上第一个伟大的"异端"体系,是两汉以来反对"正宗"思想的与反对中世纪的神权统治思想的伟大的代表。章太炎说他是"汉代一人",绝未过火。一般的"异端"思想皆与其时代的农民战争血肉相关,因而,对于王充的研究,也不得不从此处开始。

　　所谓两汉,是中国中世纪史上第一个与农民战争相终始的王朝,而王充则生于农民战争的前浪接后浪的时期。此所谓两汉与农民战争相终始,就是说两汉皆兴于农民战争而又亡于农民战争。例如:西汉兴于秦末的陈涉、吴广大起义,而亡于成、哀以降郑躬、苏令与漫延二十六郡国的农民大暴动;东汉兴于王莽末年的绿林与赤眉大起义,而亡于灵、献之际的黄巾与黑山大暴动。又据史籍记载,两汉四百年里共有百次以上的农民战争;所以说两汉与农民战争相终始。此所谓王充生于农民战争的前浪接后浪的时期,就是说前乎王充的王莽末年,是一个农民战争的高潮,后乎王充的安帝以降,又是一个农民战争的高潮(自安帝至灵帝年间,在前后七十二年里,共有七十次以上的民变);而在王充的生年期间,从光武建武三年到和帝永元十六年(公元27—104年),则还有农民战争的尾声。

所谓农民战争的尾声,大部分是王充幼年时代的事。例如:光武建武三年冯异大破赤眉,王充一岁;建武十六年以青、徐、幽、冀四州为中心而漫延全国的"度田"事件,从豪族引发的农民起义及其被怀柔、被分化与被消灭,王充十四岁;建武十七年妖巫李广等群起据皖城,王充十五岁;建武十九年妖巫单臣傅镇等反,据原武,王充十七岁。此后的农民战争,通过了整个的明、章、和三朝(公元58—106年),史籍虽然缺少农民起义的记载,但是有流民贫民流亡的记载。农民战争由高潮而转入于低潮,不是矛盾的解决,而是矛盾的发展。例如:王莽末年,南方的下江、新市、平林,东方的吕婆、赤眉、青犊、铜马,北方的王郎等,一方面是光武所利用以谋"中兴"的武力,另方面又是光武所剿灭以定"太平"的"盗贼";尤其对于"度田"事件,从郡国大姓引起的农民起义,光武的政策更为毒辣而阴狠:

> "建武……十五年,……诏下州郡检核垦田顷亩,及户口年纪。……十六年……河南尹张伋及诸郡守十余人,坐度田不实,皆下狱死。郡国大姓及兵长群盗,处处并起,攻劫在所,害杀长吏郡县,追讨到则解散,去复屯结,青、徐、幽、冀四州,尤甚。冬十月遣使者下郡国:听群盗自相纠擿,五人共斩一人者除其罪;吏虽逗留回避故纵者皆勿问,听以禽讨为效;其牧令长坐界内盗贼而不收捕者,又以畏慑捐城委守者,皆不以为负,但取获贼多少为殿最,唯蔽匿者乃罪之。于是,更相追捕贼并解散。徙其魁帅于他郡,赋田受禀使安生业。"

据此看来,光武一面将激起民变的祸首十余人"皆下狱死",以为和缓怀柔的处置,一面又实行了"以盗杀盗"的分化政策,以及官吏的捕盗竞赛办法,恩威并施,果然不愧所谓中兴名主的"杰作"! 但由此一"杰作",农民却陷于慢性饥饿的深渊,起义的农民,变成了脱离"户口年纪"的"流民"或失去生存条件的"贫民"。光武虽厉行内地军事屯田和以公田假贫民的政策,但从光武建武二十九年起,到和帝元兴元年止(公元53—105年),对于"鳏寡孤独笃癃无家不能自存"的贫民,禀赐食粮的诏书,凡二十六见,其对于"灾民""流民"特许免税采捕于山林池泽,并"贷种粮""雇犁牛"的诏书,屡次颁布。最足以表现当时农民生活的痛苦的,莫如下列几次的诏书:

一、章帝建初元年春正月诏:"方春东作,恐人稍受禀往来烦剧,或妨耕农,其各实核尤贫者,计所贷并与之,流人欲归本者,……过止官亭,无雇舍宿。长吏亲躬,无使贫弱遗脱,小吏豪右得容奸妄。"(《后汉书》卷三本纪)

二、同年月诏:"比年牛多疾疫,垦田减少,谷价颇贵,人以流亡。方春东作,宜及时务,二千石勉劝农桑,弘致劳来。"(同上)

三、元和元年二月诏:"自牛疫以来,谷食连少,良由吏教未至,刺史二千石不以为负;其令郡国募人无田欲徙它界就肥饶者,恣听之。到在所,赐给公田,为雇耕佣,赁种饷,赏与田器,勿收租五岁,除算三年,其后欲还本乡者,勿禁。"(同上)

四、和帝永元五年二月诏:"自京师离宫果园,上林、广成囿,悉以假贫民,恣得采捕,不收其税。"(同书卷四本纪)

五、同年月诏:"去年秋麦入少,恐民食不足,其上尤贫不能自给者户口人数。往者郡国上贫民以衣履釜鬵为赀,而豪右得其饶利。诏书实核,欲有以益之,而长吏不能躬亲,反更征召会聚,令失农作,愁扰百姓。若复有犯者,二千石先坐。"(同上)

六、同十二年二月诏:"贷被灾诸郡民种粮,赐下贫鳏寡孤独不能自存者。"三月诏:"比年不登,百姓虚匮。京师去冬无宿雪,今春无澍雨,黎民流离,困于道路,朕……数诏有司,务择良吏,今犹不改,竞为苛暴,侵愁小民,以求虚名,委任下吏,假势行邪。是以令下而奸生,禁至

而诈起,巧法析律,饰文增辞,货行于言,罪成乎手,朕甚病焉。"(同上)

这六次诏书的语气,虽采取了官家的惠政形式,而农民生活上所遭遇的痛苦之深,已可一览无余。于此,我们要特别指出:农民战争尾声的悲剧,对于王充的影响是深刻的;至于尾声而后的流民活动,在农民战争史上,只是东汉安帝以降第二个高潮的准备。这对于王充,即对于"贫无一亩庇身","贱无斗石之秩"的代表"微贱"阶级的"异端"思想家更是惊心动魄的血淋淋的现实。例如:在《论衡》的《明雩》篇所谓"建初孟季,北州连旱";在《宣汉》篇所谓"岁遭气运,谷颇不登",皆指此时此事。《对作》篇更说:

> "建初孟年,中州颇歉,颍川、汝南民流四散,圣主忧怀,诏书
> 数至。《论衡》之人,奏记郡守,宜禁奢侈,以备困乏;言不纳用,退
> 题记草,名曰《备乏》。酒靡五谷,生起盗贼,沉湎饮酒,盗贼不绝,
> 奏记郡守,禁民酒,退题记草,名曰《禁酒》。"

这可见处于流亡状态的农民痛苦,是如何地引起了王充的关心,他的"酒论"虽然不是贫乏的关键处,但农民贫困问题引起了他的同情,从而也反映到他的具有人民性的思想里面。

王充的时代,正是封建统治阶级的支配思想和统制政策变本加厉的时代。此所谓变本加厉,即已经由西汉武帝的罢黜百家子学,独尊六艺之科、孔子之术,变而为东汉光武的宣布图谶于天下;已经由经今文学家董仲舒的推演灾异的神学体系的御用,变而为谶纬之术的露骨神权思想的御用。前者之取得其"正宗"的合法地位,远在王充百年以前;后者的发生,也在前于王充约五十年的成、哀、平三朝之际,而其取得"正宗"的合法地位,则为王充壮年时代(光武中元元年,充30岁)的现实。两汉"正宗"思想的表现形式虽略有不同,而大体上则同为有神论世界观向荒唐无稽处愈陷愈深;"正宗"思想之无止境的向下堕落,则由于统治的王朝,面对着风起云涌的农民战争,自觉到不能在健康理性里说明自己统治的合理,而不得不从天人感应的神学里,甚至从低级迷信的图谶里来寻求其统治农民的合理性。例如:武帝之钦定经今文

学为"正宗",与当时的"山东群盗大起"自有其照应的关系;光武之宣布图谶于天下,也与建武年间的"度田"事件以及两次的"妖巫"大起有其联系。此即是说,两汉的"正宗"思想都负有反对农民战争而为汉代统治阶级辩护的宣传任务,都是王朝御用之以对抗农民战争的奴婢思想。由于被敌对王朝的思想上的反对命题作用所推动,灭秦而王天下的汉代,不得不在内藏法术刑名的苛刻政策之外,利用堂皇的文化欺骗而定儒学为国教;又由于反对农民战争,不得不假途于神学及迷信,以为统治阶级辩护。于是,汉代的"正宗",必然地走入了曲解原始儒学(孔子思想)的道路。关于此点,章太炎曾说:

> "孔子之在周末,与夷惠等夷耳;孟、荀之徒,曷尝不竭情称颂,然皆……未尝侪之圜丘清庙之伦也。及燕、齐怪迂之士兴于东海,说经者多以巫道相糅。……伏生开其源,仲舒衍其流;是时适用少君、文成、五利之徒,而仲舒亦以推验火灾,救旱止雨与之校胜。以经典为巫师豫记之流,而更曲传《春秋》,云为汉氏制法,以媚人主而梦政纪;昏主不达,以为孔子果玄帝之子,真人尸解之伦。谶纬蜂起,怪说布彰,曾不须臾而巫蛊之祸作,则仲舒为之前导也。自尔,或以天变灾异,宰相赐死,亲藩废黜,巫道乱法,鬼事干政,尽汉一代其政事皆兼循神道。"(《文录》卷二《驳建立孔教议》)

与"正宗"思想的堕落相平行,王朝的思想统制也愈加严厉。到了光武建武二年(王充生前一年),"异端"一词开始获得了新的语义(其原义详见本书第一卷第七章),而与叛道的"邪说"可以互训。例如,博士范升,上疏指《费氏易》与《左氏春秋》为"异端",极言不应立博士(《后汉书》卷六六本传),此即为"异端"与"邪说"同义的开始。这一语义的转化,无疑地是中世纪思想统制政策的直接产物。在长期的"正宗"思想支配之下,循着统制的道路终于僵化了古代逻辑思想里的矛盾律,而通过儒家经典的神圣化,在西周"皆原于一,不离于宗"的官学形式上找到了定思想于一尊的先王仪范,把"离于"正宗,"不原于一"而"裂"道术为多元并存的"异端竞进"(范升语)的思想自由发展,遂武断成了"叛道"的别名。在这里,古语的"异端"便不得不变为"邪说"的同义语。汉儒注《论语》"异端",以"善道有统,故殊途而同归"为理由,而认定"异端不同归也",这种看法,正是中世纪思想统制时代的特定产物;古代思想自由的判断论里,绝不可能有此逻辑。但是,这样的逻辑,恰是王充所要冲决的桎梏,在以谶纬化的儒学为"正宗"的东汉,他敢于公然揭出道家的旗帜,不但问孔刺孟,而且对于"正宗"的全盘思想,"订其真伪,辨其虚实",而揭发其"是反为非,虚转为实"的欺骗本质。毫无疑义地这是对于思想统制的英勇的抗争,是对于"正宗"的大胆的反击。仅就他在武帝以来一统"法度"之外,独立地创成一家之言而论,也可以看出他的斗争精神和人民性思想的端绪。

复次,"异端"之名虽起于东汉初叶,而反抗思想统制,自贰于"正宗"的"异端思想",则自武帝以来未尝中断,远之如汉代司马迁的反抗思想,次之为桓宽《盐铁论》的暴露思想,最后为通贯两汉的经古文学派反今文"正宗"的积极传统,都具备着鲜明的"异端"色彩。此事有关于王充的思想渊源,兹更分别说明于下:

第一,王充对司马迁的赞扬将在后面详说,他对桓宽有这样的赞语:"两刃相割,利钝乃知,二论相订,是非乃见。是故……桓宽之《盐铁论》……之类也。"(《案书》篇)至于他宗《左氏》而不宗《公羊》,是古文而非今文,自刘光汉以来已成定论。所余的问题则为:王充为什么具有一般的经古文学的性格及其对经今文学斗争的思想。关于此事,我们认为,这是依据着一般中世纪思想史上"正宗"与"异端"之争。但这不是说凡经今古文学之争都是这样,相反地,后来经今古文之争的外表虽表现为儒家经典的解释,而争论的实质则为在中世纪王权的思想统制夹缝里争取合法的地位。

第二,汉代的经古文学家,由于"经学偶像"的约束,有着种种的缺点。例如,只敢准诸神圣的教条以争思想的"邪正",而不敢本之客观的事理以争思想的"是非",只以取得"正宗"博士官的合法地位为满足,而没有否定现实黑暗的变革思想;及其末流,更不惜推演谶纬及其天人感应之说，以求容媚于王权，丧失了自别于论敌（经今文学家）的理论特点。然而，统观大体，两汉思想史上的经今古文学之争，仍然具有着中古"正宗"与"异端"相争的意味，仍然表现着"正宗"与"异端"相对立的基本特征；这一相互訾应的进程，从经学的内部斗争出发，终于循着由量变质的原理，导出了经学自己的炸裂，王充公然从道家的世界观上批判了整个的儒家，从而更明确地显示出思想史以"正宗"与"异端"、唯心与唯物的对立或斗争为其发展规律。

最后，除了一般的经古文学的传统为王充所承借所发展而外，在王莽与光武之际，尚有郑兴、尹敏与桓谭等"非毁俗儒""尤好古学"的反谶纬思想，这对于王充尤有直接的影响与启示。兹分别言其生平行事与思想概略如下：

郑兴（字少赣，河南开封人）是从今文派转入古文派的经学家。所以范书本传说他"少学《公羊春秋》，晚善《左氏传》，遂积精深思，通达其旨"。在王莽天凤年间，刘歆美其才，"使撰条例章句训诂，及校《三统历》。"更始立，为长史令。光武建武六年，为太中大夫；九年，坐"私买奴婢"，出为莲勺令，旋去任卒于家。

郑兴的学术，据本传所记："好古学，尤明《左氏周官》，长于历数，自杜林、桓谭、卫宏之属，莫不斟酌焉。世言《左氏》者多祖兴；而贾逵自传其父业，故有郑、贾之学。"东汉初叶的古文学派，如前所述，多受天人感应说的影响，郑兴也未能免俗。例如建武七年三月晦日食，他上疏说：

"《春秋》以天反时为灾，地反物为妖，人反德为乱，乱则妖灾生。往年以来，谪咎连见，意者执事颇有阙焉。……夫国无善政则谪见，日月变咎之来，不可不慎，其要在因人之心，择人处位也。……今年正月繁霜，自尔以来，率多寒日，此亦急咎之罚。天于贤圣之君，犹慈父之于孝子也，丁宁申戒，欲其反政，故灾变仍见，此乃国之福也。"（《后汉书》卷六六本传）

似此，以日食天降谪咎，欲人君反政，与今文家的思想殊无二致。

但郑兴的思想仍有矛盾。此矛盾表现于他主张有神论而不信谶纬说。本传说：

> "帝(光武)尝问兴郊祀事曰：'吾欲以谶断之，何如？'兴对曰：'臣不为谶。'帝怒曰：'卿之不为谶，非之邪？'兴惶恐曰：'臣于书有所未学，而无所非也。'帝意乃解。兴数言政事，依经守义，文章温雅，然以不善谶，故不能任。……兴去莲勺后，遂不复仕。……三公连辟，不肯应，卒于家。"

生于谶纬"正宗"统治的王朝而自称"臣不为谶"，明为"异端"思想。至于他的思想的自相矛盾，与他在皇帝面前不敢自认"非谶"，则是东汉"异端"思想初期阶段的怯懦表现。但从他"三公连辟不肯应"的消极不合作与"以不善谶故不能任"的被黜斥看来，已经说明了"异端"思想的悲剧命运。

尹敏(字幼季，南阳堵阳人)少为诸生，初习《欧阳尚书》，后受古文，兼善《毛诗》、《穀梁》、《左氏春秋》。建武二年待诏公车，拜郎中，辟大司空府；后三迁长陵令。尹敏与班彪亲善，每相遇辄日旰忘食，夜分不寝，自以为钟期、伯牙，庄周、惠施之相得。永平五年，诏书捕男子周虑，虑素善于敏，敏坐系免官；十一年除郎中，迁谏议大夫，卒于家。

尹敏的思想态度略同于郑兴，他相信天人感应之说；所以建武二年他曾上疏，陈《洪范》消灾之术。但也不信图谶。本传记：

> "帝(光武)以敏博通经记，令校图谶，……敏对曰：'谶书非圣人所作，其中多近鄙别字，颇类世俗之辞，恐疑误后生。'帝不纳。敏因其阙文，增之曰：'君无口，为汉辅。'帝见而怪之，召敏问其故，敏对曰：'臣见前人增损图书，敢不自量，窃幸万一。'帝深非之；虽竟不罪，而亦以此沈滞。"(《后汉书》卷一〇九上)

尹敏的"异端"思想，表现出对于神学的讽刺，与郑兴以"逊辞"获免的态度，形式虽有不同，然也不免于"以此沈滞"。尤其永平五年因友人周虑事件入狱，及出叹曰："喑聋之徒，真世之有道者也，何谓(刘攽校："谓"当做"为")察察而遇斯患乎！"此寥寥数语，已经活现出了初期"异端"的悲剧。

综观郑兴与尹敏的思想成就，均颇贫乏，只不过对于王室御用的神学"正宗"显示出了若干的离心倾向。但对于"正宗"的离心力的出现，则正是"异端"思想的初步；其思想史上的价值并不能因其量少而降低。此一新的思想趋势，在桓谭那里，可以看出较为展开的成就。

桓谭（字君山），好音律，善鼓琴，博学多通，对天文学更有研究，主浑天说；又遍习《五经》，皆训诂大义，不为章句，尤好古学，数从刘歆、扬雄辨析疑义；性嗜倡乐，简易不修威仪，而憙非毁俗儒，由是多见排抵。哀、平间，位不过郎。新莽之际，儒者莫不称引符命以求容媚，谭独自守默然无言。光武朝，官给事中，后以反对谶纬，光武目为非圣无法，将下处斩，谭叩头流血，良久乃得解。出为六安郡丞，意忽忽不乐，病卒于道，时年七十余。著有《新论》二十九篇。

桓谭的《新论》已佚，章怀太子《后汉书·桓谭传》注中还保存了《新论》的全部篇目：

"《新论》一曰《本造》，二《王霸》，三《求辅》，四《言体》，五《见征》，六《谴非》，七《启寤》，八《祛蔽》，九《正经》，十《识通》，十一《离事》，十二《道赋》，十三《辨惑》，十四《述策》，十五《闵友》，十六《琴道》。《闵友》、《琴道》各一篇，余并有上下。《东观记》曰：光武读之，敕言卷大，令皆别为上下，凡二十九篇。"

这一论著，就《谴非》、《启寤》、《祛蔽》、《正经》、《辨惑》等篇目看来，显然富有火药气味，王充在《论衡》一书中更明白地揭出这一论著的战斗性与批判性：

"桓君山作《新论》，论世间事，辨昭然否，虚妄之言，伪饰之辞，莫不证定。"（《超奇》篇）

"世间为文者众矣，是非不分，然否不定，桓君山论之，可谓得实矣。"（《定贤》篇）

这种辨昭然否、证定虚妄伪饰之辞的议论，虽因全书已佚而无可详证，但我们仍可从残存的材料中窥见其断片。

"余与刘子骏言养性无益,其兄子伯生曰:'天生杀人药,必有生人药也。'余曰:'钩藤不与人相宜,故食则死,非为杀人生也。譬若巴豆毒鱼,誉石贼鼠,桂害獭,杏核杀猪,天非故为作也'。"(《太平御览》卷九百九十《药部》)

这里提出的"天非故为作",实是反对神学目的论的重要命题,其意即为万物自生,而非"天"所故生。这一命题中所表现的哲学观点和王充是很接近的。我们再结合下一条材料来看:

"天下有鹳鸟,郡国皆食之,三辅俗,独不敢取之,取或雷震霹雳起,原夫天岂独右此鸟?其杀取时适与雷遇耳。"(《太平御览》卷十三《天部》,又卷九百二十五《羽族部》)

据此,桓谭显然是否定"天"有独右鹳鸟的意志,认为雷震霹雳起与杀取鹳鸟二事的同时发生,不过是事之偶合,不足以证明天意使之然,这些观点,都表明桓谭是倾向唯物主义的。此外,我们还可以找到桓谭反对神仙方术的一些断片:

"刘子骏信方士虚言,谓神仙可学,余见其庭下有大榆树,久老剥折,指谓曰:'彼树无情,然犹朽蠹,人虽愿爱养,何能使不衰?'"(《艺文类聚》卷八十八木部)

"余与刘伯师夜坐,灯中脂炷燋秃将灭,余谓伯师曰:'人衰老亦如彼秃炷矣!'伯师曰:'人衰老应自续。'余曰:'益性可使白发更生黑,至寿极亦死耳!'"(《太平御览》卷八百七十《天部》)

"曲阳侯近方士西门君惠,从其学却老之术,君惠曰:'龟称三千岁,鹤称千岁,以人之材,何乃不及虫鸟耶?'余应曰:'谁当久与龟鹤同居而知其年岁耳!'"(《意林》卷三)

这些对长生却老之说的诘辩,虽没有提到理论的高度,却表现了健康的理性推断,这在当时是难能可贵的。

桓谭的政治思想,据本传(《后汉书》卷五十八)所载《陈时政所宜疏》来看,大体为儒家思想,而以抑商贾防兼并为其方略。例如:

"夫理国之道,举本业而抑末利。是以先帝(指汉高祖)禁人二业，锢商贾不得宦为吏；此所以抑并兼，长廉耻也。今富商大贾，多放钱货，中家弟子为之保役，趋走与臣仆等勤，收税与封君比入；是以众人慕效，不耕而食，至乃多通侈靡以淫耳目。今可令诸商贾自相纠告，若非身力所得，皆以赃畀告者。如此，则专役一己，不敢以货与人，事寡力弱，必归功田亩，田亩修，则谷入多而地力尽矣。"

今按，重农抑商，乃是汉代儒家所主张的传统政策，桓谭此意，本无甚新见；唯其反对高利贷，反对不耕而食者的淫靡奢侈，则颇有批评的精神。此外，桓谭对于东汉初叶的立法司法，也多指摘，例如：

"夫张官置吏以理万人，县赏设罚以别善恶，恶人诛伤则善人蒙福矣。今人相杀伤，虽已伏法，而私结怨仇，子孙相报，后忿深前，至于灭户殄业，而俗称豪健，故虽有怯弱，犹勉而行之；此为听人自理，而无复法禁者也。今宜明申旧令：若已伏官诛而私相伤杀者，虽一身逃亡，皆徙家属于边，其相伤者，加常二等，不得雇山赎罪。如此，则仇怨自解，盗贼息矣。"

"又见法令决事，轻重不齐，或一事殊法，同罪异论，奸吏得因缘为市，所欲活则出生议，所欲陷则与死比，是为刑开二门也。今可令通义理明习法律者校定科比，一其法度，班下郡国，蠲除故条。如此，天下知方，而狱无怨滥矣。"

综计桓谭的批评，不能说有多大的新义，但其着眼所在，皆现实性的问题。其解决问题的方案，完全委诸于人力；此在东汉谶纬迷信盛行时代，颇有积极意义。

桓谭所持素朴的儒家人文主义思想，与其"尤好古学""而憙非毁俗儒"的批评态度，是有关联的；此在取媚于统治阶级的俗儒当涂，多见排抵的桓谭，似多少自觉了悲剧命运的不可幸免；所以疏里曾说："贾谊以才逐而晁错以智死，虽有殊能而终莫敢谈者，惧于前事也。"

桓谭所非毁的俗儒，即是当时朝野共信的图谶伎数之士。所以本传曾载光武信谶，多以决嫌疑，谭复上疏说：

"凡人情忽于见事而贵于异闻。观先王之所记述,咸以仁义正道为本,非有奇怪虚诞之事。盖天道性命,圣人所难言也,自子贡以下,不得而闻,况后世浅儒能通之乎?今诸巧慧小才伎数之人,增益图书,矫称谶记,以欺惑贪邪诖误人主,焉可不抑远之哉?臣谭伏闻:陛下穷折方士黄白之术,甚为明矣;而乃欲听纳谶记,又何误也,其事虽有时合,譬犹卜数只偶之类,陛下宜垂明听,发圣意,屏群小之曲说,述五经之正义,略雷同之俗语,详通人之雅谋。"

似此,桓谭反对图谶,只是依据着五经"以仁义正道为本"的儒家思想来屏弃"奇怪虚诞之事",而并没有坚定的无神论世界观;本质上与孔子"不语怪力乱神"及"未能事人焉能事鬼"的态度,同样显示着常识的健康理性的看法。然而,只此一点常识的看法,已经被专制帝王目为"非圣无法"的异端;以七十老人,至于"叩头流血良久",暂时幸免于斩死。

如前所述,东汉初叶的"异端"多出于经古文学的左派,其右派的代表如贾逵等,则已投降了谶纬的"正宗"以致贵显。光武时代的思想统制,与西汉武帝时代相较,已经更为严厉而黑暗,所以"异端"思想无不带有鲜明的悲剧气质。范书(卷六六)的《贾逵传》论:

"郑贾之学行乎数百年中,遂为诸儒宗,亦徒有以焉尔。桓谭以不善谶流亡,郑兴以逊辞仅免(按此处应增入"尹敏以不信谶系免"一语),贾逵能附会文致(按此谓其引《左氏》明汉为尧后),最差贵显。世主以此论学,悲矣哉!"

郑兴尹敏无著作,其影响于王充者不可考按。而桓谭《新论》(亡轶于南宋,沈阳孙冯异所辑《桓子新论》一卷非本书),则《论衡》的《超奇》、《佚文》、《定贤》、《案书》、《对作》等篇,曾称述八次之多,全为褒词,甚至说"近世刘子政父子,扬子云,桓君山,其犹文武周公并出一时也"(《超奇》篇),足见王充受他的影响是深刻的。

第二节 王充思想的社会根源与理论根源

在上节我们已经说过,王充的时代特征,就政治上说是农民战争的低潮期与农民生活的慢性饥饿期,同时又是农民战争第二个高潮的准备期;就思想上说是"正宗"思想由神学堕落为谶纬迷信的黑暗期,同时又是"异端"思想由反今文到反谶纬的形成期。从阶级斗争到思想斗争都在深刻发展着。王充的思想,一方面反映了农民斗争的素朴而天真的性格,另方面又是"正宗"的反对者与"异端"的综合者,从而导出了他的伟大的唯物主义体系。但是,为要理解王充所以走上了"异端"道路的具体情况,尚需对其出身家世,所遭逢的境遇,更重要的需对其所从出发的阶级立场与所从学习的思想经历、理论根源等事,分别加以研究。

据《论衡·自纪》篇与《后汉书》(卷七九)本传所载:

第一,王充的家世有两大特点:其一是他有着"任侠"的传统。《自纪篇》云:"世祖勇任气,卒咸不揆于人。岁凶,横道伤杀,怨仇众多;今世扰乱,恐为怨仇所禽,祖父汎举家担载,就安会稽,留钱塘县,……生子二人,长曰蒙,少曰诵,诵即充父。祖世任气,至蒙、诵滋甚,故蒙、诵在钱塘,勇势凌人,末(卒)复与豪家丁伯等结怨,举家徙处上虞。"按此段自纪,前人颇多误解,如《四库总目提要》、《十七史商榷》、《史通序传》篇、惠栋《后汉书·王充传补注》、及钱大昕《养新录》等书,皆斥王充为"历诋其祖父之恶,恐难称孝"。这都是封建学者的诬蔑!此因墨侠在汉代深入民间,渐与农民战争汇合,任气所注,私结怨仇,子孙相报,蔚为风尚,官法亦不能禁(参照《王褒集僮约注》)。所谓"侠以武犯禁",至汉而益烈;前节所引桓谭疏陈时政所宜,即指此事。是知王充所纪其祖父的勇势任气性行,乃是实录其家世的墨侠精神,绝不能说对于他的祖先有所诋毁。否则,本传"乡里称孝"一语,即不可解。且《自纪》篇为王充64岁时作品(《抱朴子·自叙》篇),于四年前充亦曾"徙家辟（难）"（见《自纪》篇），以遭遇及情理推度，与其指为诋毁，毋宁视为以任侠自负。其二是他的世代微贱及劳动。《自纪》篇述及他先祖以从军有功，封会稽、阳亭，一岁仓卒国绝而后，即"以农桑为业"；他祖父汎徙家避难，就是"举家担载"；留钱塘县后，更"以贾贩为事"。此在汉代学人里，实为罕见！一般的讲来，汉代思想家，多出家学渊源；如司马谈、司马迁父子，刘向、刘歆父子，班彪、班固父子，乃至贾徽、贾逵父子等，皆世代贵显，家学传承；未有如王充以微贱贾贩子弟而成一家言者。且自汉以后，六国氏族转为豪右世家，学术多出自门阀大姓。身份性地主阶级是有种种特权的，至于王充，出身贫贱，又显然和"豪家结怨"，那么他自然要为俗人所轻鄙。《自纪》篇说：

"充，细族孤门。"

或嘲之曰："宗祖无淑懿之基，文墨无篇籍之遗，虽著鸿丽之论，无所禀阶，终不为高。夫气无渐而卒至曰变，物无类而妄生曰异，不常有而忽见曰妖，诡于众而突出曰怪。吾子何祖？其先不载，况未尝履墨涂，出儒门，吐论数千万言，宜为妖变，安得宝斯文而多贤？"

答曰："鸟无世，凤凰；兽无种，麒麟；人无祖，圣贤；物无常，嘉珍。才高见屈，遭时而然。士贵，故孤兴；物贵，故独产。文孰常在，有以放贤（按黄校："字有讹误"），是则醴泉有故源，而嘉禾有旧根也。屈奇之士见，倜傥之辞生，度不与俗协，庸角不能程。是故罕发之迹，记于牒籍，希出之物，勒于鼎铭。五帝不一世而起，伊望不同家而出；千里殊迹，百载异发。士贵雅才而慎兴，不因高据以显达。母骊犊骍，无害牺牲；祖浊裔清，不妨（妨）奇人。鲧恶，禹圣；叟顽，舜神；伯牛寝疾，仲弓洁全；颜路庸固，回杰起伦；孔、墨祖愚，丘、翟圣贤；扬家不通，卓有子云；桓氏稽可（按朱校元本，"可"作"古"），通（按同本作"谲"）出君山。更禀于元，故能著文。"

此段自纪，是研究王充思想的社会根源的重要文献。"或嘲之曰"

一段,是中世纪身份性地主阶级的门阀观念的剪影;"答曰"以下,则是对于中世纪贵族支配思想的"家学基尔特制度"的勇敢的抗议书!王充一面坦白地自认为非身份性的"细族孤门",一面又倔强地自命为"屈奇之士","才高见屈,遭时而然","士贵雅才而慎兴,不因高据以显达","祖浊裔清,不妨奇人",这是何等的气魄!何等大胆的"疾俗"战斗!同时,又是何等反映封建时代高士奇人的悲剧性格!然而问题还不在于他的身世是"细族孤门"并和豪家对立,而更重要的是,他从阶级立场所表示出的明确的态度,即他自己承认祖宗的微贱身份,并从态度上表现了和"豪家"对立的战斗精神。这就是王充通过反抗特权而反映出来的农民反抗贫困的性格,他曾经明白地讲出富贵人物对贫贱人物的关系,"军功之侯,必斩死兵之头;富家之商,必夺贫室之财"(《偶会》篇),但他的理论的表现方法却限于文化批判,即是说他把被压迫阶级对压迫阶级的斗争,还原做天才雅士对俗人显贵的斗争,以反击正宗人物所说的"变异妖怪"的谬诬理论!我们以为,在王充头上扣上一顶"中小地主阶级"的帽子,既不符合事实,也不是正确的理论分析。

第二,关于王充的学历,本传与《自纪》篇说法不同。据本传来看:"充少孤,……后到京师,受业太学,师事扶风、班彪,好博览而不守章句。家贫无书,常游洛阳市肆,阅所卖书,一见辄能诵忆,遂博通众流百家之言。后归乡里,屏居教授。"似此,既"受业太学,师事班彪",则王充为儒家(经古文家)出身的思想家。且《后汉书》(卷七〇上)《班固传注》引谢承书云:"固年十三(按固少充五岁,此时充年十八),王充见之,拊其背谓彪曰:'此儿必记汉事!'"《意林》引《抱朴子》云:"王仲任抚班固背曰:'此儿必为天下知名!'"此与本传"师事扶风班彪"之说,亦正印合。再据《自纪》篇来看:"充……为小儿,……不好狎侮;……诵奇之。六岁教书,……八岁出于书馆,……充书日进,又无过失。手书既成,辞师受《论语》《尚书》,日讽千字。经明德就,谢师而专门,援笔而众奇。"似此,王充并未自认为班彪的学生,且前引"或嘲之曰"云云,也对于"未尝履墨涂出儒门"的世俗非难,未有反证,益知王充不以儒家自居,不承认曾经"师事班彪"。尤应注意者:《论衡》全书,甚少称引班氏的史学;反之,对于班彪所指为"大敝伤道,所以遇极刑之咎"(《后汉书》卷七○上本传)的司马迁的史学,则多所称誉,具见《超奇》、《案书》、《对作》诸篇,学者可自参证。然则,本传与自纪的这一矛盾,究宜如何处理呢?关于此事,我们认为,都是事实,其矛盾即在于事实本身。兹更分别说明于下:

一、王充之师事班彪,不但见于记载,为历代学人所共信,即就思想上来看,王充也多少保留着班彪的影响。此可由《治期》篇与《王命论》的比较而证明,兹各摘其论题二则并整齐其程序,表比之如下:

班彪的王命论	王充的治期篇
(一)"夫饿馑流隶,……亦有命也。"	(一)"案谷成败,自有年岁;年岁水旱,五谷不成,非政所致,时数然也。"
(二)"世俗见高祖兴于布衣,……游说之士至比天下于逐鹿,幸捷而得之,不知神器有命,不可以智力求也。……英雄诚知觉悟,……距逐鹿之瞽说,审神器之有授,毋贪不可几,……则福祚流于子孙,天禄其永终矣。"	(二)"人皆知富饶居安乐者命禄厚,而不知国安治化行者历数吉也。故世治非圣贤之功,衰乱非无道之致;国当衰乱,圣贤不能盛,时当治,恶人不能乱。世之治乱在时不在政,国之安危在数不在教。贤不贤之君,明不明之政,无能损益。"

从这样两相契合的国命论看来,他们有师承关系,殊为明显。

二、王充的晚年自纪,未提"师事班彪",此中必有其故,例如,"受

《论语》、《尚书》，日讽千字"，明言其学于儒；但接着却说，"经明德就，谢师而专门，援笔而众奇"，则又自认其离于儒；其"专门"之学，反成于"谢师"之后，其据"专门"所学而援笔，必有"众流百家"的遗绪，以至于"众奇"，"奇"者惊异之义，则其专门之学必有背于儒学或师说。且就"谢师"二字推衍，此中或有一幕"谢本师"的悲剧。《淮南子》（卷二一）《要略》篇对于儒墨关系问题曾说：

> "墨子学儒者之业，受孔子之术；以其礼烦扰而不说，厚葬靡财而贫民，（久）服伤生而害事，故背周道而用夏政。"

我们以为王充之师事儒家班彪，也有与墨子相类似的经历。并且青年时代的王充（据黄晖《王充年谱》，充师事班彪"必在其二十三四以后，二十七八以前"），对于班彪，以信徒而来，以叛徒而去，在背师的初期，似有一段京师流亡之苦。本传于"师事扶风、班彪"之下，接叙其"家贫无书，常游洛阳市肆，阅所卖书"，当系暗指此事。果然，则王充《自纪》篇故略此事，当出于"恭愿仁顺，礼敬具备，矜庄寂寥，有巨人之志"（《自纪》篇语）的修养与抱负。

三、王充虽曾一度学于儒，而其"专门"之学则又不在于儒，而在于其自学所得。此事与王充以微贱身份而反抗豪家的态度有必然的关系。这就是说，由于他的微贱身份的反抗态度，一方面为显达之士所"啁"，同时他对于显达的"正宗"思想本具有不相容的阶级立场；又由于他终身微贱，被排斥在"正宗"的樊篱以外，成了统治阶级侮蔑的"妖怪"，反而使他摆脱儒学的桎梏，从思想上得到了解放。所谓"士贵才而慎兴，不因高据以显达"的坎坷自负，与其能以"好博览而不守章句"，"遂通众流百家之言"，实有上下对应的关联。这就导出他的唯物主义的理论根源。

第三，王充的生平行事，可以终身潦倒、终身战斗八字概括之。所谓终身潦倒，例如：（一）青年时代，流落京师，"家贫无书，常游洛阳市肆，阅所卖书"；（二）壮年以后，"仕郡为功曹，以数谏争，不合，去"（本传），"在县，位至掾功曹；在都尉府，位小掾功曹；在太守，为列五官功曹行事；入州，为从事。……贫无一亩庇身，……贱无斗石之秩"，"数仕不偶，而徒著书自纪"（《自纪》篇）；（三）老年时代，"以元和三年（年六十岁），徙家辟难，诣扬州部丹阳、九江、卢江，后入为治中；……章和二年，罢州家居。……仕路隔绝，志穷无如。……贫无供养，志不娱快"（同上）。如此坎坷，实在是异端悲剧的范例！至所谓终身战斗，则可由两方面来证明：

一、著作方面：（一）《讥俗节义》。《自纪》篇谓"俗性贪进忽退，收成弃败。充升擢在位之时，众人蚁附；废退穷居，旧故叛去。志俗人之寡恩，故闲居作《讥俗节义》十二篇。冀俗人观书而自觉，故直露其文，集以俗言"。（二）《政务》。"充既疾俗情，作讥俗之书；又闵人君之政，徒欲治人，不得其宜，不晓其务，愁精苦思，不睹所趋，故作《政务》之书。"（同上）（三）《养性》。"章和二年，罢州家居。年渐七十，时可悬舆；仕路隔绝，志穷无如。事有否然，身有利害。发白齿落，日月逾迈；俦伦弥索，鲜所恃赖；贫无供养，志不娱快。历数冉冉，庚辛域（或）际；虽惧终徂，愚犹沛沛（方以智说："沛沛"即"怖怖"，"怖"与"迈"近），乃作《养性》之书凡十六篇。"（同上）（四）《论衡》。"充好论说，始若诡异，终有理实。以为俗儒守文，多失其真，乃闭门潜思，绝庆弔之礼，户牖墙壁，各置刀笔，著《论衡》八十五篇，二十余万言，释物类同异，正时俗嫌疑。"（本传）"是故《论衡》之造也，起众书并失实，虚妄之言胜真美也。故虚妄之语不黜，则华文不见息；华文放流，则实事不见用。故《论衡》者，所以铨轻重之言，立真伪之平；非苟调文饰辞，为奇伟之观也。其本皆起人间有非，故尽思极心，以讥世俗。"（《对作》篇）这样看来，《讥俗》是对俗人的战斗或对社会的批判，政务是对人君的政治批判，养性是战斗生活的晚年自我检讨，论衡是对于唯心主义和有神论的战斗或思想批判；总之，王充著作，都是战斗的结晶。前三书皆已不传。单就《论衡》来看，《问孔》、《刺孟》、《非韩》是对于古书及古代思想的批判，《书虚》、《道虚》、《语增》、《儒增》、《艺增》、《对作》是对于当时纬书的批判，《变虚》、《异虚》、《感虚》、《福虚》、《祸虚》、《龙虚》、《雷虚》是对于纬书里天人感应说的批判,《寒温》、《谴告》、《变动》、《抬致》是对于当时俗儒天人感应说的批判,《讲瑞》、《指瑞》、《是应》是对于祥瑞思想的批判,《死伪》、《纪妖》、《订鬼》、《四讳》、《調时》、《讥日》、《卜筮》、《难岁》、《诘术》是对于当时一般社会迷信的批判。并且《论衡》八十五篇,从明帝永平二年(充三十三岁)著起至章帝元和二年(充五十九岁)尚在改定旧稿,和帝永元元年始续完《讲瑞》篇,同二年(充六十四岁)始成《自纪》篇,前后历时凡三十余年,可见王充唯物主义的战斗精神之历久不懈,老而未衰。

二、思想方面:在汉代的"异端"思想里,除了司马迁父子扬道而抑儒以外,其余各家,多未能逃出儒家的约束,如前所述,郑兴、尹敏与桓谭等人,都是经古文学家。正因如此,故他们的思想的战斗性就未能十分贯彻。且在司马迁父子时代,王朝的思想统制刚行开始,"论学术则崇黄老而薄五经"尚非严重,在王充时代,思想统制政策已达百年以上,他居然敢于"试依道家"来批判"儒家不知推夫妇之道,以论天地之性",居然敢以"虽违儒家之说,合黄老之义"为公开的战斗立场(见《自然》篇),其魄力之大,殊堪惊人! 西汉以来的儒学"正宗"地位,遭受了王充的批判以后,虽然在形式上尚能维持其统治地位,而实质上已经起了根本的动摇,所以到了魏晋时代,老庄思想便压倒了儒家学说。此一思想史上的大变化,诚与普列汉诺夫所分析的"敌对王朝的心理的反对命题的作用"及东汉安帝以降农民战争的冲击不可分说,而思想上的前导,则不能不溯之于王充的批判活动。

明白了王充思想的社会根源和理论根源,他的思想属于什么学派的问题也就易于解决。

《四库总目》把《论衡》列入"子部"的"杂家类",显然错认了王充,因为所谓"杂家者流",乃是折中主义的学派,而王充的思想则有其唯物主义一元论的世界观,以及与之相适应的唯物主义的知识论与逻辑学,首尾相应,体系井然,绝不能纳诸"杂家类"。

有人以王充之学仅出于经古文学派,而经古文乃是儒家之一支。

这也是片面的看法。王充明说其学"违儒家之说,合黄老之义",故以王充为儒家也同样错误。

王充虽非"杂家",而却"通众流百家之言","杂"与"通"异,"杂"为混合,而"通"为融合。王充虽非经古文家而却与经古文家有渊源关系,前述他承借桓谭,师事班彪,皆其明证;但"承借"于某或"师事"于某均不足以定其学派性,所以墨子受儒者之业,学孔子之术,而墨子思想非儒家学派,马克思承借于黑格尔与费尔巴哈,而马克思既非黑格尔学派,也非费尔巴哈学派。

王充思想虽属于道家,而却与先秦的老庄思想有严格的区别:其一,先秦的老庄思想是形而上的唯心主义,而王充的道家之义则是形而下的唯物主义;其二,先秦的老子思想是"有见于诎无见于信"的卑屈思想,而王充的"道家之义"则是积极的战斗思想;其三,先秦的庄子思想是"蔽于天而不知人"的超世观念与"泯是非,齐物类"的不可知论,而王充的"道家之义"则是"引物事以验其言行"的反"自然之说"的主验能动("虽自然亦有为辅助")思想与"订其真伪,辨其虚实"的认识观点。

总之,王充的思想来源是复杂的,他善于吸取古代思想的优良传统,善于利用传统的思想材料而加以新的修订,因而他虽然承借了过去的学派,但能独立成一家之言。

王充虽是汉代的道家思想的主张者,而却与汉初王朝所标榜的"黄老之学"及西汉末叶以降民间流行的"道教",均不相同。前者是对于逐鹿群雄及民间战乱生活的一种麻醉剂,同时由于"无为"的放任主义,也是一种战后恢复人口(劳动力)的方案;后者则是农民战争的宗教形式的反抗旗帜。王充的道家思想,由于与反谶纬的无神论思想相结合,是东汉"正宗"的反对命题;由于从理论上反对了"正宗",揭穿了"正宗"的"是反为非、虚转为实"的颠倒欺骗作用,这种思想自然是一种战斗的变革的"异端"思想,但正因其无神论的反宗教的特质,遂不能成为直接的农民战争旗帜,只是由于反对"正宗"而在客观上效力于农民战争。

王充思想的学派性问题,还可以和王充对古代各派思想与当时各派的思想的批判联结起来考察。这样也许可以使这一问题更明确起来。

首先,王充对古代的思想流派,大都有所批判:

一、关于古代儒家,如孔子、孟子、荀子,都有批判。

(一)关于孔子部分。《论衡》称引孔孟者凡四百四十余处(见熊伯龙《无何集》),可见王充并非根本反孔。但孔子是谶纬"正宗"所神化的思想偶像,为了反对"正宗"遂不得不将孔子列入批判对象;《问孔》篇之作,义即在此。此篇对孔子问难凡十六发,大都揭露孔子之言"上下多相违,其文前后多相伐",并斥"世儒学者,好信师而是古,以为贤圣所言皆无非,专精讲习,不知难问。"且宣称为了"证定是非","苟有不晓解之问,迢(追)难孔子,何伤于义? 诚有传圣业之知,伐孔子之说,何逆于理?"窥其根本用意,实在于以孔子为人而不以孔子为神,借矛盾律以打破对于孔子的偶像观念,归结于暴露谶纬"正宗"神化孔子的无据。

(二)关于孟子部分。王充的孟子批判,主要见于《刺孟》、《本性》二篇。《刺孟》八章,主要在批判孟子逻辑概念的混乱与其推理的不合于矛盾律,以及其"五百年必有王者兴"的"天故生圣人"的目的论世界观。《本性》篇批判孟子的性善论,虽承认"性善之论亦有所缘",然究其实际,则"未为实也",且指出其"相人以眸子"的方法与性善论相为矛盾。

(三)关于荀子部分。王充的荀子批判,见于《本性》篇。主要在于批判性恶说之"未为得实",指出性恶说不能说明"人之为善安从生",然而,《率性》篇所举"练丝"及"蓬生麻间""白纱入缁"之喻,以明人性"在所渐染而善恶变矣"的看法,则与《劝学》篇的思想内容相似;再比较王充的《自然》篇与荀子的《天论》篇对于自然现象的无神论见解,可以看出王充从荀子所接受的思想影响,实远过于其对荀子的批判之深厚。

（四）在人性论的范围以内，王充对于古代儒家，以为世硕与公孙尼子以及宓子贱、漆雕开等人所持"人性有善有恶，举人之善性养而致之则善长，恶性养而致之则恶长"的看法，"颇得其正"。

二、关于墨家的批判，见于《薄葬》、《案书》二篇，主要是接受墨家的"节葬"之义，而反对其"明鬼"之论；重在揭发"明鬼"与"节葬"不能两立，以暴露墨家的矛盾。《论衡》的《物势》、《自然》二篇，对于目的论的批判，只以儒家为对象，而未涉及墨家的天志论，这因为他在实际上要批判的是汉儒，对墨学的批判不是他的主要对象。

三、关于名家的批判，见于《案书》篇："公孙龙著《坚白》之论，析言剖辞，务曲折之言，无道理之较，无益于治。"这指出龙说纯为概念游戏，形式上虽备极曲折，而实质上则殊无道理，更不能作实践的指导。王充这一批判，在中国思想史上，有总结性的价值。

四、关于法家的批判，见《非韩》、《案书》、《对作》等篇。《非韩》篇大旨，在于批判法家任法而不尚贤之失，以为"治国之道，所养有二：一曰养德，二曰养力"，二者不可偏废；法家之术，任力而不养德，"必有无德之患"。王充强调礼义而非薄耕战，主德治而非法治，排斥法家的狭隘的功利主义思想。我们认为：王充的这一批判，是通过自然无为的道家思想，批判了汉室的严刑峻法的统制与干涉，未必是以古代法家为批判的真实对象。所以《对作》篇关于韩非曾说："韩国不小弱，法度不坏废，则韩非之书不为。"《案书》篇关于前期法家更说："商鞅相秦，作《耕战》之术，管仲相齐，造《轻重》之篇，富民丰国，强主弱敌，与公孙龙骋衍之书不可并言。"可见王充对于古代法家的评价不为不高。尤足注意者：王充对于韩非的逻辑思想与批判精神，俱有深刻的理解与高度的同情。《案书》篇云："两刃相割，利钝乃知；二论相订，是非乃见。是故韩非之《四难》，桓宽之《盐铁》，君山《新论》之类也。"桓谭（君山）是王充最佩服的人物，《新论》是王充最称赞的著作（见前文），今乃以韩非的《四难》与桓谭的《新论》评为同类，可证"非韩"之实际所指乃是"非汉"的酷吏。

五、关于阴阳家的批判,主要见于《谈天》、《案书》二篇。对于驺衍的"大小九洲"之说,王充以为:"驺子行地不若禹、益,闻见不过被、吴(被即五被,吴即左吴,二人皆淮南王所召术士),才非圣人,事非天授,安得此言?"又以为:"齐有二驺子(原作"三驺衍",兹据黄校改)之书,洸洋无涯,其文少验,多惊耳之言。案大才之人,率多侈纵,无实是之验;华虚夸诞,无审察之实。"我们知道,王充以"效验"为方法,此处所谓"其文少验","无实是之验","无审察之实",一方面击中阴阳家的唯心观点,另方面也证其批判之严厉。

六、关于道家的批判。王充虽自谓其学"合黄老之义",而实于古代道家有重大修正。《自然》篇所说"不知引物事以验其言行",即继承荀子所谓"蔽于天而不知人"的批判。在这里,"主观的能动性"被强调至于合理的程度:所谓"虽自然亦须有为辅助",即是此义。此所谓以有为辅助自然,即是说人类的主观只能顺从着客观的规律以促进其发展,而不能脱离客观的规律强自然以从我。用王充的例子来说明,即是:

"耒耜耕耘,因春播种者,人为之也。及谷入地,日夜长大(原作"长夫",兹据黄校改),人不能为也。或为之者,败之道也。"

据此,王充的批判,即在于将"蔽于天而不知人"的道家思想,转化成"因春播种""耒耜耕耘"的主客观合致的能动思想。从这里,就孕育了由批判而产生的新的观点。(参照《效力》篇)。

综合前述王充对于古代六家要旨的批判,就其取舍从违之际与增损拟议之分,不难窥见王充思想继承古代优良传统的脉络,以及他在思想史上总结的历史意义。

其次,王充对汉代各派思想,同样有许多合理的批判。兹摘要论述于下:

一、汉代的儒家,在王充看来,不但是低级迷信思想的代表者,而且是既不知古亦不知今的愚昧无知的代表者,甚至对于自己所专业的"五经"也解说失实,谬误百出。《谢短》篇对于"陆沉""盲瞽"的儒生,一口气提出了 14 个历史问题,30 个经学问题,六个法律问题,皆不能解答;因而对于儒生的"守信师法,不颇博览"的门户观念,即对于中世纪知识基尔特制度的桎梏性,发出了反抗。比较可以令王充稍存敬意的汉代儒家,只有刘子政父子、扬雄、桓谭等少数经古文学家。至于董仲舒一辈人物,一则说"公羊高、穀梁寘、胡氏皆传《春秋》,各门异户,独《左氏传》为近得实。"(按《汉书·儒林列传》:"胡母生治《公羊春秋》,与董仲舒同业,仲舒著书称其德"),再则说"仲舒之言雩祭可以应天,土龙可以致雨,颇难晓也。"(皆见《案书》篇)他的批评的言辞虽委婉,而义则严苛。

二、对于当时流行的道教,王充指为"好道学仙之人",李少君之类,"方术之学","此虚言也"。对于黄帝、老子的种种神话,以及所谓"真人食气","食气者寿而不死"的长生迷信,尽情攻击。(《道虚》篇)王充一面宗"黄老之义",一面又拒绝关于黄老的迷信,这正是王充无神论思想的特点。在这里,王充所批判的,不应为农民战争的宗教旗帜,而应为秦皇汉武以来的帝王长生的妄想;这又是他的"异端"的战斗本质。

三、与反迷信基本思想相平行,王充批判了当时整个的荒唐思想界。此点,除前述种种而外,再举数例如下:(一)讳西益宅;(二)讳被刑为徒,不上丘墓;(三)讳妇人乳子;(四)讳举正月五月子;(以上合称世俗"四大讳",见《四讳》篇。)(五)起土兴工避日月有所食(《讕时》篇);(六)葬避九空地陷,及日之刚柔,月之奇耦(偶);(七)祭祀之历亦有吉凶;(八)子日沐,令人爱之,卯日沐,令人白头;(九)凶日制衣则有祸,吉日制则有福;(十)起宅盖屋必择日;(十一)学书讳丙日(《讥日》篇);(十二)徙抵太岁凶,负太岁亦凶(《难岁》篇);(十三)信祸祟,起功、移徙、祭祀、丧葬、行作、入官、嫁娶、择吉日,避岁月(《辨祟》篇)。对于此等世俗禁忌,王充均有批判;其中有一部分思想,到了唐代,曾为吕才所继承,所发展。

最后,在王充思想的学派性及其对各家批判的问题上,我们以为,可以将王充与司马谈、司马迁父子的"异端"思想作一比较。兹为简明

起见,特列表对照如下:

司马谈、司马迁父子	王充
武帝罢黜百家,从儒家的经今文学为"正宗"。	光武宣布图谶于天下,定谶纬化的儒学为"正宗"。
闻《春秋》于董仲舒而不与同归。	学儒学于班彪而不师其说。
论学术则崇黄老而薄五经,序货殖则轻仁义而羞贫穷,道游侠则贱守节而贵俗功。	违儒家之说,合黄老之义。自居于任侠传统,与豪家对立。
迁贯紬经传,旁搜史子。	好博览通众流百家之说。好论说,始若诡异,终有理实,释物类同异,正时俗嫌疑。
善述事理,辩而不华,质而不俚,文质相称,盖良史之才。	虚妄之语不黜,则华文不息,华文放流,则实事不见用。故铨轻重之言,立真伪之平。
明天人之际,通古今之变,成一家之言。	
通论六家要旨,辨其短长。	论衡古今诸家学说,判其是非。
《史记》一百三十篇,凡前后二十余年始成。	《论衡》八十五篇,凡前后三十余年始成。
迁志难为俗人言。	疾俗情,志俗人之寡恩。
迁遇腐刑之咎。	数仕不偶,而徒著书自纪。

总之,王充思想的社会根源是代表着农民以及微贱阶级的要求,因而他在阶级立场上树起了反抗皇权和豪权的斗争旗帜;他的思想的理论根源是唯物主义的世界观,因而他在观点上一系列地展开了和唯心主义有神论的理论斗争;他的学派性是承借了古代以及汉代的唯物主义和无神论的传统,因而他的理论体系就比前人更加完整。

第三节　王充的唯物主义世界观及其对神学的批判

日丹诺夫在关于亚历山大洛夫《西欧哲学史》一书的讨论会上指出:"科学的哲学史,是科学的唯物主义世界观及其规律底胚胎、发生与发展的历史。唯物主义既然是从与唯心主义派别斗争中生长和发展起来的,那末,哲学史也就是唯物主义与唯心主义斗争的历史。"王充所处的时代,是中世纪神学占统治地位的时代,特别是《白虎通义》已钦定为神学法典的时代,因此,王充的唯物主义世界观正是与中世纪神学、特别是与董仲舒以及《白虎通义》的神学的斗争中生长和发展起来的。我们在王充的唯物主义世界观中看到他对神学的批判,同时,我们也在他对神学的批判中看到他的唯物主义世界观。这两方面在王充哲学思想中本来是联系着的,因此,我们在研究和叙述时也把这两者联系起来。

在中世纪,宗教的批判,乃是一切批判的前提,正如马克思所指出的,"当谬误假手家神和灶神所为天国的说教已被驳斥之后,谬误在人间的存在也就暴露了出来","所以,宗教的批判,胚子里就是这苦难世界的批判,宗教就是这个苦难世界的灵光圈"(《黑格尔法律哲学批判导言》,页3—4)。

和《白虎通义》同时代的王充的无神论,便是"对宗教的斗争,间接地是对以宗教为精神芳香的那个世界的斗争",客观上反映出人民"对现实贫困的反抗"。他的矛头正指向董仲舒和白虎观奏议的神学。

《论衡》一书中引来作为攻击对象的命题,大部分是可以在《白虎通义》中看到的。

如果说,三纲五常的封建秩序是借神学的世界观获得了永恒的圣光,那末,王充完全有理由以这种世界观作为批判的对象,并且就以这种世界观作为攻击的始点。因此,我们应该在这里考察《论衡》与《白虎通义》的"两刃相割",并揭示其唯物主义与唯心主义的斗争的实质。

如前章所已指出的,董仲舒和白虎观集议诸儒以及亲临制称决的皇帝所持的世界观,是以"天"为神,他们虽然提到"气"这一概念,但所谓"太初",是与"天皇大帝太一"(《五经通义》)正相对应的。这些御用的神学家通过世界生成论而以极其暧昧的形式把"太一"偷运进来作为宇宙的创造主,用隐蔽的走私的手法把神创造世界的过程描述出来。

"气"在他们的神学的世界观中,并不是物质的实体,而是神秘的精神。我们只要查看《白虎通义》论及"精神""魂魄"之处,"气"的本义便可以清楚地看出。魂为少阳之气,魄为少阴之气,精为太阴之气,神为太阳之气。精神魂魄既然都是气,则"气"之神秘性就可以明白了。

王充对这一点是看得很清楚的,他在攻击神学的世界观时,首先便针对着这一点,提出了一个光辉的反对命题,天和地一样,是"体",而不是"气"。这一命题,在我们现在看来,可说是很平凡的,但是从历史观点看来,他的理论包含有这样的意义:(一)天地既然是"体",它便显著地是物质,这就把神性的"天"还原为自然的"天",根绝了"天"的感觉性,意志性,从而否定了它的神性;(二)天与地既然同为"体",则就其物质性而言,无复有尊卑高下,这就打落了"天"之"尊",消除了"地"之"卑",客观上否定了封建秩序的理论基础;(三)天地既然是"体",这就破除了"体""气"的混淆,根绝了由"气"通往神的神秘隧道。王充从这些最根本的问题上对神学的世界观进行大胆的有力的狙击,他的论点正和白虎观奏议的神学针锋相对,而绝不是无的放矢,他在立论上是审慎的,在唯物主义与唯心主义的界线的区划上是谨严的。

另一方面,王充也不否认"气",而是把"气"从神秘主义的涵义中解放出来,重新赋予其物质的涵义。在王充看来,"气"从属于"体","气"是"体"所含的"气","体"既是物质的"体",因此,这一物质的"体"所含的"气"也是物质的"气"。气与体同为物质,其区分只在于有形与无形。在"气"的这一唯物主义的涵义中,王充同样采用了"阴阳"的范畴,以阴阳为天地之气,即为物质的"体"的"气";与儒书相对比,措词的形式有时虽同,而其实质则异,我们在考察《白虎通义》与《论衡》所共同使用的哲学范畴时,不能不考察其间的区别。我们知道,王充的时代,还远远不是封建主义神学的终结时代,不论从自然科学的发展来说,或从阶级斗争的发展来说,全新的世界观还没有可能提到历史的日程上来,因此,作为一个中世纪的伟大的唯物主义者来说,王充首先是古代唯物主义的捍卫者,同时,在与神学世界观的斗争中,王充也从很多的细节方面,发展了、丰富了古代的唯物主义。

我们再具体分析王充关于"天"的论题。他说:

"夫天,体也,与地无异,诸有体者,耳咸附于首,听与耳殊,未之有也。天之去人,高数万里,使耳附天,听数万里之语,弗能闻也。……况天与人异体,音与人殊乎? ……使天体乎? 耳高不能闻人言;使天气乎? 气若云烟,安能听人辞?"(《变虚》篇)

"夫天,体也,与地同,天有列宿,地有宅舍,宅舍附地之体,列宿著天之形,形体具则有口乃能食,祭食宜食尽,如无口,则无体,无体则气也,若云雾耳,亦无能食。"(《祀义》篇)

"何以天之自然也? 以天无口目也。……何以知天之无口目也? 以地知之:地以土为体,土本无耳目。天地,夫妇也,地体无口目,亦知天无口目也。使天体乎? 宜与地同;使天气乎? 气若云烟,云烟之属,安得口目?"(《自然》篇)

这三段都反复申明:天是有形体的与地相类的自然,它没有耳目口鼻的感官,因而也不可能有任何知觉。这里,王充使用的逻辑是这样的:如果天是体,天的神性便不能成立,如果天是气,天的神性也同样不能成立;假定天有耳目等感官,这种感官不能及人,假定天没有耳目等感官,天更不能及于人。这就从一切可能方面,用事实的参验,否定了天的感觉性、意志性与神性。

王充明确地规定了天的物质性,还进而力辩天之为体非气:

"如实论之,天,体,非气也。……秘传或言:天之离天下,六万余里,数家计之,三百六十五度一周,天下有周度,高有里数,如天审气,气如云烟,安得里度?……案附书志,天有形体,所据不虚,由此及之,则无恍惚明矣。"(《谈天》篇)

这一诘辩,是有所为而发的。第一,"天,气也"已经成了神学世界观的命题,儒者正是利用这一命题为天人感应预立根据。王充明白指出:"儒者曰:天,气也,故其去人不远,人有是非,阴为德害,天辄知之,天辄应之,近人之效也",否定天是气,正击破天人近而相应的虚妄之言。第二,把"天"明确地规定为"体","则无恍惚明矣"。由此可知,以天为气,转而为恍惚,正是神学世界观由气而神的遁词,王充把这一遁词堵塞住了。

我们还看到,王充不放过任何机会来抓住庸俗的儒书所论证的原理,加以批判分析,同时也加以鞭挞。他说:"如说《易》之家,儒书之言,天地始分,形体尚小,相去近也;近则或枕于不周之山,共工得折之,女娲得补之也。"他一方面批判了这种在谶纬中常见的神话,另一方面也抓住了天有形体的论断,"含气之类,无有不长,天地,含气之自然也,从始立以来,年岁甚多,广狭远近不可复计,儒书之言,殆有所见"。在这里王充仍没有展开自己的命题,而只是就儒书自相矛盾之处来反对儒书之虚妄,在《道虚》篇里他提出了自己的观点:

"天地不生,故不死,阴阳不生,故不死,死者生之效,生者死之验也,夫有始者必有终,有终者必有始,唯无终始者,乃长生不死。"

这是深刻的、具有辩证观点的、光辉的哲学命题。我们且分两方面来考察。首先，天地作为具体的有形体的东西来说，它和其他一切事物一样，"含气之类，无有不长"，它是运动的，发展的，但作为整个宇宙的本身来说，则是不生不死，无始无终。天地既无始终生死，所以它所含的"气"也同样无始终生死。在这里，王充的矛头正指向天地有始的神学世界观。他的阴阳无始终的命题正反对了太初为气之始的命题。其次，从无始终死生的整个宇宙与"无有不生，生无不死"的"有血脉之类"相对待而言，王充的矛头又指向灵魂不灭和生人不死的虚妄之言。恩格斯如下的话可以启发我们的理解："生命总是和它必然的结果即死亡（死亡总是以胚胎形式包含在生命中）相关联起来而被思考的。生命的辩证观无非就是这样。但是，无论什么人一旦懂得了这一点，便会摈弃关于灵魂不灭的种种说法。"（《自然辩证法》，人民出版社 1955年版，页 250）王充的这一关于生死的辩证观是他的无神论的最高命题。

王充把宗教的"天"还原为物质的"天"，也必然同时把目的论的"天"还原为自然天道观的"天"，这就斩断了天人之间的感应。这种天人感应，在两汉农民战争起伏之际，正是借"天"的"符瑞"和"谴告"来装饰统治阶级的势力示威和权力再兴，以便用宗教的鸦片烟麻醉人民的政治意识，幻想由"天"的符瑞和谴告等现象引致政治盛世的到来。王充由攻击"天"的目的论而达到对符瑞和谴告的揭露，乃是极自然的逻辑途径。

王充为了击破唯心主义的目的论和神学的世界观，便标出了"自然"。他说：

"天之行也，施气自然也，施气则物自生，非故施气以成物也。不动，气不施；气不施，物不生；与人行异，日月五星之行皆施气也。"（《说日》篇）

"天之动也，施气也；体动，气乃出，物乃生矣。由（犹）人之动气也，体动，气乃出，子自生也。夫人之施气也，非欲以生人，气施子自生矣。天动不欲以生物，而物自生，此则自为也，施气不欲为

物而物自为,此则无为也。"(《自然》篇)

"天地合气,万物自生,犹夫妇合气,子自生矣。……或说以天生五谷以食人,生丝麻以衣人,此谓天为人作农夫桑女之德也,不合自然,故其义疑,未可从也。"(同上)

"夫天复于上,地偃于下,下气上蒸,上气降下,万物自生其中间矣,……物自生,子自成,天地父母何与知哉?"(同上)

"夫天不能故生人,则其生万物亦不能故也;天地合气,物偶自生矣。"(《物势》篇)

"天地之性,自然之道也。"(《寒温》篇)

在这里,王充关于"自然"之义处处结合"气"来表述,这并不是偶然的。首先,王充的"自然"范畴是针对"故"范畴的目的论而批判的,而"故"的目的论则是对世界的唯心主义的歪曲,因此,王充的"自"的自然观必须强调"气"的物质世界的基础;其次,王充的"自然"范畴是批判地撷取了古代道家自然天道观中的有价值的因素,但是,王充抛弃了形而上的本体"道"、而把"自然"与"气"结合起来,这就从唯物主义的观点上撷取道家的"自然之义"作为反对神学目的论的武器。

王充总的世界观是这样的,天地无非是物质的"体",这种"体"是能"动"的,"体动,气乃出",万物即由此发生。天地的施气,万物的发生,都出于自然而然而不是出于"天"的意志,出于"自"而不是出于"故"。从这一根本原理出发,王充对四时的自然之序也一反《白虎通义》的神学说教,例如他在《自然》篇说:"天道无为,故春不为生,而夏不为长,秋不为成,冬不为藏,阳气自出,物自生长,阴气自起,物自成藏。"从这一根本原理出发,王充更转入对"五行相胜"与"十二肖兽"之说的批判。

《白虎通义》谓"五行之所以相害者,大地之性。众胜寡,故水胜火也;精胜坚,故火胜金;刚胜柔,故金胜木;专胜散,故木胜土;实胜虚,故土胜水也。"王充《物势》篇更详细地说到汉儒的"五行相胜"说的大意是:"天用五行之气生万物(以万物含五行之气,五行之气更相贼害),

人用万物作万事,不能相制,不能相使,不相贼害,不成为用。金不贼木,木不成用;火不烁金,金不成器;故诸物相贼相利,含血之虫相胜服,相啮噬,相啖食者,皆五行(之)气使之然也。"这种"天用"五行使万物相贼害的说法,是指"天"为有意志的超自然力,故意设置下不可理解的网罗,让人们踏入这种网罗来顺天意。王充反对这种目的论,提出他的唯物主义的五行论。他说:

"天自当以一行之气生万物,令之相亲爱,不当令五行之气反使相贼也。"(《物势》篇)

"天生万物,欲令相为用,不得不相贼害也,则生虎狼蝮蛇及蜂虿之虫,皆贼害人,天又欲使人为之用邪?且一人之身,含五行之气,故一人之行,有五常之操;五常,五行之道也。五藏在内,五行气俱。如论者之言,含血之虫,怀五行之气,辄相贼害;一人之身,胸怀五藏,自相贼也?一人之操,行(仁)义之心,自相害也?且五行之气相贼害,含血之虫相胜服,其验何在?"(同上)

从这里,便由"五行相胜"的批判,折入了"十二肖兽"相胜论的批判。

汉儒的"十二肖兽"相胜论的内容,大意是说:

"寅,木也;其禽,虎也。戌,土也;其禽,犬也。丑、未,亦土也;丑禽,牛;未禽,羊也。木胜土,故犬与牛羊为虎所服也。亥,水也;其禽,豕也。巳,火也;其禽,蛇也。子,亦水也;其禽,鼠也。午,亦火也;其禽,马也。水胜火,故豕食蛇。火为水所害,故马食鼠屎而腹胀。"(同上)

用十二支和五行的因素相配合,而企图得出那种由天预先安排妥当的万物结构,依然是目的论。对于此说,王充批判说:

"审如论者之言,含血之虫,亦有不相胜之効(按"効""效"字通)。午,马也;子,鼠也;酉,鸡也;卯,兔也。水胜火,鼠何以不逐马?金胜木,鸡何以不啄兔?亥,豕也;未,羊也;丑,牛也。土胜水,牛羊何以不杀豕?巳,蛇也;申,猴也。火胜金,蛇何以不食猕猴？猕猴者，畏鼠也；啮猕猴者，犬也；鼠，水；猕猴，金也。水不胜金，猕猴何故畏鼠也。戌，土也；申，猴也。土不胜金，猴何故畏犬？（按十二肖兽，此见十一；《言毒》篇云："辰为龙。"即足十二之数。）东方，木也，其星，仓龙也。西方，金也；其星，白虎也。南方，火也；其星，朱鸟（按即"朱雀"，亦即"凤凰"）也。北方，水也；其星，玄武（龟）也。天有四星之精，降生四兽之体；含血之虫，以四兽为长。四兽含五行之气最较著；案龙虎交不相贼，鸟龟会不相害。以四兽验之，以十二辰之禽效之，五行之虫以气性相刻，则尤不相应。"（《物势》篇）

上述王充的批判，完全以"五行相胜"与"十二肖兽"作对象，从常识上的效验，反证其逻辑之不与事实相应，依此推翻了儒者的目的论的世界观。王充在这里，不仅限于消极的否定，而积极地更进了一步，提出了自己的独立见解：

"凡万物相刻贼，含血之虫则相（胜）服，至于相啖食者，自以齿牙顿利，筋力优劣，动作巧便，气势勇桀；若人之在世，势不与适（敌），力不均等，自相胜服；以力相服，则以刃相贼矣。夫人以刃相贼，犹物以齿角爪牙相触刺也。力强角利，势烈牙长，则能胜；气微爪短，诛，胆小距顿，则服畏也。人有勇怯故战有胜负，胜者未必受金气，负者未必得木精也。孔子畏阳货，却行流汗，阳货未必色白，孔子未必面青也。鹰之击鸠雀，鸮之啄鹄雁，未必鹰鸮生于南方，而鸠雀鹄雁产于西方也；自是筋力勇怯相胜服也。……夫物之相胜，或以筋力，或以气势，或以巧便。小有气势，口足有便，则能以小而制大；大无骨（筋）力，角翼不劲，则以大而服小。"（同上）

王充此说，有几点可以注意：（一）物种的相胜，取决于生理器官的长短利钝；（二）万物的生存斗争取决于"气势"，有自然的规律；（三）人造的工具，其生存斗争的意义与物种的生理器官相等。关于生理器官与人造工具的起源及进化，以及二者发展规律的同异，虽未必为王充所能知，然而，王充能从器官与工具上洞察到优胜劣败的生物进化之理,并据以否定"五行相胜"的目的论实为千古不朽的科学性的命题!

此外,王充还依据唯物主义的自然天道观在《谴告》篇、《变动》篇、《明雩》篇、《顺鼓》篇,针对《白虎通义》的《灾变》等篇不厌其详地一一加以驳斥。甚至在文字形式上也可以看出《论衡》和《白虎通义》的对立的痕迹。

王充对神学的世界观的批判是勇敢的、尖锐的,然而,当天国的批判转而为地上的批判、宗教的批判转而为法律的批判、神学的批判转而为政治的批判时,王充就显得有了局限。尽管如此,王充的思想,作为中世纪的神学"异端"来说,是具有同情"微贱"身份的人民性的。他不论在历史观、伦理观或政治观上,都与《白虎观》奏议的神学站在对立的地位。

王充认为历史的进展并不是由天在主宰,而且也无关圣王之德。他说:"昌必有衰,兴必有废,兴昌非德所能成,然则衰废非德所能败也。"(《治期》篇)他由此转入历史的命定论,以为历史不是人能控制的,更不是圣王之"德"所能挽回的:

> "故世治非圣贤之功,衰乱非无道之致,国当衰乱,贤圣不能盛,时当治,恶人不能乱,世之治乱,在时不在政,国之安危,在数不在教,贤不贤之君,明不明之政,无能损益。"

这样,王充一方面承认君有贤不贤,政有明不明,但同时否认他们对历史有任何作用,历史只是自然地、命定地进行着,这是他的理论的局限(参看本章第六节关于王充命定论的分析)。然而另一方面,在王充看来,儒者所神化了的、受天之命的天子,以至远古的三皇五帝,根本在历史上没有留下任何影响。这正显示了王充的历史观和政治观的有别于正宗神学的"异端"性质。

王充的历史命定论归结于天数。乱世的根本原因只是由于人民的饥寒,而人民之所以饥寒只是由于岁的饥寒,岁的饥寒,又是由时数所决定,这是人所不能控制的,于是历史就只能在盲目性的自然决定中一治一乱、兴废昌衰相继地进行着。他的饥寒致乱世之说,在狭隘的限度内反映了当时历史的真实："夫世之所以乱者，不以贼盗众多、兵革并起、民弃礼义、负畔其上乎？若此者，由谷食乏绝，不能忍饥寒，夫饥寒并至，而能无为非者寡，然则温饱至，而能不为善者希。"（《治期》篇）这正反映了王充思想从反宗教的观点折入反贫困的观点，他既不能不认为在乱世时"民弃礼义、负畔其上"，同时又对于人民的饥寒贫困，表示出深切的同情。

由此导出王充的伦理观点：

"让起于有余，争起于不足，谷足食多，礼义之心生。……为善恶之行，不在人质性，在于岁之饥寒，由此言之，礼义之行，在谷足也。"（《治期》篇）

这样，王充一方面并不否认"礼义之心"，但另一方面以为善恶之行不是由天启的宗教道德所决定，而是由贫富所决定。王充承认了个人的切身利益实在是道德的基础，这样的命题，往往是古代唯物主义者所共有的；从历史的条件来看，旧唯物主义要超过这一命题是困难的。

不难看出，王充的伦理观和他的政治观是密切地结合在一起的。人的道德既然决定于他的物质生活的情况，那末尽管"三教并施"，尽管这种"教"如何为上帝的意志所规定，但在现实中"三教"是无效的，"国之安危，在数不在教"。在王充看来，社会问题，并不是"民有质朴，不教不成"的问题，而是在于民是否温饱或饥寒。

如果说，王充的世界观批判地撷取了古代道家的"自然"之义，那末，相应地，王充的政治观也撷取了古代道家的"无为"之义，这在儒学国教化的时代是有异端性质的。我们知道，汉代的神学目的论的世界观导出了神权所统制的钦定学术，导出了王权所附会的"《春秋》为汉制法"，即一套严刑峻法（从萧何作《汉律九章》起，武帝时律令三百五十九章，其中大辟罪四百零九条，细目一千八百八十二项，例一万三千四百七十二项，成帝时大辟罪，一千余条，律令一百余万言。昭帝以降，每年平均杀死罪囚一万人以上），导出了父权所依托的纲常名教，这些都表示着统治阶级利用上帝"有为"而"不合自然"的宗教观；表示着统治阶级要依照自己的目的安排出一定的社会秩序,要使世界成为合乎其"有为"目的的图案。从这里,也就看出了王充所以特别强调"自然"与"无为"的实践意义,及其变革的战斗的本质。他说:

"至德纯渥之人,禀天气多,故能则天自然无为;禀气薄少,不遵道德,不似天地,故曰不肖。不肖者,不似也。不似天地,不类圣贤,故有为也。……贤之纯者,黄老是也。黄者,黄帝也;老者,老子也。黄老之操,身中恬憺,其治无为;正身共(恭)己,而阴阳自和,无心于为而物自化,无意于生而物自成。……黄帝、尧、舜,大人也;其德与天地合,故知无为也。天道无为,故春不为生,而夏不为长,秋不为成,冬不为藏。阳气自出,物自生长;阴气自起,物自成藏。……故无为之为大矣!本不求功,故其功立;本不求名,故其名成。沛然之雨,功名大矣,而天地不为也,气和而雨自集。"

这一段"无为"的赞颂,不正是说出了黄帝、尧、舜"其德与天地合"的"无为",以呵斥汉代统治阶级的"有为"或统制吗? 不是明斥汉代统治阶级的"有为"是"不遵道德","不似天地","不类圣贤"的"不肖"之徒吗? 在这里,王充又举出了孟子的故例来形容"有为"之欲益反损:

"或为之者,败之道也。宋人有闵其苗之不长者,就而揠之,明日枯死。夫欲为自然者,宋人之徒也。"(《治期》篇)

"为自然者宋人之徒",即是说对于农民大众的严刑峻法,对于思想发展的高压统制,妄想用"正宗"的目的来歪曲历史,是"闵其苗之不长而揠之"的宋人之愚,是抹杀自然,拂诡人性的妄举,是"为者败之"的自杀政策,所以他说:

"夫天复于上,地偃于下,下气蒸上,上气降下,万物自生其中间矣。当其生也,天不须复与也。……天道无为,听恣其性。故放鱼于川,纵兽于山,从其性命之欲也。不驱鱼令上陵,不逐兽令入渊者,何哉? 拂诡其性,失其所宜也。夫百姓鱼兽之类也,上德治之,若烹小鲜,与天地同操也。商鞅变秦法,欲为殊异之功,不听赵良之议,以取车裂之患;德薄多欲,君臣相憎怨也。"(同上)

我们完全可以了解：王充的社会学说和社会史观尽管有很大的局限性，而他的自然哲学却是杰出的。第一，唯心主义的有神论的世界观是汉代统治者御用的"正宗"，王充着重指出这种"正宗""不知推夫妇之道以论天地之性"，反而主张"天能故生万物"，儒者就是这种理论的代表；第二，王充的唯物主义的世界观乃是"正宗"的对抗思想，更由于反儒而采取了道家的观点；第三，王充据"自然"与"无为"之义以批判目的论，形式上是在论"天道"，而实质上则是反抗了汉代的统制政策，表现出从统制里争取解放的人道战斗；第四，王充的《政务》之书，今虽不传，但《自纪》篇所说"闵人君之政，徒欲治人，不得其宜，不晓其务，愁精苦思，不睹所趋"看来，其要旨当不外依据"自然无为"的天道观来比附社会，客观上有利于进行其反统制的政治批判。

第四节 从无神论到薄葬论的逻辑路径

从唯物主义的世界观出发，王充不但否定了人格神的宗教观，而且建立了无神论的思想体系。恩格斯在《自然辩证法》上说"唯物主义者〔几乎从来不谈神〕只是单纯解释事物。"(《马克思恩格斯论宗教》，页105）王充就是这样。他说，神是人所臆想的一种东西，假使有所谓"神"，那"神与人同"，也不能做出人所不能做出的事来，不但如此，他更敢于把神摆在人类的足下，"天地之性人为贵，则龙（神）贱矣，贵者不神，贱者反神乎？"其次，他的矛头更指向有鬼论的思想。按"鬼"之有无，在孔墨显学对立时代即已成为争论的问题，而"无鬼"之说，在古代也有其萌芽（例如《墨子·公孟》篇所记公孟子之言），到了王充，才作为唯物主义思想的一环而完成了体系。

在汉代，由于图谶宗教思想被宣布为国教，"人死为鬼"的思想就成为统治阶级麻醉人民的工具。王充的无鬼论之所以值得注意，是因为他对于有鬼论的批判具有战斗意义。王充的这一思想，分见于《论死》、《死伪》、《订鬼》三篇；后两篇多就古代关于鬼的记载与传说加以

辨证,其价值另有所在,而《论死》一篇则为其无鬼论思想的体系的说明,兹摘要分析如下:

论题提纲:"世谓:人死为鬼,有知,能害人。试以物类验之:人死不为鬼,无知,不能害人。"

"人死不为鬼"理由之一:"人,物也;物,亦物也;物死不为鬼,人死何故独能为鬼?"

"人死不为鬼"理由之二:"人之所以生者,精气也;死而精气灭。能为精气者,血脉也;人死血脉竭,竭而精气灭,灭而形体朽,朽而成灰土。何用为鬼?"

"人死不为鬼"理由之三:"人见鬼若生人之形。……人之精神,藏于形体之内,……死而形体朽,……精气散亡,何能复有体,而人得见之乎?……世有以生形转为生类者矣,未有以死身化为生象者也。"

"人死不为鬼"理由之四:"天地之性,能更生火,不能使灭火复燃;能更生人,不能令死人复见。不能使灭灰更为燃火,吾乃颇疑死人能复为形。按火灭不能复燃以况之,死人不复为鬼,明矣。"

"人死不为鬼"理由之五:"夫为鬼者,人谓死人之精神;……则人见之,宜徒见裸袒之形,无为见衣带被服也。何则?衣服无精神,人死,与形体俱朽,何以得贯之乎?精神本以血气为主,血气常附形体,形体虽朽精神尚在,能为鬼,可也;今衣服,丝絮布帛也,生时血气不附着,而亦自无血气,败朽遂已与形体等,安能自若为衣服之形?"

"人死不为鬼"理由之六:"天地开辟,人皇以来,随寿而死,若中年夭亡,以亿万数计;今人之数,不若死者多。如人死辄为鬼,则道路之上,一步一鬼也;人且死见鬼,宜见数百千万,满堂盈廷(庭),填塞港路,不宜徒见一两人也。"

上述关于"人死不为鬼"的六项理由,其最高的依据,即在于以精神从属于物质(血脉与形体)。这无疑问地是唯物主义的观点。基于这一光辉的论点,一方面导出从生理器官(形体)以求优胜劣败之理的物势学说的自然结论,另方面又是肯定"人死无知,不能害人"的理论前提。

关于"人死无知"的主张,王充的理由计有下列几项:

其一,"人之所以聪明智惠(慧)者,以含五常之气也;五常之气所以在人者,以五藏在形中也。五藏不伤,则人智惠;五藏有病,则人荒忽;荒忽则愚痴矣。人死,五藏腐朽;腐朽,则五常无所托矣;所用藏智者已败矣,所用为智者已去矣。形须气而成,气须形而知。天下无独燃之火,世间安得有无体独知之精?"

其二,"人之死也,其犹梦也。……人梦不能知觉时所作,犹死不能识生时所为矣。人言说有所作于卧人之旁,卧人不能知,犹对死人之棺为善恶之事,死人不能复知也。夫卧,精气尚在,形体尚全,犹无所知,况死人精神消亡,形体朽败乎?"

其三,"人之死,犹火之灭也;火灭而耀不照,人死而知不惠(慧),二者宜同一实。……人病且死,与火之且灭何以异?火灭光消而烛在,人死精亡而形存,谓人死有知,是谓火灭复有光也。"

从上面的论证看来,第一,王充"形须气而成,气须形而知"的命题,是从唯物主义的世界观到唯物主义的知识论的有机联系,因此他的结论是,"夫人死不能为鬼,则亦无所知矣"。第二,从形体朽败到精神消亡的观点,是基于生死的自然规律而规定的,这即是恩格斯讲的,有生就有死的简单常识(参看上节)。第三,尤应特别指出者,王充所谓"谓人死有知是谓火灭复有光"之说,后来又被范缜所发展,形成了神灭论的母体。

关于"人死不能害人"的主张,王充的理由则为:

其一,"夫人之……害人用力,用力须筋骨而(能)强,强则能害人。……夫死,骨朽,精力绝,手足不举,……何以能害人也?凡人与物所以能害人者,手臂把刃,爪牙坚利之故也。今人死手臂朽败,不能复持刃;爪牙隳落,不能复啮噬;安能害人?……气为形体;形体微弱犹未能害人,况死气去精神绝乎?(引者按原文"绝"下有"微弱犹"三字,兹据黄校本改)安(原作"未")能害人。"

其二,"人之所以勇猛能害人者,以饮食也。饮食饱足,则强壮勇猛;强壮勇猛,则能害人矣。人病不能饮食,则身羸弱;羸弱困甚,故至于死。病困之时,仇在其旁,不能咄叱;人盗其物,不能禁夺;羸弱困劣之故也。夫死,羸弱困劣之甚者也,何能害人?……死人精神去形体,……何能害生人之身?"

其三,"人梦杀伤人,……若为人所杀伤,明日视彼之身,察己之体,无兵刃创伤之验。夫梦,用精神;精神,死之精神也;梦之精神不能害人,死之精神安能为害?"

其四,"夫物未死,精神依倚形体,故能变化与人交通;已死,形体坏烂,精神散亡,无所复依,不能变化。夫人之精神,犹物之精神也;物生精神为病(按意谓"物生时其精神能为病害于人"),其死,精神消亡;人与物同,死而精神亦灭,安能为害祸?"

综上所述,王充的无鬼论的体系,是由宇宙根本规律("天地之性")里所谓"精神依倚形体"或"世间安有无体独知之精"的唯物主义命题构成其最高出发点。首尾贯穿,条理井然,实为中世纪思想史上光辉的成就。

王充无鬼论的思想,并非止于纯理论的思辨,而是以无鬼论为前提,在社会实践上("有益之验")导出了薄葬论的主张。此中的关联,王充自己说得十分清楚:

"《论死》、《订鬼》,所以使俗薄丧葬也。孔子径庭丽级,被棺敛者不省;刘子政上薄葬,奉送藏者不约;光武皇帝草车茅马,为明器者不奸(按"奸"字当有误)何?世书俗言不载信死之语,汶浊之也。今著《论死》及《死伪》之篇,明死无知,不能为鬼,冀观览者将一晓解约葬,更为节俭。斯盖《论衡》有益之验也。"(《对作》篇)

我们知道:鬼之为有为无,葬之应厚应薄,是孔墨显学里所争论颇烈的问题;但是,或主无鬼而厚葬以崇孝礼,或主明鬼而薄葬以求节用,孔墨虽持论相反而各有矛盾。直到了王充的无神论思想里,才以"无鬼"为"薄葬"的根据,使问题得到了首次合逻辑的解决。事实诚如王充所说:

第一,总述儒墨关于"鬼""葬"二事的争论:"世尚厚葬有奢泰之失者,儒家论不明,墨家议之非,故也。墨家之议右鬼,以为人死辄为鬼而有知,能形而害人,故引杜伯之类以为效验。儒家不从,以为死人无知,不能为鬼;然而赙祭备物者,示不负死以观生也。……儒家无无知之验,墨家有有知之故(效);……今墨家非儒,儒家非墨,各有所持,故乖不合;业难齐同,故二家争论。"(《薄葬》篇)

第二,论儒家所见的错误:"鲁人将以玙璠敛,孔子闻之,径庭丽级而谏……为救患也。患之所由,常由有所贪。玙璠,宝物也;鲁人用敛,奸人徜(间)之,欲心生矣;奸人欲生,不畏罪法,……则丘墓抽(扣,掘也)矣。孔子……故径庭丽级以救患直谏。夫不明死人无知之义,而著丘墓必抽(扣)之谏,虽尽比干之挚(今本"挚"字作"执人"),人必不听。何则,诸侯财多不忧贫,威强不惧抽(扣)。死人之议,狐疑未定,孝子之计,从其重者。如明死人无知,厚葬无益,论定议立,较著可闻,则玙璠之礼不行,径庭之谏不发矣。今不明其说而强其谏,此盖孔子所以不能立其教。……孔子又谓为明器不成,示意有明;俑则偶人,象类生人。故鲁用偶人葬,孔子叹,睹用人殉之兆也,故叹以痛之。……用偶人葬,恐后用生殉;用明器,独不为后用善器葬乎? 绝用人之源,不防丧物之路,重人不爱用,痛人不忧国,传(儒)议之所失也。"(同上)

第三,论墨家所见的错误:"墨家之议,自违其术:其薄葬而右鬼。右鬼引效,以杜伯为验。杜伯死人,如谓杜伯为鬼,则夫死者审有知;如有知而薄葬之,是怒死人也。人情欲厚而恶薄,以薄受死者之责,虽右鬼其何益哉? 如以鬼非死人,则其信杜伯非也;如以鬼是死人,则其薄葬非也。术用乖错,首尾相违,故以为非。非与是不明,皆不可行。"(同上)

第四,论无鬼是薄葬的前提:"世俗内持狐疑之议,外闻杜伯之类,又见病且终者,墓中死人来与相见,故遂信是;谓死如生,闵死独葬,魂孤无副,丘墓闭藏谷物乏匮,故作偶人以侍尸柩,多藏食物以歆精魂;积浸流至,或破家尽业以充死棺,杀人以殉葬以快生意。……若……死人无知之实可明,薄葬省财之教可立也。"(《薄葬》篇)

综上四点,可知王充的薄葬论,由于与无鬼论相结合,首先就解决了一个思想史问题(孔、墨关于"鬼""葬"二事之争),其次,在其以无鬼为薄葬的前提上,又表现出高度的逻辑思想。最后,我们应该着重指出:

一、汉代是厚葬的时代。据范文澜《中国通史》记载:"皇帝登极,照例开始造坟墓和庙堂。坟墓里埋藏珍宝愈多愈好。后来赤眉掘西汉帝后坟墓,董卓掘东汉帝后及公卿大臣坟墓,收得财宝无数。西汉提倡孝悌,东汉更甚。所谓孝悌,主要是厚葬。棺材要用南方出产的大楠木,从几千里外运来,巧匠雕制,工程细致,造得一具棺材,重约万斤,耗费成千成万的人力。其他祠堂碑碣,殉葬物品,车马帷帐,建筑坟墓,招待宾客,所有费用,都由较小官吏及朋友供应。按照官级负担长官葬费,最后负担者当然还是那些死无葬身之地的穷人,而厚葬者却享孝悌忠信的美名。(西汉大郡太守死,照例收财礼一千万文以上,东汉数目更大。)怪不得西汉杨王孙,临死时坚决主张把自己一丝不挂地埋到土坑里,表示对恶俗的反抗。"(页116—117)明乎此,则王充所谓"奢礼不绝,……则丧物索用;用索丧物,民贫耗之至,危亡之道也",其实际所指,已昭然若揭;而主薄葬于厚葬时代,其批判及反抗精神,更为明显。

二、汉代厚葬的理论辩护人是儒家;王充对之,曾加以无情的暴露:"夫言死人无知,则臣子倍(背)其君父。故曰:'丧祭礼废,则臣子恩泊(薄),臣子恩泊,则倍(背)死亡先;倍死亡先,则不孝狱多。'圣人惧开不孝之源,故不明死人无知之实。(按此确为汉儒思想,例如《说苑辩物》篇说:"子贡问孔子:'死人有知将无知也?'孔子曰:'吾欲言死者有

知也,恐孝子顺孙妨生以送死也;欲言无知,恐不孝子孙弃亲不葬
也'。")异道不相连! 事生厚,化自生;虽事死泊,何损于化? 使死者有
知,倍之非也;如无所知,倍之何损? 明其无知,未必有倍死之害,不明
无知,成事已有贼生之费。"(《薄葬》篇)

　　从这里我们可以知道:儒家之辩护厚葬,完全出于消除"不孝狱
多"的政治动机;此点仍是有若"其为人也孝悌而好犯上者鲜矣,不好
犯上而好作乱者未之有也"的传统看法。并且在理论上,也由于政治
的动机及道德的需要,束缚了知性的发展,不敢公然揭穿有鬼论的虚伪
性。从这里又看出了传统信仰在中世纪思想史上的堕落的本质。

　　总之,王充的无鬼论与薄葬论,不仅在理论上是"异端"对于"正
宗"的反击,而且在实践上也是富有人民性的思想家("节俭"二字是中
世纪人民反抗寺院滥费的意识)对于统治阶级传统信仰的批判。我们
要知道,中国中世纪的绝对皇权和身份性地主的豪权是通过农村公社
以及家族关系而形成的,附丽于这种权力的神圣的光轮,就是家长和大
姓的家族传统以及相应于这种传统的神圣家族的宗教,在意识形态上
就构成了统治阶级的鬼神思想体系,借以威胁他们的家兵、宾客、家客、
童客和部曲家族。王充显然在思想上剥夺了这种神圣的光轮,他的薄
葬论更对于中世纪阶级斗争的一个重要侧面,即滥费的宗教,给以无情
的攻击,因而他的文化斗争形式实质上是政治斗争,是和农民战争有机
联系的。

第五节　王充的唯物主义知识论以及与 自然科学相结合的逻辑学

　　王充依据唯物主义世界观,对于目的论及有鬼论的批判,在于反对
唯心主义和僧侣主义的哲学和宗教。这种理论斗争也贯彻到知识论
上,即依据唯物主义的知识的起源、功能和限界的观点,批判了唯心主
义的看法。王充的这一思想,主要见于《实知》、《知实》二篇,他篇也时

时透露。兹举要分析于下：

关于知识的起源问题，王充坚决否认所谓"生而知之"的天赋观点。他说：

"不学自知，不问自晓，古今行事，未之有也。……故智能之士，不学不成，不问不知。……人才有高下，知物由学；学之乃知，不问不识。……天地之间，含血之类，无性知者（按性知即生知）。……实者圣贤不能知性，须任耳目以定情（诚）实。……孔子曰：'吾尝终日不食终夜不寝以思，无益，不如学也'。"（《实知》篇）

此所谓"知物由学"，说明知识起源于后天的学习，即"任耳目以定情实"，肯定感觉为认识的基础。《知实》篇一口气举了十六条证据，阐述"圣人不能神而先知"，也是此义。在这里，我们必须指出，汉代御用的唯心主义"正宗"，是以先验主义的知识起源论为其中心思想，王充的观点，是用"不破不立"的态度，从反对"正宗"开始，在当时实有着高度的批判精神。王充否定"生而知之"并肯定"学之乃知"，在中世纪思想史上乃是光辉的唯物主义命题。明末清初的王夫之即明白承借此一遗产。在西洋，中世纪"异端"的唯名论中的感觉主义因素，形成近代英吉利培根思想体系的母体；这实与由王充到王夫之的思想演进大体相类似。

与先验的知识起源论相连，谶纬的"正宗"思想家，又以圣人为"前知千岁，后知万世"的"神"，所谓"圣则神矣"。例如《实知》篇所引"儒者论圣人"的话：

"孔子将死，遗谶书曰：'不知何一男子，自谓秦始皇，上我之堂，踞我之床，颠倒我衣裳，至沙丘而亡。'其后秦王兼吞天下，号始皇，巡狩至鲁，观孔子宅，乃至沙丘，道病而崩。又曰：'董仲舒乱（理）我书。'其后江都相董仲舒，论思《春秋》，造著传记。又书曰：'亡秦者胡也。'其后二世胡亥竟亡天下。用三者论之，圣人后知万世之效也。孔子生不知其父，若母匿之，吹律自知殷宋大夫子

氏之世也。不案图书，不闻人言，吹律精思，自知其世，圣人前知千
岁之验也。"

凡此谶纬家的"正宗"看法，王充以为"此皆虚也"。在王充看来，
所谓"前知"与"后知"乃是逻辑学上的推理之知；而"推理"则仍以经
验或感觉为根据，否则无由而出。所以他认为，所有的推理"皆缘前因
古，有所据状，如无闻见，则无所状。"虽在圣人，也是"揆端推类，原始
见终，从间巷论朝堂，由昭昭察冥冥"，"明福处祸，远图未然，无神怪之
知，皆由兆类"。为了证明此理，王充更举例如下：

　　"性敏才茂，独思无所据（按《御览》九七〇引作"使圣人空坐
　独思"），不睹兆象，不见类验，却念百世之后，有马生牛，牛生驴，
　桃生李，李生梅，圣人能知之乎？臣弑君，子弑父，仁如颜渊，孝如
　曾参，勇如贲育，辩如赐予，圣人能见之乎？……使一人立于墙东，
　令之出声，使圣人听之墙西，能知其黑白短长，乡里姓字所自从出
　乎？沟有流垫（澌，《曲礼下》郑注："死之言澌也，精神斯尽
　也。"——引者按），泽有枯骨，发首陋亡，肌肉腐绝，使（圣）人询
　之，能知其农商老少，若所犯而坐死乎？非圣人无知，其知无以知
　也；知无以知，非问不能知也。"（《实知》篇）

似此，必以"闻见"为"据状"，"揆端推类"，然后才能有所谓前因
后果的推理，显然这推理不是"神怪之知"，而是为了反映客观事物的
规律。因此，王充的反映实在的认识论是与关于知识起源的观点，相为
呼应的。

王充虽重经验或感觉，但只以感觉为知识的起点，经验为推理的根
据，并不曾将感觉或经验视为知识的全部。反之，他以为，知识而局限
于感觉或经验，则极易陷于谬误。所以他说：

　　"夫论不留精澄意，苟以外效立事是非，信闻见于外，不诠订
　于内，是用耳目论，不以心意议也。夫以耳目论，则以虚象为言，虚
　象效，则以实事为非。是故是非者，不徒耳目，必开心意。墨议
　（按即"明鬼"之说）不以心而原物，苟信闻见，则虽效验章明，犹为

失实;失实之议难以教:虽得愚民之欲,不合知者之心;(虽不)丧物索用(按即"节葬"之说),无益于世;此盖墨术所以不传也。"(《薄葬》篇)

此所谓"用耳目论,不以心意议",即是"学而不思"的同义语。由此出发,可能导出"以虚象为言"而"以实事为非",这即是说,抹杀理性认识,就不能把握事物的本质。王充这样在知识论上将感性与理性等同地予以强调,而无所偏废,这虽不能说一定渊源于荀子,而与荀子则十分相类。

王充所说知识起源于感觉,是以知识联结于"实践",并在实践中来丰富知识,因而肯定了知识起源于实践,特别是起源于耕织生产的实践。例如他说:

"齐都世刺绣,恒女无不能;襄邑俗织锦,纯妇无不巧。日见之,日为之,手狎也。使材士未尝见,巧女未尝为,异事诡手,暂为卒睹,显露易为者,犹愤愤焉。方今论事,不为(谓)希更,而曰材不敏,不曰未尝为,而曰知不达,失其实也。"(《程材》篇)

这里以"日见日为"为知识的源泉,以"希更未为"为固陋暗昧的原因,实在是光辉的论断。从这里出发,王充以为,宇宙现象可分为可知和不可知的两大类:其一,凡能由学问求出效验的,是可知的;其二,凡不能由经验求出道理的,是不可知的。所以他说:

"天下事有不可知,犹结有不可解也。结有不可解,见〔儿〕说不能解也。非见〔儿〕说不能解也,结有不可解,及其解之,用不能也。圣人知事,事无不可知。事有不可知,圣人不能知,非圣人不能知,事有不可知,及其知之,用不能也。故夫难知之事,学问所能及也,不可知之事,问之学之,不能晓也。"(《实知》篇)

此处"见说",据吕大吉考证,当为人名,《韩非子·外储说上》:"儿说,宋人,善辩者也,持白马非马者也",又《吕氏春秋·君守》篇:"鲁鄙人遗宋元王闲,元王号令于国有巧者,皆来解闲,人莫能之解,儿沇之弟子请往解之,乃能解其一,不能解其一,且曰:'非可解而我不能解也,固不可解也'", 《淮南子·人间训》:"夫儿沉巧于阅,结无不解"(参看吕大吉:《王充认识论的一个问题》,《光明日报·哲学》第六十四期)。王充所谓"事有不可知",从他的整个哲学体系看来,当指超乎经验与推理所可能知者之事,即为问之学之所不能晓之事,据此,王充区分事之所能知与事之不可知,实是捍卫唯物主义的认识论而否定一切神怪之知与"生而知之"的知。

王充的知识论的又一个有价值的论点是他的真理论。他对于各种的知识或观念,当其"订其真伪,辨其虚实"的场合,一贯以"引物事,以验其言行"为唯一的标准。例如:

"道家论自然,不知引物事以验其言行,故自然之说未见信。"(《自然》篇)

"凡论事者违实不引效验,则虽甘义繁说,众不见信。"(《知实》篇)

通过实践的检证来评价知识的真伪,这是唯物主义的真理论。从这里又导出他的致知求实并订辨虚妄的方法论,也即他的逻辑思想。但王充所谓"效验",当做方法来看,也与他的知识论相连而有下列几层意义:

第一,从诸多事例里抽出原则,以证明一个命题或判断的真妄;并且由于王充体系的反"正宗"的"异端"思想的特质,在实际运用上,往往表现为证明两个对立命题或判断的孰为真妄。例如:"盛夏之时,雷电迅疾,时犯杀人。"世俗以为"天怒而击杀之",而王充则由无神论观点,以为"雷者火也"。这样,关于雷的知识,有两个对立的命题或判断:其一,雷是天怒;其二,雷是火。然则二者孰真孰妄呢? 王充以为,此问题不能用"甘义繁说"来解决,而只有取决于"效验"。他追问"何以验之?"进而说:

"以人中雷而死,即询其身,中头则须发烧焦,中身则皮肤灼炽;临其尸上闻火气。一验也。道术之家,以(为)雷烧石,色赤,投于井中,石焦井寒,激声大鸣,若雷之状。二验也。人伤于寒,寒气入腹,腹中素温,温寒分争,激气雷鸣。三验也。当雷之时,电光时见,大(光)若火之耀。四验也。当雷之击时,或燔人室屋,及地草木。五验也。夫论雷之为火有五验,言雷为天怒无一效,然则雷为天怒,虚妄之言。"

第二,王充每提及"效验",辄言"推类",且以"不知类","不推类"为"蔽惑暗昧"的根源。例如:

"事莫明于有效,论莫定于有证。空言虚语,虽得道心,人犹不信。……唯圣心贤意,比方物类,为能实之。"(《薄葬》篇)

"变复之家,不推类验之,空张法术惑人君。"(《明雩》篇)

"儒家说夫妇之道,取法天地。知夫妇法天地,不知推夫妇之道以论天地之性,可谓惑矣。"(《自然》篇)

"夫比不应事,未可谓喻;文不称实,未可谓是也。"(《物势》篇)

据此看来,王充具有着清楚的"类"概念,至为明显。他的"推类"与"效验"相结合的原则,"比不应事未可谓喻"的异类不比的原则,与墨家的逻辑思想颇为近似;而"文不称实未可谓是",则更是"以名举实"的唯物主义的概念论。

第三,"类"概念的取得不是感性所能独为,而必须借助于理性的认识,所以王充的"效验"方法,不限于感性的直观;而常常凭借于理性的推论,在理性的判断里来辩证感性效验的是非。尤应特别注意的是,他的方法论是和自然科学的知识相为联系的。例如,关于儒者所说"日出""日入"问题,王充以为:

"日之出,近也;其入,远不复见,故谓之入;……近,故谓之出。何以验之? ……人望不过十里,天地合矣;远,非合也。今视日入,非入也,亦远也。当日入西方之时,其下之人(按原作"其下民",兹据《晋志》引改)亦将谓之日中。从日入之下,东望今之天下,或时亦天地合。如是,……各于近者为出,远者为入;实者不入,远矣。临大泽之滨,望四边之际与天属,其实不属,远若属矣。

日以远为入，泽以远为属，其实一也。泽际有陆，人望而不见；陆在，察之若望（亡）；日亦在，视之若入；皆远之故也。太山之高，参天入云，去之百里不见埵块；夫去百里不见太山，况日去人以万里数乎？太山之验则既明矣。试使一人把大炬火，夜行于道，平易无险，去人十里（原作"不一里"——引者按），火光灭矣；非灭也，远也。今日西转不复见者，非入也。"（《说日》篇）

这段话已经洞察到自然现象有一定的规律，按这就是王夫之赞许他的"从远观火"的物体运动的思想。又如关于儒者所谓"旦""暮""日中"孰为距人远近问题，王充以为：

"日中近而日出入远。何以验之？以植竿于屋下。夫屋高三丈，竿于屋栋之下正而树之，上扣栋，下抵地，是以屋栋去地三丈；如旁邪倚之，则竿末旁跌，不得扣栋，是为去地过三丈也。日中时，日正在天上，犹竿之正树去地三丈也；日出入，邪在人旁，犹竿之旁跌去地过三丈也；夫如是，日中为近，出入为远，可知明矣。试复以屋中堂而坐一人，一人行于屋上，其行中屋之时，正在坐人之上，是为屋上之人与屋下坐人相去三丈矣；如屋上人在东危若西危上，其与屋下坐人相去过三丈矣。日中时，犹人正在屋上矣；其始出与入，犹人在东危与西危也。日中，去人近，故温；日出入，远，故寒。然则日中时，日小，其出入时大者，日中光明，故小；其出入时光暗，故大；犹昼日察火光小，夜察之，火光大也。既以火为效，又以星为验；昼日星不见者，光耀灭之也；夜无光耀，星乃见。夫日月，星之类也，平旦日入光销，故视大也。"（《说日》篇）

这段话已经洞察到"日、月、星之类"的天体规律问题。

从以上二例看来，王充的自然科学知识虽很有限，但他运用着几何学及光学道理，以证明天文现象，并批判儒者的瞎说，是其思想与自然科学有合理联结的地方。王充生年正值四分历与太初历争论最烈时期，章帝元和二年施行"四分之历"，充年 59 岁；"九章算术"和"浑天仪"的出现，也约和王充同时代，因此这种联结正是反映出唯物主义观点和科学知识在思想史上的天然的联系。复次，王充之注意自然科学又与其反宗教的思想斗争密切而不可分，因为科学正是无神论者的武器。尤应指出：王充在此二问题上所使用的"效验"方法，是由理性认识的证明以纠正直观的"耳目"之论。此点，除与他在知识论上所强调的理性认识相有机联系而外，实为王充逻辑思想丰富的铁证。这就是说，王充在逻辑学上的"效验"方法，是以理性认识的实践检证为其破敌立论的武器。所以《对作》篇说：

> "论则考之以心，效之以事，浮虚之事，辄立证验。"

第四，"比不应事未可谓喻"，就是说"类"概念上不同种类的事物，不能互为说明。这里，又表明了"类推"的"效验"方法与矛盾律之一体相连。矛盾律在韩非那里称为"不相容之事不能两立"，而在王充，则名之为"异道不相连"。例如前引关于薄葬问题，王充之批评墨家，竭力揭发其右鬼与薄葬的"术用乖错，首尾相违"，由"自违其术"而导出了"故以为非"的结论，显然是运用了矛盾律。此外，关于这一问题，《案书》篇又说：

> "……墨家之祖，墨翟也。……则墨之法议难从也。何以验之？墨家薄葬右鬼，道乖相反违其实，宜以难从也。乖违如何？使鬼非死人之精也，右之未可知，今墨家谓鬼审死人之精也；厚其精而薄其尸，此于其神厚而于其体薄也；薄厚不相胜，华实不相副，则怒而降祸，虽有（右）其鬼，终以死恨（黄晖《校释》注云："此文乃明墨家右鬼薄葬，自违其术，义无取于鬼之有无也"——引者按）。人情欲厚恶薄，神心犹然。用墨子之法事鬼求福，福罕至而祸常来也。以一况百，而墨家为法，皆若此类也。废而不传，盖有以也。"

王充的批判方法，充分地渗透了矛盾律的精神，普遍地以不矛盾的说法为是，而以矛盾的说法为非。又如：生与死，是矛盾的概念，而儒家"惧开不孝之源，故不明死人无知之实"，在王充看来，即是不知类的"比不应事"，其概念里含有着"异道相连"的矛盾，因而形成错误的明证：

"异道不相连。……孝子之养亲病也,未死之时,求卜迎医,冀祸消,药有益也;既死之后,虽审如巫咸,良如扁鹊,终不复使(按"使"原作"生",据黄校改)。何则?知死义绝,终无补益。治死无益,厚葬何差("差"有"择""求"二义)乎?倍(背)死恐伤化,绝卜拒医独不伤义乎?亲之生也,坐之高堂之上;其死也,葬之黄泉之下。黄泉之下,非人所居,然而葬之不疑者,以死绝异处,不可同也。如当亦如生存,恐人倍之,宜葬于宅,与生同也。不明无知,为人倍其亲;独明葬黄泉不为离其先乎。……圣人立义,有益于化,虽小弗除;无补于政,虽大弗与。今厚死人,何益于恩?倍之弗事,何损于义?……儒(原作"传",据黄校改)议之所失也。"(《薄葬》篇)

在这里,需要顺便指出:肯定了矛盾律,即是肯定了"是非""真伪"与"虚实"的质的差别性,王充和唯心主义思想相斗争所持的"订其真伪,辨其实虚"的批判精神,即由此出发。

第六节　王充命定论思想的分析

最后,我们来考察王充的命定论思想。

无可讳言,命定论思想是王充思想体系中一个最大的弱点,然而,这一思想又和他的整个体系、他的主要原则有机地联系着;我们在批判这一思想的同时,还不能不予以必要的分析。

王充在《论衡》的第一篇——《逢偶》篇中有一段满怀感慨的议论:

"才高行洁,不可保以必尊贵;能薄操浊,不可保以必卑贱。或高才洁行不遇,退在下流;薄行浊操(而)遇,(进)在众上。"

不论这种感慨是出于一个异端者的自身潦倒也罢,或出于对现实的清醒的自觉也罢,这不能不是一个铁的历史事实、一个普遍的由来已久的历史事实!

这个历史事实要求作理论的说明。但王充在这样的大量事实面前,从理论上多滑出了一步,以致产生错误。

王充回答说:

"处尊居显未必贤,遇也;位卑在下未必愚,不遇也。"(《逢偶》篇)

"修身正行,不能来福,战栗戒慎,不能避祸。祸福之至,幸不幸也。"(《累害》篇)

"凡人操行,有贤有愚,及遭祸福,有幸有不幸;举事有是有非,及触赏罚,有偶有不偶!"(《幸偶》篇)

无可否认,王充是以人生的地位高下和祸福降临,决定于遇与不遇、偶与不偶、幸与不幸的偶然性。

如果把这一思想从扩大的形态上来考察,那末,我们可以发现如下的一系列观点:

一、幸偶是宇宙生成的决定者:

"蝼蚁行于地,人举足而涉之,足所履,蝼蚁笮(笮)死;足所不蹈,全活不伤。火燔野草,车辖所烁;火所不燔,俗或喜之,名曰幸草。夫足所不蹈,火所不及,未必善也,举火行有(道),适然也。……蜘蛛结网,蜚虫过之,或脱或获;猎者张罗,百兽群扰,或得或失;渔者罾江湖之鱼,或存或亡,或奸盗大辟而不知,或罚赎小罪而发觉。灾气加人,亦此类也。不幸遭触而死,幸者免脱而生。……立岩墙之下为坏所压,蹈圻岸之上为崩所坠,轻遇无端,故为不幸。……非唯人行,物亦有之:长数仞之竹,大连抱之木,工技之人,裁而用之,或成器而见举持,或遗材而遭废弃,非工技之人有爱憎也,刀斧之加有偶然也。蒸谷为饭,酿饭为酒,酒之成也,甘苦异味;饭之熟也,刚柔殊和(盉);非庖厨酒人有意异也,手指之调有偶适也。……夫百草之类,皆有补益,(或)遭医人采掇,成为良药;或遗枯泽,为火所烁(燎)。等之金也,或为剑戟,或为锋铦;同之木也,或梁于宫,或柱于桥;俱之火也,或烁脂烛,或燔枯草;均之土也,或基殿堂,或涂轩户;皆之水也,或溉鼎釜,或澡腐臭。物善

恶同,遭为人用,其不幸偶,犹可伤痛,况含精气之徒乎?"(《幸偶》篇)

二、逢遇是人生前途的决定者:

昔周人有仕数不遇,年老白首,泣涕于涂者。人或问之:"何为泣乎?"对曰:"吾仕数不遇,自伤年老失时,是以泣也。"人曰:"仕,奈何不一遇也?"对曰:"吾年少之时,学为文,文德成就,始欲仕宦,人君好用老;用老主亡,后主又用武;吾更为武,武节始就,用武主又亡;少主始立,好用少年;吾年又老。是以未尝一遇。"……且夫遇也(者),能不预设,说不宿具,邂逅逢喜,遭触(合)上意,故谓之遇。……不求自至,不作自成,是名为遇;犹拾遗于涂,摭弃于野,若天授地生,鬼助神辅,禽息之精阴荐(原作"庆",据黄校改),鲍叔之魂默举,若是者,乃遇耳。(《逢遇》篇)

三、幸偶与逢遇皆由命定:

"凡人遇偶及遭累害,皆由命也。有死生寿夭之命,亦有贵贱贫富之命。自王公逮庶人,圣贤及下愚,凡有首目之类,含血之属,莫不有命。命当贫贱,虽富贵之,犹涉祸患(失其富贵)矣;命当富贵,虽贫贱之,犹逢福善(离其贫贱)矣。故命贵,从贱地自达;命贱,从富位自危。故夫富贵若有神助,贫贱若有鬼祸。命贵之人,俱学独达,并仕独迁;命富之人,俱求独得,并为独成。贫贱反此:难达,难迁,(难得,)难成。……仕宦贵贱,治产贫富,命与时也;命则不可勉,时则不可力。……故贵贱在命,不在智愚;贫富在禄,不在顽慧。……春夏囚死,秋冬旺相,非能为之也;日朝出而暮入,非求之也,天道自然。"(《命禄》篇)

四、人命国命皆由天定,而国命胜人命:

"历阳之都,男女俱没;长平之坑,老少并陷。……宋、卫、陈、郑,同日并灾,……国祸陵之也。故国命胜人命,寿命胜禄命。人有寿夭之相,亦有贫富贵贱之法,俱见于体;故寿命修短,皆禀于天,骨法善恶,皆见于体。……国命系于众星:列宿吉凶,国有祸福;众星推移,人有盛衰。……子夏曰:'死生有命,富贵在天。'……死生者,无象在天,以性为主。禀得坚强之性,则气渥厚而体坚强,坚强则寿命长,寿命长则不夭死;禀性软弱者,气少泊而性羸窳,羸窳则寿命短,短则蚤死;故言'有命',命则性也。至于富贵,所禀犹性;所禀之气得众星之精;众星在天,天有其象;得富贵象则富贵,得贫贱象则贫贱;故曰'在天'。"(《命义》篇)

五、国命系于时数,非人力所能为:

"夫贤君能治当安之民,不能化当乱之世。……皆有命时,不可令勉力也。……夫世乱民逆,国之危殆灾害,系于上天,贤君之德,不能消却。……人皆知富饶居安乐者命禄厚,而不知国安治化行者历数吉也。……国当衰乱,贤圣不能盛;时当治,恶人不能乱。世之治乱,在时不在政,国之安危,在数不在教。"(《治期》篇)

上述各点,是王充命定论的概括。在这里,王充向我们暗示了一个哲学命题,即偶然决定一切。

这个命题,就其本身来说,已是一个矛盾,因为在这里,偶然性扮演着必然性的角色,行施着必然性的任务。但这一矛盾对王充的体系来说又并不是矛盾,因为在王充看来,这种偶然性,对物来说,就是自然性;对人来说,就是命,"偶然性决定一切"的命题在这里正是"必然性决定一切"或"自然性决定一切"的命题。我们可以举出王充如下的几句话来参看:

"命,吉凶之主也,自然之道,适偶之数。……二偶三合,似若有之,其实自然,非他为也。"(《偶会》篇)

"夫耕耘播种,故为之也,及其成与不熟,偶自然也。"(《物势》篇)

王充明白指出:"命"即"自然之道"(自然性),同时也是"适偶之数"(偶然性),"偶"(偶然性)即"自然"(自然性)。关于必然性与偶然性,王充这样理解:

"丈夫有短寿之相,娶必得早寡之妻,早寡之妻,嫁亦(必)遇

夭折之夫也。……非相贼害,命自然也。"(《偶会》篇)

　　"故军功之侯,必斩兵死之头,富家之商,必夺贫室之财,……故厉气所中,必加短命之人,凶岁所著,必饥虚耗之家。"(《偶会》篇)

这许多"必",既是偶合,又是命定。特别是后一例的"必",客观上说出了封建制社会的阶级矛盾的现实。从其"必"的观点看来,封建制社会,岂不是厉气充塞、凶暴掠夺的世界么?

因此,我们可以认为,自然性、必然性、偶然性在王充看来是一个道理:就整个世界来说,天地之施气、人物之出生,都出于"自"或"自然",并非有上天在主宰,也并非出于神的某种目的;就个别的物或人来说,那末,它的生成发展是一开始就已决定了的,这种决定,即是一种自然性的决定,而非由于某种外力所加;这种决定,在人即谓之"命"。再回过来,就个别物、人的相互关系而言,则表现为一种偶合的形态或表现为偶然性的形态,这种偶合并非是神或人故意造成的,而是自然的。把王充的命定抽象到哲学上来就是这样一个轮廓。由此可见,(一)王充的命定论所主张的是:盲目的必然性(偶然性)决定一切,在这种命定论中,主观上仍未给宗教或神学的观点留下余地;(二)王充的命定论和他的"自然"原则在语义的外表上看来,是协调的,然而从自然的原则出发而超出"自然"原则方面看来,是语义的混乱。

我们认为,王充的命定论的错误在于把自然的必然性绝对化,它虽提到不少幸偶,适偶,而实质上则正是"以完全否认偶然性来处理偶然性"(在王充看来,"偶"毋宁是一种假象,所谓二偶三合,"似若有之",其实是没有的,其实是"凡有首目之类,含血之属,莫不有命")。恩格斯对于这样的命定论批判道:"这样,偶然性在这里并未被必然性所说明,而倒是必然性降低到产生纯粹偶然的东西。如果一个豆荚中有六颗豆粒而不是五粒或七粒这一事实是和太阳系底运动规律……列于同一等级,那末事实上偶然性不是提高到必然性,而倒是必然性降低到偶然性。"(恩格斯:《辩证法与自然科学》,人民出版社1954年版,页60)

这样就"等于一般地把偶然性底混沌王国宣布为有生命的自然界底唯一定律"。我们不能不在这里记起,王充论述"丈夫有短寿之相,娶必得早寡之妻"之类,颇近似于确定豆荚粒数的必然性。

这种命定论在当时还不能说是反动的。而且,这种思想是有深刻的社会根源的。恩格斯论加尔文的宿命论学说的话,可启发我们的分析:"他(加尔文)的宿命论的学说,就是下列事实在宗教上的反映,即:在商业和竞争底世界中,成功或破产并不取决于个人底活动和技巧,而是取决于那种不受个人支配的各种情况。成功或破产,并非由个人意志和行动来决定的,而是由于至大的和无形的经济权力底仁慈来决定的。这在经济革命时期是特别正确的。……"(恩格斯:《社会主义从空想到科学的发展》英文本序,页19)如所周知,加尔文教曾在荷兰创立了共和国,他的教条正适合当时资产阶级激进部分的要求,这种宿命论决不是反动的。王充及其时代,当然完全不同于加尔文及其时代,但他的宿命论正是如下事实的反映:在中世纪的黑暗时期,贵贱高下,并不决定于才能操行,尊卑显辱并不决定于贤愚智不肖,王充既然不愿承认这一切是合理的,而合理的时代又在中世纪的漫漫长夜中还丝毫没有透露曙光,于是王充就没有从他的"虽自然亦有为辅助"的命题发展下去,反而诉之于"命"了。同时自然科学发展的水平也对王充有所限制,王充运用的科学知识显然表现出幼稚性。但就在他的命定论中,王充还是表现了一定的"异端"性格:(一)与当时的正宗命定论相对立,王充否定"三命",他说:"言随命则无遭命,言遭命则无随命,儒者三命之说,竟何所定?"(《命义》篇)这是对《白虎通义》"三科"说的公开诘难;(二)他通过历史的命定论否定了圣君贤相对于世之治乱所能起的作用。他忠实地揭露出社会的矛盾,至于怎样变革这样的矛盾,则是他所不能知道的。

此外,我们认为,王充的宿命思想,是他的具有机械观点的命定论世界观的必然产物。列宁指出,只要在推论上多走一步,就要使真理变成错误。王充由于建立敌对理论,过分夸大了自己的阵势,以致在真理的把握上滑出了一大步，从目的论的反面就产生出命定论的结论，陷于形式逻辑分野的另一极。在这里，王充的思想就露出了显明的缺点。他的这种观点也影响了齐、梁之际的范缜。唐代的无神论者吕才，特别批判了王充的命禄观念，殊为卓识。而反动派胡适著《王充的论衡》，竟因王充的国命论里有所谓"为善恶之行，不在人之质性，在于岁之饥穰"的说法，遽尔硬说：

> "这是一种很明了的'唯物的历史观'。最有趣的就是，近世马克思的唯物史观也是和他的'历史的必然趋势说'是相关的；王充的唯物观也是和他的'历史的命定论'是在一处的。"（黄晖：《论衡校释》附编四，页 1315）

这话完全是胡说！总括一句话：在这 69 字的论断里，十足地证明了胡适不但把命定论和决定论混杂在一起来恣意歪曲马克思主义，而且也有意曲解了王充！列宁在《什么是"人民之友"》一书中曾严格地区别开决定论和命定论，命定论是机械的观点，而"决定论思想确定人类行为的必然性，推翻所谓意志自由的荒唐的神话，但丝毫不消灭人的理性、人的良心以及对人的行为的评价。恰巧相反，只有根据决定论的观点，才能做出严格正确的评价，而不致把一切都任意推到自由意志的身上"（《列宁全集》第一卷，第 139 页）。至于胡适恰巧从王充的命定论思想的弱点上看出了"很精彩的部分"，则又十足地证明了唯心主义的思想方法是和错误的判断经常"在一处的"！

以上我们分析了王充哲学思想中的一个最大的弱点——命定论思想，在这里我们还须附带说明王充在现实批判上的弱点。

无疑地，王充的思想是汉代最大胆的"异端"，其所批判的对象，大都是当时王室御用的"正宗"及其分泌物；其所定立的命题，也全部与当时王室的统治精神根本不相容。但是，当问题一旦迫近于现实性的政治领域时，王充就依违规避起来，对于"即命"的"今上"，不免束缚于君臣之义的传统，歌颂功德。我们所指的是下列的事实：

> "方今天下太平矣，颂诗乐声可以作末，传（儒）者不知

也。……臣子当襃君父，……是故《周颂》三十一，《殷颂》五，《鲁颂》四，凡颂四十篇，诗人所以嘉上也。由此言之，臣子当颂明矣。儒者谓汉无圣帝，治化未太平。《宣汉》之篇，论汉已有圣帝，治已太平。《恢国》之篇，极论汉德非常（徒）实然，乃在百代之上。……汉家著书，多上及殷、周，诸子并作，皆论他事，无襃颂之言，《论衡》有之。……高祖以来，著书非（者）不讲论汉。司马长卿为《封禅书》，文约不具；司马子长纪黄帝以至孝武，扬子云录宣帝以至哀平，陈平仲纪光武，班孟坚颂孝明，汉家功德，颇可观见。今上（章帝）即命，未有襃载，《论衡》之人，为此毕精，故有《齐世》、《宣汉》、《恢国》、《验符》。……古今圣王不绝，则其符瑞亦宜累属，符瑞之出，不同于前，或时已有，世无以知，故有讲论，俗儒好长古而短今，言瑞则渥前而薄后，是应实而定之，汉不为少；汉有实事，儒者不称。古有虚美，诚心然之；信久远之伪，忽近今之实，斯盖三增九虚所以成也，能圣实圣所以兴也。……谷熟岁平，庸主（原作"圣王"，兹依黄校改——引者按）因缘以立功化，故《治期》之篇，为汉激发。治有期，乱有时，能以乱为治者优。优者有之：建初孟年，无妄气至（指兖、豫、徐三州的牛疫与大旱），……皇帝执（敦）德，救备其灾；故《顺鼓》、《明雩》，为汉应变。是故灾变之至，或在圣世，《时旱》、《祸湛》，为汉论灾。是故《春秋》为汉制法，《论衡》为汉平说。"（《须颂》篇）

但是，所谓"为汉平说"的并不是王充著书的真实解题，《对作》篇谓："凡造作之过，意其言妄而诽谤也，《论衡》实事疾妄，齐世宣汉、恢国验符，盛襃须颂之言，无诽谤之辞，造作如此，可以免于罪矣"，则王充实深怀畏罪戒惧之心。虽然将批判的著作，自己掩饰成歌颂的著作，有他的苦衷，即企图规避统治者的直接压迫，但是这也表现王充之勇于文化批判而怯于政治斗争。然而必须指出，这是历史的局限，我们不能因他没有直接的政治斗争的表现，就否认他的文化斗争的意义。如前所指出，它在实质上依然是一种政治斗争的表现形式。

　　我们在本节临结尾,需要特别指出:在历史的限制里所表现出来的王充思想的弱点,正是旧唯物主义思想的一般特征;而在"异端"思想的批判活动里所表现出来的王充思想的优点,则是汉代思想界最奇玮的宝藏。古来思想史上所谓伟大的思想家,只是说他对于思想发展上起了推动的作用,作了新的贡献,表现了斗争的无畏精神;而不是说他可以完全不受当时思想的影响,可以自由脱离时代的限制而完全和当时盛行的思想绝缘。即以他的逻辑思想而言,我们仅指出他在当时敢于应用形式逻辑作为反宗教的武器,也承继了古代思想的优良传统,而不是说他的这部分理论是最高的逻辑学,因为我们不能超过了古人的时代局限,而非历史主义地苛责古人,妄评是非。因而,王充的弱点,绝对不能掩蔽了王充的伟大;王充的君臣之义的中世纪思想的形式,也绝对不能损毁了王充的阶级斗争的精神。

第 九 章

两汉经今古文学之争论

第一节　两汉经学的历史意义

随着中国封建社会之渐趋确立,思想学术也逐渐地庸俗化并僵尸地教条化起来。统治阶级的有意识的统治政策,更加速这一趋势,以期巩固封建王朝的统治。秦始皇所说"朕为始皇帝,后世以计数,二世三世至千万世;传之无穷"(《史记·秦始皇本纪》),确道出了一般统治者的心理。为了永久地统治人民,他们不但要求法律上的固定形式,而且还要求思想学术上有利于自己的统一形式。汉高帝就因这个缘故,才接受了陆贾的"逆取顺守,文武并用"(《史记·陆贾传》)的进说,并采用了叔孙通等御用儒者的礼仪形式。西汉武帝尊崇儒术,罢黜百家,东汉章帝会诸儒于白虎观,讲议五经同异,亲临裁决,都是显著的例证。他们的用意,实和秦始皇之焚书坑儒,以吏为师,并无两样,所不同者,只是方式较温和,实质更刻毒罢了。学术既然定于一尊,经学遂成了利禄的捷径,学术的正宗与政权的正统互相利用,搅在一起了。所以说:

"自武帝立五经博士,开弟子员,设科射策,劝以官禄,迄于元

始百有余年,传业者浸盛,枝叶蕃滋,一经说至百余万言,大师众至千余人,盖禄利之路然也。"(《汉书·儒林列传》)

经学既是"禄利之路",遂成竞争之途。它不但在未取得正宗地位之前,与黄老之间曾有过一番剧烈的斗争(如黄生与辕固生争论汤武是受命抑篡杀的问题,辕固生对窦太后谓《老子》书为"家人言耳";都隐然或公然利用政权的势力去压对方),而且在已经取得正宗地位之后,儒术阵营里仍不断地在闹内争。所谓"经今古文学之争",就是其集中的具体的表现;甚至它的剧烈程度,也不让正宗之对待异端。有些争取正宗而失败的异端,也并不即归消灭,只是披上了"经学"的外衣,以求得一插足的余地,如阴阳五行说之于董仲舒的学说,就是这种倾向的表现。因此,中世纪的思想学术,决不是单纯的经学。注疏之学,不仅表现某派的宗主信仰,而且表现某派所持的哲学。例如:郑康成《六艺论》说:"注《诗》宗毛为主,毛义若隐略,则更表明;如有不同,即下己意。"(《释文》引)所谓"己意",即是注者自己的见解。

两汉经学虽然有经今古文学之争论,但都含有多量的宗教因素,这是封建时代的一般的特征,不独中国为然。我们知道,西洋中世纪从衰灭的旧世界承继过来的唯一的东西,是基督教。其结果,牧师成为知识教养的独占者,并且与此同时,一切教育,本质上也带有神学的性质。在牧师手里,政治和法律,与其他学问一样,不过是神学的体系的一个构成部门罢了,并且也是依照着神学上所得出的原则来处理的。教会的教义,同时是政治上的公理;圣经的文句,在无论哪一个法院,都有着法律的效力。试把这样情况和两汉经学思想比较一下,所谓"以《禹贡》治河,以《春秋》决狱,以三百篇当谏书"(皮锡瑞《经学历史》),几乎无施不可。甚至从宣帝至章帝,把经学当成国教,"下太常将大夫博士议郎郎官及诸生诸儒,会白虎观,讲议五经同异,……帝亲称制临决,如孝宣、甘露、石渠故事,作《白虎议奏》"(《后汉书·章帝纪》),于是经学便以所谓"国宪"的形式固定化起来。如果说,两汉正宗思想与西欧的有所不同,那只是前者挂着经学的招牌,换句话说,它是经师神父化,皇帝教皇化而已。由此可见,经学形式之所以为帝王服务并不是偶然的;而经学内部发生那种相互以异教徒来攻击的斗争,也不是偶然的。

第二节　经今古文学正解

首先,我们应该说明"经"、"经学"、"今文"、"古文"等几个名词的含义。

第一,什么叫做"经"?《说文》:"经,织从(纵)丝也。从糸,圣声。"这是"经"字的原始的意义。后来"经学"的"经"字的意义即从此出。《释名》说:"经,径也;如径路无所不通、可常用也。"以"径"训"经",当在训"经"为"常"之后,观其末语"可常用也"可知。

关于《诗书》等古书籍称经的起源,有种种说法:

一、章太炎以为"书籍得名,实冯傅竹木而起",故谓"经者编丝缀属之称"。他说:

"余以书籍得名,实冯傅竹木而起。……世人以经为常,从传为转,以论为伦,此皆后儒训说,非必睹其本真。案经者,编丝缀属之称,异于百名以下用版者,亦犹浮屠书称修多罗。修多罗者,直译为线,译义为经。盖彼以贝叶成书,故用线联贯也;此以竹简成书,亦编丝缀属也。"(《国故论衡·文学总略》)

二、刘申叔引《说文》所释,以为"古人见经之多文言",故"假治丝之义而锡以六经之名"。他说:

"盖经字之义,取象治丝。纵丝为经,横丝为纬;引伸之则为组织之义。……六书为上古之书,故经书之文奇偶相生,声韵相协,以便记诵,而藻绘成章,有参伍错综之观。古人见经之多文言也,于是假治丝之义而锡以六经之名。即群书之文言者,亦称之为经,以与鄙词示异。后世以降,以六经为先王之旧典也,乃训经为'法',又以六经为尽人所共习也,乃训经为'常'。"(《刘申叔遗

书·经学教科书》第二课）

章太炎、刘申叔都是经古文学者，但经今文学者如：

三、皮锡瑞则以为：

　　"经学开辟时代，断自孔子删定六经为始。孔子以前，不得有
经，犹之李耳既出，始著五千之言；释迦未生，不传七佛之论也。"
（皮锡瑞：《经学历史》）

而六艺之所以被尊为六经，乃因孔子的删定：

　　"《春秋》，鲁史旧名，止有其事其文而无其义；亦如晋《乘》、楚
《梼杌》，止为记事之书而已。……《春秋》自孔子加笔削褒贬，为
后王立法，而后《春秋》不仅为记事之书。"（同上）

至于一经孔子删定便成为经，其原因在于：

　　"孔子有帝王之德而无帝王之位，晚年知道不行，退而删定六
经，以教万世。其微言大义实可为万世之准则。后之为人君者，必
遵孔子之教，乃足以治一国；所谓'循之则治，违之则乱'。后之为
士大夫者，亦必遵孔子之教，乃足以治一身；所谓'君子修之吉，小
人悖之凶'。此万世之公言，非一人之私论也。"（同上）

四、史学家章学诚则承认"六经皆史"，以为"因传而有经之名"：

　　"六经皆史也。古人不著书，古人未尝离事而言理；六经皆先
王之政典也。"（《文史通义·易教上》）

　　"逮夫子既殁，微言绝而大义将乖，于是弟子们人各以所见、
所闻、所传闻者，或取简毕，或授口耳，录其文而起义，《左氏春
秋》，子夏《丧服》诸篇，皆名为传；而前代逸文不出于六艺者，称述
皆谓之传，如孟子所对汤、武及文王之囿是也。则因传而有经之
名，犹之因子而立父之号矣。"（《文史通义·经解上》）

由上引诸说概括起来，我们可以获得这样的概念：（一）经这个名
词原起于丝织时用以称纵丝，《说文》的定义，正得其解。（二）古书用
竹木简写定，编缀成册，必用丝韦（所谓"韦编"）；因丝韦之于书籍，恰
像纵丝之于布帛，没有它，纬和简便无所附丽，故古书也取得"经"名

（章太炎说）。（三）古者学在官府，《春秋》本是鲁史，故用"二尺四寸"的长简，"传""论"发生于"学术下庶人"之后，为了使用方便，尺寸都比官书缩短。至谓传、论用短简以示谦逊，则为"尊经"以后的思想。所谓"因传而有经之名"的说法，未必合于史实。因为战国末期已有"经"和"说"（《墨子》）或"经"和"解"（《管子》）之对待名词，大抵先有经而后有传，甚或同时写定，例如《韩非子·内外储说》之提纲部分名经，申说部分为传。可见先秦已经有这种体裁，并不是到了传记盛行之后才生起的。

经的起源虽在战国之季，但经被尊崇，则在汉武帝置五经博士以后。所以，同谓之经，其实际的意义是彼此不同的。换句话说，经学形式的固定是从汉代开始的，它一直成了中国封建社会学术的支配形式。正因为把经的地位抬得高了，后来便由五经增至七经九经，又由九经增至十三经，把本来是"论"、"传"、"子"的东西都拉进去了。这是后话。在两汉闹经今古文学之争的时代，还只有五经（《白虎通义》有《五经篇》）。

第二，今文和古文的区别。今古文之"文"，是什么意思呢？《说文解字叙》说："仓颉之初作书，盖依类象形，故谓之文；其后形声相益，即谓之字。文者，物象之本；字者，言孳乳而浸多也。"文与字的这种区别，是就"小学"（文字学）上说的；但在一般用语，则或以文概字，如谓"《春秋》文成数万，其指数千"（《太史公自序》），固不限于狭义的"文"；或则以字概文，如谓"一字之褒，荣于华衮"（范宁：《穀梁传集解序》），固不限于狭义的"字"；或则泛指文章而言，如谓"《春秋》，鲁史旧名，止有其事其文而无其义"（皮锡瑞：《经学历史》），即不指单文只字而指文和字所构成的文辞；而一般对于"语言"而言，则谓之"文字"。由此可见，"文"这个名词，实包含有初文、孳乳的字以及用它们为工具而连缀组织成功的文章等意义；同时又必有"其事其义"以为其连缀组织的内容。因此，经今古文学之争决不限于所用以写定的文字，而史实也已证明了它们一连串的斗争确不限于单纯的文字。

　　但我们这里所要研究的"今文"和"古文"，第一，指汉代所谓五经所赖以表现的工具——文字；第二，指经今古文学家所以争执的经的内容，即双方所主的经说。

　　现在先说所谓今文和古文的第一个意义——即作为工具的文字。《经学历史》的著者皮锡瑞（今文学者）以为"今文"是隶书，"古文"是籀文。他说：

　　　　"两汉经学有今古文之分。今古文所以分，其先由于文字之异。今文者，今所谓隶书，世所传《熹平石经》及孔庙等处汉碑是也。古文者，今所谓籀书，世所传《岐阳》石皷及《说文》所载古文是也。隶书，汉世通行，故当时谓之今文；犹今人之于楷书，人人尽识者也。籀书，汉世已不通行，故当时谓之古文；犹今人之于篆隶，不能人人尽识者也。凡文字必人人尽识，方可以教初学。许慎谓孔子写定六经，皆用古文；然则孔氏与伏生所藏书亦必是古文。汉初发藏以授生徒，必改为通行之今文，乃便学者诵习。故汉立博士十四，皆今文家。而当古文未兴之前，未尝别立今文之名。《史记·儒林列传》云：'孔氏有古文《尚书》，而安国以今文读之'，乃就《尚书》之古今文字而言。而鲁、齐、韩《诗》，《公羊春秋》，《史记》不云今文家也。至刘歆始增置《古文尚书》、《毛诗》、《周官》、《左氏春秋》。既立学官，必创说解。后汉卫宏、贾逵、马融又递为增补，以行于世，遂与今文分道扬镳。许慎《五经异义》有《古尚书说》、《今尚书夏侯欧阳说》、《古毛诗说》、《今诗韩鲁说》、《古周礼说》、《今礼戴说》、《古春秋左氏说》、《古孝经说》、《今孝经说》，皆分别言之。非惟文字不同，而说解亦异矣。"（《经学历史》）

　　皮氏认为"今古文所以分"，由于"文字不同"，"说解亦异"，二者平列，未分轻重。其实，经今古文学之争，除了"禄利之路"的关系，"说解"相异，更为重要。至于"文字不同"，前人早已质疑（如段玉裁、王念孙），而说得明白晓畅的，莫过于龚定盦。他说：

　　　　"请纵言今文古文！答曰：伏生壁中书，实古文也，欧阳、夏侯之徒以今文读之,传诸博士,后世因曰,伏生今文家之祖,此失其名也。孔壁,固古文也,孔安国以今文读之,则与博士何以异? 而曰,孔安国古文家之祖,此又失其名也。今文古文(当系指其原文——引者按)同出孔子之手,一为伏生之徒读之,一为孔安国读之,未读之先,皆古文矣,既读之后,皆今文矣。惟读者人不同,故其说不同,源一流二,渐至源一流百。此如后世翻译,一语言也,而两译之,三译之,或至七译之,译主不同,则有一本至七本之异。未译之先,皆彼方语矣;既译之后,皆此方语矣。其所以不得不译者,不能使此方之人晓殊方语故;经师之不得不读者,不能使汉博士及弟子员悉通周古文故;然而译语者未曾取所译之本而毁弃之也,殊方语自在也。读《尚书》者不曰以今文读后而毁弃古文也,故其字仍散见于群书及许氏《说文解字》之中,可求索也。”(龚自珍:《太誓答问·总论汉代今文古文名实》)

由此可见,今古文字不同,并不足为经今古文学的区别,因而它也不能成为今古文学相争的主要原因(所谓“今文古文同出孔子之手”,也不合史实)。重要的还在于“读者不同,故其说不同”。但所谓古文,也并不是什么籀书,而是战国时东土的文字;这一层不但皮氏所说有误,就是龚氏也只笼统地说为古文,未尝明白说明它是怎样的古文;直至王国维方始作出近真的答案。他在《说文所谓古文说》一文中说:

“至孔子书《六经》,左丘明述《春秋》,皆以古文(《说文解字叙》中语——引者按)。此亦似谓殷、周古文,然无论壁中所出与张苍所献,未必为孔子及丘明手书,即其文字亦当为战国文字而非孔子及丘明时之文字。何则? 许氏此语实根据所见壁中诸经及《春秋左氏传》言之。彼见其与《史籀》篇文字不类,遂以为即殷、周古文;不知壁中书与《史籀》篇文字之殊,乃战国时东西二土文字之殊。许君既以壁中书为孔子所书,又以为即用殷周古文,盖两失之。”(《观堂集林》)

王氏这里指出了“壁中书与《史籀》篇文字之殊,乃战国时东西二

土文字之殊",殊为有见;其结论具见于其所著《战国时秦用籀文六国用古文说》,而论据则在他的《史籀篇疏证序》,兹摘引如下:

"余前作《史籀篇疏证序》,疑战国时秦用籀文,六国用古文,并以秦时古器遗文证之,后反复汉人书益知此说之不可易也。班孟坚言《仓颉》、《爰历》、《博学》三篇,文字多取诸《史籀》篇,而字体复颇异,所谓秦篆者也。许叔重言秦始皇帝初兼天下,丞相李斯乃奏同文字,罢其不与秦文合者,斯作《仓颉》篇,中车府令赵高作《爰历》篇,太史令胡母敬作《博学》篇,皆取《史籀》大篆,或颇省改,所谓小篆者也。是秦之小篆本出大篆;而《仓颉》三篇未出,大篆未省改以前,所谓秦文,即籀文也。……六艺之书,行于齐、鲁,爰及赵、魏,而罕流布于秦。其书皆以东方文字书之。汉人以其用以书六艺,谓之古文,而秦人所罢之文与所焚之书,皆此种文字,是六国文字,即古文也。……故古文籀文者,乃战国时东西二土文字之异名,其源皆出于殷周古文。而秦居宗周故地,其文字犹有丰、镐之遗,故籀文与自籀文出之篆文,其去殷、周古文反较东方文字(原注:即汉世所谓古文)为近。自秦灭六国,席百战之威,行严峻之法,以同一文字,凡六国文字之存于古籍者已焚烧划灭,而民间日用文字,又非秦文不得行用。……故自秦灭六国以至楚汉之际十余年间,六国文字遂遏而不行。汉人以六艺之书皆用此种文字,又其文字为当日所已废,故谓之古文。此语承用既久,遂若六国之古文,即殷、周古文,而籀篆皆在其后,如许叔重《说文序》所云者,盖循名而失其实矣。"(《观堂集林》,《战国时秦用籀文六国用古文说》)

其次,王氏又从近世所出的六国兵器、货币、印玺、陶器,与《魏石经》及《说文》所出之壁中古文比较研究,证明"此数种文字皆自相似",另成一个系统。他说:

"近世所出,如六国兵器,数几逾百;其余若货币,若玺印,若陶器,其数乃以千计:而《魏石经》及《说文解字》所出之壁中古文,亦为当时齐鲁间书；此数种文字皆自相似，然并讹别简率，上不合殷、周古文，下不合小篆，不能以六书求之；而同时秦之文字则颇与之异。传世秦器作于此时者，……其文字之什九与篆文同，其去殷、周古文，较之六国文字为近。"（《桐乡徐氏印谱序》）

他明白地肯定了"此四种文字（按指兵器等文字——引者）自为一系，又与昔人所传之壁中书为一系"，并说明它们之所以不同于"西土"文字的缘故：

"其上不合殷、周古文，下不合秦篆者，时不同也；中不合秦文者，地不同也。其讹别草率，亦如北朝文字上与魏晋、下与隋唐、中与江左不同。其中玺印、陶器，可比北朝碑碣；兵器、货币，则几于魏齐小铜造像之凿款矣。"（《桐乡徐氏印谱序》）

王氏虽于战国东西二土文字不同及东土文字与所谓壁中书别成一个系统，有所发见；但正如钱玄同所说，"王氏识虽甚高，胆实太小，他是决不敢'疑古''惑经'的"；然而他"最精于古代文字，以其研究所得，证明壁中古文为用六国时讹别简率之字体所写，适足以补康氏（有为——引者）之阙，……更足以见康氏考辨伪经之精确"。于是钱氏便更进一步指出刘歆所以要用这种"讹别草率"的六国文字去写伪经的原因，在于"那时甲骨固未发见，尊彝也极少极少，而六国的兵器、陶器、玺印、货币，时代既近，当时必尚有存者。这些东西上面的文字，则自秦始皇'书同文字'以来悉被废除，常人必多不识，虽本是六国异体，大可冒充为'仓颉古文'；更妙在字体讹别简率，奇诡难识，拿它来写伪古文经，是很合式的"。接着，钱氏又引用吴大澂写《论语》、《孝经》的故事，断定所谓壁中古文当多出于"拼合偏旁的假古字"：

"刘歆的'古文'虽源出于六国的兵器、陶器、玺印、货币上的文字，但那些东西上的文字，为数一定很少，拿来写经，是决不够用的。用近代同样的一件事作比例，便可以明白了。清吴大澂用尊彝文字写《论语》与《孝经》二书，并且也兼采兵器、陶器、玺印、货币上的文字。吴氏所见古字材料之多，过于刘歆当不止十倍；而吴氏仅写《论语》、《孝经》二书,刘歆则要写《尚书》、《仪礼》、《礼记》、《春秋》、《论语》、《孝经》这许多书,还要写左传(《说文序》谓左丘明用古文写《左传》,又谓张苍所献《左传》中的字与壁中古文相似),是刘歆需用的字应该多于吴氏者当在百倍以上。可是吴氏用那样丰富的材料写那么简少的书,还是要多多的拼合偏旁,造许多假古字,又加上许多《说文》中的篆字,才勉强写成,则刘歆用那样贫乏的材料写那么多的书,岂能不拼合偏旁,造极多量的假古字呢? 后来晋之《隶古定尚书》,宋之《书古文训》,其中十有八七都是拼合偏旁的假古字,这些假古字源出于魏《三体石经》之古文,而魏《三体石经》之古文则源出于刘歆之壁中古文。我们看魏《三体石经》,《隶古定尚书》,《书古文训》,以及《汉简》,《古文四声韵》这些书中的'古文',便可以测知壁中古文之大概。据此看来,说刘歆的古文源出于六国文字,不过考明它有来历罢了。实际上壁中经的字用真六国文字写的,不知有没有百分之一,而拼合偏旁的假古字一定占了最大多数,这是无疑的。所以说刘歆的古文源出于六国文字,是对的,若说它就是六国文字,那可大错了。然则目壁中古文为刘歆之伪字,不但可以,而且是应该的。"(钱玄同:《重论经今古文学问题》,见《古史辨》第五册)

以上由于康、王、钱诸氏的研究和考证,不但所谓"古文"的真相,已经无复余蕴,而且也透露出在经今古文学之争中,有些人是怎样不择手段的。由此可见,这一斗争,以家法始而以破弃家法终,换句话说,以古文学家与今文学家争立博士始而以综合今古文学终,并不是偶然的。

第三节　经今古文学的争论及其与政治的关联

上面各章已经指出经今古文学的学派性,并已经说明作为正宗思想的代表者儒林的阶级本质。现在,为了了解古文经学斗争的真相,更具体地究明一下汉家(以武帝为代表)尊崇儒术的意义,以及儒家者流对此的反应;换句话说,即是知道他们彼此互相勾结和利用的情形。

汉武帝罢黜百家,尊崇儒术,表面上是由于卫(绾)、董(仲舒)辈先后的建议,但主要的却是由于汉家统治上的需要。汉家的统治,在政制上继承了秦代的县乡亭制,而在思想上也必须找到它的神学的依据,以显示其天命有归,借以麻醉人民。尊崇三老五更,提倡孝弟力田等等,都是和缓阶级斗争而巩固农村"本业"的精神上的要务。至如所谓阴阳五行图书谶纬之类,举凡足以巩固中央专制主义的统制而粉饰太平,利用豪族地主阶级的阀阅地位而兼收并蓄,都无不多方以尽其用,最后以钦定形式,裁决同异。如果轻率地以之为单纯的迷信而予以抹杀,或以为汉人富于迷信而不加深察,都不能正确地把握这个时代的思想。有意争取正宗地位以及继之而巩固其既得地位的儒者们,大都相信谶纬神学,不如此就不算会曲承意旨地为统治者献策了。所谓"禄利之路",便是他们"交易而退,各得其所"的生意经。请看史实吧:

武帝建元元年(公元前140年),"诏举贤良方正直言极谏之士,丞相(卫)绾奏所举贤良,或治申、商、韩非、苏秦、张仪之言,乱国政,请皆罢!奏,可";"五年,置五经博士";"元光元年,策问贤良,于是董仲舒、公孙弘等出焉"。仲舒对策,"以为诸不在六艺之科、孔子之术者,皆绝其道,勿使并进,邪辟之说灭息,然后统纪可一,而法度可明,民知所从矣。"(《汉书·董仲舒传》)看来,好像武帝罢黜了百家,是决然以振兴儒学为己任似的;然而事实不然。史载:建元元年,"议立明堂,遣使者安车蒲轮,束帛加璧,征鲁申公。"

"及申公至,见上,上问治乱之事;申公……对曰:'为治不在多言,顾力行何如耳!'是时,上方好文辞,见申公对,默然;然已招致,即以为大中大夫,舍鲁邸,议明堂事(明堂事见《白虎通义》解释)。"(《汉书·儒林列传》)

"元光五年,复征贤良文学。上……诏策诸儒,……时对者百余人,……天子擢弘(公孙弘)对为第一,召见,容貌甚丽,拜为博士待诏金马门。……(弘)每朝会议,开陈其端,使人主自择,不肯面折庭争。于是上察其行慎厚,辩论有余,习文法吏事缘饰以儒术;上说(悦)之。……元朔中代薛泽为丞相,……无爵,上于是……封丞相弘为平津侯。"(《汉书·公孙弘传》)

"弘以治《春秋》为丞相,封侯,天下学士靡然向风矣。"(《汉书·儒林列传》)

这一对照,可见武帝所好,并不是重力行的真儒学,而是要以文辞来创议宗教仪式的或"习文法吏事,缘饰以儒术"的神甫教条。他们这种勾搭,稍加分析都看得清楚。所以,无怪"学黄老言"的汲黯要批评武帝"陛下内多欲而外施仁义,奈何欲效唐虞之治乎?"同时并"面触弘等,徒怀诈饰智,以阿人主取容"(《汲黯传》),就是同行的儒家辕固生也要告诫"公孙子(弘)务正学以言,无曲学以阿世。"(《汉书·儒林列传》)

这种喜欢臣下"习文法吏事,缘饰以儒术"的内法外儒政策,正是汉家历代皇帝的心传。《后汉书·班彪传》说:"汉兴,太宗(文帝)使晁错导太子以法术",不用黄老,也不用儒术。而下引宣帝这段故事,尤表露得淋漓尽致:

"孝元皇帝……为太子(时)……仁柔好儒,见宣帝所用多文法吏,以刑名绳下。……尝侍燕,从容言'陛下持刑太深,宜用儒生'。宣帝作色曰:'汉家自有制度,本以霸王道杂之,奈何纯任德教,用周政乎?且俗儒不达时宜,好是古非今,使人眩于名实,不知所守,何足委任。'乃叹曰:'乱我家者,太子也!'"(《汉书·元帝纪》)

"汉家自有制度,本以霸王道杂之",真是高帝以来的心传,也是"习文法吏事,缘饰以儒术"的最适切的注脚。这一原则,是根本不许动摇的。所以,一方面,武帝赐严助书,预先指定了奏对的范围:"具以《春秋》对,毋以苏秦纵横!"(《汉书·严助传》)因为《春秋》严上下之分,大一统之治,纵横便有害统一了。而另一方面,汉武尝谓献王曰:"汤以七十里,文王以百里,王其勉之!"这是表露了武帝不"纯任德教"

的事实,他之所谓《春秋》,不外是一种用为"缘饰""文法吏事"的工具。他利用充满了灾异阴阳五行的宗教思想的《春秋繁露》作者——董仲舒,不是偶然的。因为文辞缘饰再没有比把经学变成神学更合乎统治者的要求。董仲舒的天人对策,实际上已可从武帝的策问暗示了答案,那策问是:"三代受命,其符安在?灾异之变,何缘而起?性命之情,或夭或寿,或仁或鄙,习闻其事,未烛厥理?……何修何饰而膏露降,百谷登?……"策问什么呢?一开始便这样的充满了宗教气氛。所以后来选举,遂至以"明阴阳灾异"为标准(元帝)了。在这种封建制社会的宗教空气笼罩之下,今文学家,固然参加阴阳怪气的制造,就是古文学家,也何尝不援引纬书以说经呢!

后来,觉得暗示或指定范围,尚不可靠,于是皇帝不惜亲自出马,"称制临决",前有宣帝甘露二年石渠阁"讲五经异同"的故事,后有章帝"下太常将大夫博士议郎郎官及诸生诸儒,会白虎观,讲议五经同异,……作《白虎议奏》"故事,结局规定了一部以儒术为骨干的国宪——《白虎通义》来。其余波,更表现为经文的钦定,这就是《熹平石经》。唐时刘秩《选举论》说:"光武好学,不能施之于政,乃躬自讲经。肃宗以后,时或祖效,尊重儒术,不达其意而酌其文。三公尚书虽用经术之士,而不行经术之道。"(《全唐文》三七二卷)刘氏不知"汉家自有制度,本以霸王道杂之",所以不免有这样的书生之见了。

两汉今古文学之争,就是在这所谓"以霸王道杂之"的政治原则之下演变的。刘申叔说:

"西汉之时,经学始萌芽于世。汉武表章经术,然宣帝即位,重法轻儒,说经之儒犹抱遗经拳拳勿失,故今古文之争未起,自刘歆移书太常为古文竞胜今文之始。新莽篡汉,崇尚古文。东汉嗣兴,废黜莽制,五经博士仍沿西汉之规;而在野巨儒多明古学,故今古文学之争,亦以东汉为最著。……盖东汉初年,古文学派皆沿刘歆之传(如杜子春、郑众皆受业于刘歆),虽为今文所阨,未克大昌,然片语单词已为学士大夫所崇尚,后经马、卢、郑、许诸儒之注

释,流传至今,而今文家言之传于后世者仅何休《公羊解诂》而已,
余尽失传:此今文学所由日衰而古文学所由日盛也。"

这里所谓"在野巨儒多明古学","虽为今文学所阨,……然片语单
词已为学士大夫所崇尚",而犹有争,可见经今古文学之争,不在争取
学说之公开流传,而是争取置博士,设弟子员——即官学的地位之确
立。所以然者,因为博士的官阶并不算小:——汉初俸四百石,其后增
至六百石,内迁可为奉常、侍中,外迁可为郡国守相诸侯王太傅等等;弟
子员年考一次,如能通一经就可以补文学、掌故的缺,考得高等的,可以
做郎中。有时还有临时的差遣,如武帝元狩六年遣博士大(褚大)等六
人分循行天下是。《史记》说:"自此以来,则公卿大夫士吏斌斌多文学
之士矣。""禄利之路"的效验是多么大呀!

经今古文学之争,自刘歆请立古文尚书等博士以来,终汉之世,大
者计有四次:

(一)西汉哀帝时,有刘歆(古)与太常博士争立《古文尚书》,《逸
礼》,《左传》。

(二)东汉光武帝时,有韩歆、陈元(古)与范升(今)争立《费氏
易》,《左氏春秋》。

(三)东汉章帝时,有贾逵(古)之主《左氏传》与李育(今)主《公羊
传》之争。

(四)在东汉末桓、灵二帝之间,有郑玄(古)与何休(今)争论《公
羊》、《左氏》优劣。

从上述这个简目表看来,经今古文学之争,就经说的内容说,常以
争立《左传》为其中心问题,即是争论各派《春秋》说解的优劣问题。关
于汉家的重视《春秋》的意义,上面已经说过。因为汉代的"复古",只
以《春秋》为理想(后来,等而下之,则以文景治世为理想),因为这个缘
故,所以有"孔子为汉制法"之说(今文),然后《公羊》(后来《穀梁》)能
够久据官学的地位,《白虎通义》即为今文学之结晶;又有"汉为尧后"
之说(古文),然后《左氏传》在新莽时得立于学官(因便于新莽的代

汉），光武以后也未"绝其道"，故尚得流传于学士大夫之间。及至汉末，社会的危机暴露出来，黄巾蜂起，汉祚潜移；不但今文早已失却其作为统治工具的作用，就是古文的经典注疏也已不足以厌悦人心。所以马、卢、郑、许诸儒，为了扩大派别的斗争力量，也终于撤废了家法的藩篱，走上了综合"古""今"的折衷的道路。两汉经学的结束的显明的表现，就是经今古文学的合流。而时代思想的主流，则已经开始向着玄学方面潜行了。在这一点上，马融恰是这一时代思潮转捩的体现者；而郑玄则为综合今古文学的经籍注疏的殿军。

马融生于章帝建初四年，卒于桓帝延熹九年（公元79—166年）。其生年正是章帝会诸儒于白虎观，讲五经异同的时候，其卒年则为清议盛行，党锢狱兴，李膺等二百余人被捕下狱的时候，即是由经学而清议而将入于清谈的时代。马融是"外戚豪家"，"才高博洽"，"达生任性，不拘儒者之节"，"终以奢乐恣性，党附成讥"（指"为梁冀草奏李固"）；证以他告友人语，这记载是没有错的：

> "融既饥困，乃悔而叹息，谓其友人曰：'古人有言，左手据天下之图，右手刎其喉，愚夫不为。所以然者，生贵于天下也。今以曲俗咫尺之羞，灭无资之躯，殆非老庄所谓也。'故往应（邓）骘召。"（《后汉书·马融传》）

"老庄所谓"，即指"生贵于天下"。由此观之，他不但撤废今古文学的限界，兼注《三礼》，而且突破经学的藩篱，崇奉老庄（他也注《老子》、《淮南子》）；不但他谈的老庄之学为后来清谈的主要内容，而且于"绛帐""女乐"之中讲学，也开魏晋清谈家破弃礼教的风尚。这里，由儒家的经学大师口里提出了"老庄所谓"的"生贵于天下"，实足以指示社会思潮正将转向的步骤！

郑玄生于顺帝永建二年，卒于献帝建安五年（公元127—200年）。他尝与卢植同事马融。植"能通古今学，好研精而不守章句"（《卢植传》），而玄也学无师，择善而从，故当世号为博通。何休好《公羊》学，遂著《公羊墨守》，《左氏膏肓》，《穀梁废疾》，玄乃发墨守，针膏肓，起废疾。他虽以古学与休周旋,但注书却不专主古学。他在《六艺论》说:"注《诗》宗毛为主,毛义若隐略,则更表明,如有不同,即下己意,使可识别也。"《后汉书·儒林列传》说:"郑玄本习《小戴礼》,后以古经校之,取其义长者。"何平叔《论语集解序》说:"郑玄就《鲁论》篇章,考之齐、古,为之注。"这些都是指说他不专主一家的。陈澧《东塾读书记》说:"郑注《周礼》并存故书今书,注《仪礼》并存古文今文;……从今文则注内叠出古文,从古文则注内叠出今文。"范蔚宗说:"经有数家,家有数说,章句多者或乃百余万言,学徒劳而少功,后生疑而莫正,郑玄括囊大典,网罗众家,删裁繁芜,刊改漏失,自是学者略知所归。"(《后汉书·郑玄传》)这不啻说后来郑注行而他注废的原因。而他自己在著书时确是自觉地在追求着"括囊""删裁",使学者事半功倍。所以,在《诗谱序》里说:"举一纲而众目张,解一卷而众篇明,于力则鲜,于思则寡,其诸君子亦有乐于是欤?"这里所谓"举一纲而众目张,解一卷而众篇明",是就学者读是书时可以"以一御多"说的,但他在写成是书之前,恐怕还要经过"由多求一"的工夫吧。因为不"纲罗众家",就无法"括囊大典"。这种方法,到了许慎运用以著《说文解字》,更见显明;所谓"分别部居,不相杂厕",而所以"分别"之者,则依于"方以类聚,物以群分,同条牵属,共理相贯,杂而不越,据形系联"的方法。这些对于清谈之分析名理,当有不少的影响。

郑玄也和马融一样,不为经学所拘囿。他在主观上虽自以为"念述先圣之玄意,思整百家之不齐,亦庶几以竭吾才",但"黄巾为害,萍浮南北"(均见其《诫子书》)。当他为袁绍宾客时,更有如下的故事:

> "绍客多豪俊,并有才说,见玄儒者,未以通人许之,竞设异端,百家互起,玄依方辩对,咸出问表,皆得所未闻,莫不嗟服。"(《后汉书》本传)

"依方辩对",使"豪俊"们"皆得所未闻,莫不嗟服",这决不是"述先圣之玄意"、"整百家之不齐"的儒家那一套所能奏效的。可见郑氏所学必兼百家,本传所载三统历、九章算术、天文七政论之类,只是例示而已。在经学将被玄学所代替的时候,郑玄不但殚其精力于融合古今文学的注疏,破弃家法的传统,而且还表现出清议的习尚,这样就成了汉末特别的"郑氏家法"(本传)了!

第 十 章

汉末统治阶级的内讧与清议思想

第一节 统治阶级的势力消长与关系变迁

我们知道,汉代从武帝以后,封建制才以法典的形式标志出来。统治阶级之间的矛盾是经济基础的反映。严格地讲来,汉代土地所有制在法律上是缺乏私有制的,这就形成土地国有制的东方形态,荀悦《申鉴》在汉末豪族地主威胁皇权的时候,还说"耕而勿有,以俟制度"(《时事》)。然而从法律的观点看来是一回事,从现实的情况看来,又是一回事,这即是说,汉代一直是以身份性的地主阶级"豪族"的土地兼并,为社会最大的问题。史实明确,这里不必繁引了。正由于这样的矛盾,在统治阶级之间就形成了皇族和豪族的主要对立,因而统治阶级的集团势力的消长,也就不能不以皇族与豪族的对立斗争的形势为其关键。特别在汉末,宦官和外戚的势力,不是由于汉王朝皇族中央集权的强大,相反地,是由于豪族地主阶级的强大,才形成围绕皇权的依附集团。从封建制社会的基本的阶级矛盾,即农民与地主阶级的矛盾看来,豪族地主阶级依仗它的身份性地位和农村公社的组织(部曲宗族),不论对赤眉的斗争和对黄巾的斗争,都是利用农民与皇族最高地主的对立,而从中窃取胜利的果实,从而扩大它的势力。明白了这种历史规律,我们才可以研究汉末统治阶级之间的内讧。

汉末统治阶级之间的派系纠纷,表现出一幅极为错综复杂的图画。在宫闱之内,后妃贵人与后妃贵人之间,有着深刻的争宠争权的矛盾。从而,外戚与外戚之间,也展开了激烈的斗争。同时奉承天子与后妃颜色的宦官们与乳母宫婢们,也各自依附着主子,而结成互相矛盾的奴才集团。从这里再延展开来,纠纷的触须,卷上朝廷的三公九卿,卷上地方的牧守令长,卷上统率戎行的将帅校尉,甚至学中的生徒,岩穴的处士,也都与这种纠纷勾联起来,而互相结成了势不相下的集团,倾挤陷害,明争暗斗,无所不至。

这种纠纷,表面上虽然发源于宫闱之内,但其主要根源,却在强宗豪族与王朝皇族的矛盾。东汉的外戚,诸如阴氏、马氏、邓氏、阎氏、梁氏、窦氏、何氏,都是有名的外戚群。他们之所以成为新兴的强宗豪族,而且成为强宗豪族中极有力量的一支,是因为他们最初是皇权的支持力量。在宦官方面,如郑众(封侯)、孙程(十九人封侯)、曹腾(封侯)、单超(五人封侯)、曹节(封侯)、张让(封侯)等,都由炙手可热的炽烈权势,形成阉寺群。他们"举动回山海,呼吸变霜露,阿旨曲求,则光宠三族,直情忤意,则参夷五宗。汉之纲纪大乱矣。若夫高冠长剑,纡朱怀金者,布满宫闱,苴茅分虎,南面巨人者,盖以十数。府署第馆,棋列于都鄙;子弟支附,过半于州国。……皆剥割萌黎,竞恣奢欲;构害明贤,专树党类。其有更相援引,希附权强者,皆腐身熏子,以自炫达,同敝相济,故其徒有繁。"(《后汉书·宦者列传序论》)这样的阉寺群严格地讲来,是皇权对付豪权的工具。如果说在西汉最高统治者用的是酷吏以对付豪强,那么在东汉末年,强宗豪族威胁中央集专制政权的时候,宦官就取得了生杀予夺的大权,合则光宠三族,不合则参夷五宗。在乳母方面,安帝乳母王圣封野王君;顺帝乳母宋娥封山阳君,邑五千户;桓帝乳母马惠,子初封列侯;灵帝乳母赵娆封平氏君,贵重天下,生则资藏侔于天府,死则丘墓逾于园陵,两子受封,兄弟典郡。她们也形成一种平地起家的变相的强宗,在政治上是和阉寺群同流合污的。在宗室方面,封王的诸刘,虽然汉朝政府限制诸侯很严,但无疑的,并不足以妨碍他们形成一种宗室群的强宗豪族。汉末刘焉、刘虞,以宗室子孙,开创了州牧的局面,掌握了地方的军政大权,首先实行割据。这一事实,正可以说明宗室群的强宗豪族,力量是一向很强大的。原来东汉王朝刘秀出身也正是这一类强宗。在朝臣方面,如黄氏(黄香、黄琼、黄琬),杨氏(杨震、杨秉、杨赐、杨彪),袁氏(袁安、袁敞、袁闳、袁绍),班氏(班彪、班固、班超、班勇、班始),荀氏(荀淑、荀爽、荀悦),李氏(李郃、李固、李燮),李氏(李修、李益、李膺),王氏(王龚、王畅、王粲),崔氏(崔骃、崔瑗、崔实),应氏(应奉、应劭、应场、应璩),第五氏(第五伦、第五种),朱氏(朱晖、朱穆),陈氏(陈咸、陈躬、陈宠、陈忠,律令世家,《后汉纪》卷十五),都是累世显宦,形成一种官僚群的强宗豪族。此外,以儒学进身的,如桓氏(桓荣、桓郁、桓焉、桓鸾、桓典、桓彬),张氏(张霸、张楷、张陵、张玄),冯氏(冯衍、冯豹),形成一种儒学的强宗豪族。以武功荣显的,在关陇方面,如皇甫规、张奂、段颎、皇甫嵩,形成一种关陇的强宗豪族。但儒学与关陇,地位同属官僚,且官僚也都由儒学与武功选用,实可归入官僚群的强宗豪族一类。

上面虽然这样的来区分强宗豪族为各种集团,但这并不意味着他们的类型是固定的,因为宗法关系的身份地位和农村公社的家长地位只要存在着,就有他们的生长孕育的条件,因而豪门阀阅在个别情况之下虽有盛衰,但在总的形势之下却不过阶级出场者的人物有些变化而已,而细族孤门是必然要依附于他们的。由于皇族最高地主的法律地位以及依附皇族的宦官集团的权力,上述各个集团就不是一种自相凝结的利害体系,而且在每一集团内部仍有着激烈的矛盾,分化着,一部分与别的集团的某些分子相联结,而另一部分则与别的集团的某些分子以外的分子相联结。因此,这种复杂错综的派系纠纷,表现在政争方面的,也就极五花八门之能事。许多人依违避就,在这种政争当中,时常变换他们的派系隶属关系。政治的浪潮冲击着，鼓荡着，奔腾着，使强宗豪族中的许多没有强固立场的分子，显出非常可怜的漂泊无定的颜色。例如马融，出身是外戚集团，而以儒学集团的博洽通儒显名当世。但当时显赫的外戚是大将军邓骘，而非马氏，因此，不愿应邓氏的征召；但终以"生贵于天下"，不肯"以曲俗咫尺之羞，灭无赀之躯，……故往应骘召"，元初二年，又以上《广成颂》忤邓氏，滞于东观十年不得调，及邓氏败，乃转附新起的显赫的外戚梁氏。融惩于邓氏，不敢复违忤势家，遂为梁冀草奏李固，李固被杀，天下不直，又为《大将军西第颂》，以此颇为正直所羞（《后汉书·马融传》）。考马融在顺帝阳嘉二年，与李固同以敦朴有道征，可说是同一集团的人物。但李固议论忠谠，不阿权贵。而马融乃竟为梁冀草奏杀之，无怪为正直所羞了。这样的一位依违避就的人物，正是一个典型的例子。原来皇族最高地主为了削弱豪族地主，既利用了阉寺群的力量，又培植起外戚群的强宗豪族与宗室群的强宗豪族。至于官僚群的强宗豪族，儒学的强宗豪族，关陇的强宗豪族，不但实力上不够强大，而且集团的倾向也不分明，他们常常依附着外戚或者阉寺以为进退。客观的阶级形势的变化，不但没有如皇帝的主观愿望，反而更加削弱了皇权的地位，然而到了灵帝末年，外戚与宦官争竞剧烈，外戚既复，宦官也终为宗室、官僚与关陇的联合力量所摧毁，而天下分崩，四方割据的局势终于代替了汉室的一统江山。

在东汉初年，外戚的权势笼罩一切，但自和帝时宦官郑众诛外戚窦宪之后，中官之势始盛。殇帝时，宦官兼领卿署之职，遂由宫内走上朝廷。邓太后以女主临政，而万机殷远，朝臣国议，无由参断。帷幄称制，下令不出房闱之间。不得不委用刑人，寄之国命，手握王爵，口含天宪，不再是掖廷永巷之职，闺牖房闼之任了。其后孙程等以立顺帝之功封侯，曹腾以立桓帝之功封侯，单超等以诛梁冀之功封侯；故中外服从，上下屏气。桓帝以后，宦官的势力非常庞大，朝中公卿跟他们互通声气，地方守令多出其门下，结成了一个顽强的腐恶集团，其势力远过外戚之上，因此首先与外戚冲突起来。外戚联结了官僚集团与儒学集团中的"清流"分子，对宦官反攻，遭到宦官的迎头痛击，这样就爆发了所谓"党锢之祸"。在党锢之祸中，为宦官所杀害的人物，窦武是外戚（三君之一），陈蕃是官僚（三君之一），李膺是官僚（八俊之一），其余被禁锢的，或为官僚，或为经师，或为太学生。而在宦官方面，也有一部分官僚集团与儒学集团中的分子与之联结着的，如周福、段颎。

所以党锢之祸，乃是权势渐衰的外戚，与权势鼎盛的阉寺，各自联结了其他的强宗豪族，在这之间的剧烈的内讧的爆发而已。

试细读下列年表，不难看出统治阶级在汉末统治势力的消长，以及他们之间关系的变迁：

汉帝纪年	公元	要政大事	统治阶级的势力消长与关系变迁	附注
和帝永元四年	92		外戚大将军窦宪被诛,宦官郑众之谋也。于是太尉宋由,以党窦氏自杀,班固亦下狱死。郑众为大长秋。	宦官之势始盛。
十四年	102		封郑众为鄛乡侯,赏讨窦氏之谋也。天子常与谋国事。	宦官封侯始此。
元兴元年	105	十二月,帝崩,殇帝即位,邓太后临朝。		
殇帝延平元年	106	邓太后临朝,八月帝殂,安帝即位。	四月,外戚邓骘为车骑将军,仪同三司。	

汉帝纪年	公元	要政大事	统治阶级的势力消长与关系变迁	附注
安帝永初元年	107	邓太后临朝。		
二年	108	五月,旱,太后亲录囚徒。	十一月,邓骘为大将军。	
三年	109	正月,帝冠,许卖官。		
元初二年	115	夏,立阎后。		
建光元年	121	三月,邓太后殂,天子始亲万机。	五月外戚邓骘邓遵自杀。骘等之死,由乳母王圣、中黄门李闰等诬告谋废立。	
延光二年	123		四月,爵乳母王圣为野王君,圣女婿刘瓌为朝阳侯。司空杨震上书言封爵不当,勿纳。	
三年	124	八月,废皇太子保为济阴王。	二月,太尉杨震上书言王圣,策免自杀。太子之废,由于常侍江京及王圣等之谮。	
四年	125	三月,帝崩于叶,阎太后临朝,立北乡侯懿为少帝,十月殂,宦官孙程等立顺帝,即济阴王保。	十一月,外戚阎显兄弟被诛。显等之诛,由于宦官孙程等之力。孙程等十九人,以立帝及诛阎显功,封侯。	宦官之势大盛。

汉帝纪年	公元	要政大事	统治阶级的势力消长与关系变迁	附注
顺帝永建元年	126	正月,阎太后殂。		
二年	127		秋,征处士樊英、杨厚,黄琼,贺纯。	处士荣显,官僚势力抬头。
六年	131	九月,起太学。		
阳嘉元年	132	正月,立梁后。	四月,后父乘氏侯梁商,位特进,顷之,拜执金吾。梁商在位,所辟召皆海内英俊。	外戚与官僚合作。
二年	133		用左雄言,除九卿捶扑之罚。举敦朴之士,李固第一,马融、张衡同时被举。	官僚地位抬高。
四年	135		四月,梁商为大将军,许中官养子袭爵。	
永和六年	141		八月,大将军梁商殁,子冀代。	
汉安元年	142		分遣杜乔、张纲等八使巡行天下。	
建康元年	144	八月,帝崩,冲帝立,梁太后临朝。	九月,举贤良方正,能直言极谏者各一人,皇甫规对策,两讥宦官与外戚,梁冀忿其间己,策规下第。	

汉帝纪年	公元	要政大事	统治阶级的势力消长与关系变迁	附注
冲帝永嘉元年	145	正月冲帝崩,质帝立。		
质帝本初元年	146	六月,梁冀进毒弑帝,用宦官曹腾谋,与太后定策禁中,迎立蠡吾侯志,是为桓帝。	四月,太学生增至三万余人,令将军以下,至六百石,遣子诣太学试,受业满岁,课试以高第五人补郎,次第五人太子舍人。初质帝被弑,太尉李固与大鸿胪杜乔欲立清河王蒜,众皆同焉。梁冀乃先策免李固。	太学生极盛,宦官离间外戚与官僚之合作。
桓帝建和元年	147	八月,立皇后梁氏,梁冀妹也。	十一月,杀李固、杜乔。大将军从事中郎马融主作章奏,吴祐曰,李公之罪,成于卿手,李公若诛,卿何面目示天下人。	
和平元年	150	正月太后归政,二月殂。		
永兴元年	153		太学生上书讼朱穆,又上书言铸大钱。	太学生上书。
永寿二年	156		初听中常侍行三年之丧。	

汉帝纪年	公元	要政大事	统治阶级的势力消长与关系变迁	附注
延熹二年	159	七月,梁后殂,立邓后。	八月,梁冀伏诛。宦官单超等五人,以谋诛梁冀功,封侯,白马令李云上言,猥封诛梁冀谋臣之不当,帝怒,下云狱,五官掾杜众上书愿与同死,皆论大逆不道。大鸿胪陈蕃上疏救云,蕃免官。太尉黄琼上疏称疾,痛论宦官与外戚之祸。	
四年	161	七月,减百官俸,借王侯半租,卖官。	皇甫规破叛羌。	
五年	162		皇甫规不答宦官求贿,坐系廷尉,论输左校,诸公及太学生张凤等三百余人诣阙讼之,会赦归家。规初讥切梁氏,谢罪归,教授十余年,好推达贤士,陈蕃、杨秉、李膺、张奂,皆规所教授,显名于世。	太学生上书。

汉帝纪年	公元	要政大事	统治阶级的势力消长与关系变迁	附注
八年	165	春,废邓后,幽杀之。十月,立窦后。八月,赋田亩。	六月,段颖破羌人。七月,陈蕃为太尉。窦后父窦武拜特进城门校尉,封槐里侯。武得两宫赏赐悉散与太学诸生。正月,使中常侍左悺之苦祠老子,十二月,又使管霸之苦祠之。	外戚与官僚合作。
九年	166		十二月,兴党锢之狱,李膺、杜密被捕,部党二百余人下狱,书名王府。七月,祠黄老于濯龙宫。	宦官反击,第一次党锢。
永康元年	167	十二月,帝崩,太后临朝。	六月,赦党人,终身禁锢。	
灵帝建宁元年	168	正月,窦太后与父窦武,定策禁中,迎立解渎亭侯宏,是为灵帝。	正月,窦武为大将军,陈蕃为太傅。九月,中常侍曹节、王甫等矫诏诛窦武、陈蕃,幽太后。先是,蕃武欲诛宦官,太后不能决,故反及于难。	外戚官僚合谋诛宦官,宦官反击。
二年	169		十月,中常侍侯览讽有司奏前钩党,杀李膺、杜密等百余人,妻子徙边,制诏州郡,大举钩党。天下豪杰及儒学行义者,一切结为党人。	第二次党锢,宦官之势极盛。

汉帝纪年	公元	要政大事	统治阶级的势力消长与关系变迁	附注
四年	171	正月,帝冠,立宋后。	大赦天下,惟党人不赦。	
熹平元年	172	六月,窦太后殂。	七月,宦官讽司隶校尉段颎,颎系太学诸生千余人,时有人书朱雀阙,言天下大乱,曹节、王甫幽杀太后,常侍侯览多杀党人,公卿皆尸禄,无有忠言者。	太学生大批被捕。
四年	175		太学诸生忿争相告,私行金货,改定兰台漆经文字,三月,诏诸儒是正文字,刊石立太学门外。十月,使宦者为令,列于内署,诸署悉以阉人为丞令。	太学生分裂。
五年	176		闰五月,杀永昌太守曹鸾,上书讼党人故也。更考党人,禁锢五属。十二月,试太学生,年六十以上者百余人,补郎中、太子舍人、王家郎、郡国文学吏。(《汉官仪》曰,并秩二百石,无员。)	

汉帝纪年	公元	要政大事	统治阶级的势力消长与关系变迁	附注
六年	177		四月,贾民为宣陵孝子者数十,皆除太子舍人。	
光和元年	178	十月,废宋后,幽杀之。十二月,开西邸卖官,公千万,卿五百万。	二月,置鸿都门学,课试至千余人。	太学生分裂,其与宦官勾结者,别立鸿都门学,以书画诗赋伎艺进,一反传统说经解经学风。
二年	179		四月,大赦天下,诸党人禁锢,小功以下皆除之。中常侍王甫下狱死,太尉段颍自杀。	
三年	180	十二月,立皇后何氏。	七月,大长秋曹节为车骑将军。十二月,后兄何进为河南尹。	
中平元年	184	二月,黄巾张角等起事。	黄巾既起,三月,何进为大将军,帅师次于都亭,自幽谷、伊阙、大谷、辕辕、盟津,皆置都尉,以备张角,赦党人。五月,皇甫嵩、曹操等破黄巾。八月,张角死。	黄巾起,赦党人,地方强豪起兵。

汉帝纪年	公元	要政大事	统治阶级的势力消长与关系变迁	附注
二年	185		六月,宦官张让等以平黄巾功,封侯。	
三年	186		二月,宦官赵忠为车骑将军。	
五年	188	改刺史为州牧。	刘焉为益州牧,刘虞为幽州牧。八月,置西园八校尉,统于小黄门蹇硕。	地方割据之合法认可。
六年	189	四月,帝崩,王子辩立。九月,董卓废帝为弘农王,立王子协,是为献帝。辽东太守公孙度自立。	四月,大将军何进诛蹇硕,用袁绍谋,欲尽诛宦官,反被中常侍张让等所杀,司隶校尉袁绍勒兵,悉诛宦官。	外戚与宦官火并结果,两败俱伤。地方军事豪强,擅废立之权,或径行独立。
献帝初平元年	190		正月,山东诸侯起兵讨董卓。三月,卓焚洛阳,徙都长安。	地方豪强混战开始。

从上表可以看出自和帝永元四年(公元 92 年)至灵帝中平六年(公元 189 年)这一百年内,统治阶级的势力消长与关系变迁,有如下几点特色:

第一,永元四年(公元 92 年),宦官郑众谋诛外戚窦宪成功,于是中官之势始盛。安帝延光四年(公元 125 年),帝崩,宦官孙程等以诛外戚阉显,拥立顺帝之功,19 人封侯,于是中官之势大盛。顺帝阳嘉四年(公元 135 年),许中官养子袭爵,这是这一最高皇族地主的工具阉寺群在严密的汉法度中,取得了政治上的合法地位的宣告,是一件意义重大的事情。桓帝永寿二年(156 年)初听中常侍行三年之丧,这是阉寺群在严密的汉法度中,取得封建礼俗崇隆仪式的宣告,又是一件意义重大的事情。顺帝之后,曹腾巧妙地劝梁冀立桓帝,单超又投机地为桓帝诛梁冀,中官势力,始超过了外戚,而成为左右皇权最有力的一支。灵帝建宁元年(公元 168 年),宦官王甫等杀外戚窦武,太傅陈蕃,次年又杀李膺等百余人,制诏州郡,大举钩党,是为中官势力极盛之期。此后,诸署悉以宦官为令丞,宦官且领禁兵。(《后汉纪》卷廿五,灵帝中平六年,何后谓何进曰:"中官领禁兵,自汉家故事,不可废也。")这形势直维持至灵帝中平六年(公元 189 年),计中官权势极盛之期,前后达二十余年。中平六年,灵帝崩,外戚何进谋诛宦官,反为宦官所诛,司隶校尉袁绍等乃以徐兖兵(地方兵力)悉诛中官无少长二千余人。于是中官之势力始消灭。作为皇权统治的工具的阉寺群在这一百年中,势力始终强大,控制着中枢政权,好像这是皇权的扩大,然而事实正相反,削减宦官势力的又是豪族地主的地方军事势力,中央集权主义专制政权的对立者依然是豪族地主。

第二,新兴的外戚的势力,在顺帝朝,以梁商、梁冀父子为最盛。顺帝初年,征用处士樊英等,又修起太学,嗣后外戚梁商,以大将军之尊,又继续培植了一部分官僚的势力,如举李固,用周举、朱穆,分遣八使张纲等巡行天下皆是。当时官僚势力与外戚势力合流,颇威胁了中官。范书在《黄琬传论》(卷九十一)里,于此颇致推崇,后儒如顾亭林所称东京风俗之美,都是不明白阶级关系,从表面上论史的旧看法。[1] 但后

---

① 《后汉书》卷九十一《黄琬传论》:"汉初诏举贤良方正,州郡察孝廉秀才,斯亦贡士之方也。中兴以后,复增敦朴、有道、仁贤、能直言、独行、高节、质直、清白、敦厚之属,荣路既广,觖望难裁。自是窃名伪服,浸以流竞,权门贵仕,请谒繁兴。……顺帝始以童弱反政,而号令自出,知能任使,故士得用情,天下喁喁,仰其风采,遂乃备玄纁玉帛,以聘南阳樊英,天子降寝殿,设坛席,尚书奉引,延问失得,急登贤之举,虚降己之礼。

来梁冀昏暴恣纵，冲帝时，皇甫规对策，两讥中官与外戚。质帝时，官僚势力大盛，太学生增至三万余人，遂遭梁冀之忌，毒杀质帝，卒用中官曹腾之谋，立桓帝，策免太尉李固，次年杀之。则中官又离间了外戚与官僚的合作，巧妙地取得胜利。延熹二年，梁、冀为宦官单超等所诛，外戚失败了。正如黄琼所指出，当时宦官的手段是极为高明的。太尉黄琼于梁冀被诛，单超等封侯之后，上表称疾不朝，说：“徐璜、唐衡、单超、具瑗等，于梁冀之盛，苟免相连，及其当诛，说以要赏。陛下不复澄清善恶，俱与忠臣尚书令尹勋等并时显封，使朱紫不别，粉墨杂糅。所谓消金玉于沙砾，碎珪璧于泥涂，四方闻之，莫不叩心。”此后，灵帝朝之外戚窦武，灵帝崩后之外戚何进，皆欲谋诛中官，而为中官所杀。外戚对阉寺的反击，终于没有得手。

　　第三，官僚势力是在顺帝朝为顺帝与外戚梁氏所培植起来的，顺帝且曾接受左雄的意见，取消了明帝以来九卿捶扑之罚，相对地提高了官僚的人格地位。[①]特别是儒学势力如太学生，在顺帝初年修起太学，至质帝时，人数增至三万余人，最为兴盛。质帝时，令大将军以下至六百

于是处士鄙生忘其拘儒，拂巾衽褐，以企旌车之招矣。至乃英能承风，俊义咸事，若李固、周举之渊谟弘深，左雄、黄琼之政事贞固，桓焉、杨厚以儒学进，崔瑗、马融以文章显，吴祐、苏章、种暠、栾巴，牧民之良干，庞参、虞诩，将帅之宏规，王龚、张皓，虚心以推士，张纲、杜乔，直道以纠违，郎𫖮、阴阳详密，张衡机术特妙，东京之士，于兹盛焉。向使庙堂纳其高谋，疆场宣其智力，帷幄容其謇辞，举措禀其成式，则武、宣之轨，岂其远而。《诗》云，靡不有初，鲜克有终，可为恨哉！及孝桓之时，硕德继兴，陈蕃、杨秉，处称贤宰，皇甫、张段，出号名将，王畅、李膺，弥缝衮阙，朱穆、刘陶，献替匡时，郭有道奖鉴人伦，陈仲弓弘道下邑，其余宏儒远智，高心絜行，激扬风流者，不可胜言，而斯道莫振，文武陵队，在朝者以正议婴戮，谢事者以党锢致灾。往车虽折，而来轸方遒，所以倾而未颠，决而未溃，岂非仁人君子心力之为乎。呜呼！”

《日知录》卷十三，两汉风俗条云：“汉自孝武表章六经之后，师儒虽盛，而大义未明。故新莽居摄，而颂德献符者，遍于天下。光武有鉴于此，故尊崇节义，敦厉名实，所举用者，莫非经明行修之人，而风俗为之一变。至其末造，朝政昏浊，国事日非，而党锢之流，独行之辈，依仁蹈义，舍命不渝，风雨如晦，鸡鸣不已。三代以下，风俗之美，尚无逾于东京者。”

　　[①]　《后汉纪》卷十八：“初明帝时，政严事峻，九卿皆鞭杖，雄上言曰，九卿位亚三事，班在大臣，行有佩玉之节，动有庠序之仪，加以鞭杖，诚非古典。上即除之。”

石,悉遣子弟诣太学试,受业满岁课试,以高第五人补郎,次第五人补太子舍人。则太学生不但是豪族地主的子弟,并且是官僚的后备军。自后太学生屡次上书,攻讦宦官,讥议时政,品核公卿,裁量执政,大大发挥了所谓"清议"的力量。这种清议,是官僚群的强宗豪族的中古舆论。到桓、灵之间,清议的力量被外戚窦武运用着来对抗宦官,由是招来了宦官的反击,而爆发为党锢之祸,终被宦官所摧毁。而太学生分裂出来的,则以书画伎艺进,别立鸿都门学,一反传统的经注学风。

可是官僚群中的另一部分,以皇甫规为首,从儒学出身,进而为将帅,不但举拔了有名的官僚如陈蕃、杨秉、李膺,而且以其军人的地位,培养了一批握有军事实力的地方势力,如关陇豪族的张奂、皇甫嵩(嵩为规之兄子)董卓等。(卓在桓帝末,以六郡良家子弟为羽林郎,从中郎将张奂为军司马,共击汉阳叛羌。又皇甫规妻骂卓曰:"皇甫氏文武上才,为汉忠臣,君亲非其趣使走吏乎?"则卓本为皇甫氏之部属。)他们从外讨羌人、内平黄巾的战争中壮大起来。同时,在黄巾战争汉室大乱的过程中,宗室豪强如刘虞、刘焉,官僚如孔伷、袁绍、袁术、孔融、陶谦、曹操,也都形成一种割据的地方势力。这些力量,互相呼应着,最后一举而扑灭了中枢的宦官势力。当宦官势力一倒,他们便分裂了汉室的一统江山,进而造成三国初期豪强混战的局面。

统治阶级的内讧,是汉室覆灭的因素之一,但是应该更正确地了解,崩解了汉室政权的,却是不断发生而终于全面爆发的农民战争。先拿顺帝、桓帝之际,先后二十年间来说,农民起义,称王称帝称真人的就有好多起:

(1)冲帝时(144年),九江徐凤,称上将军,杀略吏民。

(2)质帝时(146年),九江马免称黄帝,历阳华孟称黑帝。并九江都尉滕抚讨斩之。

(3)桓帝建和二年(148年),陈景自号黄帝子,署置官属。又南顿管伯亦称真人,并图举兵,悉伏诛。

(4)桓帝和平元年(150年),扶风裴优,自称帝,伏诛。

（5）桓帝元嘉二年（152 年），蜀郡李伯，诈称宗室，当立为太初皇帝，伏诛。

（6）桓帝延熹八年（165 年），勃海人盖登等称太上皇帝，有印珪璧铁券，相署置，皆伏诛。

（7）延熹九年（166 年），沛国戴异得黄金印，无文字，遂与广陵人龙尚等共祭井，作符书，称太上皇，伏诛。

这些起义军虽先后被扑灭了，但它是中世纪封建制度必然要产生的阶级斗争，所以此起彼灭的不能根绝，到灵帝中平元年（184 年），便总爆发为全国性的黄巾暴动，由是崩解了汉室的政权。在汉室政权崩解了的废墟上面，身份性的豪强地主阶级合力剿灭农民起义之后，开始互相混战起来。

第二节　太学生与郡国学生的"浮华""交会"

在上节，我们指出阉寺群这一最高统治者的御用势力，是在顺帝阳嘉四年才由"诏许中官养子袭爵"这一形式宣告，取得了政治上世袭的合法地位的。我们又指出阉寺群，是在桓帝永寿二年，才由"初听中常侍行三年之丧"这一形式宣告，取得了礼俗上的尊崇仪式的。要知世袭制度，是强宗豪族之所以确立的政治上的保证；礼俗上的三年丧服制，是强宗豪族之所以被法定的社会地位的标识。因此，阉寺群虽然是作为皇族地主的御用势力，但它的地位却相当于当时的强宗豪族。他们从士君子不齿的污辱地位，一旦拨云雾而见青天，忽然上挤于诗礼世家之列，在他们本身自是绝大的升迁，而在豪族门阀的诗礼世家一面看起来，却是"朝衣朝冠，坐于涂炭"，高贵的世家圈子里，忽然闯进混小子来了，未免是清高的玷辱。因此，豪族地主阶级的官僚群，从身份性的观点，群起攻击，而且也连带地痛击乳母的封爵。早在阳嘉二年，李固在对策中就说：

"今封阿母恩赏太过，常侍近臣，威权太重。……今宜斥退邪佞,投之四裔,引纳方直,令在左右……阿保(引者按此指乳母宋娥)有大功,勤劳之恩,可赐以货贿,传之子孙;列土分爵,实非天意。汉兴以来,贤君相继,岂无保乳之养,非不宠贵之,然上畏天威,俯察经典,不可,故不封也。……权柄不可不慎,号令不可不详。夫人君之有政,犹水之有堤防,……政教一坏,贤智驰骛,不能复还。"(《后汉纪》卷十八)

这虽说的是偏指乳母,然而用意却在宦官。李固以大臣之子(父为故司徒李郃),被举敦朴,代表着豪族地主阶级的官僚群的利益而说话是很明显的。他抬出天意,经典,祖宗等尊严的牌子,来证明这种封爵是不应该的,是败坏政教的。顺帝看了诸人的对策,以李固为第一,史称"诸常侍悉叩头谢罪,朝廷肃然"。同一年,李固又以内竖乱政,奏记于梁商(时梁商以后父辅政),说:"自数年以来,灾怪屡见,比无雨润,而沈阴郁决,宫省之内,容有阴谋。"是年八月,洛阳宣德亭地坼八十五丈,李固曰:"阴类专恣,将有分坼之象。"都是对宦官的攻击。

顺帝建康元年(144年),九月,皇甫规举贤良方正,对策说:

"臣伏见孝顺皇帝(时顺帝于八月崩,冲帝即位——引者按)初勤王事,纲纪四方,天下欣然,几以获治。自后中常侍小黄门凡数十人,同气相求,如市贾焉。竞思作变,导上以非。因缘嬖幸,受赂卖爵,分赃解罪,以攘天威。公卿以下,至于佐吏,交私其门,终无纪极。顽凶子弟,布列州郡,并为豺狼,暴虐群生,天下扰扰,从乱如归。至令风败俗坏,招灾致寇。今宜庭问百僚,常侍以下,尤无状者,亟便绌遣,与众共之。披扫其党,荡涤其贿,以答天诫。《大雅》曰:'敬天之怒,无敢戏豫',此之谓也。"(《后汉纪》卷十九)

桓帝初立(146年),太后临朝,梁冀辅政,大将军掾朱穆奏记于冀,欲言宦官,恐泄漏,附以密记:

"今年夏,月运房星,明年又有小厄,当急诛奸臣为天下所怨毒者,以塞天咎。"

穆为侍御史时,自以冀故吏,数奏记谏说:"今宦官俱用,螽水为害。"

元寿元年(155 年),宗室太学生刘陶上疏:"当今忠谏者诛,谀进者赏。嘉言结于忠舌,国命在于谗口,擅阎乐以咸阳,授赵高以车府",因此他主张引用朱穆、李膺夹辅王室。

这些,都是攻讦宦官的,而最激烈者,是白马令李云。李云在桓帝延嘉二年(159 年)梁冀被诛,宦官单超等五人封侯,专擅朝政之时,露布上书,副在三府。他引纬书的教义,说:

> "故大将军梁冀虽持权日久,今得诛之,犹召家臣而杀也。而猥封谋臣(按指单超等)万户,高祖闻之,得无见非? 西北列将,得无不事? 孔子曰:帝者谛也。今官位错乱,小人日进,财货公行,政治日消,是帝欲不谛乎?"(《后汉纪》卷二十一)

但李云因此获罪下狱,五官掾杜众上书愿与同日死,大鸿胪陈蕃上疏救云,均无效。结果云、众死狱中,蕃免官归田里。

上面所引的所谓"权柄不可不慎,号令不可不详",所谓"政教一坏",所谓"风败俗坏",所谓"官位错乱",所谓"帝欲不谛",都是着眼在宗教和礼制的神圣性上讲的。中世纪封建制度所规定的宗教和礼教的神圣性,所谓"贵有常尊,贱有等威"的身份,不容随便变动与干犯。因此,宦官群在整个的汉制度上当然是一种纲目的添补,《白虎观奏议》上是没有此等人的地位的。在诗礼世家的豪族地主看来,这却是不可原谅的和不容存在的渎冒,不能不运用宗教理论把这群人物打下去。

诗礼世家的人物,面对着这一种飞扬跋扈的御用势力(所谓宦官),愤怒憎厌之余,自然容易惓怀起往昔的耆旧来。《后汉纪》卷二十一,载桓帝永兴元年(153 年)十一月,"太尉袁汤致仕。汤字仲河。初为陈留太守,褒善叙旧,以劝风俗。……乃使户曹吏追录旧闻,以为耆旧传"。这种耆旧传的著作,后来广泛流行,据《世说新语》刘孝标注所引,有如下几种:《汝南先贤传》,《先贤行状》,《海内先贤传》,《楚国先贤传》,《汉南记》,《襄阳记》,《冀州记》,《丹阳记》,《兖州记》,《凉州记》,《东阳记》,《高士传》,《名士传》,《江表传》,《英雄记》,《逸士传》。其他如家传,别传,家谱,也兴盛起来。于追怀之外,不胜其当前的怅惜,心情是非常黯淡的。

反对这一官僚群的御用势力的,既为官僚群的强宗豪族,则儒学,关陇(李云所谓西北列将),当很自然地与之取同一态度。特别是作为官僚的后备军的太学生,所表现的愤激憎恶,最为强烈,这原因是很容易理解的。

考自桓帝永兴元年(153年),至延熹二年(162年),这十年间,太学生曾三次上书:第一次上书讼朱穆;第二次上书议铸大钱;第三次上书讼皇甫规。除第二次外,其余两次,都是针对宦官的。第三次讼皇甫规,诸公及太学生张凤等三百余人,诣阙讼冤,规模是很不小的。其所以有这样的规模,是因为豪族地主阶级的潜在势力非常强大。

太学生对宦官的斗争,诣阙上书以外,尤在平日的交游与活动,这就是所谓"浮华""交会"。关于这,我们有详细研究的必要。

范书《儒林列传序》里,叙述汉末太学生数量的发达,写道:

"顺帝感翟酺之言,乃更脩黉宇,凡所造构,二百四十房,千八百五十室。试明经下第,补弟子。增甲乙之科,员各十人。除郡国耆儒,皆补郎、舍人。本初元年(146年),梁太后诏曰:大将军下至六百石,悉遣子就学,每岁辄于乡射月一飨会之,以此为常。自是游学增盛至三万余生。然章句渐疏,而多以浮华相尚,儒者之风盖衰矣。"

这三万余的太学生,都是从天下各处来到京师的,所以称为"太学游士","京师游士",或称为"游学"。三万余生,数量不算少了,然而数量尤其众多的,是郡国学以及私人精舍中的学生。汉代郡国有学,屡见载籍,生徒之众,自不必说。而各地经师,私人讲学,注籍的学生,常有数百数千以至万人之众的。在《儒林列传》中便有不少例证:

(1)刘昆字桓公,教授弟子恒五百余人。

（2）任安字定祖,少游大学,学终还家教授,诸生自远而至。

（3）张兴字君上,习《梁丘易》,以教授,弟子自远至者,著录且万人。

（4）欧阳歙字王思,教授数百人。以臧罪下狱,诸生守阙为歙求哀者千余人,至有自髡剔者。

（5）曹曾字伯山,门徒三千人。

（6）牟长字君高,自为博士,及在河南,诸生讲学者,常有千余人,著录前后万人。子纡,又以隐居教授,门生千人。

（7）宋登字叔阳,教授数千人。

（8）杨伦字仲理,讲授于大泽中,弟子至千余人。

（9）包咸字子良,立精舍讲授。

（10）魏应字君伯。教授山泽中,徒众常数百人,弟子自远方至,著录数千人。

（11）伏恭字叔齐,迁常山太守,敦脩学校,教授不辍。

（12）杜抚字叔和,后归乡里教授弟子千余人。

（13）杨仁字文义,静居教授,拜什邡令,劝课掾吏弟子,悉令就学。其有通明经术者,显之右署,或贡之朝,由是义学大兴。

（14）董钧字文伯,迁五官中郎将,常教授门生百余人。

（15）丁恭字子然,教授常数百人。诸生自远方至者,著录数千人。

（16）周泽字稚都,隐居教授,门徒常数百人。

（17）甄宇字长文,教授常数百人。子普。普传子承。承尤笃学,讲授常数百人。

（18）楼望字次子,教授不倦,世称儒宗,诸生著录九千余人。

（19）程曾字秀升,受业长安,还家讲授,会稽顾奉等数百人,常居门下。

（20）颍容字叔陵,门徒常千人,其著录者万六千人。

此外,不在《儒林列传》,而教授门徒的,例子还很多:

（1）姜肱字伯淮，博通五经，兼明星纬，士之远来就学者三千余人。盗掠其衣资，后悔，乃就精庐求见，皆叩头谢罪。（《后汉书》卷八十三本传）

（2）刘淑字仲承，学明五经，立精舍讲授，诸生常数百人。（《后汉书》卷九十七《党锢列传》）

（3）檀敷字文有，立精舍讲授，远方至者尝数百人。（《后汉书》卷九十七《党锢列传》）

（4）郭泰字林宗，党事起，闭门教授，弟子以千数。（《后汉书》卷九十八本传）

（5）夏恭字敬公，习《韩诗》、《孟氏易》，讲授门徒常千余人。（《后汉书》卷一百十《文苑列传》）

（6）刘茂字子卫，习《礼经》，教授常数百人。（《后汉书》卷一百十一《独行列传》）

（7）索卢放字君阳，以《尚书》教授千余人。（同上）

（8）李充字大逊，立精舍讲授。（同上）

（9）廖扶字文起，习《韩诗》、《欧阳尚书》，教授常数百人。（《后汉书》卷一百十二《方术列传》）

（10）班英字季齐，少受业三辅，习《京氏易》，兼明五经，隐于壶山之阳，受业者四方而至。（同上）

（11）唐檀字子产，少游太学，习《京氏易》、《韩诗》、《颜氏春秋》，后还乡里，教授常百余人。（同上）

（12）公沙穆字文乂，习《韩诗》、《公羊春秋》，隐居东莱山，学者自远而至。（同上）

（13）董扶字茂安，少游太学，还家讲授，弟子自远而至。（同上）

从这里，可以窥见私人教授的盛况。其中有的居官讲授，如伏恭杨仁，而大多数是隐居教授。这居官教授与隐居教授两类人物，便是郑玄所谓"在位通人，处逸大儒"（语见《郑玄传·戒子书》）。

隐居教授的经师们,自立精舍,或称精庐,以便招致远方来学之士。读书的人,便不远千里,负笈寻师。《三国志》卷十一《邴原传》,《裴注》引《原别传》,写原千里寻师的情形,颇为精详具体,可以作为典型的例子:

"(原)欲远游学,指安丘孙崧。崧辞曰:'君乡里郑君,君知之乎?'原答曰:'然'。崧曰:'郑君学览古今,博闻强识,钩深致远,诚学者之师模也。君乃舍之,蹑屣千里,所谓以郑为东家丘者也。……'原曰:'……人各有志,所规不同,故乃有登山而采玉者,有入海而采珠者,岂可谓登山者不知海之深,入海者不知山之高哉?……'崧辞谢焉。……原旧能饮酒,自行之后,八九年间,酒不向口。单步负笈,苦身持力。至陈留则师韩子助,颍川则宗陈仲弓,汝南则交范孟博,涿郡则亲卢子干。"

这种千里寻师,负笈单步的苦学情形非常普遍。他们离乡别井,远行千里,苦志求学,累年不归。在老师门下,有的经好多年还见不到老师的面,如郑玄之于马融,便是这样。或偶婴疾病,赍志而殁,临终,只得拜托同学好友,送丧归家,如陈平子之于范式,便是这样。《后汉书·儒林列传论》里,对这些情形有个总括的说明,颇为扼要:

"自光武中年以后,干戈稍戢,专事经学。自是其风世笃焉。其服儒衣,称先王,游庠序,聚横塾者,盖布之于邦域矣。若乃经生所处,不远万里之路,精庐暂建,赢粮动有千百。其者名高义,开门受徒者,编牒不下万人。皆专相传祖,莫或讹杂,至有分争王庭,树朋私里,繁其章条,穿求崖穴,以合一家之说。"

可见全国各地,到处有经师讲学,到处有生徒聚集,以至"分争王庭,树朋私里"。如果没有豪族地主作为背景,那就不会有这样的盛况。

在太学中,在私人精舍中,学生对师长要恭敬尽礼,对经师的家法,尤其要笃守勿违。所谓"专相传祖,莫或讹杂"。在师长殁后,门徒常自动的制三年的丧服。在远道的学生,常从千里外来赴,也有从千里外送师丧归家的。荀淑殁后,李膺自表师丧。《独行列传》载:"陈国张季礼远赴师丧,遇寒冰车毁,顿滞道路。"又载:"封(戴封)诣太学,师郏令东海申君。申君卒,送丧到东海。"这种师弟间的关系,颇为密切。但如学术门径不同,家法互异,相攻讦起来,却也毫不留情。《儒林列传》载:"张玄,……少习《颜氏春秋》,兼通数家法。……会《颜氏》博士缺,玄试策第一,拜为博士。居数月,诸生上言,玄兼说《严氏宣氏》,不宜专为《颜氏》博士。光武且令还署,未及迁而卒。"则家法一杂,诸生就要上书告他,连博士也做不牢了。这种师弟关系的密切,与经学家法的笃守,乃是封建制度在中国特有的一种知识基尔特所表现出来的现象,是封建制度在中国特有的一种官僚系统所表现出来的现象,一直沿袭到后来的书院制。封建制的党争常是拿这种学派招牌作为号召的。但这种所谓笃守家法的风气,汉末自马融以后,学术界好像不再畛町分别,相反的,却着重所谓抉破藩篱的通儒了。例如荀淑(范书卷九十二本传)韩融(卷九十二《韩韶传》)都是不为章句,而博学辩理。《后汉纪》卷二十五,也说韩融博学不为章句,又说申屠蟠学无常师,博览无不通。这种形式上抉破藩篱的现象,并不是知识基尔特的解体,而是因为在宦官群势力新起之后,豪族地主所培植的儒学官僚群的系统,为了对付主要敌人不能不采取较扩大的形式。

东汉的名公巨卿,宿儒大豪,如有丧事,赴葬者常集数千人,多至数万人。他们远远地从四方来会,郑重其事地一定要来的。其间门生故吏,吊其先师,吊其旧主;同僚同学,则吊其故友,吊其相知。或有偶加期许,或曾加辟召,也便认为终生知己,千里来赴。陈寔之卒,海内赴者三万余人,制衰麻者以百数,共刊石立碑,谥为文范先生。楼望之卒,门生会葬者数千人。黄琼归葬江夏,四方名豪会者六七千人。范书卷九十八《郭泰传》载,郭泰之卒,四方之士千余人皆来会葬。但据章怀注引谢承书,则说有万数来会。谢承书更说,泰以建宁二年正月卒,自弘农函谷关以西,河内汤阴以北,二千里,负笈荷担弥路,柴车苇装塞涂,盖有万数来赴。这种大规模的赴葬,是当时的一种风气,特别在汉末为然，上举陈寔，黄琼，郭泰，都是汉末的人。我们可以这样说，如果在经济上没有附徒万千的依附农民作为豪族地主的物质基础，那就也不会在社会势力上有门生故吏万千的阀阅形式。汉代"以阀阅为选"的举士制度正是魏晋九品中正的先行制度。

聚集着数百数千以至数万人的精舍与太学里，学生们展开了炽烈的交游活动。本来年轻的学生们，在官僚的预备阶段，想冲破基尔特的严密限制，马上与名公巨卿们交接是很困难的。范书卷一百十《文苑列传》、《赵壹传》，载赵壹的结交，是典型的故事：

"（壹）往造河南尹羊陟，不得见。壹以公卿中非陟无足以托名者，乃日往到门。陟自强许通，尚卧未起。壹径入上堂，遂前临之曰：'窃伏西州，承高风旧矣。乃今方遇，而忽然，奈何，命也！'因举声哭。门下皆惊，奔入，满侧。陟知其非常人，乃起延与语，大奇之。谓曰：'子出矣！'陟明旦大从车骑，奉谒造壹。时诸计吏多盛饰车马帷幕，而壹（按亦为上计吏之一）独柴车草屏，露宿其傍。延陟前，坐于车下，左右莫不叹愕。陟遂与言，谈至熏夕，极欢而去。执其手曰：'良璞不剖，必有泣血以相明者矣。'陟乃与袁逢共称荐之，名动京师，士夫想望其风采，……州郡争致礼命。"

未曾有名，日谒不遇，一经题拂，士夫想望，这一幅图画，写尽了中古社交场的壁垒森严。据《文苑列传》，赵壹年轻时恃才倨傲，为乡党所摈，乃作解摈。又同卷《刘梁传》，载梁常疾世多利交，以邪曲相党，乃著破群论，时人览者以为仲尼作《春秋》，乱臣知惧，今此论之作，俗士岂不愧其心。惜其文不存。又著辩同和之论，主张君子周而不比，和而不同。同卷《侯瑾传》，瑾作《矫世论》以讥切当时。又以徙入山中，覃思著述，莫知于世，而作应宾难以自寄。卷七十三《朱穆传》，载穆常感时浇薄，慕尚敦笃，乃作崇厚论。又因与刘伯宗交，伯宗先恭后倨，乃作绝交论及诗，与伯宗绝交。后蔡邕以为穆贞而孤，又作《正交》，而广其致焉。由此可见因交游问题的严重，遂引起许多人的注意，而成为议论的中心。然而在太学中、郡国学中、私人精舍中，学生们的自由交游，已经形成党同伐异的清流,特别在学生数量发达了之后,为了支援外戚以及官僚的抗宦官行动,交游活动更有政治实际的需要了。蔡邕的《正交论》,一开头便说,"君子以朋友讲习,而正人无有淫朋。"结论说,"仲尼之正教,泛爱众而亲仁,故非善不喜,非仁不亲,交游以方,会友以文,择其正而黜其邪。如其不获已而矫时,则将从夫'孤'也。"所谓"以朋友讲习",所谓"交游以方,会友以文",指的当是太学及精舍中的一般交游活动。一方面,"以朋友讲习",加强了自己的阵线;一方面,以"正人无有淫朋",来相攻击,分清了敌我的壁垒。汉末学生们的交游倾向便是这样的。

这样的交游活动,是与汉代传统士风不相同的。传统士风是在皇帝亲临裁决同异之下而埋头章句,今却结交而择正黜邪,明明分出邪与正的两个壁垒,有所择而且有所黜,由交游而发展到政治的斗争了。所以《儒林列传》说:"章句渐衰,而多以浮华相尚,儒者之风盖衰矣。"浮华是为皇帝所不欢喜的,范书《文苑列传》载郦炎诗:"绛灌临宰衡,谓谊崇浮华。"西汉时,雒阳少年贾谊上书文帝,一年内不次迁升至大中大夫,终被老辈的绛(周勃)灌(灌婴)所不喜,斥为浮华,而且远贬长沙。这要算是浮华的最早的出处,而它一开始便与"年少""上书"分不开。范书卷一百《孔融传》载,曹操与孔融书:"孤为人臣,进不能风化海内,退不能建德和人,然抚养战士,杀身为国,破浮华交会之徒,计有余矣。"这书是曹操吓唬孔融的,意思是说,你别瞧不起我,我有足够的力量来打倒你们这些浮华交会之徒。又《三国志·魏志》卷二十一《刘廙传》注,引《廙别传》说:"廙尝与曹伟书曰,魏讽不修德行,以鸠合为务,华而不实。"魏讽后来也是伏诛的。前书以"浮华"与"交会"并举,后书以"华而不实"与"鸠合"并举,可见"浮华"与"交会"是一件事的两面,为绝对皇权所深恶的。而浮华交会之所以兴起,正证明豪族地主力量的强大而皇族最高地主权力的削弱。

所谓"浮华"与"交会"是怎样的一回事呢?

要回答这个问题,我们先来引一个例证:

"时考城令河内王涣,政尚严猛,闻览(仇览,又名仇香)以德化人,署为主簿。谓览曰:'……今日太学曳长裾,飞名誉,皆主簿后耳。以一月奉为资,勉卒景行。'览入太学,时诸生同郡符融,有高名,与览比宇,宾客盈室,览常自守,不与融言。融观其容止,心独奇之,乃谓曰:'与先生同郡壤,邻房牖,今京师英雄四集,志士交结之秋。虽务经学,守之何固?'览乃正色曰:'天子修设太学,岂但使人游谈其中?'高揖而去,不复与言。后融以告郭林宗,林宗因与融赍刺就房谒之,遂请留宿。林宗嗟叹,下床为拜。"(《后汉书》卷一百六《仇香传》)

从这一件事,可注意的有五点:第一,京师的太学,是英雄四集,名士交结之地。第二,太学生曳长裾、飞名誉,是从结交中得来的。第三,游谈之士,不务经学,虽有务者,亦守之不固。故经学与游谈,其风尚并不相同。第四,游谈成风,非天子修设太学之本意。第五,太学生之有高名者,常常宾客盈室。

考当时太学生中的领袖,是郭泰、贾彪、符融等,观上举《仇览传》可知。郭泰、符融,又与田盛、许劭俱以"品鉴人伦"有名。郭泰之被李膺所识拔,盖出符融的介绍。范书卷九十八《符融传》记此事说:"郭林宗始入京师,时人莫识,融一见嗟服,因以介于李膺,由是知名。"谢承书说,"融见林宗,便与之交,又绍介于膺,以为海之明珠,未耀其光,鸟之凤皇,羽仪未翔。膺与林宗相见,待以师友之礼,遂振名天下,融之致也。"范书卷九十八《郭泰传》载:"(泰)游于洛阳,始见河南尹李膺,膺大奇之,遂相友善,于是名震京师。后归乡里,衣冠诸儒送至河上,车数千两。林宗唯与李膺同舟而济,众宾望之,以为神仙焉。"从圣者眼中望出来的却是"神仙",而非圣者同俦,这实为思想史的一大变化。

符融不但积极地识拔了郭泰、仇览,还消极地指斥冒滥虚名的人。同传载:"时汉中晋文经,梁国黄子艾,并恃其才智,炫曜上京,卧托养疾,无所通接。洛中士大夫好事者,承其声名,坐门问疾,犹不得见,三公所辟召者,辄以询访之,随所臧否,以为与夺。融察其非真,乃到太学,并见李膺曰:'二子行业无闻,以豪杰自置,遂使公卿问疾,王臣坐门。融恐其小道破义,空誉违实,特宜察焉。'膺然之。二人自是名论渐衰,宾徒稍省,旬日之间,惭叹逃去。后果为轻薄子,并以罪废弃。融益以知名。"

"融同郡田盛,字仲向,与郭林宗同好,亦名知人,优游不仕。"(《符融传》)

许劭与其从兄靖,亦"好人伦,多所赏识,若樊子昭、和阳士者,并显名于世。故天下言拔士者,咸称许郭。……曹操微时,常卑辞厚礼,求为己目(章怀注,命品藻为题目),劭鄙其人而不肯对。操乃伺隙胁劭,劭不得已,曰:'君清平之奸贼,乱世之英雄。'操大悦而去。……劭与靖俱有高名,好共核论乡党人物,每月辄更其品题。故汝南俗有月旦评焉"(卷九十八《许劭传》)。

南阳何颙名知人,见(荀)彧而异之,曰:"王佐才也。"(卷一百《荀彧传》)

这些都是有名的"品鉴人伦"的人物,可是负"品鉴人伦"之盛名的,还得推郭泰。谢承书谓:"泰之所名,人品乃定。先言后验,众皆服之。故适陈留则友符伟明(融),游太学则师仇季智(览),之陈国则亲魏德公(昭),入汝南则交黄叔度。初,泰始至南州,过袁奉高(闳),不宿而去,从叔度累日不去。或以问泰。泰曰:'奉高之器,譬之泛滥,虽清而易挹。叔度之器,汪汪若千顷之波,澄之不清,扰之不浊,不可量也。'已而果然。泰以是名闻天下。"范书卷九十八,《郭泰传》谓泰"奖拔士人,皆如所鉴,……后之好事或附益增张,故多华辞不经,又类卜相之书"。则泰之品鉴,当时曾流为士林佳话,而为好事者所附益增张,至如卜相之书。可见当时人对郭泰的"品鉴人伦",倾心信服的一斑。《郭泰传》记泰:"褒衣博带,周游郡国。尝于陈、梁间行遇雨,巾一角垫,时人乃故折巾一角,以为林宗巾。其见慕皆如此"。章怀注引《泰别传》说:"泰名显,士争归之,载刺常盈车。"褒衣博带,周游郡国,载刺盈车,活画出这一位在野的名士是非常了不起的。

郭泰这一流人物,除了善于风鉴交结,还有一个特点,便是善谈论。那便是所谓"游谈"吧。《郭泰传》说,泰"善谈论,美音制"。《符融传》说,融"师事少府李膺。膺风性高简,每见融,辄绝它宾客,听其言论。融幅巾奋袖,谈辞如云,膺每捧手叹息"。《郭泰传》又载:"汝南谢甄,陈留边让,并善谈论,具有盛名,每共候林宗,未尝不连日达夜。"

京师的太学生,与郡国学生间,当时也有了联系的。郭泰周游郡国,到处奖拔士类,如上文所引谢承书所说的,在事实上是做了不少联系工作的。袁宏《后汉纪》卷二十三:"郭泰谓宋仲曰:昔之君子,会友辅仁。夫周而不比,群而不党,皆始于将顺,终于匡救,济俗变教,隆化之道也。于是仰慕仲尼,俯则孟轲,周流华夏,采诸幽滞。"足以证明这点。在《党锢列传》中,叙牢脩上书诬告,李膺等"养太学游士,交结诸郡生徒,更相驰驱,共为部党,诽讪朝廷,疑乱风俗"。这里虽说是"诬告",但"太学游士,交结诸郡生徒,更相驰驱,共为部党"而和皇权对立,应该是事实。

所谓"浮华"与"交会",便是这样的一种情形。同时应该指出,浮华与交会,不仅限于太学生,郡国学生与私人精舍的生徒,也都是如此的。

牢脩上书中提到的李膺,是党锢中在官僚方面最重要的人物,也就是他跟太学生们联结得最密切。在上面,我们已经知道郭泰是太学中的领袖,而郭泰是李膺所奖拔的。李膺不但奖拔了郭泰,而且被人比做天下的人都想望而攀登的"龙门",成为天下的宗师。范书《李膺传》载:

"是时朝廷日乱,纲纪颓阤,膺独持风裁,以声名自高。士有被其容接者,名为登龙门。"

"荀爽尝就谒膺,因为其御,既还喜曰:'今日乃得御李君矣!'"

士被李膺所容接,便算是登龙门,做了一次李膺的马夫,荀爽便得意洋洋,可见在当时人的心目中,李膺是一个比郭泰更为尊崇的偶像。

这是可以理解的,因为李膺曾是一个贵公子,而后来又是一个大官僚,在官僚的后备军年轻的太学生的心目中,他的地位应该是这样。

考李膺祖父脩,安帝时为太尉,父益,赵国相,所以他是一位贵公子。初举孝廉,为司徒胡广所辟,举高第,再迁青州刺史,复征,再迁渔阳太守,转蜀郡太守。转护乌桓校尉。公事免官,复征为度辽将军。延熹二年,征,再迁河南尹,复拜司隶校尉。灵帝初年,为长乐少府。其官历如是,可见他是当时的一位资兼文武的大官僚。性简亢,无所交接,唯以同郡荀淑、陈寔为师友。在做护乌桓校尉时,以公事免官,还居纶氏,教授常千人。党祸初起,免归乡里,居阳城山中,天下士大夫皆高尚其道,而汙秽朝廷。其交游如是,可见他为士流所宗仰。他是贵族公子,是大官僚,又是为士流所宗仰的大宗师,因而当时被目为"八俊"之一,而且为"八俊"的首领。范书《范滂传论》里讲到李膺,说是:

> "李膺振拔汙险之中,蕴义生风,以鼓动流俗。激素行以耻威权,立廉尚以振贵势,使天下之士,奋迅感概,波荡而从之,幽深牢,破室族,而不顾,至于子伏其死而母欢其义。壮矣哉!"

这评断指出了李膺在反宦官的官僚群中的地位与作用。

然而在官僚群中,地位更高的,还推陈蕃与刘淑。陈蕃曾登三公的首席太尉,后又为太傅,刘淑是"宗室之贤",为尚书,再迁侍中虎贲中郎将,都是大官僚。《党锢列传》引太学中语:

> "天下模楷李元礼,不畏强御陈仲举。"

李元礼为"八俊"的首领,已见前述,陈蕃与刘淑,则为"三君"之二,而陈蕃尤其重要。他对宦官的搏击,最不客气。《世说新语·品藻篇》,有论李膺、陈蕃高下的一段:

> "汝南陈仲举、颍川李元礼二人,共论其功德,不能定先后。蔡伯喈评之曰:'陈仲举强于犯上,李元礼严于摄下,犯上难,摄下易。'仲举遂在三君之下,元礼居八俊之上。"

刘孝标注引姚信《士纬》说:"陈仲举体气高烈,有王臣之节,李元礼忠壮正直,有社稷之能,海内论之未决。蔡伯喈抑一言以变之,疑论乃定也。"这里陈蕃地位比李膺更高。不畏强御,与强于犯上,意义相似,天下模楷与严于摄下,却不相似。照我们的判断,似乎学中的意见是天下模楷比不畏强御,在道德上的比重,是更有分量一点的。

陈蕃以立窦后的关系,与外戚窦武密切联结在一起。范书卷九十六本传:

>"初桓帝欲立所幸田贵人为皇后,蕃以田氏卑微,窦族良家,争之甚固。帝不得已,乃立窦后。及后临朝,故委用于蕃。蕃与后父大将军窦武,同心协力,征用名贤,共参政事。"

外戚窦武,据范书卷九十九本传,是这样的出身:

>"窦武字游平,扶风平陵人,安丰戴侯融之玄孙也。父奉,定襄太守。武少以经行著称,常教授于大泽中,不交时事,名显关西。"

关于以女儿之故而更其贵显起来的经过,《后汉书》里写道:

>"延熹八年,长女选入掖庭,桓帝以为贵人,拜武郎中。其冬,贵人立为皇后,武迁越骑校尉,封槐里侯,五千户。明年冬,拜城门校尉。……帝崩无嗣,武召侍御史河间刘儵,参问其国中王子侯之贤者,儵称解渎亭侯宏。武入白太后,遂征立之,是为灵帝。拜武为大将军,常居禁中。"

窦武荣显的路是东汉后期一切外戚所照例经由的路,没有什么奇怪。然而在当时却有势力强大的宦官存在,于是他不得不与宦官群结着强固的联合。本传载他"在位多辟名士,清身疾恶,礼赂不通,妻子衣食裁充足而已。是时羌蛮寇难,岁俭民饥,武得两宫赏赐,悉散与太学诸生,及载肴粮于路,匄施贫民"。借此因缘,他得太学生的拥护,遂成为"三君"的首领。

我们综合看一看反宦官的豪族官僚集团的共为部党或宗党的阵容吧(据范书《党锢列传》。《后汉纪》与此略异,说见后):

（1）三君——窦武、刘淑、陈蕃,窦武为首,君者,言一世之所宗也。

（2）八俊——李膺、荀翌、杜密、王畅、刘祐、魏朗、赵典、朱寓，李膺为首，俊者，言人之英也。

（3）八顾——郭泰、宗慈、巴肃、夏馥、范滂、尹勋、蔡衍、羊陟，郭泰为首，顾者，言能以德行引人者也。

（4）八及——张俭、岑晊、刘表、陈翔、孔昱、苑康、檀敷、翟超，张俭为首，及者，言其能导人追宗者也。

（5）八厨——度尚、张邈、王考、刘儒、胡毋班、秦周、蕃向、王章，度尚为首，厨者，言能以财救人者也。（范书又举张俭与同乡二十四人，别相署号，共为部党，图危社稷，亦有八俊八顾八及之号。显然只是地方性的，此故略。）

这里，可以看出称号的次第来。三君大致是指三公以上的大官，八俊大致是指次一等的卿尹，八顾大致是指高名的游士们，以上都是在京师里的；八及大致是郡国的名流。同时，这次第也大致依据名行德操的高下而排列的。唯八厨以财见称，虽附于末，而实不与于排列的次序，是很显然的。依上引《世说·品藻》篇所谓"共论其功德，蔡伯喈评之，仲举遂在三君之下，元礼居八俊之上"，刘孝标注引姚信《士纬》所谓"海内论之未决，蔡伯喈抑一言以变之，疑论乃定"，以及《党锢列传》所谓"海内希风之流，遂共相标榜"，可知这种称号与次第，是当时反宦官集团中公论的结果，而且这种称号，也是当时反宦官集团中斗争方式的表现。

第三节　汉末的风谣题目与清议

（一）风谣

袁宏《后汉纪》卷二十二，延熹九年纪，述党锢之祸初起，说：

"是时太学生三万余人，皆推先陈蕃、李膺，被服其行。由是学生同声，竞为高论，上议执政，下讥卿士，范滂、岑晊之徒，仰其风而扇之。于是天下翕然，以臧否为谈，名行善恶，托以谣言，曰：'不畏强御陈仲举，天下模楷李元礼。'公卿以下皆畏，莫不侧席。又为三君八俊八顾八及之目，犹古之八元八凯也。陈蕃为三君之冠，王畅、李膺为八俊之首。海内诸为名节志义者，皆附其风。膺等虽免废，名逾盛，希之者唯恐不及。涉其流者时虽免黜，未及家，公府州郡争礼命之。申屠蟠尝游太学，退而告人曰：'昔战国之世，处士横议，列国之王，争为拥彗先驱，卒有坑儒之祸，今之谓矣。'乃绝迹于梁、砀之间，居三年，而滂及难。"

这里以为"谣言"是范滂之徒为了臧否人物而依托出来的。这话虽然在汉末政争的关系上部分地指出了谣言发生的原因，但谣言的最初发生，却早在党锢之前。《汉书·扬雄传》，"惟寂寞，自投阁，爰清静，作符命"，即是一例。

细考范书，可知东汉经师以及生徒们，常常用韵语来标榜个人在学术上的独特成就与风格。这种韵语，通常只是七言一句，在第四字与第七字上协韵。其例子是很多的，如：

（1）"五经纵横周宣光。"（卷九十一，《周举传》引京师之语，横光协韵。）

（2）"解经不穷戴侍中。"（卷一百九上，《戴凭传》引京师之语，穷中协韵。）

（3）"说经铿铿杨子行。"（卷一百九上，《杨政传》引京师之语，铿行协韵。）

（4）"五经无双许叔重。"（卷一百九下，《许慎传》引时人之语，双重协韵。）

（5）"五经纷纶井大春。"（卷一百十三，《井丹传》引京师之语，纶春协韵。）

这种标榜个人的韵语，道出了个人在经学上的独特成就与风格。所谓"五经纵横"，所谓"解经不穷"，所谓"说经铿铿"，所谓"五经无双"，所谓"五经纷纶"，都指的那一个人在经学上的特点，或指陈其经学的渊博,或称美其说经时音调的清朗。这种标榜的韵语,大都出自太学之中,即所谓"京师为之语","学中之语",也有出自郡国学或地方的私人精舍的,即所谓"时人为之语","乡里为之语"。这一种韵语,有时也道及个人行为上的卓特之点,不限定于经学上的成就。例如:

(1)"道德彬彬冯仲文。"(卷五十八下,《冯衍子豹传》引乡里之语,彬文协韵。)

(2)"关西孔子杨伯起。"(卷八十四,《杨震传》引诸儒之语,子起协韵。)

(3)"德行恂恂召伯春。"(卷一百十九下,《召驯传》引乡里之号,恂春协韵。)

(4)"欲知仲桓问任安。"又,"居今行古任定祖。"(卷一百十九上,《任安传》引时人之称,桓安协韵,古祖协韵。)

(5)"关中觥觥郭子横。"(卷一百十二上,《郭宪传》引帝尝闻之语,觥横协韵。)

(6)"避世墙东王君公。"(卷一百十三,《逢萌传》引时人之论,东公协韵。)

(7)"关中大豪戴子高。"(卷一百十三,《戴良传》引时人之语,豪高协韵。)

这里有涉及性格的,有涉及出处的,有涉及操持的,有涉及德行的,范围就很广泛。但也很分明,这种韵语,为了它们并非与经学有关,也就不一定出自学中了,而是当时一般名门豪族间的自我品评,所谓"时人之论","时人之语","时人之称"。

这种韵语,有时在形式上以多种的句法出现,或为七言两句,相互对称,而又各自为韵,如:

"万事不理问伯始,天下中庸有胡公。"(卷七十四,《胡广传》引京师谚,理始协韵,庸公协韵。)

"甑中生尘范史云,釜中生鱼范莱芜。"(卷一百十一,《范冉传》引闾里之歌,尘云协韵,鱼芜协韵。这里尘云似又与句首甑字为韵,鱼芜似又与句首釜字为韵,在一句中三协韵了。以例证不多,不能确定。)

也有三言两句,相互为韵的,如:

"任文公,智无双。"(卷一百十二上,《任文公传》引益部之语,公双为韵。)

也有四言两句,相互为韵的,如:

"荀氏八龙,慈明无双。"(卷九十二,《荀爽传》引颍川之语,龙双为韵。)

"贾氏三虎,伟节最怒。"(卷九十七,《贾彪传》引天下之称,虎怒为韵。)

"天下无双,江夏黄童"。(卷一百十上,《黄香传》引京师之号,双童为韵。)

也有五言两句,相互为韵的,如:

"徒见二千石,不如一逢掖。"(卷九十九,《王符传》引时人之语,石掖为韵。)

"膠漆自谓坚,不如雷与陈。"(卷一百十一,《雷义传》引乡里之语,坚陈为韵。)

这种韵语,当时称为"谣言",或者称为"风谣",或者称为"谚",或者称为"语"、"号"、"论"、"歌"。谣言或风谣的发生,与汉朝登庸官吏的制度有关。汉朝的察举与征辟,所凭借的品评标准,是出自乡里的意见;其在太学中的,则依据学中之语。所以"乡里之号"、"时人之语"、"时人之论"、"京师之语"、"学中之语"、"天下之称",乃是一种有力的荐举状。这种风谣,赅括了个人的德业学行,简短有力,采取歌的形式,便于流传,是延誉上达的利器。朝廷常常派出人采访风谣,或诏举谣言,如顺帝时分遣八使巡行天下,采访风谣。又如《范滂传》载,桓帝时,诏三府掾属举谣言。章怀注说:"《汉官仪》,三公听采长吏臧否,人所疾苦,还条奏之,是为举谣言也。"其实所听采的,不仅是长吏臧否,人所疾苦而已,各地标榜个人(主要的是未登仕途的处士)的风谣也一定乘机听采了去的。所以那时的风谣，天子也是耳熟能详的。例如上所举"关中觟觝郭子横"，"天下无双，江夏黄童"，便是当时的天子对郭宪、黄香当面称引的风谣。（卷一百十二《郭宪传》：匈奴数犯塞，宪以为天下疲敝，不宜动众。谏争不合，乃伏地称眩瞀，不复言。帝令两郎扶下殿，宪亦不拜。帝曰，常闻"关中觟觝郭子横"，竟不虚也。卷一百十上，《黄香传》：章帝会中山邸，乃诏香下殿，谓诸王曰，此"天下无双，江夏黄童"者也。）

这种谣言，在汉末宦官们的权势膨胀以后，官僚们以及官僚的党羽们为了反抗宦官，便拿来作为政治斗争的工具，不但用以褒奖同类，且用以贬斥奸邪，赋予它以新的政争的性能。这是在新的政治形势之下的谣言的新的发展。而且在句法的形式上也有了新的发展。例如：

（1）初桓帝为蠡吾侯，受学于甘陵周福，及即帝位，擢福为尚书。时同郡河南尹房植，有名当朝。乡人为之谣曰："天下规矩房伯武，因师获印周仲进。"二家宾客，互相讥揣，遂各树朋徒，渐成尤隙。由是甘陵有南北部。党人之议，自此始矣。这里一褒一贬，表示了当时豪门宾客之间的清议。

（2）汝南太守宗资，任功曹范滂，南阳太守成瑨，亦委功曹岑晊。二郡又为谣曰："汝南太守范孟博，南阳宗资主画诺；南阳太守岑公孝，弘农、成瑨但坐啸。"因此流言，转入太学。诸生三万余人，郭林宗、贾伟节为其冠，并与李膺、陈蕃、王畅，更相褒重。学中语曰："天下模楷李元礼，不畏强御陈仲举，天下俊秀王叔茂。"这里，太学的谣言，改变了风尚，不复标举经学的造诣，而标举政治风度的坚贞与才能的卓特了。这是颇可注意的一点。（以上均见卷九十七《党锢列传》）

（3）陈留朱震字伯厚，初为州，奏济阴太守单匡臧罪，并匡兄中常侍车骑将军超。帝收匡下廷尉，以谴超，超诣狱谢。三辅谚曰："车如鸡栖马如狗，疾恶如风朱伯厚。"（卷九十六《陈蕃传》）

（4）桓帝时，宦官单超、左悺、徐璜、具瑗、唐衡等，以诛梁冀功，五人同日封侯。及超死后，四侯转横，天下为之语曰："左回天，具独坐，徐卧虎，唐两堕。”皆极言其势焰之大，表示深沉的憎恶（卷一百八《单超传》）。

这里可以看出为了政争上的需要，谣言被当作一种武器来运用，一面以之攻击政敌，一面以之称扬己方的优越。与东汉初年仅用作积极地标榜学行德业，以为干禄射利的工具的那种意义，是完全不同的。随着政治斗争的深刻化与尖锐化，谣言更被看得非常重要了，在改变了形式之后，又赋予以新的意义，新的任务，另一面谣言与谶纬结合，又发展成为童谣的形式，用可解不可解的语句，作广泛的宣传，而收到政治上极大的效果。举例如下：

（1）顺帝之末，京都童谣曰：“直如弦，死道边，曲如钩，反封侯。”这是指梁冀擅废立，诛李固、杜乔，而封胡广、赵戒、袁汤的事。

（2）桓帝之初，天下童谣曰：“小麦青青大麦枯，谁当获者妇与姑，丈人何在西击胡。吏买马，君具车，请为诸君鼓胧胡。”这是指征羌的战事，人民被征发到军中去了。

（3）桓帝之初，京都童谣曰：“城上乌，尾毕逋。公为吏，子为徒，一徒死，百乘车。车班班，入河间，河间姹女工数钱。以钱为室金为堂，石山慊慊舂黄粱。梁下有悬鼓，我欲击之丞卿怒。”这是指灵帝母劝帝开西邸卖官的事。

（4）灵帝之末，京都童谣曰：“侯非侯，王非王，千乘万骑上北芒。”这是指袁绍尽诛宦官的事。

（5）灵帝中平中，京都歌曰：

承乐世，董逃，　游四郭，董逃，　蒙天恩，董逃，
带金紫，董逃，　行谢恩，董逃，　整车骑，董逃，
垂欲发，董逃，　与中辞，董逃，　出西门，董逃，
瞻宫殿，董逃，　望京城，董逃，　日夜绝，董逃，
心摧伤，董逃。

这是指董卓迁都的事。（“董逃”又是象声字，犹言“咚噔”也。）

童谣都托言先验，与谶纬同科，但很明白，先验是假的，发生时间都

出诸后人的追述,有意把它推前去了。谣言在先,应验在后,事实上是不可能的。但为了表示希望,而托童谣以预言,以后事实竟与希望相符,遂如应验一般,这种情形,也是有可能的。

考风谣谣谚之类,直到魏晋之际,也还在高门名族间流行着。其见于《世说新语》与《晋书》者,如:

谚曰:"后来领袖有裴秀。"(《世说新语·赏誉》第八上)

"洛中雅雅有三嘏。"(刘粹字纯嘏,宏字终嘏,漠字冲嘏,是亲兄弟,王安丰甥,并是王安丰女婿。宏,真长祖也。)"洛中铮铮冯惠卿。"(名荪,是播子。荪与邢乔,俱司徒李胤外孙。及胤子顺,并知名。时称:"邢才清,李才明,纯粹邢。")(《世说新语·赏誉》第八上)

谚曰:"扬州独步王文度,后来出人郄嘉宾。"(注引《续晋阳秋》曰:超少有才气,越世负俗,不循常检。时人为一代盛誉者,语曰:"大才槃槃谢家安,江东独步王文度,盛德日新郄家宾。"其语小异。)(《世说新语·赏誉》第八上)

"邓飏字文茂,正始中迁侍中尚书,为人好货。京师为之语曰:'以官易富邓玄茂'。"(《世说新语·识鉴》第七注引《魏略》)

"石苞字仲容,渤海南皮人也,雅旷有智局,容仪伟丽,不修小节。故时人为之语曰:'石仲容姣无双'。"(《晋书·列传》第三《石苞传》)

"欧阳建字坚石,世为冀方右族,雅有理思,才藻美赡,擅名北州。时人为之语曰:'渤海赫赫欧阳坚石'。"(《晋书·列传》第三《欧阳建传》)

"琅琊王澄有高名,少所推服,每闻玠言,辄叹息绝倒。故时人为之语曰:'卫玠谈道,平子绝倒'。"(《晋书·列传》第六《卫玠传》)

然而魏晋之际的谣谚,其内容是并不同于汉末的谣谚的。其不同的程度,正如魏晋清谈之与汉末清议,前者是抽象的、概念化的,后者是

具体的、实际性的。"卫玠谈道,平子绝倒",比起"贾氏三虎,伟节最
怒"来,"洛中雅雅有三骀,洛中铮铮冯惠卿",比起"车如鸡栖马如狗,
疾恶如风朱伯厚"来,一个是手执尘尾,飘飘然出离尘世,一个是怒目
横眉,气冲冲戟手骂贼,完全是两种气象。所以魏晋之际的谣谚,跟着
清谈思想的概念化,而也概念化起来,在性质上变了。魏晋谣谚,既已
变质,则其应用范围自然不及汉末之广,表现出日就销歇的景况来。谣
谚渐就销歇的过程中,代之而起的,是所谓题目。魏晋时代题目品藻风
气之盛,可于《世说新语》一书中窥见概略。然而那时所谓题目,也还
是一种概念的比况,并无具体的内容(说详后)。

(二)题目

　　题目品藻,本来起于东汉。荀淑生前,就有"神君"之号。(《后汉
书》卷九十二,《荀淑传》:淑对策讥刺贵幸,为大将军梁冀所忌,出补朗
陵侯相,莅事明理,称为神君。)其子八人,"俭、绲、靖、焘、汪、爽、肃、
专,并有名,时人谓之'八龙'"(同上),又周泽、孙堪,并称"二稚"。
(《后汉书》卷一百十九下《儒林列传》,周泽字稚都,勇敢直言,孙堪字
子稚,行类于泽,故京师号曰二稚。)贾彪兄弟三人,并称"三虎"。(《后
汉书》卷九十七《党锢列传》,贾彪兄弟三人,并有高名,而彪最优。故
天下称曰:"贾氏三虎,伟节最怒。")许劭兄弟,称为"二龙"。(《世说
赏誉》,谢子微见许子将兄弟,曰:"平舆之渊,有二龙焉。")顺帝时诏遣
八使巡行风俗,天下号曰"八俊"。(《后汉书》帝纪卷六,汉安元年秋八
月丁卯,遣杜乔、周举、郭遵、冯羡、栾巴、张纲、周栩、刘班,等八人,分行
州郡。)到桓、灵之间,兴党锢大狱时,遂有"三君","八俊","八顾",
"八及","八厨"等称号,一时广泛流传(说已见上)。

　　这种称号,实为题目的滥觞。在魏晋之世,用此类称号来指目人物
的风尚依然存在。例如邴原被目为"云中白鹤",潘安仁与夏侯湛,并
称"连璧",裴楷被称为"玉人",刘庆孙等,称为"三才",阮籍、嵇康等,
称为"竹林七贤",夏侯玄、邓飏等四人,称"四聪",诸葛诞等八人称"八

达"。

"公孙度目邴原,所谓云中白鹤,非燕雀之纲,所能羁也。"
(《世说新语·赏誉》第八上)

"潘安仁、夏侯湛并有美容,喜同行,时人谓之'连璧'。"(《世
说新语·容止》第十四)

"裴令公有俊容仪,脱冠冕,粗服乱头皆好,时人以为'玉
人'。"(同上)

"太傅府有三才,刘庆孙长才,潘阳仲大才,裴景声清才。"
(《世说新语·赏誉》第八上)

"陈留阮籍,谯国嵇康,河内山涛,三人年皆相比,康年少亚
之。预此契者,沛国刘伶,陈留阮咸,河内向秀,琅琊王戎。七人常
集于竹林之下,肆意酣畅,故世谓'竹林七贤'。"(《世说新语·任
诞》第二十三)

"是时当世俊士,散骑常侍夏侯玄,尚书诸葛诞、邓飏之徒,共
相题表,以玄飏四人为'四聪',诞备八人为'八达'。"(《三国志·
诸葛诞传》注引《世语》)

这种称号的特点是:第一,称号本身就直指这人物,并不取什么譬
况,"神君"就直指荀淑,"二稚"就直指周稚都、孙子稚,"三虎"就直指
贾彪兄弟三人,"三君八俊"就直指陈蕃、李膺等人,称号与人物之间的
关系是甲"等于"乙,而不是甲"犹之乎"乙。第二,这种称号是风谣蜕
变出来的,有些原来就是风谣,可说是风谣的简化形式。如"八龙三
虎",都是根据着风谣,从风谣中节取的。上文所举杨伯起之称"关西
孔子",戴子高之称"关中大豪",实与荀淑之称"神君",初无二致。所
以,题目的最初形式,与称号有着密切关系,要严格地在其间予以区别
是很困难的。

但是后来,题目却有了重大的发展。发展的倾向明显地表示着,从
直指变为譬况,从具体的说明变为抽象的象征。在形式上,用"如",
"譬诸","若","似"等字,作为甲乙二者之间的关系桥梁,在内容上,

所取以为譬况者,大抵为禽鸟草木山川器物。例如:

"郭林宗至汝南,造袁奉高,车不停轨,鸾不辍轭。诣黄叔度,乃弥日信宿。人问其故,林宗曰:'叔度汪汪如万顷之波,澄之不清,扰之不浊,其器深广,难测量也'。注引《泰别传》曰:薛恭祖问之,泰曰:'奉高之器,譬诸泛滥,虽清易挹也。'"(《世说新语·德行》第一,按《后汉书·郭泰传》略同)

"客有问陈季方:'足下家君太丘,有何功德,而荷天下重名?'季方曰:'吾家君譬如桂树,生泰山之阿,上有万仞之高,下有不测之深,上为甘露所沾,下为渊泉所润。当斯之时,桂树焉知泰山之高,渊泉之深,不知有功德与无也'。"(同上)

"陈仲举尝叹曰:'若周子居者,真治国之器,譬诸宝剑,则世之干将'。"(《世说新语·赏誉下》第八上)

"世目李元礼谡谡如劲松下风。"(同上)

这种方式的题目,到魏晋之际,发展得非常普遍,而内容也愈益显得空灵缥缈,变成纯粹概念的游戏了:

"裴令公目夏侯太初,肃肃如入廊庙中,不脩敬而人自敬。一日,如入宗庙,琅琅但见礼乐器。见钟士季,如观武库,但睹矛戟。见傅兰硕,汪廧靡所不有。见山巨源,如登山临下,幽然深远。"(《晋书》三十六《列传》卷五,《裴楷传》与此略同,《世说新语·赏誉下》第八上)

"王戎目山巨源,如璞玉浑金,人皆钦其宝,莫知名其器。"(《世说新语·赏誉》第八上)

"庾子嵩目和峤,森森如千丈松,虽磊砢有节目,施之大厦,有栋梁之用。"(《世说新语·赏誉》第八下)

"王戎云:'太尉神姿高徹,如瑶林琼树,自然是风尘外物'。"(《世说新语·赏誉》第八下)

"王太尉云:'郭子玄语议如悬河泻水,注而不竭'。"(《世说新语·赏誉》第八下)

"王公目太尉,岩岩清峙,壁立千仞。"(《世说新语·赏誉》第八下)

"王丞相云:'刁玄亮之察察,戴若思之岩岩,卞望之之峰距'。"(《世说新语·赏誉》第八下)

"世目周侯,巍如断山。"(《世说新语·赏誉》第八下)

"司马太傅为二王目曰:'孝伯亭亭直上,阿大罗罗清疏'。"(《世说新语·赏誉》第八下)

题目所要称述譬况的对象,主要的是人物的品德,性格,才能,识度。例如:

"李元礼尝叹荀淑、钟皓,曰:'荀君清识难尚,钟君至德可师'。"(《世说新语·德行》第一)

"郭林宗见王允曰:'王生一日千里,王佐才也'。"(《后汉书》卷九十六《王允传》)

"谢子微……见许子政弱冠之时,叹曰:'若许子政者,有干国之器,正色忠謇,则陈仲举之匹,伐恶退不肖,范孟博之风'。"(《世说新语·赏誉》第八上)

"(郭泰)……至京师,陈留人符融,见而叹曰:'高雅奇伟,达见清理,行不苟合,言不夸毗,此异士也。'言之于河南尹李膺,与相见,曰:'吾见士多矣,未有如郭林宗者也。其聪识通朗,高雅密博,今之华夏,鲜见其俦。'友而亲之。陈留人韩卓,有知人之鉴,融见卓,以己言告之,曰:'此太原士也。'他日,又以泰言告之,卓曰:'四海内士也。吾将见之。'于是骤见泰,谓融曰:'此子神气冲和,言合规矩,高才妙识,罕见其伦。'……(宋)子俊曰:'……吾尝与杜周甫论林宗之德也,清高明雅,英达瑰玮,学问渊深,妙有俊才。然其恺悌玄淡,格量高俊,含宏博恕,忠粹笃诚,非今之人,三代士也。汉元以来,未见其匹也'。"(《世说新语·赏鉴》第八上,王戎目阮文业条,注引宋子俊语,甚简略可参看,《后汉纪》卷二十三灵帝建宁二年纪)

"曹公少时见乔玄,玄谓曰:'天下方乱,群雄虎争,拨而理之,非君乎? 然君实是乱世之英雄,治世之奸贼,恨吾老矣,不见君富贵,当以子孙相累。'注引孙盛《杂语》曰:太祖尝问许子将:'我何如人?'固问,然后子将答曰:'治世之能臣,乱世之奸雄。'太祖大笑。"(《世说新语·识鉴》第七)

所谓"王佐才","异士","太原士","四海内士","三代士","乱世英雄,治世奸贼"等,都指整个的人格,比较具体,容易理解。至于"清识","至德","聪识高朗,高雅密博","清高明雅,英达璟玮","恺悌玄淡,格量高俊,含宏博恕,忠粹笃诚"等语,却是分析了人格的内涵,而标指品德,性格,识度的,比较的抽象,意义不甚明确。然而魏晋以后的品题,却大都是后一种格式的,这大约就是所谓"简约玄淡,尔雅有韵"(明袁褧:《世说新语序》中语),为后世所称颂的名士清谈了吧。然而这样的名士清谈,却又被同书所载的王眉子所痛骂。王太尉问眉子:"汝叔名士,何以不相推重?"眉子曰:"何有名士,终日妄语!"(《世说新语·轻诋》第二十六)

"吏部郎阙,文帝问其人于钟会,会曰:'裴楷清通,王戎简要,皆其选也。'于是用裴。"(又一条语同,而事略异,《世说新语·赏誉》第八上)

"山公举阮咸为吏部郎,目曰:'清真寡欲,万物不能移也'。"(《世说新语·赏誉》第八)

"林下诸贤,各有俊才,子籍子浑,器量宏旷;康子绍,清远雅正;涛子简,疏通高素;咸子瞻,虚夷有远志;瞻弟孚,爽朗多所遗;秀子纯悌,并令淑有清流。戎子万子,有大成之风,苗而不秀。唯伶子无闻。凡此诸子,唯瞻为冠,绍、简亦见重当世。"(《世说新语·赏鉴》第八下)

"谢幼舆曰:'友人王眉子清通简畅,稽延祖弘雅劭长,董仲道卓荦有致度'。"(同上)

"时人欲题目高坐而未成,桓延尉以问周侯,周侯曰:'可谓卓

朗。'桓公曰:'精神渊箸'。"(《世说新语·赏鉴》第八下)

　　"司马文王问武陔,陈玄伯(陈泰)何如其父司空(陈群),陔曰:'通雅博畅,能以天下声教为己任者,不如也;明练简至,立功立事过之'。"(《世说新语·品藻》第九)

　　然而,分析人格的内涵,标指真正的品德、性格、识度的,是一回事,但所用的抽象的题目字眼,又是一回事,这种人格的分裂,在《抱朴子》卷三十三《汉过》篇中,给我们保存了许多材料,比刘劭的《人物论》更近于历史实际了。今引在下面,可以窥见当时题目的涯略是怎样:

　　"历览前载,逮乎近代,道微俗弊,莫剧汉末。……柔媚者受崇伤之裕,方棱者蒙讪弃之患,养豺狼而歼骐虞,殖枳棘而剪椒桂。于是傲兀不检,丸转萍流者,谓之弘伟大量。苛碎峭峻,怀螫挟毒者,谓之公正方直。令色警慧,有貌无心者,谓之机神朗彻,利口小辩,希指巧言者,谓之标领清妍。狖突萍莺,骄矜轻俍者,谓之巍峨瑰桀。嗜酒好色,阘茸无疑者,谓之率任不矫。求取不廉,好夺无足者,谓之淹旷远节。蓬发裘服,游集非类者,谓之通美泛爱。反经诡圣,顺非而博者,谓之庄老之容。嘲弄嗤妍,凌尚侮慢者,谓之萧豁雅韵。毁方投圆,面从响应者,谓之绝伦之秀。凭倚权豪,推货履径者,谓之知变之奇。懒看文书,望空下名者,谓之业大志高。仰赖强亲,位过其才者,谓之四豪之匹。输货势门,以市名爵者,谓之轻财贵义。结党合誉,行与口违者,谓之以文会友。左道邪术,假托鬼怪者,谓之通灵神人。卜占小数,诳饰祸福者,谓之知来之妙。蹩马弄稍,一夫之勇者,谓之上将之元。合离道德,偶俗而言者,谓之英才硕儒。若夫体亮行高,神清量远,不谄笑以取悦,不曲言以负心,含霜履雪,义不苟合,据道推方,嶷然不群,风虽疾而枝不挠,身虽困而操不改,进则切辞正论,攻过箴阙,退则端诚杜私,知无不为者,谓之暗骏徒苦。凤兴夜寐,退食自公,忧劳损益,毕力为政者,谓之小器俗吏。"

从这里可以看出人物评价的封建性的"公论",其概念和实质原来是完全相反的。

题目的对象,有时关涉人的形容、仪表、举止,这在魏晋以后,尤其讲究。《世说新语》中,特列《容止》一篇,专门辑集这一方面的题目,数量很不少,这是非常可注意的。贺昌群在所著《魏晋清谈思想初论》一书中,以为清谈思想之渊源,马融为一启蒙人物,又说:"汉末魏晋时代之史传,称当时人言论丰采之美者,以《马融传》为最早。"(见贺书页十四、十五)贺同志的这一指出,相当有意义。但我们认为魏晋清谈的所谓"风度",大抵是就那种纯粹形式上的秀朗俊逸的容止而言的。而这种容止之"美",是和行为实践的"丑"在一起的,从社会意义上讲来,是名门豪族在名教礼俗和现实社会的生活发生矛盾以后,取以为精神替代品而象征身份性地主阶级的高贵地位的形式标识,而在内容上是空虚的。

"魏明帝使后弟毛曾,与夏侯玄共坐,时人谓蒹葭倚玉树。"(《世说新语·容止》第十四)

时人目夏侯太初朗朗如日月之入怀,李安国颓唐如玉山之将崩。"(同上)

"嵇康身长七尺八寸,风姿特秀。见者叹曰:'萧萧肃肃,爽朗清举。'或曰:'肃肃如松下风,高而徐引。'山公曰:'嵇叔夜之为人也,岩岩若孤松之独立,傀俄若玉山之将崩'。"(同上)

"潘安仁、夏侯湛并有美容,喜同行,时人谓之连璧。"(同上)

"裴令公目王安丰,眼烂烂如岩下电。"(同上)

"有人语王戎曰:'嵇延祖卓卓如野鹤之在鸡群。'答曰:'君未见其父耳'。"(同上)

"裴令公有俊容仪,脱冠冕,粗服乱头皆好,时人以为玉人。见者曰:'见裴叔则如玉山上行,光映照人'。"(同上)

"骠骑王武子是卫玠之舅,俊爽有风姿,见玠辄叹曰:'珠玉在侧,觉我形秽'。"(同上)

"有人诣王太尉,遇安丰大将军丞相在坐,往别屋,见季胤平

子。还语人曰：'今日之行，触目见琳琅珠玉'。"（《世说新语·容止》第十四）

"王大将军称太尉处众人中，似珠玉在瓦石间。"（同上）

"王右军见杜弘治，叹曰：'面如凝脂，眼如点漆，此神仙中人'。"（同上）

"时人目王右军，飘如游云，矫若惊龙。"（同上）

"海西时，诸公每朝，朝堂犹暗，惟会稽王来，轩轩如朝霞举。"（同上）

"谢公云：'见林公双眼，黯黯明黑'，孙兴公见林公，棱棱露其爽。"（同上）

"有人叹王恭形茂者云：'濯濯如春月柳'。"（同上）

题目最奇巧的运用，是对乡土山川宫阙的叹赏。这是可以理解的，这是名门豪族的人物品题的扩大与延长。① 例证甚多，择举其一：

① 《后汉纪》卷十八："朱宠为颍川太守，正月岁首，宴赐群吏。问公曹吏郑凯曰：'闻贵郡（指颍川）山川，多产奇士，前贤往哲，可得闻乎？'对曰：'鄙郡炳嵩山之灵，受中岳之精，是以圣贤龙蟠，俊乂凤集。昔许由巢父，耻受尧禅，洗耳河滨，重道轻帝，遁世高畤。樊仲父者，志洁心遐，耻饮山河之功，贱天下之重，抗节参云。公仪许由，俱出阳城。留侯张良，奇谋辅世，玄算入微。济生民之命，恢帝王之略，功成而不居，爵厚而不受，出于辅成。胡元安体曾参之至行，履乐正之纯业，丧亲泣血，骨立形存，精诚洞于神明，雊兔集其左右，出于颍阳。彪义山英姿秀伟，逸才挺出，究孔圣之房奥，存文武于将坠，文丽春华，辞蔚藻缋，出于昆阳。杜伯夷经学称于师门，政事熙于国朝，清身不苟，有于陵之操，损己存公，有公仪之节，以荣华为尘埃，以富贵为厚累，草庐蓬门，藜藿不供，出于定陵'。"《世说新语·言语》第二："王中郎令伏玄度（滔）习凿齿论青楚人物。"注："滔集载其论，略曰，滔以春秋时鲍叔、管仲、隰朋、召忽、轮扁、甯戚、麦丘人、逢丑父、晏婴、涓子；战国时公羊高、孟轲、驺衍、田单、荀卿、邹奭、莒大夫、田子方、穆子、鲁连、淳于髡、盼子、田光、颜歜、黔子、于陵仲子、王叔、即墨大夫；前汉时，伏征君、终军、东郭先生、叔孙通、万石君、东方朔、安期先生；后汉时大司徒伏三老、江革、逢萌、禽庆、承幼子、徐防、薛方、郑康成、周孟玉、刘祖荣、临孝存、侍其元矩、孙宝硕、刘仲谋、刘公山、王仪伯、郎宗、祢正平、刘成国；魏时管幼安、邴根矩、华子鱼、徐伟长、任昭光、伏高阳：比皆青土有才德者也。凿齿以神农生于黔中，《召南》咏其美化，《春秋》称其多才。《汉广》之风，不同《鸡鸣》之篇；子文叔敖，羞与管婴比德。接舆之歌凤兮，渔父之咏沧浪，汉阴丈人之折子贡，市南宜僚屠羊说之不为利回，鲁仲连不及老莱夫妻，田光之于屈原。邓禹、卓茂，

　　"桓征西治江陵城甚丽,会宾僚出江津望之,云:'若能目此城者有赏。'顾长康时为客,在坐,目曰:'遥望层城,丹霞如楼。'桓即赏以二婢。"(《世说新语·言语》第二)

　　以上我们论述的范围,越出汉末,下侵魏晋,所举例证,也多属于魏晋时代的。但这是有理由的。第一,品题的风气,虽滥觞于汉代,而盛行则在魏晋时代,为穷源竟委计,我们需要这样做;第二,品题的风气,其作用与内容,涉及汉末的材料不太丰富,一些零碎的材料,虽足以表见端绪,仍觉不够,非由流衍以逆窥本源,不足以获得更圆融完足的比较。

　　汉末的人物品题,或说是人伦风鉴,其中重要人物是郭泰符融、许劭等人,特别是郭泰最负盛名,这已在第二节太学生的浮华交会中,有了较详细的说明,此处不再重复。但比郭泰更早,有知人之鉴的,似可以举出荀淑来。在《世说新语·德行》第一李元礼叹荀淑、钟皓条,李说:"荀君清识难尚"(《后汉书》淑本传语同),注引《先贤行状》说,淑所拔韦褐刍牧之中,执案刀笔之吏,皆为英彦。《后汉书》本传载,"州里称其知人",则所谓清识,实指风鉴而言。本传又说:"当世名贤李

无敌于天下。管幼安不胜庞公。庞士元不推华子鱼。何邓二尚书,独步于魏朝,乐令无对于晋世。昔伏羲葬南郡,少昊葬长沙,舜葬零陵。比其人,则准的如此;论其土,则群圣之所葬;考其风,则诗人之所歌;寻其事,则未有赤眉黄巾之贼:此何如青州邪?"《世说新语·言语》第二:"王武子(太原晋阳人),孙子荆(太原中都人),各言其土地人物之美。王云:'其地坦而平,其水淡而清,其人廉且贞。'孙云:'其山巍巍以嵯峨,其水㳽漠而扬波,其人磊砢而英多'。"又:"张天锡为孝武所器,每入言论,无不竟日。颇有嫉己者,于坐问张:'北方何物可贵?'张曰:'桑椹甘香,鸱鸮革响;淳酪养性,人无嫉心'。"以上四例,或由土地而论说人物之盛,或由人物而称土地之美。《世说新语·言语》第二:"林公见东阳长山,曰:'何其坦迤'。"又:"顾长康从会稽还,人问山川之美。顾云千岩竞秀,万壑争流,草木蒙笼其上,若云兴霞蔚。"又:"袁彦伯为谢安南司马,都下诸人送至濑乡,将别,既自悽惘,叹曰:'江山辽落,居然有万里之势'。"又:"王司州至吴兴印渚中看,叹曰:'非唯使人情开涤,亦觉日月清朗'。"又:"荀中郎在京口,登北固望海云:'虽未睹三山,便自使人有凌云意,若秦汉之君,必当褰裳濡足'。"以上五例,则专叹土地山川之美。由土地而论人物,注意仍在人物,由人物而称土地,则注意偏于土地矣。至于专叹山川之美,则并人物而亦不论矣。

固、李膺等皆师宗之。……卒,李膺时为尚书,自表师丧。"荀淑当时地位之重要,可以想见。

(三)清议

上面我们已经指明风谣题目(称号)是反宦官的豪族地主阶级集团的封建性的"公"论的结晶。但这也正是当时之所谓清议。发生于乡党、郡国以至京师的,对于个人人格的标榜与品藻,正是中世纪清议的一种结晶方式的表现。无论是由于"时人之语","时人之论",或由于善风鉴者的一言论定,风谣与题目,正代表着中世纪名门豪族的一种"公论"。这种"公论",并没有什么广大的社会性,仅发生于名门宾客之间,郭泰与符融是李膺的宾客,甘陵南北部党人是周福与房植的宾客,他们都是"公论"的主持者。甘陵南北部的党人之议,取舍相反,倍谲不同,两方面都以"公论"标榜自己。推而论之,当时的各种豪族集团,也都自有其宾客,自有其"公论"。这种宾客,大都是门生故吏之流,因此"公论"的是非代表着豪族地主的阶级性。这种"公论"只能是一种地望或名望的标志。由豪门世家的两家宾客,互相讥擿而构成的甘陵南北部党人之议,是名门豪族的宾客的公论的最标本的例子。

把这样身份性地主阶级的狭义的"公论"称为清议,是当时名门豪族的宾客高自位置的一种虚矫表现。实际上,这种清议,清到什么程度,是很可怜的。葛洪《抱朴子·外篇》卷二十《名宾》篇说:"汉末之世,灵、献之时,品藻乖滥。"又卷十五《审举》篇引汉末时人之语,"举秀才,不知书;察孝廉,父别居;寒素清白浊如泥;高第良将怯如鸡",则清议之为清,也还是其浊如泥的。《抱朴子》所说的,虽指灵、献之时,但即在灵、献以前,也并无二致。

风谣的题目是清议的结晶表现。把议论意见结晶于极简约经济的几个字之中,实为一种特殊的表现方式。但在政治斗争,面对面作战的场合,要驳倒论敌,取得胜利,仍需要长篇大论的议论。因此,我们有再研究一下当时政论的实际内容的必要。这种政论,主要的是一些奏疏与笺记。我们认为这种政论，才是清议最主要的部分。如果不把这种政论作为清议来看，我们便无法了解所谓清议的真实意义与作用究竟怎样，清议将成为完全悬空的玩意儿了。

汉末的政论，其是非标准，并不是无政府状态的。这就是说，论客之立场，尽管不同，而政论的理论依据仍有其共同性。那么什么是当时政论的普遍的理论依据呢？

综合当时的政论，我们可以说，他们的理论依据是纲常名教，或者说是宗教，风教。纲常名教以及宗教的理论渊源是《白虎通义》一书，这是杂糅了儒学法术阴阳方士之说于一炉而加以冶铸的一部中世纪经典，自汉章帝以后，一直统治着东汉人的头脑。《白虎通义》的著作，其用意表面上是决五经同异，是正经义，实际上是要使庞杂的东汉论坛得到统一，使汉法度的森严在理论上获得坚强的统一的基础。要知道东汉人的"是非不谬于圣人"的圣人，是怎样的一位圣人呢？那就是令"太常将大夫博士议郎郎官及诸生诸儒会于白虎观讲议五经同异"而"亲称制临决"的东汉孝章皇帝。《白虎通义》，便在他的直接指挥下面，由班固等编写成功的。从此，解经决事，便一准此书。

了解了这一点，我们对汉末纷纭的论坛，才能把握其基本的特色，而理出一个清晰的条理来。

汉末的论坛所讨论的问题，最主要的有四个：第一，是农民起义问题；第二，是征讨羌人问题；第三，是经济破产问题；第四，是外戚宦官干政问题。这四个问题，充分地反映出东汉王朝至深且重的复亡危机。

农民起义问题。东汉末年频发的农民暴动，是东汉王朝致命的打击。在中世纪农民的愚昧状态下，农民起义是用巫教的迷信力量团结起来的。给予东汉王朝以最后的毁灭性的打击的黄巾，其"苍天当死，黄天当立"的口号是当时最有力的号召。他们是以太平清领道作为思想行动上的指挥的。《后汉书》卷六十下《襄楷传》："初顺帝时，琅琊宫崇诣阙上其师于吉于曲阳泉水上所得神书百七十卷，皆缥白素朱介，青首朱目，号《太平清领书》，其言以阴阳五行为家，而多巫觋杂语。有司奏崇所上妖妄不经,乃收藏之。后张角颇有其书焉。"《楷传》又载,桓帝延熹九年,楷自家诣阙上疏说,"臣前上琅邪、宫崇受于吉神书,不合明听。"注:"于,姓;吉,名也。神书即今道家《太平经》也。其经以甲乙景丁戊己庚辛壬癸为部,每部一十七卷也。"楷又说:"天子事天不孝,则日食星斗。比年日食于正朔,三光不明,五纬错戾。前者宫崇所献神书,专以奉天地,顺五行为本,亦有兴国广嗣之术。其文易晓,参同经典,而顺帝不行,故国胤不兴,孝冲、孝质,频世短祚。"可知黄巾的渊源是很早的。《太平清领书》虽由御用的方士宫崇、襄楷之流,极力推荐,而一度走上了朝廷,但终于成为禁书。可是农民生活的贫困是严重的事实,巫教既未被方士所出卖成功,则其在农民中的作用自然大大地发挥起来。张角利用了太平清领道的力量,发展了三十六方的农民组织,这就是黄巾的基本队伍。

东汉的政论,对于农民起义的力量是非常害怕的。东汉名将皇甫规在对策中说:"夫君者舟也,民者水也,群臣者乘舟者也,将军兄弟(指梁冀、梁不疑)操楫者也。若能平志毕力,以度元元,所谓福也,如其怠弛,将沦波涛,可不慎乎?"这就是有名的"水能载舟,亦能复舟"的理论。(伪《孔子家语》有此语)荀悦、申鉴也提出了这个理论。同时,太学生刘陶上疏说:"帝非民不立,民非帝不宁,……帝之与民,犹首之与足,相须而行,混同一体,自然之势也。臣窃观之,今玄象错度,日月不明,地裂川溢,妖祥并兴,胤嗣仍绝,民率流亡,昔夏癸由此而废,商辛以斯而丧,若不悔悟恐惧,将无及矣。"(《后汉纪》卷二十一元寿元年纪)他们把人民与政权(君)的关系,比喻作水之与舟,足之与首,把地下的阶级斗争,从天上的神的谴告取得精神的解嘲,这些都是从封建制社会君民上下的名分观念和神学的麻醉剂出发,其欺骗性,不足为训,可是这种对于民变危机的警惕,确反映着对人民力量的一定的认识。

农民起义,用什么方法来解决呢?一派主张发兵去硬打,一派主张用政治手段去软化。《后汉书》卷九十六《陈蕃传》:

"零陵、桂阳山贼为害,公卿议遣将讨之。……蕃上疏驳之曰：'昔高祖创业，万邦息肩，抚养百姓，同之赤子。今二郡之民，亦陛下赤子也，致令赤子为害，岂其所在贪虐，使其然乎。宜严敕三府，隐核牧守令长，其有在政失和，侵暴百姓者，即便举奏。更选清贤奉公之人，能班宣法令，情在爱惠者，可不劳王师，而群贼弭息矣'。"

把民变问题，单纯地了解作官吏贪虐侵暴的结果，轻轻掩蔽了封建制社会的阶级的基本矛盾以及超经济剥削的罪恶，是没有触摸到问题的核心的，因此，即令陈蕃的主张竟得实现，问题还是没法解决的。然而在《后汉纪》中，却记载了张纲平"贼"的奇迹，作为一切陈蕃式的主张好像取得有效的佐证，把挽救危机的希望寄托于那种软化的办法了。《后汉纪》卷十九汉安元年纪：

"广陵贼张婴杀刺史二千石，（梁）冀以纲为广陵太守。……前太守往，辄多请兵，及纲受拜，诏问当须兵几何，对曰：'无用兵为。'遂单车之官，径诣婴垒门。婴大惊，剧走，闭垒。纲又于门外罢遣吏兵，独留所亲者十余人，以书喻其长老素为婴所信者，请与相见，问以本变。因示以诏恩，使还婴，婴见纲推诚，即出见纲。纲延置上坐，问所疾苦。礼毕，乃喻之曰：'前后二千石，多非其人，杜塞国恩，肆其私求。乡郡远，天子不能朝问之也，故民相聚以避害也，二千石信有罪矣，为之者，又非义也。忠臣不亏君以求荣，孝子不损父以求富。天子仁圣，欲文德以来之，故使太守来，思以爵禄相荣，不愿以刑罚也。今诚转祸为福。若闻义不服，天子赫然发怒，大兵云合，岂不危乎。今不料强弱，非明也。弃福取祸，非智也。去顺效逆，非忠也。身绝无嗣，非孝也。背正从邪，非直也。见义不为，非勇也。六者，祸福之机也，宜深计其利害。'婴闻泣曰：'荒裔愚臣，不能自通王室，数为二千石所枉，不堪困苦，故遂相聚偷生，若鱼游釜中，知其不久，可且以喘息须臾耳。明府仁及草木，乃婴等更生之泽也。愚戆自陷不义，实恐投兵之日，不免孥戮也。'纲曰：'岂其然乎？要之以天地，誓之以日月，方当相显以爵位，何祸戮之有？'婴曰：'苟赦其罪，得全首领，以就农亩，则抱戴没齿，爵位非望也。'婴虽为大贼，起于狂暴，自分必及祸，得纲言，旷若开明。乃辞还营，明日，遂将所部万余人，与妻子面缚谒纲。纲悉释缚慰纳，单车将婴入营，置酒为乐，大会月余，抚循以意，莫不委心。谓婴曰：'卿诸人积年为害，一旦解散，方垂荡然，当条名上，必受封赏。'婴曰：'乞归故业，不愿复以秽名汙明时也。'纲以其至诚，乃各从其意，亲悉为安处居宅，子弟欲为吏者听之，不欲不强。为吏则随才任职，为民则劝以农桑，四业并兴，南州晏然。论纲功当封，为（梁）冀所遏绝，故不侯。天子美其功，征用之，疾病卒官，时年四十六。朝廷甚惜，婴等三百余人，皆衰杖送丧，同哀考妣。"

这是统治阶级所排演的富有戏剧性的一幕，是封建政治下的一个奇幻的插曲。不论张婴的投降是出于什么一种动机，照理来推，事情的解决，不可能采取这样一个轻松的结局的。这无非夸饰一下陈蕃式的主张，好像是有实现可能的，显示出在他们的主观上，有那么辉煌的幻想而已。

陈蕃式解决民变问题的主张，是两汉时代一种颇为流行的主张，依照汉宣帝的说法，我们可以称之为"政平吏良"的宁民政治主张，就是开明的封建专制下的官僚政治主张。这种主张在阳嘉元年地主阶级的温和的反对派左雄的上疏中，更有一套完密的理论。《后汉纪》卷十八，左雄上疏说：

"臣闻柔远能迩，莫大宁民，宁民之务，莫重用贤。是以皋繇对禹，贵在知人。安人则惠，黎民怀之。昔三代垂统，封建侯伯，世位亲亲，民用和睦，宗周既灭。六国并秦，坑儒泯典，革除五等，郡县设令，封豕黎民。大汉受命，蠲其苛政，宽以三章，抚以因循，至于文景，天下康乂，诚由玄靖渊嘿，使万民不扰也。宣帝兴于侧陋，知世所疾，综名核实，赏罚必行。刺史守相初拜，辄亲见问之，观其所由，退而考察，以质其言。常叹曰：'民所以安而无愁者，政平吏良也。与我共此者,其唯良二千石乎!'以为吏数变易,则下不安业,民知不久,则诈以求过。故二千石有治能者,辄以玺书勉励,增秩赐金,爵至封侯,公卿时缺,则以次用之。是以吏称其职,民安其业。故能降来仪之瑞,建中兴之功。汉元至今,三百余载,俗浸凋敝,巧伪滋萌,下饰其诈,上肆其残。列城百里,转动烦数,以杀害为贤,以循理为劣,以聚敛为办,以修己为弱。髡钳之戮,生于睚眦;复尸之祸,成于喜怒。视民如寇,税之如狼。监司相望,见非不举。观政于亭传,责成于耳目,言善不称德,论功不核实。虚诞者获祐,束修者见黜,或因罪而致高,或处危以成名。所以天灾屡降,治道未宁。皆由于此也。臣愚以为长吏理绩有显效者,可就增秩,勿使移徙,非父母丧,不得去官。其不从王制,锢之终身,虽赦令不在齿列。必竟修善政,亲抚百姓,率土之民,各宁其所。追配文宣中兴之轨,流光垂祚,永世不刊。"

在东汉末年,张纲、陈蕃等的"政平吏良"的宁民政治主张,是有其历史现实的意义的,因为在宦官乱政的局面下,唯有这种开明的官僚政治主张,才对官僚群的强宗豪族最有利,才是排除宦官势力、保持本身地位的好办法。然而新兴的阉寺群是不答应的,他们要用大兵去剿。不过要了解,无论两者的主张有怎样的不同,在基本的要求上还是一致的,就是都要求把农民弄得服服帖帖,把所谓"叛变"平掉。

征讨羌人问题。对羌人的征讨,是东汉王朝极力从事的对外战争。当时的论坛,对这种对外战争,也有两种相反的意见,一种是反对打的,主张恩抚,另一种是赞成打的,主张歼灭。前者是官僚群的主张,以自附于党锢的张奂为代表,后者是阉寺群的主张,以结托宦官的段颎为代表。《后汉书》卷九十五《张奂传》及《段颎传》,对这问题有颇为扼要的叙述:

"永寿元年,(张奂)迁安定属国都尉。初到职,而南匈奴左薁鞬台耆、且渠伯德等七千余人寇美稷,东羌复举种应之。而奂壁唯有二百许人,闻即勒兵而出。军吏以为力不敌,叩头争止之。奂不听,遂进屯长城,收集兵士,遣将王卫,招诱东羌。因据龟兹,使南匈奴不得交通。东羌诸豪,遂相率与奂和亲,共击奠鞬等,连战破之。伯德惶恐,将其众降,郡界以宁。羌豪帅感奂恩德,上马二十匹,先零酋长,又遗金镂八枚,奂并受之,而召主簿于诸羌前,以酒酹地曰:'使马如羊,不以入厩,使金如粟,不以入怀',悉以金马还之。羌性贪而贵吏清,前有八都尉,率好财货,为所患苦。及奂正身絜己,威化大行。……(延熹)九年秋,鲜卑复率八九千骑入塞,诱引东羌,与共盟诅。于是上郡、沈氏、安定、先零诸种,共寇武威、张掖,缘边大被其毒,朝廷以为忧。复复奂为护匈奴中郎将,以九卿秩督幽、并、凉三州,及度辽、乌桓二营,兼察刺史二千石能否,赏赐甚厚。匈奴乌桓闻奂至,相率还降,凡二十万口。奂但诛其首恶,余皆慰纳之,唯鲜卑出塞去。"

张奂的恩抚主张,段颎却认为不对,他主张彻底殄灭。《段颎传》述两人主张相异,真是针锋相对。其时,东羌已破,余众四千落,悉散入山谷,张奂上言:"东羌虽破,余种难尽,颎性轻果,虑负败难常。宜且以恩降,可无后悔。"诏书下颎,颎复上言:"臣本知东羌虽众,而软弱易制,所以比陈愚虑,思为永宁之算。而中郎将张奂,说虏强难破,宜用招降。圣朝明监,信纳瞽言,故臣谋得行,奂计不用。事势相反,遂怀猜恨,信叛羌之诉,饰润辞意,云臣兵累见折衄。又言羌一气所生,不可诛尽;山谷广大,不可空静;血流汗野,伤和致灾。臣伏念周秦之际,戎狄为害。中兴以来,羌寇最甚,诛之不尽,虽降复叛。今先零杂种,累以反复,攻没县邑,剽略人物,发冢露尸,祸及生死,上天震怒,假手行诛。昔邢为无道,卫国伐之,师兴而雨。臣动兵涉夏,连获甘澍,岁时丰稔,人无疾疫。上占天心,不为灾伤,下察人事,众和师克。自桥门以西,落川以东,故宫县邑,更相通属,非为深险绝域之地,车骑安行,无虑折衄。案奂为汉吏,身当武职,驻军二年,不能平寇,虚欲修文戢戈,招降犷敌。诞辞空说,僭而无征。何以言之?昔先零作寇,赵充国徙令居内;煎当乱边,马援迁之三辅。始服终叛,至今为鲠。故远识之士,以为深忧。

今傍郡户口单少，数为羌所创毒，而欲令降徒与之杂居，是犹种枳棘于良田，养虺蛇于室内也。故臣奉大汉之威，建长久之策，欲绝其本根，不使能殖。本规三岁之费，用五十四亿，今适期年，所耗未半，而余寇残烬，将向殄灭。臣每奉诏书，军不内御，愿卒斯言，一以任臣，临时量宜，不失权便。"

张、段二人，不但主张相异，仕途的显晦，也复很不相同。张奂破羌之后，"三州清定，论功当封，奂不事宦官，故赏遂不行，唯赐钱二十万，除家一人为郎。并辞不受"。后又以党罪禁锢归田里。段颍却"曲意宦官，故得保其富贵，遂党中常侍王甫"。张、段二人虽同关陇，同隶行伍，同讨羌戎，而主张行径，完全异趣，互相谤议疑危，无所不至，这在张奂写给段颍的一封信里，表现得很明白。《奂传》载：

"奂前为度辽将军，与段颍争击羌，不相平。及颍为司隶校尉（按在案锢党发后），欲逐奂归敦煌，将害之，奂忧惧，奏记谢颍曰：'小人不明，得过州将，千里委命，以情相归。足下仁笃，照其辛苦，使人未反，复获邮书。恩诏分明，前以写白，而州期切促，郡县惶惧，屏营延企，侧待归命。父母朽骨，孤魂相托。若蒙矜怜，壹惠咳唾，则泽流黄泉，施及冥寰，非奂生死，所能报塞。夫无毛发之劳，而欲求人丘山之用，此淳于髡所以拍髀仰天而笑者也。诚知言必见讥，然犹未能无望。何者？朽骨无益于人，而文王葬之，死马无所复用，而燕昭宝之。傥同文昭之德，岂不大哉！凡人之情，冤则呼天，穷则叩心，今呼天不闻，叩心无益，诚自伤痛。俱生圣世，独为匪人。孤微之人，无所告诉，如不哀怜，便为鱼肉。企心东望，无所复言'。"

结果虽然段颍没有害他，但这里的忧危之情，却是极为可怜的。

与张奂同一主张，对羌人采用恩抚策略的，是皇甫规。在乞自效疏中，他认为，"夫羌戎溃叛，不由承平，皆因边将失于绥御。乘常守安，则加侵暴，苟竞小利，则致大害。微胜则虚张首级，军败则隐匿不言。军士劳怨，困于猾吏，进不得快战以缴功，退不得温饱以全命，饿死沟

渠,暴骨中原。徒见王师之出,不闻振旅之声。酋豪泣血,惊惧生变,是
以安不能久,败则经年。"所以"愿假臣两营二郡(注两营指马贤及赵冲
等,二郡安定、陇西也),屯列坐食之兵五千,出其不意,与护羌校尉赵
冲共相首尾。土地山谷,臣所晓习,兵势巧便,臣已更之。可不烦方寸
之印,尺帛之赐,高可以涤患,下可以纳降"。延熹四年秋,叛羌、零吾
等,与先零别种,寇钞关中,复没营坞。规又上疏自效,说:"臣生长邠
岐,年五十有九,昔为郡吏,再更叛羌,豫筹其事,有误中之言。……愿
乞冗官,备单车一介之使,劳来三辅,宣国威泽。……"其冬,羌遂大
合,朝廷为忧,三公举规为中郎将,持节监关西兵,讨零吾等破之,斩首
八百级。先零诸种羌,慕规威信,相劝降者十余万。明年,规因发其骑,
共讨陇右,东羌遂遣使乞降,凉州复通。先是,安定太守孙儁,受取狼
藉,属国都尉李翕,督军御史张禀,多杀降羌,凉州刺史郭闳,汉阳太守
赵熹,并老弱不堪任职,而皆倚恃权贵,不遵法度。规到州界,悉条奏其
罪,或免或诛。羌人闻之,翕然反善,沈氏大豪滇昌饥恬等十余万口,复
诣规降。规出身数年,持节为将,拥众立功,还督乡里,既无他惠,而多
所举奏,又恶绝宦官,不与交通。于是中外并怨,遂共诬规货赂群羌,令
其文降(注:以文簿虚降,非真心也),天子玺书诮让相属,规惧不免,上
书自讼。书内说,"自永初以来,将出不少,复军有五,动资巨亿。有旋
车完封,写之权门(注言复军之将,旋师之日,多载珍宝,封印完全,便
入权门),而名成功立,厚加爵封。今臣还督本土,纠举诸郡,绝交离
亲,戮辱旧故,众谤阴害,固其宜也。"其年冬,征还拜议郎,论功当封,
而中常侍徐璜、左悺,欲从求货,数遣宾客,就问功状。规终不答,璜等
忿怒,陷以前事,下之于吏。官属欲赋敛请谢,规誓而不听,遂以余寇不
绝,坐系廷尉,论输左校。诸公及太学生张凤等三百余人,诣阙讼之,会
赦归家。及党事大起,规上言前尝附党,且为党人所附,自愿坐之。
(以上见《后汉书》卷九十五本传。)

从皇甫规的意见来说,那些征羌立功的将军们,多半是买通权贵宦
官,谎报成功,因而封侯赏爵的,如此,则段颎的功劳,就很可疑。但从

段颎那面说来,则皇甫规、张奂之流,又是"各拥强众,不时辑定",恩抚策略,无非是"虚欲修文戢戈,招降猾敌",如令降羌与边民杂居,是犹"种枳棘于良田,养虺蛇于室内",祸患很大。

东汉政府,对羌人的战争,在段颎这一流人的主张下,长期的持续下去,人民死亡在战场上,死亡在千里万里转输馈饷的道途中的,不可计数。东汉政府消耗于对羌人的战争中的钱,共三百九十余亿,这笔钱,等于东汉政府六个年头租税岁入的总数。这都是人民的血汗,战争给人民带来死亡与饥饿。因此对外战争久延不决,更扩大加深了国内农民起义的危机。永和八年,征西将军马贤被羌人击败,羌众大合,攻烧陇西,那时皇甫规上疏乞自效,便指出这种外患所引起的内变的危机:

"臣比年以来,数陈便宜,羌戎未动,策其将反,马贤始出,颇知必败,误中之言,在可考校。臣每惟贤等,拥众四年,未有成功,悬师之费,且百亿计,出于平人(注,平人,齐人也,即平民),回入奸吏。故江湖之人,群为盗贼,青、徐荒饥,襁负流散。"延熹四年的上疏中,也同样指出:

"臣穷居孤危之中,坐观郡将,已数十年矣。自鸟鼠至于东岱,其病一也。力求猛敌,不如清平,勤求孙吴,未若奉法。前变未远,臣诚戚之!(注:鸟鼠山名,在渭州西,即先零羌寇钞处。东岱谓泰山,叔孙无忌反处也。皆由郡守不加绥抚,致使反叛,其疾同也。)"

皇甫规不但指出长期对外战争,足以加深内忧,并且指出外患之来与内变之起,同出一个原因,即群将的不"清平",不"奉法"。这一点,实与上举陈蕃的主张完全一致。虽然一个是对内的问题,一个是对外的问题,一面是文官,一面是武将,而看法与立场却是一致的。这样,就非常明白地可以理解,为什么皇甫规、张奂不为宦官所喜,终竟牵入党祸,而段颎则结托宦官,终于在司隶校尉任内,捕系了太学诸生千余人入狱。

现在,再引李固的"平贼议",来证明一下官僚群对外患内忧问题的最具体的看法。《后汉纪》卷十八永和二年纪:

"秋七月,日南蛮反,交阯刺史樊演出讨失利,寇遂攻掠郡县,上甚忧之。议者宜遣大将军发荆、扬、兖、豫四万人赴救。大将军从事中郎李固议曰:'荆、扬安稳,发其吏救之可也。今荆、扬盗贼盘结,武陵、南郡夷未集,长沙、桂阳数被征发,难复扰动。其不可一也。兖、豫之民,间万里征役,无有还期,恐十五万户不得一士。郡县追促,惧有叛亡。其不可二也。南州水土温暑,如有瘴气,恐死者十四五,必道路奔散不能禁。其不可三也。士卒比到,万里疲劳,不可复斗。其不可四也。军行三十里为程,九千余里,三百日乃到。计人日五升,用米十万斛,尚不计将吏驴马之食,但自致费但若此。其不可五也。设使军到,死亡者众,不足当复益发,此为刻割心腹,而乐四肢。其不可六也。今二郡叛徒,还自相攻,但坐征发之故,何况乃发四州赴万里哉?其不可七也。前中郎将尹就使益州,益州谚曰,虏来尚可,尹来杀我。后就征还,以兵付刺史张乔,因其民困,旬月破灭殄尽,此发将无益之效,州郡不可任之验也。可但选有勇略仁惠,以为刺史太守,勿与争锋,以恩信招来,赦杀伤之罪,以息发军'。"

经济破产问题。东汉封建制社会的土地所有制以及超经济剥削,引起经济破产的危机。人民在最低限度的生活都不能维持时,只得弃家逃亡,或举行起义。这样,更造成生产的萎缩,加深了危机的程度。而贪官污吏的巧取豪夺,荒淫政府的横征暴敛,却日益厉害。桓帝初年,侍御史朱穆奏记于大将军梁冀,描写这种情形道:

"今宦官俱用,螽水为害,而京师之费,十倍于前。河内一郡,尝调缣素绮縠,才八万余匹,今乃十五万匹。官无见钱,皆出于民。民多流亡,皆虚张户口。户口既少,而无资者多,当复割剥,公赋重敛。二千石长吏,遇民如虏,或卖用田宅,或绝命捶楚。大小无聊,朝不保暮。……近永和之末,人有离心,兴徒发使,不复应命,怀粮廪兵，云当向杂。……今民心事势，复更戚戚，困于永和，抚安之急，诚在大将军先易二千石长吏非其人者。"（按《后汉书·朱穆传》与此引微异，《后汉纪》卷二十本初元年纪）

从人民身上搜刮来的食货，是在极度荒淫中消耗掉的。这里附带解释一下，为什么强调地提户调的布帛，而和"田宅"并重呢？这是中国中世纪农业与手工业结合的特殊形式，而超经济剥削的调课，就对准了食货二者的结合。《后汉书》卷九十六《陈蕃传》说："比年收敛，十伤五六，万人饥寒，不聊生活。而采女数千，食肉衣绮，脂油粉黛，不可资计。"又说："青、徐炎旱，五谷损伤，民物流迁，茹菽不足。而宫女积于房掖，国用尽于罗绮。"

为了挽救经济破产的危机，有人想到改铸大钱，从通货方面打主意。《后汉书》卷八十七《刘陶传》，时（元寿三年）有上书言，人以货轻钱薄，故致贫困，宜改铸大钱。事下四府，群僚，及太学能言之士。陶上议：

　　"当今之忧，不在于货，在乎民饥。夫生养之道，先食后民。是以先王观象育物，敬授民时，使男不逋亩，女不下机，故君臣之道行，王路之教通。由是言之，食者，乃有国之所宝，生民之至贵也。窃见比年以来，良苗尽于蝗螟之口，杼柚空于公私之求，所急朝夕之餐，所患靡盐之事。岂谓钱货之厚薄，铢两之轻重哉？就使当今沙砾化为南金，瓦石变为和玉，使百姓渴无所饮，饥无所食，虽皇羲之纯德，唐虞之文明，犹不能以保萧墙之内也。盖民可百年无货，不可一朝有饥，故食为至急也。议者不达农殖之本，多言铸冶之便，或欲因缘行诈，以贾国利。国利将尽，取者争竞，造铸之端，于是乎生。盖万人铸之，一人夺之，犹不能给，况今一人铸之则万人夺之乎。虽以阴阳为炭，万物为铜，役不食之民，使不饥之士，犹不能足无厌之求也。夫欲民殷财阜，要在止役禁夺，则百姓不劳而足。陛下圣德，愍海内之忧戚，伤天下之艰难，欲铸钱齐货，以救其敝，此犹养鱼沸鼎之中，栖鸟烈火之上，水木本鱼鸟之所生也，用之不时,必至焦烂。……当今地广而不得耕,民众而无所食,群小竞进,秉国之位,鹰扬天下,鸟钞求饱,吞肌及骨,并噬无猒。诚恐卒有役夫穷匠,起于板筑之间,投斤攘臂,登高远呼,使愁怨之民,响应云合,八方分崩,中夏鱼溃,虽方尺之钱,何有能救其危?犹举函牛之鼎,絓织枯之末,诗人所以眷然顾之,潸焉出涕者也。"

刘陶的看法是与朱穆、陈蕃一致的,所以解决问题的方法也如出一辙,是"止役","禁夺",前者的目的在使农村的必要劳动力得以保持,后者的目的在使农民的生产所获,还能留下必需的生活资料。换句话说,要养鸡生蛋,而不要杀鸡取蛋。所谓"使男不逋亩,女不下机",在男耕女织的自然经济之下,永远贡役输将。《后汉书》称陶著书数十万言,又作《七曜论》、《匡老子》、《反韩非》、《复孟轲》,及上书言当世事,条教赋奏,书记辩疑,凡百余篇。可见他是一个儒家正宗思想的继承者。

宦官干政问题。宦官干政问题,是豪族地主的官僚群热烈讨论的一个问题。在第二节中,我们已大略举引了一些议论。最别致的,要算襄楷的意见。《后汉纪》卷二十二,延熹九年纪,襄楷对尚书之问回答说:

"臣闻古者本无宦官,孝武末,春秋高,数游后宫,始置之耳。后稍见任。至孝顺帝时,遂益昌炽也。按天市内,宦者四星,不在太微中,而在市中,明宦者但当侍坐,得预内。今乃处古常伯之位,决谋于中,倾动内外,恐非天意也。"

这是好笑的一种意见。襄楷原是方士,既十分荒唐地推荐了宫崇所上的神书(《太平清领书》),又以星象来论人事,主张天人感应,灾异谴告的传统谬说。其所举宦官历史的渊流,尤为失考,难怪被尚书所诘责。《后汉书》卷六十下《楷传》:"尚书上其对,诏下有司处正。尚书承旨奏曰:'其宦者之官,非近世所置。汉初张泽,为大谒者,佐绛侯诛诸吕。孝文使赵谈参乘,而子孙昌盛。楷不正辞理,指陈要务,而析言破律,违背经艺,假借星宿,伪托神灵,造合私意,诬上罔事,请下司隶,正楷罪法,收送洛阳狱。'遂令司寇论刑。"

我们并不惊奇襄楷的愚而诬,却佩服诘责的人虽是宦官的党羽,而竟也抬出"析言破律,违背经艺"那样堂皇的话来。那样堂皇的话,原是清流们的口吻。但我们上面已经说过,论客的立场,尽管不同,而政论的理论依据仍有宗教和名教普遍性,这里便是很好的例证。

捧住了纲常名教和神学教条作为护身符,然后向敌对的一面肆意攻讦,是汉末论坛的一个特点。因为有这样的护身符,表面上的是非臧否是分明的;但又因为这个理论的敌对双方都可得而利用,所以实际上的是非臧否是很淆乱的。朱穆在《崇厚论》里便曾指出这一特点:

"时俗或异,风化不敦,而尚相诽谤,谓之臧否。记短则兼折其长,贬恶则并伐其善,悠悠者皆是,其可称乎?……故时敦俗美,则小人守正,利不能诱也。时否俗薄,虽君子为邪,义不能止也。何则?先进者既往而不及,后来者复习俗而追之。是以虚华盛而忠信微,刻薄稠而纯笃稀,斯盖《谷风》有弃予之叹,《伐木》有鸟鸣之悲矣。"(《后汉书》卷七十三本传)

在质帝时,有人作飞章诬李固,所说的话全是堂皇的大道理。灵帝时,宦官诛窦武、陈蕃,所数说的话,也全是堂皇的大道理。所谓是非臧否,只是为了攻讦的便利而已。

"初顺帝时,诸所除官,多不以次。及固在事,奏免百余人。此等既怨,又希望冀旨,遂共作飞章,虚诬固罪:'臣闻君不稽古,无以承天;臣不述旧,无以奉君。昔尧殂之后,舜仰慕三年,坐则见尧于墙,食则睹尧于羹,斯所谓聿追来孝,不失臣子之节者。太尉李固,因公假私,依正行邪,离间近戚,自隆支党。至于表举荐达,例皆门徒,及所辟召,靡非先旧,或富室财赂,或子婿昏属,其列在官牒者凡四十九人。又广选贾竖,以补令史,募求好马,临窗呈试。出入逾侈,辎軿耀日。大行在殡,路人掩涕,固独胡粉饰貌,搔头弄姿,槃旋偃仰,从容冶步,曾无惨怛伤悴之心。山陵未成,违矫旧政,善则称己,过则归君。斥逐近臣,不得侍送。作威作福,莫固之甚。臣闻台辅之位,实和阴阳,璇玑不平,寇贼奸轨,则责在太尉。固受任之后,东南跛扈,两州数郡,千里萧条。兆人伤损,大化陵迟。而诋疵先主,苟肆狂狷,存无廷争之忠,没有诽谤之说。夫子罪莫大于累父,臣恶莫深于毁君。固之过衅,事合诛辟'。"(《后汉书》卷九十三《李固传》)

"曹节等矫诏诛(窦)武等。(陈)蕃时年七十余,闻难作,将官属诸生八十余人,并拔刃突入承明门,攘臂呼曰:'大将军(窦武)忠以卫国,黄门反逆,何云窦氏不道邪?'王甫时出,与蕃相近,适闻其言,而让蕃曰:'先帝新弃天下,山陵未成,窦武何功,兄弟父子,一门三侯?又多取掖廷宫人,作乐饮宴。旬月之间,赀财亿计。大臣若此,是为道邪! 公为栋梁,枉桡阿党,复焉求贼?'遂令收蕃。"(《后汉书》卷九十六《陈蕃传》)

这种是非臧否淆乱不清的局面,是怎样会发生出来的呢? 是非臧否既已淆乱不清了,但许多人还取以为武器,又是为了什么呢? 我们认为汉末的统治阶级中间,阉寺群是最后起的一群。他们企图以自身的新兴地位在封建社会的整套图案中添上合法的一笔,自得牵住当时的所谓纲常名教以及谶纬神学,以取得理论上的支持,以便迎击官僚群的猛烈的挞伐。不论实际的利害冲突,严重到怎样的一个情形,不论对一个问题的看法,分歧到怎样的一个情形,而一开口,却不约而同的都拾取了那名教和宗教的金字招牌。所以纵观汉末的论坛,在理论依据上似是互通的,而在是非臧否上,却是互相悖谬的。名教和宗教成为空洞无物的纯概念的东西,而名行善恶却伴随着切身的利害。《抱朴子》所引汉末时人之语,"举秀才,不知书;察孝廉,父别居;寒素清白浊如泥;高第良将怯如鸡",不就是最好的说明么? 因此,在这种情形之下,郭泰之流,负知人之鉴者,便有极大的权威了。

所谓汉末的清议,其形式与内容极相矛盾的本质,其言行不一的人格分裂,其反映社会危机的自我掏空,便是这样的。因此,我们就了解,所谓"公论"所标榜出的容止之"美",实际上不过是地主阶级在农民起义的面前所夸耀的空虚身份罢了!

第四节 党锢始末与清议的转向

在汉朝,朝臣以朋党或党附的缘故而遭禁锢者,比比皆是。每当权贵被诛,他的门生故吏常被看做党附而禁锢起来。但一般所理解的党锢之祸,却是专指桓灵之间的最大一次的党锢。

我们在上面,已分析了党锢之祸的原因,剖解了它的真相,本节,我们再回头简略地叙述一下党锢之祸的始末经过,同时研究一下"清流"们怎样在宦官的反击下,逐渐转变他们的"清议"的本质与相貌,而走向"清谈"。

由上面的分析,我们知道党锢之祸是汉末统治阶级内讧的表现,参加的主要集团是宦官与外戚,而官僚则党附外戚。《后汉书》卷九十七《党锢列传序》,指出这一情形道:

"桓灵之间,主荒政谬,国命委于阉寺,士子羞与为伍,故匹夫抗愤,处士横议。遂乃激扬名声,互相题拂,品核公卿,裁量执政,婞直之风,于斯行矣。夫上好则下必甚,矫枉故直必过,其理然矣。若范滂、张俭之徒,清心忌恶,终陷党议,不其然乎。"

党议的开端,最早是代表豪族地主的甘陵的"南北部"之议,二家的宾客走卒,相互攻击,以后则为汝南、南阳的"范党"之议,两郡的党议成了地方势力的喉舌。《党锢列传序》说:

"初桓帝为蠡吾侯,受学于甘陵周福,及即帝位,擢福为尚书。时同郡河南尹房植,有名当朝,乡人为之谣曰:'天下规矩房伯武,因师获印周仲进。'二家宾客,互相讥揣,遂各树朋徒,渐成尤隙。由是甘陵有南北部,党人之议,自此始矣。"

《范滂传》说:

"(汝南)太守宗资先闻其名,请署功曹,委任政事。滂在职严整疾恶,其有行违孝悌,不轨仁义者,皆扫迹斥逐,不与共朝,显荐异节,抽拔幽陋。……郡中中人以下,莫不归怨,乃指滂之所用,以为范党。"

同时南阳岑晊,与范滂同有名声。《党锢列传序》说:

"后汝南太守宗资,任功曹范滂,南阳太守成瑨,亦委功曹岑晊。二郡又为谣曰:'汝南太守范孟博,南阳宗资主画诺;南阳太守岑公孝,弘农成瑨但坐啸'。"

这样,流言转到太学里去,激动了太学里的"舆论"。太学生领袖郭泰、贾彪与大官僚陈蕃、李膺、王畅等深相结纳,互相标榜,又攀上了外戚窦武,谣言更盛起来。他们对公卿的贬议品题,发生了力量,使许多官僚都不自安起来,不得不设法跟他们来往。《党锢列传序》说道:

"因此流言转入太学,诸生三万余人,郭林宗、贾伟节为其冠,并与李膺、陈蕃、王畅更相褒重。学中语曰:'天下模楷李元礼,不畏强御陈仲举,天下俊秀王叔茂。'……自公卿以下,莫不畏其贬议,屣履到门。"

《后汉书》卷九十九《窦武传》说:

"(窦武)在位多辟名士,清身疾恶,……武得两宫赏赐,悉散与太学诸生。"

《武传》注引《续汉志》说:

"桓帝初,京都童谣曰:'游平卖印自有评,不避贤豪及大姓'。"(案:武字游平。)

这样,使宦官的形势显得孤立起来。然而桓帝的老师周福,因了拥护皇权,既为清议所贬,自必与宦官同气。至于桓帝呢,在中央集权专制主义被豪族地主威胁之下,自然更要利用宦官势力。

党人对宦官展开了猛烈的进攻,如李膺案杀宦官张让之弟张朔,杜密为太山太守,案捕宦官子弟之为令长有奸恶者,岑晊诛杀赂遗中官而得显位的富贾张泛等皆是。这使宦官们感到恐惧。《李膺传》载:"自此诸黄门常侍皆鞠躬屏气,休沐不敢复出宫省。帝怪问其故,并叩头泣曰,畏李校尉。"在豪族地主阶级进攻的形势之下,竟然使皇帝"怪问其

故”,感到很大的威胁。于是第一次的党锢借张成的事件爆发了。这事发生在桓帝延熹九年,《党锢列传序》说:

> "时河内张成,善说风角,推占当赦,遂教子杀人。李膺为河南尹(据《后汉纪》,李膺时为司隶校尉),督促收捕。既而逢宥获免,膺愈怀愤疾,竟案杀之。初,成以方伎交通宦官,帝亦颇谇其占。成弟子牢修(据《后汉纪》为牢顺),因上书诬告膺等养太学游士,交结诸郡生徒,更相驱驰,共为部党,诽讪朝廷,疑乱风俗。于是天子震怒,班下郡国,逮捕党人,布告天下,使同忿疾。遂收执膺等,其辞所连及,陈寔之徒二百余人。或有逃遁不获,皆悬金购募。使者四出,相望于道。明年,尚书霍谞,城门校尉窦武,并表为请,帝意稍解,乃皆赦归田里,禁锢终身,而党人之名,犹书王府。"

从这里可以看出,在豪族对宦官的斗争中,实质上是身份性的豪族地主和皇族最高地主的斗争。所谓“共为部党,诽讪朝廷”,就说明其中的阶级意义。

党事稍解以后,清议的力量却更昂扬。尤其在桓帝死后,灵帝刚即位,大将军窦武辅政,与太傅陈蕃,谋诛宦官,引用天下名士,这时,清议的力量更大。但二年后,在灵帝建宁二年(时陈藩、窦武已被诛),宦官曹节侯览又借张俭的事发动了第二次的党锢。这一回代表豪族地主的官僚群损失极大,清议因而转向。《党锢列传序》,《李膺传》,以及宦官《侯览传》于此记载甚详:

> "自是正直废放,邪枉炽结,海内希风之流,遂共相标榜。指天下名士为之称号,上曰三君,次曰八俊,次曰八顾,次曰八及,次曰八厨。犹古之八元八凯也。……又张俭乡人朱并,承望中常侍侯览意旨,上书告俭与同乡二十四人,别相署号,共为部党,图危社稷,……刻石立墠,共为部党,而俭为之魁。灵帝诏刊章捕俭等。大长秋曹节因此讽有司奏捕前党,故司空虞放、太仆杜密、长乐少府李膺、司隶校尉朱㝢,颍川太守巴肃、沛相荀昱、河内太守魏朗、山阳太守翟超、任城相刘儒、太尉掾范滂等百余人,皆死狱中,余或

先殁不及,或亡命获免。自此诸为怨隙者因相陷害,睚眦之忿,滥入党中。又州郡承旨,或有未尝交关,亦离祸毒,其死徒废禁者六七百人。"(《党锢列传序》)

"(桓)帝崩,陈蕃为太傅,与大将军窦武共秉朝政,连谋诛宦官。故引用天下名士,乃以(李)膺为长乐少府。及陈窦之败,膺等复废。后张俭事起,收捕钩党。……(膺)乃诣诏狱考死,妻子徙边,门生故吏及其父兄,并被禁锢。"(《李膺传》)

"建宁二年(侯览)丧母还家,大起茔冢。督邮张俭因举奏览贪侈奢纵,……及诸罪衅,请诛之。而览伺候遮截,章竟不上。俭遂破览家宅,借没资财,具言罪状。又奏览母生时,交通宾客,干乱郡国,复不得御。览遂诬俭为钩党,及故长乐少府李膺,太仆杜密等,皆夷灭之。"(《侯览传》)

第二次党锢共十六年之久,直到中平元年,黄巾变起,才赦免党人,诛徙之家,皆归故郡。这十六年之中,又起过两次很大的波澜:第一次,熹平元年,窦太后崩,有人书朱雀阙,言天下大乱,曹节、王甫,幽杀太后,常侍侯览多杀党人,公卿皆尸禄无有忠言者,于是诏司隶校尉段颎四出逐捕,及太学游生,系者千余人;第二次,熹平五年,永昌太守曹鸾,上书讼党人,帝怒杀鸾,又诏州郡更考党人,门生故吏,父子兄弟,其在位者,免官禁锢,爰及五属。到光和二年,帝才用和海之言,党锢自从祖以下,皆得脱释。《党锢列传序》于此,曾感慨系之地说:

"其后黄巾遂盛,朝野崩离,纪纲文章荡然矣。凡党事始自甘陵汝南,成于李膺、张俭,海内涂炭二十余年,诸所蔓衍,皆天下善士。"

这就是党锢之祸的始末经过。问题的中心在于豪族的宗族和门生故吏都被禁锢了。

正当所谓"天下善士"都被"蔓延"着牵入党锢之中,官僚群的强宗豪族受到重大打击的时候,另一方面,鸿都门学生徒,与宣陵孝子这一类人物却活跃起来。灵帝熹平元年,为了朱雀阙的文字,曾由段颎捕系太学游生千余人,而隔了六年,蔡邕却上书言鸿都门待制之士和宣陵孝子了。这是很明白的,当太学生因为反宦官之故而遭摧残之后,奉旨的鸿都门生徒与宣陵孝子就出现了,这是对豪族地主施行软化与分化并进的政策。据《后汉书》卷九十下《蔡邕传》:

"初(灵)帝好学,自造《羲皇篇》五十章,因引诸生能为文赋者,本颇以经学相招,后诸为尺牍及工书鸟篆者,皆加引召,遂至数十人。侍中祭酒乐松贾护,多加无行趣执之徒,并待制鸿都门下,熹陈方俗间里小事,帝甚悦之,待以不次之位。又市贾小民为宣陵孝子者复数十人,悉除为郎中太子舍人。……(熹平)六年,邕上封事曰:'……夫书画辞赋,才之小者,匡国理政,未有其能。陛下即位之初,先涉经术,听政余日,观省篇章,聊以游意,当代博弈,非以教化取士之本。而诸生竞利,作者鼎沸,其高者颇引经训风喻之言,下则连偶俗语,有类俳优。或窃成文,虚冒名氏。臣每受诏于盛化门差次录第,其未及者,亦复随辈,皆见拜擢。既加之恩,难复收改,但守俸禄,于义已弘,不可复使理人,及仕州郡。……伏见前一切以宣陵孝子者为太子舍人。……虚伪小人,本非骨肉,既无幸私之恩,又无禄士之实,恻隐思慕,情何缘生。而群聚山陵,假名称孝,行不隐心,义无所依。至有奸轨之人,通容其中。桓思皇后祖载之时,东郡有盗人妻者,亡在孝中,本县追捕,乃伏其辜。虚伪杂秽,难得胜言。又前至得拜,后辈被遗,或经年陵次,以暂归见漏,或以人自代,亦蒙宠荣。争讼怨恨,凶凶道路。太子官属宜搜选令德,岂有但取丘墓凶丑之人? 其为不祥,莫与大焉。宜遣归田里,以明诈伪'。"

这道封事上去以后,诏"宣陵孝子为舍人者,悉改为丞尉",而鸿都门学待制之士,却在第二年,即光和元年,正式置鸿都门学了。《邕传》说:

"光和元年,遂置鸿都门学,画孔子及七十二弟子像。其诸生皆敕州郡三公举用辟召,或出为刺史太守,或入为尚书侍中,乃有封侯赐爵者。士君子皆耻与为列焉。"

可见这个鸿都门连像白虎观的宗教理论也制不出来了,抬出来的是孔子的画像。鸿都门学生的数量,据《后汉书》灵帝光和元年纪注,有"千人"之多。《杨赐传》(卷八十四)载,光和元年,赐上书说:

"今妾媵婢人,阉尹之徒,共专国朝,欺罔日月。又鸿都门下,招会群小,造作赋说,以虫篆小技,见宠于时,如驩兜共工,更相荐说,旬月之间,并各拔擢。乐松处常伯,任芝居纳言,郄俭梁鹄,俱以便辟之性,佞辩之心,各受丰爵不次之宠,而令缙绅之徒,委伏畎亩。"

杨赐书中明白指出鸿都门学是和"妾媵婢人,阉尹之徒"密切联系着的。可知太学摧残之后,鸿都门学是代替太学而起的。而鸿都门学的辞赋、书画、尺牍以及方俗闾里小事,与太学中的五经是大异其趣的,前者是技术的,而后者却为圣人是非之所系,可见官僚群的"清议"被"禁锢"之后,所可能生存的乃是怎样的更庸俗的意识形态了。其实,缙绅之徒并没有"委伏畎亩",即在鸿都门学未成立前,太学生既已被捕系了多人,留下来的,自己内部也早已在分裂了。《后汉书》卷一百九上《儒林列传序》便指陈这种情形道:

"党人既诛,其高名善士,多坐流废,后遂至忿争,更相言告,亦有私行金货,定兰台漆书经字,以合其私文。熹平四年,灵帝乃诏诸儒正定五经,刊于石碑,为古文篆隶三年书法,以相参检,树之学门,使天下咸取则焉(按汉石经实仅隶书一体)。"

这部《熹平石经》,据《蔡邕传》,则是蔡邕与堂谿典、杨赐、马日磾、张驯、韩说、单飏等共同奏定,而由蔡邕书写的。杨赐蔡邕,既奏立石经于前,又论鸿都门学于后。然而论定五经更表面化了。从石渠阁、白虎观到这时的鸿都门,愈到后来愈不能求得意识上的统一。鸿都门的主要工作仅是从书法上刊定五经字句而已。

与政治上的党锢同时,思想上也有了"清议"的"禁锢"。禁锢了的清议,不得不开始转向,另求出路,其结果是清议转而为清谈。从是非臧否,到"发言玄远,口不臧否人物"(《晋书·阮籍传》);从空洞无物的纲常名教,到纲常名教的否定而"叛散五经,灭弃《风雅》"(《后汉书·仲长统传》),以至圣人(孔子)与老庄"将无同",流为纯概念的游戏。其间转向的契机,实应从郭林宗讲起。郭虽善人伦,而不危言核论,实开清谈之风。嵇生以其知人则哲,崇为亚圣,后来林下谈风,避实就虚,不能不说导源于林宗品题的学风。狭义的名族公论,遂至狭义的概念的公论,这转变,衡之当时的政治情势,实是逻辑发展的必然归趋。

与郭林宗同时或略早的诸人,如徐稚、黄宪、荀淑、陈寔、周璆、戴良、向栩、袁闳之流,皆与郭一道同气,因此要论述郭林宗的避实就虚,上述诸人也须一起加以论列。而且为了说明一种风尚的形成,凡是有关的先驱人物,自当在搜讨之列,不可遗漏。《后汉书》关于周璆诸人,有如下的记载:

"(周)璆字巨胜,少尚玄虚。……常隐处窜身,慕老聃清静,杜绝人事,巷生荆棘,十有余岁。至延熹二年,乃开门延宾,游谈宴乐,及秋而梁冀诛,年终而璆卒。时年五十。"(卷九十一《周璆传》)

"戴良字叔鸾,汝南慎阳人。……少诞节,母熹驴鸣,良常学之以娱乐焉。及母卒,兄伯鸾居庐啜粥,非礼不行,良独食肉饮酒,哀至乃哭,而二人俱有毁容。或问良曰:'子之居丧,礼乎?'良曰:'然。礼所以制情佚也。情苟不佚,何礼之论?夫食旨不甘,故致毁容之实。若味不存口,食之可也。'论者不能夺之。良才既高达,论议尚奇,多骇流俗。同郡谢季孝问曰:'子自视天下,孰可为比?'良曰:'我若仲尼长东鲁,大禹出西羌,独步天下,谁与为偶。'举孝廉不就,再辟司空府,弥年不到。州郡迫之,乃遁辞诣府,悉将妻子,既行在道,因逃入江夏山中,优游不仕,以寿终。"(卷一百十三《戴良传》)

"向栩字甫兴,河内朝歌人,向长之后也。少为书生,性卓诡不伦,恒读老子,状如学道,又似狂生。好被发,著绛绡头。常于灶北坐板床上,如是积久,乃有膝踝足指之处。不好语言,而喜长啸。宾客从就,辄伏而不视。有弟子名为颜渊、子贡、季路、冉有之辈。或骑驴入市,乞匄于人,或悉邀诸乞儿,俱归止宿,为设酒食。时人莫能测之。……后特征,到,拜赵相。……及到官,略不视文书,舍中生蒿莱。征拜侍中,每朝廷大事,侃然正色。百官惮之。会张角作乱,栩上便宜,颇讥刺左右,不欲国家兴兵,但遣将于河上,北向读《孝经》,贼自当消灭。中常侍张让谗栩不欲令国家命将出师,疑与角同心,欲为内应,收送黄门北寺狱杀之。"(《后汉书》卷一百十一《向栩传》)

"延熹末,党事将作,(袁)闳遂散发绝世,欲投迹深林,以母老不宜远遁,乃筑土室,四周于庭,不为户,自牖纳饮食而已。旦于室中,东向拜母,母思闳时,往就视,母去便自掩闭,兄弟妻子,莫得见也。及母殁,不为制服设位。时莫能名,或以为狂生。潜身十八年,……五十七,卒于土室。"(卷七十五《袁闳传》)

从上面所引的四个人来看,我们就知道竹林七贤的虚无任达的生活态度,在这里先已开了端绪。试取《晋书·阮籍传》来比勘,可以发现彼此十分类似的地方来:

东汉诸人

周勰少尚玄虚,隐处窜身,慕老聃清静,杜绝人事,巷生荆棘,十有余岁。

戴良母卒,食肉饮酒,哀至乃哭,有毁容。才既高达,议论尚奇,多骇流俗。

向栩卓诡不伦,恒读《老子》,状如学道,又似狂生。好被发,著绛绡头。不好语言,而喜长啸。拜赵相,到官,略不视文书,舍中生蒿莱。

袁闳散发绝世,欲投迹深林。以母老不宜远遁,乃筑土室,潜身十八年。

魏晋之际之阮籍

阮籍容貌瑰杰，志气宏放，傲然独得，任性不羁，而喜怒不形于色。或闭户视书，累月不出，或登临山水，经日忘归。博览群籍，尤好庄老，嗜酒，能啸，善弹琴。当其得意，忽忘形骸。时人多谓之痴。拜东平相，乘驴到郡，坏府舍屏障，使内外相望。法令清简，旬日而还。母终，饮酒二斗，举声一号，吐血数升。将葬，食一蒸肫，饮二斗酒，然后临诀，直言穷矣，举声一号。吐血数升，毁瘠骨立。

在《后汉书》中，黄宪是一个谜样的人物，言论风旨，无所传闻，然而当时大家都推崇他，郭林宗对他尤致倾服。范晔论黄宪说："（宪）言论风旨，无所传闻，然士君子见之者，靡不服深远，去玭吝。将以道周性全，无德而称乎？余曾祖穆侯，以为宪隤然其处顺，渊乎其似道，浅深莫臻其分，清浊未议其方，若及门于孔氏，其殆庶乎？"《后汉书》把他编在周燮、徐稚、姜肱、申屠蟠同卷，卷首的传论与卷末的赞，都标示"隐身""韬伏"之旨，则是视同隐逸一流的。传中列记与宪往还的人物，为荀淑、袁闳、戴良、陈蕃、周举、王龚、郭泰诸人，除陈、周、王三人外，其余均属同一类型可知。从这数点来推论，黄宪实为一"儒道兼综"的人物。以儒道兼综的人物，而得到当时诸名士的高度倾服，可知"正始之音"，汉末固已发其绪论。

颍川、荀淑父子，在言论迹象上，比之黄宪，却是文献足征，容易寻求的。《后汉书》本传称荀淑"少有高行，博学而不好章句，多为俗儒所非，而州里称其知人"。其八子时称八龙，《世说》载其与陈寔相会一节，直至夸饰为"真人东行"，"德星聚"，"五百里贤人聚"：

"陈太丘诣荀朗陵，贫贱无仆役。乃使元方将车，季方持杖后从，长文尚小，载箸车中。既至，荀使叔慈应门，慈明行酒，余六龙下食，文若亦小，坐箸郐前。于是太史奏真人东行。注引檀道鸾续《晋阳秋》曰：'陈仲弓从诸子侄造荀父子，于是德星聚，太史奏五百里贤人聚'。"（《世说新语·德行》第一）

在八龙中，负"无双"盛誉的荀爽，其与李膺一书，最足代表颍川荀氏家传的"避就"之隐。《后汉书·李膺传》载：

> "陈蕃免太尉，朝野属意于膺。荀爽恐其名高致祸，欲令屈节以全乱世，为书贻曰：'……顷闻上帝震怒，贬黜鼎臣，人鬼同谋，以为天子当贞观二五，利见大人，不谓夷之初旦，明而未融，虹蜺扬辉，弃和取同。方今天地气闭，大人休否，智者见险，投以远害，虽匦人望，内合私愿。想甚欣然，不为恨也。愿怡神无事，偃息衡门，任其飞沈，与时抑扬'。"

荀爽深于《易》义，故书中多引《易》义。其《易传》一书，上接费氏之传，而下开王弼《易注》，与正始之音，有甚深关系；固不仅书中所揭示的"怡神偃息，与时抑扬"的生活态度，为后来林下诸贤如山涛、嵇绍等开一条先路而已。荀爽居官之后，所上奏疏，论三年之丧，论尚主之仪，论采女猥多，论臣僭君服，均非当时紧要问题，故其所论虽非避实就虚，然而却是避重就轻。其后荀悦（爽兄俭之子）作《申鉴》，亦多茹而不吐之语。而论尚主一节，更为直承其季父之作，当是传家之学。

与荀淑同卷的钟皓，李膺常叹以为"至德可师"，范书说："皓曰，'昔国武子好昭人过，以致怨本。'卒保身全家，尔道为贵。其体训所安多此类也。"则其明哲保身之道，与荀氏同风。与荀淑同卷的另一人是陈寔，其名声之盛，尤出荀淑之上。但细案《寔传》，其为人并无奇节伟行，不过"善则称君，过则称己"而已。然而这一点，正合乎道家"夫唯不争，故天下莫能与之争"的处世哲学。我们看他往吊中常侍张让父丧一事，可以知道他是很能够"与时抑扬"的。《寔传》称："灵帝初，大将军窦武辟以为掾属。时中常侍张让权倾天下，让父死归葬颍川，虽一郡毕至，而名士无往者，让甚耻之，寔乃独吊焉。及后复诛党人，让感寔故，多所全宥。"这与荀爽就董卓之征，有异曲同工之妙。

自荀淑以下，钟皓，陈寔，都是颍川人，他们都是一个类型的人物。他们与郭林宗，在"保身怀方"一点上，是彼此相同的。

至于徐稚，则干脆是一个隐士。但他在吊丧时的"只鸡絮酒米饭白茅"的公式，正与严子陵的五月羊裘，有同样的广告作用，虽不见丧主,不告姓名,而商标具在,人必知其为"南州高士徐孺子"。隐身而不隐名,就是名士之所以为名士的缘故。他曾托茅容转言郭林宗,说:"大树将颠,非一绳所维,何为栖栖,不遑宁处?"这话,是在黄琼会葬时说的,琼卒于桓帝延熹七年,在第一次党锢前二年,那时正是郭林宗最活跃的时候,及党事起,林宗遂转趋消极,闭门教授。可见这话对林宗是发生了作用的。

在第二节、第三节中,我们已经指出郭泰是当时清流的领袖,诸名士的谈宗,其品题学风,曾莫可匹敌,风靡一世。所以自徐稚、黄宪以下这许多人,只能看作是郭泰的一道同风者,他们虽与魏晋清谈有血缘关系,然而使清议转而为清谈的契机人物,我们仍得认定乃是当时的谈宗郭泰。郭泰的生活态度,在许多地方,与上述诸人相似。颍川荀氏这一类型,避重就轻,保身全家,正与郭泰的虽善人伦而不危言核论相似;陈寔独吊张让父丧,训譬梁山君子,正与郭泰受凶德贾淑之吊,慰勉犯法见斥的学生左原相似,同是所谓"贞不绝俗"。周颙、向栩之流的玄虚任达,外表似与郭泰的褒衣博带,奖训士类不同,而精神上的虚无倾向则并无二致。所以郭泰在生活的消极一面,正是汉末那些隐逸君子与随时抑扬的明哲之士的集合体。试看一看郭泰对汉末大局的观察与其自己处身的表白的那一番话,便足以证实我们的看法。

　　"(宋仲)劝林宗仕,泰曰:'不然也。吾夜观乾象,昼察人事,天之所废,不可支也。方今卦在明夷,爻直无用之象,潜居利贞之秋也。独恐沧海横流,吾其鱼也。吾将岩栖归神,咀嚼元气,以修伯阳、彭祖之术,为优哉游哉,聊以卒岁者。'遂辞王公之命,闭门教授。"(《抱朴子》卷四十六《正郭》篇,字句与此微异:"或劝之出仕进者,林宗对曰:'吾昼察人事,夜看乾象,天之所废,不可支也。方今运在明夷之爻,值勿用之位,盖盘桓潜居之时,非在天利见之会也。虽在原陆,犹恐沧海流横,吾其鱼也,况可冒冲风而乘奔波乎? 未若岩岫颐神,娱心彭、老,优哉游哉,聊以卒岁'。")(《后汉纪》卷二十三灵帝建宁二年纪)

郭泰与荀淑、黄宪、袁闳等在人事关系上是师友,而人事关系上的师友,也正是思想渊源上的师友。这一事实,是颇为明显的。

郭泰的学术思想,后世所知道的并不多。范书说他"博通坟籍",《后汉纪》说他"薮兼游夏",又说"其家有书五千卷,率多图纬星历之事"。可见他绝非章句之儒。从他"昼察人事,夜观乾象"一段话来研究,他对图纬星历之学是有心得的。他又说,"方今卦在明夷,爻直勿用",则对《易经》也有研究。又说,"吾将岩栖归神,咀嚼元气,以修伯阳、彭祖之术,优哉游哉,聊以卒岁",则又以道家为归宿。再拿他的周游郡国,奖训士类的行为来看,当初未尝不想"仰慕仲尼,俯则孟轲",以儒家的面目出现。这些地方,都与荀爽的为人极为接近。魏晋清谈,以《易经》、《老子》、《庄子》为三玄,而郭泰则兼究其二。魏晋清谈,儒道兼综,即阮瞻所谓圣人名教与老庄自然将无同,而郭泰也儒道兼综。魏晋之世,大大地宏扬了识鉴品题的学风,而郭泰在汉末即先已予以导扬。综合地看来,郭泰的学术思想的途辙,与魏晋清谈的关系甚为密切,这是可以断言的。

抛开并时人对郭泰的尊崇不说,在后代,对郭泰的批评可以说是毁誉参半。誉之者如嵇生,说他"学无不涉,名重于往代,加之以知人,知人则哲,盖亚圣之器也。及在衰世,栖栖惶惶,席不暇温,志在乎匡断,行道与仲尼相似",又说,"林宗存为一世之所式,没则遗芳永播";毁之者,如诸葛元逊,则说"林宗隐不修遁,出不益时,实欲扬名养誉而已。街谈巷议以为辩,讪上谤政以为高,时俗贵之,歔然犹郭解、原涉见趋于曩时也",又如殷伯绪,则说"林宗入交将相,出游方国,崇私议以动众,关毁誉于朝廷。……君子行道,以匡君也,以正俗也,于时君不可匡,俗不可正,林宗周旋清谈闾阎,无救于世道之陵迟,无解于天民之憔悴也",又如周恭远,则说"林宗既不能荐有为之士,立毫毛之益;而遁逃不仕也,则方之巢许;废职待客者,则比之周公;养徒避役者,则拟之仲尼;弃亲依豪者,则同之游夏。是以世眩名实,而大乱滋甚也"(以上并见《抱朴子·正郭》篇)。这种批评,无论是誉是毁,都着眼于器识或行为的效果方面,没有能直接批判到他的思想上去。比较起来,周恭远的话还见得深沉些,指出"世眩名实,而大乱滋甚",由于林宗的"交游"之故,斥他既不能"乐道",又不能"忧道",复不能"守道","似仲尼而不得为仲尼",则几比之于阳货了。然而这也只是魏晋间驳斥"浮伪"者的恒言。葛洪从汉末当时的客观现实与林宗的生活态度上着眼,说他不是"真隐",差能抉发到林宗思想的真实。葛洪说:"盖欲立朝则世已大乱,欲潜伏则闷而不堪,或跃则畏祸害,确然则非所安:彰徨不定,载肥载臞。而世人逐其华而莫研其实,玩其形而不究其神,故遭雨巾坏,犹复见效,不觉其短,皆是类也。"葛洪把华与实,形与神区分开来,指出郭泰的彰徨不定,载肥载臞,乃是客观环境与主观愿望之间的矛盾冲突,在无法解决时,生活态度便表现出一种忽冷忽热的两面作风。我们以为,就在这种时代的苦闷中,后来才迸起了正始之音。

《世说新语》一书,如后世所共同理解的,乃是一部清谈的渊薮,而书中所引举的人物,凡属汉末者,都是徐稚、黄宪、袁闳、荀淑、陈寔、郭泰以下诸名士。而且许多重要篇目,都自汉末诸名士叙起。我们不难窥测《世说新语》的撰集者,以徐稚、郭泰等乃是清谈的揭幕人物,故撰集从他们开始。这即是说,《世说新语》的撰集者不仅目郭泰等为清议转向清谈的契机人物,且直认他们为清谈的始祖。跨越王何,直寻徐、郭,在清谈之风尚未泯绝的刘宋时代,撰集者刘义庆对清谈学风的渊源,作如此看法,是颇可深思的。今依《世说》篇第,准照篇中顺序,作一所叙人物统计表,如下:

篇　　　第	所叙人物 (依照篇中出现顺序,此顺序乃撰集者准时代先后排列,极有历史意义)
《德行》第一	陈仲举,徐孺子,周子居,黄叔度,郭林宗,袁奉高,李元礼,荀淑,钟皓,陈太丘,陈元方,季方,荀氏八龙,荀巨伯。(以下华歆,王朗等,拦入魏晋,不录,下例同。)

篇　　第	所叙人物 （依照篇中出现顺序，此顺序乃撰集者准时代先后排列，极有历史意义）
《言语》第二	边文礼，袁奉高，徐孺子，孔文举，李元礼，陈尴，陈仲弓，陈元方，荀慈明。（以下祢衡，庞士元等，不录。）
《政事》第三	陈仲弓，陈元方。（以下贺兴伯，山巨源等，不录。）
《文学》第四	马融，郑玄，服子慎。（以下钟会，何晏等，不录。）
《方正》第五	陈太丘，陈元方。（以下宗世林，魏武帝等，不录。）
《雅量》第六	（首即顾劭，嵇中散等，汉末以下人，不录。）
《识鉴》第七	（首即曹公，乔玄等，汉末以下人，不录。）
《尝誉》第八	陈仲举，周子居，李元礼，谢子微，许子将兄弟。（以下公孙度，邴原等，不录。）
《品藻》第九	陈仲举，李元礼，蔡伯喈。（以下庞士元，陆绩等，不录。）
《规箴》第十	汉武帝，东方朔，京房，汉元帝，（按以上四人，西汉人，在全书为特例之一。）陈元方，郭林宗。（以下为孙休，孙皓等，不录。）
《捷悟》第十一	（首即杨德祖，魏武帝，汉末以下人，不录。）
《夙惠》第十二	陈太丘，陈元方，季方。（以下何晏，魏武帝等，不录。）
《豪爽》第十三	（首即王大将军（敦），王处仲等，无汉末人。）
《容止》第十四	（首即魏武帝，何平叔等，汉末以下人，不录。）
《自新》第十五	（首即周处，陆云等，无汉末人。）
《企羡》第十六	（首即王丞相（导），裴成公等，无汉末人。）
《伤逝》第十七	（首即王仲宣，魏文帝等，汉末以下人，不录。）
《栖逸》第十八	（首即阮步兵，孙登等，无汉末人。）
《贤媛》第十九	（皆非汉末人，不录。）
《术解》第二十	（首即荀勖，阮咸等，无汉末人。）
《巧艺》第二十一	（首即魏文帝，魏明帝等，汉末以下人，不录。）
《宠礼》第二十二	（首即晋元帝，王丞相等，无汉末人。）
《任诞》第二十三	（首即阮籍，嵇康等，无汉末人。）
《简傲》第二十四	（首即晋文王，阮籍等，无汉末人。）
《排调》第二十五	（首即诸葛瑾，诸葛恪等，汉末以下人，不录。）
《轻诋》第二十六	（首即王太尉（澄），王眉子等，无汉末人。）
《假谲》第二十七	（首即魏武帝，袁绍等，汉末以下人，不录。）
《黜免》第二十八	（首即诸葛厷，王夷甫等，无汉末人。）
《俭啬》第二十九	（首即和峤，王武子等，无汉末人。）
《汰侈》第三十	（首即石崇，王丞相等，无汉末人。）

篇　　第	所叙人物 （依照篇中出现顺序,此顺序乃撰集者准时代先后排列,极有历史意义）
《忿悁》第三十一	（首即魏武帝,王蓝田等,汉末以下人,不录。）
《谗险》第三十二	（首即王平子,袁悦等,无汉末人。）
《尤悔》第三十三	（首即魏文帝,任城王（曹彰）等,汉末以下人,不录。）
《纰漏》第三十四	（首即王敦,晋元帝等,无汉末人。）
《惑溺》第三十五	（首即甄后,荀奉倩妻等,汉末以下人,不录。）
《仇隙》第三十六	（首即孙秀,石崇等,无汉末人。）

　　观上表,自《夙惠》以上的十二篇,除《雅量》、《识鉴》、《捷悟》三篇外,余九篇,每篇的起始部分,均反复叙述陈寔,荀淑,徐稚,郭泰等的事迹言论。因此,《世说》之撰集者把他们作为清谈学风的开始者来处理,是十分明显的事实。又考《世说》三卷自《豪爽》以上十三篇,共占二卷,《容止》以下二十三篇,合占一卷,盖自《夙惠》以上的十二篇,即已占全书二分之一以上的篇幅了。故汉末诸名士在《世说》一书中的地位是很重要的。而有关他们的言行叙录,在全书的篇幅数量上所占比例,也足可与王何诸人相比。又,各篇篇首,除魏晋以下诸人起首外,凡涉魏以前者,必自汉末诸名士始（《规箴》篇系特例）,可知汉末之与魏晋,在《世说新语》撰集者看来,同属于整个清谈时代。

　　这样,我们从《世说新语》的人物举引上,以及人物撰集次第上,研究撰集者的用意,因而窥出清谈与徐郭诸名士的相关消息来,其方法虽然绕了许多弯子,而如果以诸名士思想与魏晋清谈思想的血缘关系,来证诸这里的论断,则它是完全合乎逻辑的。

　　《世说新语》撰集者以为徐郭诸名士就是清谈的揭幕人物;我们虽不能完全同意这一见解,但当我们把郭泰诸人看做从清议转向清谈的契机人物时,《世说新语》的撰集,却使我们的论断获得了更坚强的依据了。从郭泰的折角巾中,我们不是可以看见何、邓诸人的"烟浮""鬼燥"的形容么? 我们不是也可以看见嵇、阮诸人的散发裸裎的狂态么?

　　自郭泰之后,继起者有孔融,祢衡(二人俱见《后汉书》本传),焦先

（见《三国志·管宁传》注）诸人,连接成一道思想的桥梁,直达正始年间的王何与稍后的嵇阮。循此桥梁而追索前后承藉,则清议转而为清谈的脉络是分明可见的。

第十一章

汉末社会政治的危机和对宗教
道德法律的批判思想

第一节 左雄所表现的汉代封建王朝的政治危机

左雄,在安帝时举为孝廉,顺帝时拜尚书令,生年无可确考,卒于永和三年(公元138年)。他主观上企图挽救汉王朝的危机,而客观上则暴露了社会的矛盾,实为清议之左派。《后汉书》赞左雄"登朝理政,并纾灾昏",论曰:

> "荣路既广,觖望难裁。自是,窃名伪服,浸以流竞,权门贵仕,请谒繁兴。自左雄任事,限年试才,虽颇有不密,固亦因识时宜。"

"限年试才",并不是解决社会矛盾的根本办法,"仁人君子心力之所为",对统治者的相对正义,无补救于危局。《文献通考》说:

> "左伯豪(雄字)在当世风节刚劲。……范史推其效验,至于倾而未颠,决而未溃,皆仁人君子心力之所为。而陈蕃、李膺之徒,皆在雄法中所得之人,其坐缪举者,胡广辈尔。"

在汉末,仁人君子心力之所为,只集中于举贤才之一途,左雄理政,王符论政,都以此为不二法门。所谓"窃名伪服,浸以流竞,权门贵仕",是汉朝的普遍现象,因而仁人君子便从主观伦理方面出发,把改革社会的方案立基于改变人类道德的基础之上。党锢之祸,这是这一现象的集中表现。另一方面,所谓"心力之所为",就其本义上而言,乃是尽其心之所安,客观上是没什么结果的,更不能使社会"倾而未颠,决而未溃"。范晔一则说,"君道秕僻,朝纲日陵,国隙屡启,自中智以下,靡不审其崩离",再则说,"在朝者以正议婴戮,谢事者以党锢致灾",则心力之为的遗风,何能有这样效验? 顾亭林推崇东京风俗,仅表示明末志士借此以鼓励末世亮节罢了。因此,我们以为到了"心力之为"的成仁蹈义阶段,成败利钝在所不计,正说明了客观上末世危机的严重性,我们看左雄"每有奏议,台阁以为故事","雄之所言,皆明达政体,而宦竖擅权,终不能用",就明白此中消息。

左雄的言论,和王符相似,并不希望上世(理想的)治道,而仅以"追配文宣中兴之轨",苟安垂祚而已。农民战争,实在惊醒了儒者的古梦。左雄已经指出了社会危机,并暴露了"一人犯法,举宗群亡"的专制主义法律:

"青、冀、扬州,盗贼连发,数年之间,海内扰乱。其后天下大赦,贼虽颇解,而官犹无备,流叛之余,数月复起。……寇贼连年,死亡太半,一人犯法,举宗群亡。"(《后汉书》卷九一《左雄传》)

农民起义有客观的原因,其原因正在封建制社会的经济基础以及由此所产生的汉朝政权的本身。左雄的政论涉及封建专制主义:

"汉初至今,三百余载。俗浸凋敝,巧伪滋萌,下饰其诈,上肆其残。典城百里,转动无常,各怀一切,莫虑长久。谓杀害不辜为威风,聚敛整办为贤能,以理己安民为劣弱,以奉法循理为不化。髡钳之戮,生于睚眦,复尸之祸,成于喜怒。视民如寇仇,税之如豺虎。监司项背相望,与同疾疢,见非不举,闻恶不察。观政于亭传,责成于期月。言善不称德,论功不据实,虚诞者获誉,拘检者离毁。或因罪而引高,或色斯以求名。州宰不复,竞共辟召,踊跃升腾,超等逾匹。或考奏捕案，而亡不受罪，会赦行赂，复见洗涤。朱紫同色，清浊不分。故使奸猾枉滥，轻忽去就，拜除如流，缺动百数。乡官部吏，职斯（厮）禄薄，车马衣服，一出于民，廉者取足，贪者充家。特选横调，纷纷不绝，送迎烦费，损政伤民。和气未洽，灾眚不消，咎皆在此。"

这是一幅汉代三百余年来的社会图景，令人读了毛骨悚然！左雄的革新条陈，在理想上并不算高，仅仅希望政治清廉一点，以继文宣，然而"宦竖擅权，终不能用。自是，选代交互，令长月易，迎新送旧，劳扰无已，或官寺空旷，无人案事，每选部剧，乃至逃亡。"（《后汉书》卷九一《左雄传》）

左雄也讲灾异。如当时地震大水，他推较灾异，以为下人有逆上之征；日食之变，他以为应归咎于封爵不当；后京师复地震，他更以为"专政在阴，其灾尤大"。这种迷信的陋见，被后来的仲长统所扬弃，但他的主观政论，则是针对了当时"专政"而加以揭露，实和谄谀之辈有别。例如他根据灾异，推演其理，敢于得出汉王朝即将没落或危亡的结论，他说：

"时俗为忠者少，而习谀者多，故令人主数闻其美，稀知其过，迷而不悟，至于危亡。"

"王者可私人以财，不可（私人）以官。"

"凡人之心理不相远，其所不安，古今一也。百姓深惩王圣倾复之祸，民萌之命危于累卵。常惧时世复有此类。"

"今青州饥虚，盗贼未息，民有乏绝，上求禀贷。……宜循古法，宁静无为，以求天意，以消灾异。"（同上）

左雄指出的危亡或倾复，背后显示出汉代封建政权将为农民暴动所推翻。

第二节　崔寔政论中的进步思想

崔寔，桓帝初以郡举"至孝独行"之士，征诣公车，病不对策，除为郎,生年未详;灵帝建宁中卒(约公元170年)。他是家世寒素的人物,有经史百家的传统修养。《后汉书》把他和他的祖父骃、父亲瑗三代合为一传。他的父亲作官,"为人开稻田数百顷,视事七年,百姓歌之"。他在五原作官时,"五原土宜麻枲,而俗不知织绩,民冬月无衣,积细草而卧其中,见吏则衣草而出。寔至官,斥卖储峙,为作纺绩织纴练缊之具,以教之,民得以免寒苦"。他并对边政有所建树。他的父亲,"无担石储,当世清之",他"以酤酿贩鬻为业,时人多以此讥之,实终不改,亦取足而已,不致盈余。及仕宦,历位边郡,而愈贫薄。建宁中病卒,家徒四壁立,无以殡敛"。范晔论曰:

> "崔氏世有美才,兼以沈沦典籍,遂为儒家文林。骃瑗虽先尽心于贵戚,而能终之以居正,则其归旨异夫进趣者乎!……寔之《政论》,言当世理乱,虽晁错之徒不能过也。"

崔寔的《政论》,全书已佚,现有断片节存于《后汉书》与《群书治要》。仲长统说《政论》一书,"凡为人主,宜写一通,置之坐侧",范晔说此书"指切时要,言辩而确",又谓"子真(寔)持论,感起昏俗"。我们看了他的生活志趣,和人民在一起,就可以推定他的言论必为异端,而难为正统。在汉末的社会,他们父子的归旨既异于苟取富贵的俗途,又欲表现其人格之独立,那就会在思想上走到另一世界,试看他父亲对他的遗嘱:

> "瑗临终顾命子寔曰:'夫人禀天地之气以生,及其终也,归精于天,还骨于地,何地不可藏形骸,勿归乡里!其赗赠之物,羊豕之奠,一不得受!'寔奉遗令,遂留葬洛阳。"(《后汉书》卷八二)

这些简短的话里,包含着无神论的色彩。因为行为与思想是有关联的,所以这种反厚葬的实践就要决定他的理论。

汉末学者稍敢说话的人,多不侈谈三代,而以取法文宣为已足,左雄、王符、崔寔都是如此。崔寔以为"文宣拟式,亦至隆平",更进一步说:

> "济时救世之术,岂必体尧蹈舜,然后乃治哉?期于补绽决

坏,枝柱邪倾,随形裁割,取时君所能行,要厝斯世于安宁之域而已。故圣人执权,遭时定制,步骤之差,各有云施,不强人以不能,背所急而慕所闻也。……然疾俗人拘文牵古,不达权制,奇玮所闻,简忽所见,策不见珍,计不见信。夫人既不知善之为善,恶足与论家国之大事哉! 故每有言事颇合圣德者,或下群臣令集议之,虽有可采,辄见挤夺。"(《群书治要》节录)

这一批判是儒林的自觉。既然以耳代目的传统信仰,在活生生的黑暗现实面前破产,那么连补绽的衣服都成了问题,怎样还能幻想无缝的天衣呢? 背诵古式的人,只怕连欺骗作用也不能起了。这时,党锢的残酷,更使正和邪或贤和佞成为时人最注意的问题,因为道德批判好像是中世纪社会制度批判的总和。俗人的坏道德和善人的好道德二者间的对立好像代替社会的总矛盾。俗儒的角色当做戏剧的表演者出场,三代经典的成语当做台词来背诵,只要技艺像样子,便可以弄假成真。然而在善人们看来,这是"贤佞难别,是非倒纷"。崔寔对此,发抒了很多贤难之论,他说:

"顽士暗于时权,安习所见,殆不知乐成,况可与虑始乎? 心闪意舛,不知所云,则苟云率由旧章而已。其达者或矜名嫉能,耻善策不从己出,则舞笔奋辞以破其义,寡不胜众,遂见屏弃,虽稷契复存,由将困焉。……且世主莫不愿得尼轲之伦以为辅佐,卒然获之,未必珍也。自非题牓其面曰鲁孔丘、邹孟轲,殆必不见敬信。……夫淳淑之士,固不曲道以媚时,不诡行以徼名,耻乡原之誉,比周之党,而世主凡君明不能别异量之士,而适足受谮润之愬。……贤佞难别,是非倒纷。"(《群书治要》节录)

王符对于地主阶级的豪侈痛加攻击,他说:"今察洛阳浮末者什于农夫,虚伪游手者什于浮末",人民已经无法供奉地主贵族的穷奢极欲。同样地,崔寔有天下三患之论,他说:

"今使列肆卖侈功,商贾鬻僭服,百工作淫器,民见可欲,不能不买,贾人之列,户蹑逾侈矣。……奢侈者……乃时势趋之使然,此则天下之患一也。……无用之器贵，本务之业贱，……有年，财郁蓄而不尽出，百姓穷匮而为奸寇，是以食廪空而囹圄实，一谷不登，则饥馁流死，上下俱匮，无以相济，……斯则天下之患二也。……舆服无限，婢妾皆戴瑱梯之饰而被织文之衣，乃送终之家，……至用辒梓黄肠，多藏宝货，亨牛作唱，高坟大寝。……今豪民之坟，已千坊矣。欲民不匮，诚亦难矣。……在位者则犯王法以聚敛，愚民则冒罪戮以为健。……此天下之患三也。承三患之弊，继荒顿之绪，而往欲修旧修故而无匡改，送唐虞复存，无益于治乱也。"（《群书治要》节录）

崔寔更对于官吏贪婪，比之为割胫以肥头，引《诗》句"贪人败类"，痛加责斥。他说：

"今官之接民，甚多违理，苟解面前，不顾先哲，作使百工，及从民市，辄设计加以诱来之，器成之后，更不与值，老弱冻饿，痛号道路。……百姓创艾，咸以官为忌讳，遁逃鼠窜，莫肯应募，因乃捕之，劫以威势。"

"进入之宾，贪饕之吏，竞约其财用，狡猾之工，复盗窃之，至以麻枲被弓弩，米粥杂漆，烧铠铁焠醢中，令脆易治，孔又褊小，刀牟悉钝。"（同上）

汉末学人多以"壹切之计"一语来形容专制主义的吏治，崔寔更特别指出酷吏所促进的阶级对抗，即所谓"仇满天下"：

"重刑阕于大臣，而密罔刻于下职，鼎辅不思在宽之德，牧牧守守逐之。各竞摘微短，吹毛求疵，重案深诋，以中伤贞良。长吏或实清廉，心平行洁，内省不疚，不肯媚灶，曲礼不行于所属，私敬无废于府，州郡侧目，以为负折，乃选巧文猾吏，向壁作条，诬复阊门，摄捕妻子。……卒成之政必有横暴酷烈之夫，而世俗归称，谓之办治。……是以残猛之人，遂奋其毒，仁贤之士，劫俗为虐，本操虽异，驱出一揆。……百姓之命，委于酷吏之手，嗷嗷之怨，咎归于天，……仇满天下，可不惧哉！"

　　他计算了百里长吏的俸禄为粟二十斛,钱二千;但其开销,客庸一月千,刍膏肉五百,薪炭盐菜又五百。二人月食粟六斛,所余甚少,不够衣室宾客奉事俯蓄之费,最低限度的养廉也不能保证,于是官吏只有"卖官鬻狱"了。

　　我们读汉史,常见践祚改元,必颁赦令,表示与民更始,赦令之多,就已看出狱满乃苛政的结果。且由于政治腐化,赦者多属豪强,实际上"更始"者还是末路一条,这已为王符所痛论,概见下章,崔寔更说,"赦以趣奸,奸以趣赦,转相驱踧,两不得息",故政权所施的恩惠,同于其他一切场合,"华繁而实寡",绕一个圈子,仍然是有利于豪强。酷吏莫不借法令之名以行"侵渔百姓"之实,在法令的皇皇文藻上,不妨"题牓其面曰:鲁孔丘、邹孟轲"所垂经典,而在其实际结果上,自有后门的交易,"放纵天贼"也可称仁贤了。

　　上面曾说到崔寔在五原教民耕织。这就不是"五谷不分"的缙绅博士所能为的,他的这种实际学问,叫做《四民月令》,还保存于《齐民要术》中,兹择录其要于下:

　　　"正月地气上腾,土长冒橛,陈根可拔,急菑强土黑垆之田;二月阴冻毕泽,可菑美田缓土及河渚小处;三月杏华盛,可菑沙白轻土之田;五月六月可菑麦田。"(《齐民要术·耕田》第一)

　　　"平量五谷各一升,小罂盛,埋垣北墙阴下。"(《收种》第二)

　　　"二月三月可种植禾,美田欲稠,薄田欲稀。"(《种谷》第三)

　　　"四月蚕入簇,时雨降,可种黍禾,谓之上时。"(《黍穄》第四)

　　　"正月可种稗豆,二月可种大豆。三月昏参夕杏花盛桑椹赤可耘大豆谓之上时。四月时雨降,可种大小豆,美田欲稀,薄田欲稠。"(《大豆》第六)

　　　"夏至先后各五日,可种牡麻。"(《种麻》第八)

　　　"凡种大小麦,得白露节,可种薄田,秋分,种中田,后十日种美田,唯穬麦(大麦类)早晚无常,正月可种春麦,尽二月止。"(《大小麦》第十)

"三月可种秔稻,稻美田欲稀,薄田欲稠。"(《水稻》第十一)

"正月可种瓠,六月可蓄瓠,八月可断瓠作蓄瓠,瓠中白肤实以养猪致肥,其瓣则作烛致明。"(《种瓠》第十五)

其他关于各种植物种作的时令,皆有说明,不再赘举。按他的《四民月令》,是指示人民劳作的方法,但最重要的,是他反对读书与劳动二者的对立,而主张手脑并用。农事已起则劳动,农事未起则学习,在《齐民要术》的《杂说》第三十中,保存了他的一条遗文,殊足珍贵,他说:

"农事未起,命成童以上入太学,学五经,砚冰释,命幼童入小学,学篇章,命女工趋织布、典馈酿、春酒、染缋及治书法。"

第十二章

汉末唯物主义思想家王符和仲长统

第一节　王符潜夫论中的哲学思想和对
法律道德的批判思想

　　王符生卒年代无可确考,据《后汉书》本传,他与马融、皇甫规等往来,他的生年似不致前于马融(马融生于章帝建初四年,享年82岁),卒年不得后于皇甫规(皇甫规卒于灵帝熹平三年,享年51岁),因此他的生年约在和安之际,卒年约在桓灵之际。《王符传》说:"自和安之后,世务游宦,当涂者更相荐引,而符独耿介,不同于俗。"这个期间,是汉代农民暴动的第二个高潮时期,自和安之世的许圣、张伯路到桓灵之世的张角黄巾,已使汉家天下,倾危旦夕。

　　他在当时,和左雄在朝理政不同,而是"志意蕴愤,乃隐居著书三十余篇,以讥当时失得,不欲彰显其名";他的《潜夫论》,与王充《论衡》,都是私家著作,不属于石渠阁或白虎观里的经院学术。范晔以《潜夫论》"指讦时短,讨谪物情",明清之际有唐铸万的《潜书》继其统,清末有宋恕的《卑议》扬其绪,影响于后世者颇深。

范晔《后汉书》，以王充、王符、仲长统合传。他论三子之书《论衡》、《潜夫论》、《昌言》，以为都有百家之言的性质，并仿司马谈的话以为"分波而共源，百虑而一致"；他又杂糅《淮南子·要略》和《汉书·艺文志》之义，说：

> "百家之言政者尚矣，大略归乎宁固根柢，革易时敝也。夫遭运无常，意见偏杂，故是非之论纷然相乖。……周物之智，不能研其推变，山川之奥，未足况其纤险，则应俗适事，难以常条。如使用审其道，则殊涂同会；才爽其分，则一豪以乖。"

但范论毕竟认三书为异端，难作常训，他说：

> "数子之言当世失得皆究矣；然多谬通方之训，好申一隅之说，贵清静者以席上为腐议，束名实者以柱下为诞辞，或推前王之风可行于当年，有引救敝之规宜流于长世，稽之笃论，将为敝矣。"

（《后汉书》卷七十九）

范赞更说，"举端自理，滞隅则失"，显然，此"端"即所谓"异端"，此"隅"即所谓"乖偶"。我们不作如此看，因为在封建制社会，实在不容易出现个性嶙峋的思想，尽管思想家都被时代的自然经济所限，极其褊狭而单调，但他们只要是破除宗教偶像的，就值得崇赞，而这种思想却不存在于天井里望大道的正统，反而存在于天井里测小道的异端。前者虚而乌有，后者实而近真。

王符的思想，从它的整齐的系统方面讲来，是和王充的思想有着继承关系的。从天道天命与人性，经过知识论与逻辑，以至对于社会政治的批判，他都建立了自己的理论。这里，我们要逐步探究他的思想，才能有条理地了解一位具有独立性格（耿介而不同于俗）的进步思想家。

（一）王符的唯物主义天道天命观

王符《潜夫论》的天道天命观部分接受了道家的思想，也接受荀子的学说（按他称引荀子，而未及孟子，与稍后于他的赵岐不同）采取自然法则说，他说：

"上古之世，太素之时，元气窈冥，未有形兆，万精合并，混而为一，莫制莫御。若斯久之，翻然自化，清浊分别，变成阴阳，阴阳有体，实生两仪。天地絪缊，万物化淳，和气生人，以统理之。"（《本训》）

从这里的话看来，王符说的万物自化，含有物质自己运动的意义。据他说，自然史是由混一的阶段翻然自化出对立与发展。而统一物怎样有此变化呢？他以一元性的"道"来解释，但这"道"是神妙的，他说：

"道之使也，必有其根，其气乃生，必有其使，变化乃成。是故道之为物也，至神以妙，其为功也，至强以大。"（《德化》）

他虽然形容"道"之为物如此其含糊，但并没有把"道"观念化，反之，他认为"道"是从物质的"气"派生出来：

"道德之用，莫大于气，道者之根也，气所变也，神气之所动也。……正气所加，非唯于人，百谷草木禽兽鱼鳖，皆口养其气。"（《本训》）

"天之以动，地之以静，日之以光，月之以明，四时五行、鬼神人民、亿兆丑类、变易吉凶，何非气然。及其乖戾，天之尊也气裂之（依卢校补，下同——引者按），地之大也气动之，山之重也气徙之，水之流也气绝之，日月神也气蚀之，星辰虚也气陨之，旦有昼晦，宵有大风，飞车拔树，债电为冰，温泉成汤，麟龙鸾凤，蛮贼蠡蝗，莫不气之所为也。"（《德化》）

自然规律都是"气之所为"，这一光辉的命题正是神学世界观的否定。他以为社会是以自然为最高的样本，自然有和气与乖气，社会也有治世与乱世，人生也有吉凶祸福。这里，他认为和气为正，乖气为戾，一常一变，往来相禅。常者是统一的，变者是矛盾的，似以统一为绝对，而矛盾为相对。这无疑地流入于均衡论的陷阱了，也即他所谓"妖不胜德，邪不伐正"。他又以为，人能法天，便可以"画法象而民不违，正己德而世自化"，退一步也可以用"法令刑罚，治民事而致整理"。在这里，他调和了儒、道、法思想，以自化为最高之境，所谓"原元而本本，兴道而致和,以淳粹之气,生敦庞之民,明德义之表,作信厚之心,然后化可美而功可成也";而整理则仅当于"中兴"。因此,他对于社会风俗,也援例于自然的正乖,区别德政与恶政,"德政加于民,则多涤畅姣好坚强考寿,恶政加于民,则多罢癃尪病夭昏扎瘥"。人在社会的环境之中,犹之乎生物在自然的环境之中,环境可以决定生存的样式。他说:

> "民有心也,犹为种之有园也。遭和气则秀茂而成实,遇水旱则枯槁而生蘖;民蒙善化,则有士君子之心,被恶政,则人有怀奸乱之虑。故善者之养天民也,犹良工为麹豉也,起居以其时,寒温得其适,则一荫之麹豉尽美而多量;其愚拙工,则一荫之麹豉皆臭败而弃损。今六合亦由一荫也,黔首之属犹豆麦也,变化行为,在将者尔。"(《德化》)

这是他的天道观(包括自然与社会)的环境决定论(严格地讲来,他在人性论方面有重大修补,见后),除了圣帝明王以外,大多数要受自然法则的支配(参看《德化》篇末论,俗之厚薄,皆在君上)。我们为什么把他的自然法则与社会法则一并论作天道观呢?这是因为他的天道思想异常简略,而社会思想则充满全篇,他正是为了说明他的社会法则,高举出天道观的大原则,作为前提来处理的。他虽然在有些地方援引纬学,但他基本上跳出了正统的圈子,别立异说,反对了御用儒者有目的有意志的神学。若按照王符的天道观,顺天"正"者为圣王,逆天"乖"者为桀、纣,存亡既然是没有一定的,那么依据自然变化的法则来看社会法则,就可以得出这样的结论,即恶政必亡。他的政治思想,在这里得到了理论的依据。(按《潜夫论》卷终有《五德志》、《志氏姓》二篇,《五德志》虽讲金木水火土与帝王的关系,但在内容上重在讨论兴亡的古史。《志氏姓》讲中国古代至汉代的氏族的演变,是早期氏族谱志的作品,和前一篇同为历史著作,这与汉代儒家的正统精神是有区别的。)

王符的天命思想,形式上有二元论的倾向,一方面承认天命,他方面又强调人为。他接近于怕羞的唯物论,在保存了天命的形式之下,说明信天难恃、尽己可凭的道理。他说：

> "凡人吉凶，以人为主，以命为决。行者己之质也，命者天之制也，在于己者固可为也，在于天者不可知也。巫觋祝请，亦其助也，然非德不行，巫史祈祈者，盖所以交鬼神而救细微尔；至于大命末如之何。"(《正列》)

显然，这是天命与人为的二元形式。但从这一形式之中，又可以看出他的轻重的语气。他说到最后，依然主张远鬼神，重视德义方面的人为，他说：

> "妖不胜德，邪不伐正，天之经也。虽时有违，然智者守其正道，而不近于淫鬼。"(《正列》)

> "人不可多忌，多忌妄畏，实致妖祥。……身修正赏罚明者，国治而民安，民安乐者，天悦喜而增历数。"(同上)

他既然主张"不违民以为吉，不专任以断事"，"不疑之事不问，非礼之祈不为"，那么，他就以卜命之事，纯为道德上所利用的箴规的形式，其本身没有主宰性，他说：

> "凡人道见瑞而修德者，福必成，见瑞而纵恣者，福转为祸；见妖而骄侮者，祸必成，见妖而戒惧者，祸转为福。"(《梦列》)

> "君子闻善则劝乐而进，闻恶则循省而改尤。"(《卜列》)

同理，他讲一般人类的命运时，一方面主张"人身体形貌，皆有象类，骨法角肉，各有分部，以著性命之期，显贵贱之表"，而他方面又认为"吉凶期会禄位，成败有不必，非聪明慧智，用心精密，孰能以中?"但他按人性的质与材二元论，又说明命之不可必期，他说：

> "人之有骨法也，犹物之有种类，材木之有常宜，巧匠因象，各有所授，曲者宜为舆，檀宜作辐，榆宜作毂，此其正法通率也。若有其质而工不材，可如何? 故凡相者能期其所极，不能使之必至。十种之也，膏壤虽肥，弗耕不获，千里之马，骨法虽具，弗策不致。……若此者，天地所不能贵贱，鬼神所不能贫富也。或王公孙子，仕宦终老不至于谷；或庶隶厮贱，无故腾跃，穷极爵位，此受天

性命当必然者也。"(《相列》)

他保留了鬼神的形式,因此,在推理上没有王充尖锐,但他在性命论上却比王充高出一步,把王充的国命论修改成为环境决定论,而复用二元理论修补了积极的一面,强调了人类的能动精神,他说:

"天道日施,地道日化,人道日为,为者盖所谓感通阴阳而致珍异也。人行之动天地,譬犹车上御驷马,蓬中擢自照矣。虽为所覆载,然亦在我何所之可。……天呈其兆,人序其勋,《书》故曰,天工人其代之。"(《本训》)

王符思想中唯物主义的因素是隐晦的,最后他总是从人类的道德观点来补救其理论体系的矛盾。

(二)王符的知识论与逻辑学

上面我们已经提到他的人性论。他从天道日施、地道日化,排比出人性的"日为"论,这一理论在后来王船山思想中得到相当高度的发展。这是唯物主义知识论的根据,依此,他对于神学的正统思想,必然作出光辉的批判。他说:

"天地之所贵者人也,圣人之所尚者义也,德义之所成者智也,明智之所求者学问也。虽有至圣,不(能)生而智,虽有至材,不(能)生而能。……上圣也,犹待学问,其智乃博,其德乃硕,而况于凡人乎?"(《赞学》)

王符从人道日为的实践创造活动,得出人智日学的认识论,这是合逻辑的发展。我们要从两方面来研究他的理论,一方面是由存在到认识,他方面是由范畴到认识,现在先看前者。他颇重视荀学,例如:

"有布衣积善不息,必致颜闵之贤;积恶不休,必致桀跖之名。非独布衣也,人臣亦然,积正不倦,必生节义之志;积邪不止,必生暴弑之心。非独人臣也,国君亦然,政教积德,必致安泰之福;举措数失,必致危亡之祸。……三代之废兴也,在其所积;积善多者,虽有一恶,是为过失,未足以亡;积恶多者,虽有一善,是为误中,未足

以存。……知己曰明，自胜曰强。"(《慎微》)

这一从实践出发的知识积习的观点，在汉代是辉煌的命题。他把知识(明)与实践(强)的关系，置于颇为适当的地位，尤其在论证善恶时，从布衣到国君，皆以积习为准则，得出人性相似的命题。在正统神学看来，这种把宗教的颠倒的意识否定了的认识论，必然被认为是乖谬之至的邪说。然而这正是封建制社会的有价值的理论的闪光，而不管是否什么"通方之训"。特别应该注意的是王符知识论的群众观点。他认为，多数人的经验积累愈高便愈善，至于那种以个别人物的独善来处理问题的宗教思想，是不能作为知识成就的标准的。我们知道，在中世纪自然经济的小天井里，从农业手工业的实践到知识的抽象，其中最宝贵的是由低级经验到高级经验的积累，最可信的是指导他们生活的片面性的真理，或者说是不完全抽象的真实。拿王符最喜欢用的治病的实例来讲，有价值的是些尝出来的药物特性，而不是那些五行医理。因为一个一个孤立的自然地区，其中各部分独立生存的家族自治体，没有可能反映出联结世界的高级的真实，可贵的是掌握着经验的局部的价值，而"申一隅之说"。这样的理论家，我们说是进步的、有人民性的思想家；反之，一切"通方之训"，超过了经验的素材，上天入地，说古道今，一若宇宙一元论在握，然这多是谎言，由这样而来的思想者，我们说是御用的正统博士，所谓"愚而好自用"，一事不知者好像全知，越是抽象的道理，越接近于虚渺，越是普遍的形式，越离开了真理，没有一隅之通方，正是统治阶级支配思想的烟幕或宗教的圣光。因此，王符的这里的命题，就成为中世纪的有价值的遗产。他更以为主观在积习之中是可以改造的，认识犹如由物为器的改造过程。他说：

"'工欲善其事，必先利其器'，王欲宣其义，必先扩其智。《易》曰：'君子以多志前言往行，以畜其德。'是以人之有学也，犹物之有治也。故夏后之璜，楚和之璧，虽有玉璞卞和之资，不琢不错，不离砾石。夫瑚簋之器，朝祭之服，其始也，乃山野之木，蚕茧之丝耳；使巧倕加绳墨，而制之以斤斧，女工加五色，而制之以机枱,则皆成宗庙之器,黼黻之章。……试使贤人君子释于学问,抱质而行必弗具也;及使从师就学,按经而行,聪达之明,德义之理,亦庶矣。"(《赞学》)

因此,他常把实在之义与虚华之义对立起来,认识的内容要以实际的行为标准,才有价值,反之,以世俗的偶像观念作为标准,知识便成了伪托的符咒。他说:

"观其(凡品)论也,非能本闺阃之行迹,察臧否之虚实也,直以而誉我者为智,谄谀己者为仁,处奸利者为行,窃禄位者为贤尔;岂知孝悌之原,忠正之直,纲纪之化,本途之归哉?……谚曰,一犬吠形,百犬吠声,世之疾此,固久矣哉! 吾伤世之不察真伪之情也,故设虚义以喻其心。"(《贤难》)

这不仅在谈认识论,而且已经涉及汉代的现实了。"虚伪"即宗教意识的自我掏空,这种意识是服务于封建统治阶级的专制的。王符指出"务本(崇学)则虽虚伪之人皆归本,居末则虽笃敬之人皆就末"。他以为"虚义"是衰世之征候,统治者拿上这个不能证实的虚义,"托之经义,迷罔百姓,欺诬天地"(《忠贵》),以至于成为士大夫的风尚,他说:"衰暗之世,本末之人,未必贤不肖也,祸福之所,势不得无然尔!"(《务本》)他批评这种虚伪的教义说:

"今学问之士,好语虚无之事,争著雕丽之文,以求见异于世,品人鲜识,从而高之,此伤道德之'实',而惑蒙夫之大者也。……今赋颂之徒,苟为饶辩屈塞之辞,竞陈诬罔无然之事,以索见怪于世,愚夫戆士,从而奇之,此悖孩童之思,而长不诚之言者也。……今多务交游,以结党助,偷世窃名,以取济渡,夸末之徒,从而尚之,此逼真士之节,而炫世俗之心者也。……今多违志,俭养约生以待终,终没之后,乃崇餙丧纪以言孝,……盛缯宾旅以求名,诬善之徒,从而称之,此乱孝悌之真行,而误后生之痛者也。……今多奸谀以取媚,挠法以便佞,苟得之徒,从而贤之,此灭真良之行,开乱危之原也。……皆衰世之务,而暗君之所固也,虽末即于篡弑,然

亦乱道之渐来也！"（《务本》）

另一方面，王符的知识论更由范畴出发，来处理认识的最高境地。因此，他的知识论离开了真实的对象界而延向三代先验的小天地。他说当世学士，恒以万计，大多数是"富者则以贿玷精，贫者则以乏易计"，然而他追究其原因的时候，却认为这是由于不"善自托于物"，物就是经典。他说：

> "人之情性，未能相百，而其明智有相万也，此非其真性之材也，必有假以致之也。君子之性，未必尽照，及学也，聪明无蔽，心智无滞。前纪帝王，顾定百世，此则道之明也，而君子能假之以自彰尔。"（《赞学》）

"道之明"即先验的范畴，学问依照这个形式，就达到最高的境地，因而一切事物发展的认识，便成了经典的翻印。他虽然反对"托之经义"的虚无魔道，但又主张托之经典的实在圣道，他说：

> "是故道之于心也，犹火之于人目也。中窃深室，幽黑无见，及设盛烛，则百物彰矣。此则火之耀也，非目之光也，而目假之则为明矣。天地之道神明之为本可见也。学问圣典，心思道术，则皆来睹矣。此则道之材也，非心之明也，而人假之则为己知矣。是故索物于夜室者，莫良于火，索道于当世者，莫良于典，典者经也。……圣人之制经以遗后贤也，譬犹巧倕之为规短准绳以遗后工也。……凡工妄匠，执规秉矩，措准引绳，则巧同于倕也，是倕以心来制规矩，往合倕心也，故度之工几于倕矣。……圣人以其心来就经典，往合圣心，故修经之贤，德近于圣矣。"（《赞学》）

圣王经典是最高的范畴，经验学问往合这种"倕心"，就成为"聪达之明，德义之理"，在中世纪幽黑的深窃中，就可以假光以为明，托火以为理。这种向客观唯心论堕落的倾向，使他的知识论裹足于三代的狭小天地而不能自拔。王符的理论体系常是这样二力背向的。这犹之乎他的《梦列》一篇，一方面从经验出发，可以说"本所谓之梦者，因不了察之称，而愦愦冒名也，故亦不专信以断事，人对计事起而行之，尚有不从,况于忘忽杂梦,亦可必乎",然而另一方面他又不忍舍弃占梦的形式,所谓"有精诚之所感薄,神灵之有告者,乃有占尔"。在这种形式和内容的矛盾中,他的结论是祸福在人,"心精好恶于事验谓之性",而强调内容高于形式。

懂得了他的知识论,我们再研究他的逻辑。他由经验作基础,力主实在与虚华之间的不可两立,"高论而相欺,不若忠论而诚实。"他说:

"明于祸福之'实'者,不可以'虚'论惑也。察于治乱之情者,不可以'华'饰移也。是故不疑之事,圣人不谋,浮游之说,圣人不听。何者?计不背见实而更争言也。"(《边议》)

在谶纬思想所支配的迷信欺罔的世界中,王符的这一逻辑观点是有火药味的。宗教的世界一到了现实的世界,就要发生言行相背的谬误,因而主观的喜怒成了立言的仪法,是非判断,就依于所谓"文书",王符揭出了当时统治阶级的逻辑思想是这样的:

"坐调文书,以欺朝廷,实杀民百则言一,杀虏一则言百,或虏实多而谓之少,或实少而谓之多,倾侧巧文,要取便身利己。"(《实边》)

封建统治阶级的名实相违的逻辑,最典型的是赵高的指鹿为马。王符说:

"鹿之与马者,著于形者也,已有定矣,还至谗如臣妾之饰伪言而作辞也,则君王失己心,而人物丧我体矣。况乎逢幽隐囚人而待校其信,不若察妖女之留意也,其辩贤不肖也,必若辨鹿马之审固也。此二物者,皆得进见于朝堂,暴质于廷臣矣,及欢爱苟媚佞说巧辨之惑君也,犹炫耀君目,变夺君心,便以好丑,以鹿为马,而况于郊野之贤,阙外之士,未尝得见者乎?"(《潜叹》)

他根据"名理者必效于实"的逻辑,更批评当时名实相违的颠倒世界:

"有号者必称典,名理者必效于实。……今则不然,……群僚举士者,或以'顽鲁'应'茂才',以'桀逆'应至孝,以'贪饕'应'廉吏'，以'狡猾'应'方正'，以'诔谄'应'直言'，以'轻薄'应'敦厚'，以'空虚'应'有道'，以'罢暗'应'明经'，以'残酷'应'宽博'，以'怯弱'应'武猛'，以'顽愚'应'治剧'：名实不相副，求贡不相称，富者乘其材力，贵者阻其势要，以钱多为贤，以刚强为上。凡在位所以多非其人，而官听所以数乱荒也！"

按茂才、至孝、廉吏、方正、直言、敦厚、有道、明经、宽博、武猛、治剧，都是汉代选举的教条，在这些教条的内包方面，如王符的名实论所指出的，是正相反对的性质。这样的社会必然要在逻辑道理上发生中古的独断，他说：

"公法行则轨乱绝，……私术用则公法夺。……正节立则配类代。……正义之士与邪枉之人，不两立之。……圣人……必察彼己之为而度之以义……或君则不然，己有所爱则因以断正，不稽于众，不谋于心，苟眩于爱，惟言是从。此政之所以败乱，而士之所以放佚者也。"（《潜叹》）

以上的话有运用矛盾律的显明步骤，即是非不能两可，邪正不能并存。据他说，矛盾之说不能误用，误用则"不知难（辩）而不知类"。他认为韩非矛盾律用之于尧、舜不可两立，有失取喻之真，如《释难》篇说：

"伯叔曰：'吾子过矣，韩非之取矛盾以喻者，将假其不可两立，以诘尧舜之不得并之势；而（吾子）论其本性之仁与贼，不亦失是譬喻之意乎？'潜夫曰：'夫譬喻也者，生于直告之不明，故假物之然否以彰之，物之有然否也，非以其文也，必以其真也。今子举其实文之性以喻，而欲使鄙也释其文，鄙也惑焉。且吾闻，问阴对阳，谓之强说，论西诘东，谓之强难（辩），子若欲自必以则，昨反思然后求，无苟自强。'"

然（肯定）否（否定）的判断，要就事物的真实去分类，不能由其表面上的表象去概括，这是形式逻辑的内包处理法。例如他以为邪正不可两立，而劳心劳力则没有对立的性质，同篇说：

"秦子问于潜夫曰:'耕种,生之本也;学问,业之本也。老聃有言:"大丈夫处其实,不居其华";而孔子曰:"耕也馁在其中,学也禄在其中。"敢问今使举世之人,释耒耜而程相群于学,何如?'潜夫曰:'善哉问!君子劳心,小人劳力,故孔子所称谓君子尔。今以目所见,耕,食之本也;以心原道,即学又耕之本也。……昔荀卿有言:"夫仁也者爱人,爱人故不忍危也,义也者聚人,聚人故不忍乱也。"……仁者兼护人家者,且自为也'。"

把矛盾还原于心理上道德情操之邪正,而否认在一定的历史条件之下的劳心与劳力的对立,这一类概念的抽象方法,并不正确。因此,王符只能在抽象的人类性方面指出封建的矛盾律,而不能在具体的人类性方面揭破封建的矛盾律。他不但是一个有二元论倾向的人,而且是一个均衡论者。他以为,天地可以和气再建,人类也可以正气再建,失衡违和是一个暂时的破局。由低级向高级发展的质之移行法则,在自然经济所封锁的世界里是他所不能探寻到的。王符思想的历史的局限,是很明显的。

(三)王符的道德法律批判思想

王符比王充更进了一步,从宗教思想的批判转到法律道德的批判。在这一方面,最有价值的是他同情人民的、中世纪式的形式平等的思想。从上面他论公与私的道理中,我们已经可以看出他对封建无法的尖锐批评来。贤者的概念是他立论的基点。他说,贤者在其本性上就不赞成封建的奸邪,"不损君以奉佞,不阿众以取容,不惰公以听私,不挠法以吐刚,其明能照奸而义不比党"。他甚至敢说"今汉土之广博,而曾无一良臣",而自己以贤者自居,照察汉代的奸邪世界了。他说:

"所谓贤人君子者,非必高位厚禄,富贵荣华之谓也,此则君子之所宜有,而非其所以为君子者也。所谓小人者,非必贫贱冻馁困苦厄穷之谓,此则小人之所宜处,而非其所以为小人者也。……故论士,苟定于志行,勿以遭命,则虽有天下,不足以为重,无所用,

不可以为轻,处隶圉不足以为耻,抚四海不足以为荣。……故君子未必富贵,小人未必贫贱。"(《论荣》)

"贤愚在心,不在贵贱,信欺在性,不在亲疏。……高祖所以共取天下者,缯肆狗屠也,骊山之徒,巨野之盗,皆为名将。由此观之,苟得其人,不患贫贱,苟得其材,不嫌名迹。"(《本政》)

他从人性论的还原,得出了人类心理上的抽象的平等,反对封建制社会的富贵荣华与贫贱困穷之等级隶属,这就是中世纪的民主精神。基于这一观点,他居然敢把奴隶和天子比较起来,志行的标准居然可以使天子不如奴隶高贵! 他的"君子未必富贵,小人未必贫贱"的命题,尽管属于心理上的超人与俗人的战斗,但问题则是对于封建贵族的否认,对于善良人民的同情。我们再看他怎样攻击当时富贵利禄的阶级制度:

"人有无德而富贵,是(犹)凶民之窃官位盗府库者也。……盗人必诛,况乃盗天乎! ……虽有南面之尊,公侯之位,德义有殆,礼义不班,挠志如芷,负心若芬,固弗为也。"(《遏利》)

"今观俗士之论也,以族举德,以位命贤。……仁重而势轻,位辱而义荣。今之论者多此之反,而又以九族,或以所来,则亦远于获真贤矣。"(《论荣》)

"……将权臣,必以亲家皇后兄弟主婿外孙,年虽童妙,未脱桎梏,由借此官职,功不加民,泽不被下,而取侯多受茅土,又不得治民效能以报百姓,虚费重禄,素餐尸位,而但事淫侈,坐作骄奢。……世主欲无功之人而强富之,则是与天斗也,使无德况之人与皇天斗,而欲久立,自古以来,未之尝有也。"(《思贤》)

"观之衰世,举臣诚少贤也。其官益大者罪益重,位益高者罪益深尔。……衰世之恶,常与爵位自相副也。"(《本政》)

王符关于这一方面的政论甚多,就以上所引的看来,他痛斥专制爵禄的取得,不曰盗贼,即曰罪恶,实在是大胆的言论! 最富于实践意义的是,他把汉代皇帝从天子的宝座拉下来,指为"盗天"的大贼! 他又

把汉代豪族地主阶级的身份性的族位揭破,指为无耻之尤! 他更敢说
出封建制的富贵阶级是和罪恶成正比例的。他认为没有贤能的标准,
强取富贵,欺罔百姓,乃是"常好其所乱,而亡其所治,憎其所以存,而
爱其所以亡",当时虽与前世亡代,"相去百世,县年一纪,限隔九州,殊
俗千里,然其已徽败迹,若重规袭矩,稽节合符"(《思贤》)。神学家说
汉代皇朝是与天(上帝)应,而王符却说它是"与天斗"! 神学家说汉代
皇朝是应符瑞而兴,王符却说它和天(自然规律)矛盾而必然要败亡!

他的政论集中于学术和伦理的改造,以政治的开明,只在于贤能的
任用,《赞学》、《务本》、《论荣》、《贤难》、《明暗》、《考绩》、《思贤》、《潜
叹》、《慎微》、《实贡》、《德化》诸篇都说明这一主旨。他虽然从心理的
标准把封建制社会的矛盾,还原为人类内心的善恶邪正之斗争,但他的
推论却说出专制主义的一套颠倒制度,主张微贱必须对贵宠进行斗争,
他说:

> "处位卑贱而欲效善于君,则必先与宠人为仇。恃旧宠阻之
> 于内,接贱欲自信于外,思善之君,愿忠之士,所以虽并生一世,忧
> 心相瞰,而终不得遇者也。"(《明暗》)

甚至他说出了王朝的没落是不可挽救的,主观的愿望并不能克服
制度上的束缚,他说:

> "今世主之于士也,目见贤则不敢用,耳闻贤则恨不及。虽自
> 有知也,犹不能取,必更待群司之所举,则亦惧失麟麚而获艾豭,奈
> 何其不分者也? 未遇风之变者故也。俾使一朝奇政两集,则险隘
> 之徒,阘茸之质,亦将别矣。夫众小朋党而固位,谗妒群吠啮贤,为
> 祸败也。岂希三代之以复,列国之以灭,后人犹不能革! 此万官所
> 以屡失守,而天命数靡常者也!"(《贤难》)

他还有一个深刻的批评,即:在封建的空虚教条下面的选贤贡士,
不论贤良方正,明经有道,或孝悌廉洁,敦厚茂才,都是"虚造空美",实
际上却非"依其质干,准其材行",而流于"伪举"。他说:

> "志道者少友,逐俗者多俦。是以举世多党而朋私,竞比质而

行趋华。贡士者非复依其质干准其材行也，直虚造空美，扫地洞说。……历察其状，德侔颜渊、卜冉，撮其行能，多不及中诚。使皆如状文，则是为岁得大贤二百也。……夫圣人纯，贤者驳，周公不求备，四肢不相兼，况末世乎！是故……不遂伪举，不责兼行。……智者弃其所短，而采其所长，以致其功。……是故选贤贡士，必考核其清素，据实而言，其有小疵，勿强衣饰以壮虚声。一能之士，各贡所长，出处默语，勿强相兼。"（《实贡》）

他由于集中注意于贤才主义，故有这样的人物的分析。但他在他的批评中，已经反映出定于一尊的汉代思想教条化的现实。从制度方面产生的满朝"相兼"（全知全能）的颜、闵似的茂才贤良，一岁出二百，十岁出二千，百岁出二万，汉代就有好几万"圣贤"，宜乎大有作为；但他说西汉之亡，大小圣贤官吏十万人，没有一个志节可纪者，而能奉国报恩的不过二人；到东汉末，"汉土之广博，而曾无一良臣"，这岂非虚伪教条所赐予的么？因此，他说敦方正直好像金玉之器，而好善嫉恶则是钢铁之材，金玉的陈设只是装点门面的滥费，而钢铁的实材则是具有生产性的，可以举功，人主不妨"兼善而两纳之"，使各尽其才。这一论断，已经批评到定于一尊的正统法度，其为异端思想，一目了然。他拆穿了所谓博士贤良，不过是一群富贵利禄之人，"天夺其鉴，神惑其心"，他痛心疾首地说：

"贫贱之时，虽有鉴明之资，仁义之志，一旦富贵，则背亲捐旧，丧其本心。……财货满于仆妾，禄赐尽于猾奴，宁见朽贯千万，而不忍赐人一钱，宁积粟腐仓，而不忍贷人一斗。……哺乳太多，则必掣纵而生痫，贵富太盛，则必骄佚而生过。"（《忠贵》）

王符对于封建的滥费，描绘得甚为入微。《浮侈》篇的描述更比较深刻，这里仅揭示其关于反对宗教的二例：

"今多不修中馈，休其蚕织，而起学巫祝，鼓舞事神，以欺诬细民，荧惑百姓妇女。"

"今京师贵戚，郡县豪家，生不极养，死乃崇丧，或至刻金镂玉，橘梓楩枏，良家造茔，黄壤致藏，多埋珍宝，偶人车马，造起大冢，广种松柏，庐舍祠堂，崇侈上僭。"

不生产的享乐滥费，使饥寒并至，奸宄繁多，严酷数加，愁怨者多，于是"下民无聊，……则国危矣"。在《浮侈》篇说明厚敛多藏，剥削细民，而《爱日》篇又论到封建统治对于劳动者所横加的压迫和对于人民所进行的恐怖。他说：

"治国之日舒以长，故其民闲暇而力有余，乱国之日促以短，故其民困务而力不足。……百官乱而奸宄兴，法令嫚而役赋繁，则希民困于吏政，仕者穷于典礼，冤民就狱乃得真，烈士交私乃得保，奸臣肆心于上，乱化流行于下，君子载质而车驰，细民怀财而趋走，故视日短也。"

贪污罔法，冤狱丛生。"隐逸行士，淑人君子，为谗佞利口所加诬复冒，下士冤民能至阙者万无数人，其得省问者，不过百一。"这一黑暗的世界，他认为皆"贪残不轨，凶恶弊吏"所造成的，他举出了东京、洛阳豪族地主横行的一个吓人的现象，由此可以看出封建政权的性质：

"洛阳至有主谐合杀人者，谓之会任之家。受人十万，谢客数千，又重馈部吏，吏与通奸，利入深重，蟠党盘牙，请至贵戚宠权，说听于上，谒行于下，是故虽严令尹终不能破攘断绝。何者？凡敢为大奸者，材必有过于众，而能自媚于上者也。多散苟得之财，奉以诏谀之辞，以转相驱。……今案洛阳主杀人者，高至数十，下至四五，身不死则杀不止！"（《述赦》）

他更说出富贵与贫贱相悬殊的社会图景，在这种社会里是如何的阶级矛盾呢？他说：

"与富贵交者，上有称誉之用，下有货财之益；与贫贱交者，大有赈贷之费，小有假借之损。"

"富贵易得宜，贫贱难得适。好服谓之奢僭，恶衣谓之困厄；徐行谓之饥馁，疾行谓之逃责；不候谓之倨慢，数来谓之求食；空造以为无意，奉贽以为欲贷；恭谦以为不肖，抗扬以为不得；此处子之羁薄,贫贱之苦酷也!"

　　"有利生亲,积亲生爱,积爱生是,积是生贤;……无利生疏,积疏生憎,积憎生非,积非生恶。……是故富贵虽新,其势日亲,贫贱虽旧,其势日除;此处子所以不能与官人竞也。(《交际》)

据他说,这样的阶级矛盾,"怨恶之生,若二人偶焉",在财产利害相关的一边,"苟相对也,恩情相向,推极其意,精诚相射,贯心达髓,爱乐之隆,轻相为死";而在其无利害结合的他一边,"苟相背也,心情乖乎,推极其意,分背奔驰,穷东极西,心尚未决"。这是多么深刻的"相人偶"!他在主观上作理论的还原时,主张超乎俗世,得出贤人君子"富贵未必可重,贫贱未必可轻"的德义理论,以之与俗人的俗见相抗,"不能两立之",而在客观上又说:

　　"凡今之人言方行圆,口正心邪,行与言谬,心与口违,论古则知称夷齐、原颜,言今则必官爵职位,虚谈则知以德义为贤,贡荐则必阀阅为前,处子虽躬颜、闵之行,性劳谦之质,秉伊吕之才,怀救民之道,其不见资于斯世也,亦已明矣。"(《交际》)

因此,他的理想的贤者无可奈何,世界还是"俗人"所支配的。于是他不得不空想那种飘飘的性灵解放:"鸾凤翱翔黄历之上,徘徊太清之中,随景风而飘飖,时抑扬以从容,意犹未得,嗒嗒然长鸣!"这里已伏下魏晋玄学的根苗,到了仲长统要更加显著了。

第二节　仲长统的唯物主义思想和
政治批判思想

　　仲长统字公理,生于灵帝光和二年(公元 179 年),卒于献帝建安二十五年,斯年献帝逊位,汉统绝祚,即魏文帝黄初元年(公元 220 年)。他的论著《昌言》(昌,当也;《尚书》曰:"汝亦昌言"),据《后汉书》说,"凡三十四篇,十余万言",似比王符的《潜夫论》更要丰富,今所存者,仅《后汉书》"简撮其要有益政者略载之"三篇,篇名为《理乱》

篇、《损益》篇、《法诫》篇;《群书治要》节引仲长子《昌言》九段文字,未标篇名,究其引文研寻,似属《德教》篇,《寿考》篇,《君臣》篇,《天道》篇。此外,据著者所知,更有《齐民要术》中的几处引文,统计全书存者,三十四篇中不过十分之一二。加以节引的人,既然是"简撮其要有益政者"载之,此外在被认为无益于政者,安知不是更重要的论著?

我们比较一下《后汉书》与《群书治要》所撮要略载的《昌言》:《后汉书》节引的《理乱》篇,是重要的历史理论,而《群书治要》一字未载;反之,《群书治要》末引的天道思想,是重要的,《后汉书》一字未载。从这里就知道《昌言》的佚文为我们所珍贵的,不可胜计了,所谓无益于政者,在封建社会当是异端中最尖锐的思想,即所谓"多谬通方之训,好申一隅之说,稽之笃论,将为敝矣"(《后汉书》本传范晔论)。若以所谓"偏情矫用,则枉直必过"(同上),割弃精华,不违"笃论"而言,我们要为王充、王符、仲长统三氏(《后汉书》合传),作有幸有不幸之叹,《论衡》、《潜夫论》有幸而存,《昌言》则不幸而亡了。

(一)昌言的唯物主义世界观

现存《昌言》,虽然断简残篇,不能看出仲长统的思想体系,但就中以天道天命思想和政治思想来讲,足以称为汉代正统思想的最后清算者。按仲长统的天道至政论之间,三十四篇中必有知识论的建树,且按他的天道观与政论都比王充、王符要更进步,则他的知识论必重"公理",发展他的前行者;但惜乎这一部分,因非所谓"治要"或无"益于政"而佚失了!

仲长统否认汉代统治阶级的宗教观,反对自然之符和吉凶之候,他说:

> "唯人事之尽耳,无'天道'之学焉! 然则王天下,作大臣者,不待于知'天道'矣。所贵乎用'天之道'者,则指星辰以授民事,顺四时而兴功业;其大略吉凶之祥,又何取焉? 故知天道而无人略者,是巫医卜祝之伍,下愚不齿之民也;信'天道'而背人事者,是

昏乱迷惑之主,复国亡家之臣也!"(《群书治要》节录)

他的惟尽人事不守"天道"的命题,在汉代是破天荒的卓见,他敢骂有汉一代对信仰宗教的君臣为糊涂虫、败家子、下愚无知的迷信者。他认为天之道不是别的,仅是自然的规律,人们要懂得天之道,不是为了别的,仅是为了有利于生产和工业。这是唯物主义的思想。在以上引文中"天道"和"天之道"这两个术语是有区别的,"天道"是指宗教思想,"天之道"是指自然规律。他以为迷信的反面是理性,只要有是非之见,只要以"是非治天下之本也,是非理生民之要也",天地自然就会为人所利用。有人问他"本"与"要"何所存呢?他说:

"王者官人无私,唯贤是亲,勤恤政事,屡省功臣,……政平民安,各得其所:则天地将自从我而正矣,休祥将自应我而集矣,恶物将自舍我而亡矣;求其不然,乃不可得也。王者所官者,非亲属则宠幸也,所爱者非美色则巧佞也,以同异为善恶,以喜怒为赏罚,取乎丽女,怠乎万机,黎民冤枉类残贼,虽五方之兆,不失四时之礼,断狱之政,不违冬日之期,著龟积于庙门之中,牺牲群丽碑之间,冯相坐台上而不下,祝史伏坛旁而不去,犹无益于败亡也。从此言之,人事为本,天道为末。"(同上)

这种"人事为本、天道为末"的大胆的戡天思想,恰和汉代统治阶级所服膺的天人理论相反。他的唯物主义思想把自然的因果关系置于人类理性支配之下,而灾异、感应的宗教思想则把自然的因果倒置于畏忌的迷信之下,所以他又说:

"审我已善而不复恃乎'天道',上也。疑我未善,引'天道'以自济者,其次也。不求诸己而求诸'天'者,下愚之主也。今夫王者,诚忠心于自省,专思虑于治道,自省无愆,治道不谬,则彼嘉物之生,休祥之来,是(犹)我汲井而水出,爨灶而火燃者耳,何足以为贺者耶?故欢于报应,喜于珍祥,是劣者之私情,夫可谓太上之公德也?"(《群书治要》节录)

依据"公理"与"公德"的法则,占有并支配自然,这完全是健康的思维路径;反之,依据"私情"与"私见"的曲解,敬畏惧忌天道,这完全是病态的心理作祟,所以他说后者是"劣者",是"下愚"。他又从寿考吉祥方面说明理性与迷信的区别,人不幸有病,要"更始",在于药石,世不幸有灾,要"更始",在于克服,而舍此不为,忌讳灾变,永延嘉瑞,他斥之曰"迷",曰"误",曰"惑",曰"悖",此迷、惑、误、悖四字正斥责了汉代统治阶级的支配意识。他说:

> "和神气,怎思虑,避风湿,节饮食,适嗜欲,此寿考之方也;不幸而有疾,则铖石药汤之所去也。肃礼容,居中正,康道德,履仁义,敬天地,恪宗庙,此吉祥之术也;不幸而有灾,则克己责躬之所复也。……下世其本,而为奸邪之阶,于是淫厉乱神之礼兴焉,伪张变怪之言起焉,丹书厌胜之物作焉。故常俗忌讳可笑事,时世之所遂往,而通人所深疾也!且夫掘地九仞以取水,凿山百步以攻金,入林伐木不卜日,适野刈草不择时,及其构而居之,制而用之,则疑其吉凶,不亦'迷'乎!简郊社,慢祖祢,逆时令,背大顺,而反求福祐于不祥之物,取信诚于愚惑之人,不亦'误'乎!彼图家画舍,转局指天者,不能自使室家滑利,子孙贵富,而望其德致之于我,不亦'惑'乎!……表正则影直,范端则器良;行之于上,禁之于下,非元首之教也,君臣士民,并顺私心,又大乱之道也。……所贵于善者,以其有礼义也,所贱于恶者,以其有罪过也;今以所贵者教民,以所贱者教亲,不亦'悖'乎!"(《群书治要》节录)

他所说的"天之道",是指客观存在的秩序,自然对象既为可征服的事物,则自然中的法则,就是天之道,即他所谓"所取于天之道者,谓四时之宜也"。上面他所举的"水","金","木","时",完全是自然对象,人类要改变现实(取水、攻金、伐木、择时),就必须依据现实的性质与关系,发现其中的因果,掌握其中的法则,然后才有"天之道"可寻。这种自然哲学的天道认识,是以客观的真实存在为依归,而反映为主观的实在把握,故他一再说:"官人无私",大乱顺私。私情私见超出了他所谓的是非判断的表范,就大失本要,于是迷惑误悖之心理就产生了。

这里,已经说到存在与思维的认识关系了。金木水火土是存在,不是推较得失的符咒,"所取于天之道"的"所取",是把握,不是应征吉凶的变复术。因此,他才以为一切灾异,都是戚宦之臣所献媚,人为不臧,而"反以策让三公,至于死免,乃足为叫呼苍天号咷泣血者也"(详见后)。他更从简单的自然现象来解释"天之道",他说:

> "天为之时,而我不农谷,亦不可得而取之。春春至焉,时雨降焉,始之耕田,终之簠簋,惰者釜之,勤者钟之,矧天不为,而尚乎食也哉?"(《齐民要术》序引)

> "丛林之下为仓庾之坻,鱼鳖之掘为耕稼之场者,此君长所用心也。……盖食鱼鳖而薮泽之形可见,观草木而肥硗之势可知。"(同上)

这就是他所谓"天之道=四时之宜"的注脚,其"所取"者,即占有自然之谓。迷于"天道"者就因了积习,不知道"生然之事",故他又说:

> "鲍鱼之肆不自以气为臭,四夷之人不自以食为异,生习使之然也。居积习之中,见生然之事,夫熟自知非者也?斯何异蓼中之虫而不知蓝之甘乎!"(《齐民要术》序引)

仲长统的唯物主义世界观,因其书佚失,难以作全面的论证,但只就现存的材料来看,已经使我们要特别重视了。

(二)昌言的天命反对论与历史治乱说

仲长统根据了他的唯物主义的掌握自然法则的理论,进而研究天命的究竟,无疑地他从否定有神论的世界观,更要否定天命的降监,因此,他反对谶纬灾异说,就必然要反对五德三统说。我们首先要指出,他在这一方面,更比王充、王符进了一步,连"命"都彻底否定了。他可说是集汉代"离经叛道"之大成。

汉代的五德终始说和三统继运说是天命循环论。这种目的论,配合于王道继承授受的造说,使金木水火土以其转相生而更王,使黑白赤以其文质相救而继统,这些宗教观已经在前面各章详述。仲长统把这种"德",这种"统",一手推翻,在他看来,什么五行相生,什么文质相救,全没有那回事,统观历史,"乱世长而化世短",越来越乱,更下而几乎全乱无治,天命不过是豪杰得天下欺人自欺的骗局而已。他在《理乱》篇中说:

> "豪杰之当'天命'者,未始有天下之分者也,无天下之分,故战争者竞起焉。于斯之时,并伪假天威,矫据方国,拥甲兵与我角才智,程勇力与我竞雌雄,不知去就,疑误天下,盖不可数也;角知者皆穷,角力者皆负,形不堪复仇,势不足复校,乃始羁首系颈就我之衔继耳。夫或曾为我之尊长矣,或曾与我为等侪矣,或曾臣虏我矣,或曾执囚我矣,彼之蔚蔚皆匈(胸)晋腹诅,幸我之不成,而以奋其前志,讵肯用此为终死之分耶?"(《后汉书》本传)

天命在哪里?"伪假天威"罢了,其实呢,那是一笔战争血账,在他看来,才智勇力决定"形"与"势",强者优胜,劣者失败。形势属我,谁敢再和我校伉?于是乎就有叔孙通、董仲舒、刘向、蔡邕之流制造理论了,"天命"始虽无分,而"形势"就使得"天命"下降了。水德火德,争论有据,继黑为白,颂扬有统。这样一来,汉代统治阶级的"理论"基础显然是一派胡说了。

上面一段引文是他的三部曲的第一阶段,我们再看他的第二阶段的说明:

> "及继体之时,民心定矣,普天之下,赖我而得生育,由我而得富贵,安居乐业,长养子孙,天下晏然,皆归心于我矣。豪杰之心既绝,士民之志已定,贵有常家,尊在一人。当此之时,虽下愚之才居之,犹能使恩同天地,威侔鬼神。暴风疾霆,不足以方其怒,阳春时雨,不足以喻其泽,周孔数千,无所复角其圣,贲育百万,无所复奋其勇矣。"(同上)

形势比人强,政权属我操,满天下周、孔之徒是我的博士,穷宇内豪杰之士是我的武臣。这里,天地鬼神,风云雷雨,在统治权安定之时(所谓贵有常家,尊在一人),没有作怪作乱的道理,尽管统治者是下

愚,而自有萧规曹随的无为之治,越糊涂越好,越省事越好。但仲长统以为第二阶段最短,不久就要到了第三阶段了,这便是:

"彼后嗣之愚主,见天下莫敢与之违,自谓若天地之不可亡也,乃奔其私嗜,骋其邪欲,君臣宣淫,上下同恶,目极角觗之观,耳穷郑、卫之声,入则耽于妇人,出则驰于田猎,荒废庶政,弃亡人物,澶漫弥流,无所底极。信任亲爱者,尽佞谄容悦之人也,宠贵隆丰者,尽后妃姬妾之家也。使饿狼守庖厨,饥虎牧牢豚,遂至熬天下之脂膏,斲生人之骨髓,怨毒无聊,祸乱并起,中国扰攘,四夷侵叛,土崩瓦解,一朝而去。昔之为我哺乳之子孙者,今尽是我饮血之寇仇也。至于运徙势去,犹不觉悟者,岂非富贵生不仁,沉溺致愚疾邪。存亡以之,迭代政乱,从此周复,天道常然之大数也。又政之为理者取一切而已,非能斟酌贤愚之分,以开盛衰之数也,日不如古,弥以远甚,岂不然邪?"(《后汉书》本传)

这第三阶段是社会矛盾和阶级斗争表现得最尖锐的时期,问题在于统治阶级对人民的剥削,形成危亡的运势,积重难返,以至于"土崩瓦解",而不是什么天命降灾降祸。以上三个分期,是他的历史治乱周复说,此一理论价值的高低,暂且不提,然比之五德三统说,却是清醒与梦呓的区别。紧接上文,我们再看他对于现实的历史的说明:

"汉兴以来,相与同为编户齐民,而以财力相君长者世无数焉。而清洁之士,徒自苦于茨棘之间,无所益损于风俗也。豪人之室,连栋数百,膏田满野,奴婢千群,徒附万计。船车贾贩,周于四方,废居积贮,满于都城,琦珞宝货,巨室不能容,马牛羊豕,山谷不能受,妖童美妾,填乎绮室,倡讴妓乐,列乎深堂,宾室待见而不敢去,车骑交错而不敢进,三牲之肉臭而不可食,清醇之酎败而不可饮,睇盼则人从其目之所视,喜怒则人随其心之所虑,此皆公侯之广乐,君长之厚实也。苟运智诈者则得之焉,苟能得者人不以为罪焉,源发而横流,路开而四通矣(按以上言封建地主阶级的所有权和政权)。"

"夫乱世长而化世短。乱世则小人贵宠,君子困贱。当君子困贱之时,蹈高天,踏厚地,犹恐有镇厌之祸也。逮至清世,则复入于矫枉过正之检,……使奸人擅无穷之福利,而善士接不赦之罪辜,苟目能辨色,耳能辨声,口能辨味,体能辨寒温者,将皆以修絜为讳恶,设智巧以避之焉,况肯有安而乐之者耶?斯下世人主一切之愆也(按以上言专制主义的统治)。"

按此两段文字,并不能完全包括他所讲的汉兴以来的全部历史,他在别篇还另从许多角度来叙述汉代制度,因为这是《理乱》篇的正文,故我们特别举示出来,以为资证。从这里我们先把他的四点特别的见解,说明于下:

一、他虽说"乱世长而化世短",但就他的叙述看来,通过汉代,都在表现阶级矛盾的乱世。

二、他指出乱源(源发而横流)是豪强地主阶级的封建剥削,政权之在君长是以财力为基础。

三、他指出封建专制的统制一切,公私不分,是非无准,人们在黑暗的"镇压"之下过日子。

四、参以前段所说的,"使饿狼守庖厨,饥虎牧牢豚,熬天下之脂膏,斲生人之骨髓,怨毒无聊,祸乱并起",他大胆地指出社会的阶级矛盾,是危机的根源。

他在《理乱》篇末,从周末以至东汉献帝,开了一笔"变而弥猜,下而加酷"的乱世账目,在实际的历史中,和他的三个周复阶段的说法稍有不同,如果把他的第二阶段的理世,照他所说的化世短来图示,那就不是"乱"——"理"——"乱"的循环说,而是"乱"——"小乱"——"大乱"的怀疑论。请看他说:

"昔春秋之时,周氏之乱世也。逮乎战国,则又甚矣。秦政乘并兼之势,放虎狼之心,屠裂天下,吞食生人,暴虐不已,以招楚汉用兵之苦,甚于战国之时也。汉二百年而遭王莽之乱(按汉至王莽新朝二百一十四年,二百者举全数),计其残夷灭亡之数,又复

倍乎秦项矣。以及今日，名都空而不居，百里绝而无民者，不可胜
数，此则又甚于亡新之时也，悲夫！不及五百年大难三起（按秦三
王二帝，通在位四十九年，前汉二百三十年，后汉百九十五年，凡四
百七十四年，故云不及五百年，三起谓秦末及王莽并献帝时也），
中间之乱，尚不数焉。变而弥猜，下而加酷，推此以往，可及于尽
矣！嗟夫，不知来世圣人救此之道将何用也，又不知天若穷此之数
欲何至耶！"

这不是小乱而大乱的历史观么？他推翻了天道的宗教观和天命循
环的喜剧观，而提出现实历史的悲剧观点，这种观点实在是值得注意的
中世纪的伟大思想。在他的理论形式上虽有周复循环的大数常然之
说，但他在实际研究上则并不拘于此种形式。自然，他还看不见历史前
途的光明世界，摸不到后世资本主义的图景，这是他的历史限制，因此，
时而着眼于单纯再生产的周而复始（如日出而作，日入而息的农夫意
识），时而着眼于"变而弥猜"的封建内战。虽然如此，他的理论在出发
点上就与中世纪统治阶级的"信仰"相反，而走入"怀疑"途径。无论如
何，他是走入真理的正途，而不是如正宗那样走入迷信的歧路，他没有
中国式寺院精神的三代天国，然却有"推此以往"不知黑暗到何等程度
的现实警告，他没有谎言，然却有实话，如果说科学态度，在中世纪恐怕
就是这样的吧！

（三）昌言的政治批判思想

上面引文末段曾指出仲长统的愈来愈乱的历史观，他怀疑到"不
知来世圣人救此之道将何用也，又不知天若穷此之数欲何至耶?"这即
是说，前途悲观，无可挽救，因此，在他的政治批评之中，关于现实社会
的形势的揭发，更比前人富有逻辑的道理；而关于现实的答案，其理想
形式，仍不出前人的正义呼号。他可以对于悲剧性的问题揭发以至加
剧，而不能对于此种问题做出解答，拆散有余，而"不知救此道将何
用"，这是中世纪进步的思想家的天真本色。

在《昌言》的《损益》篇中,他颇以圣人损益历史、裁成天地为怀抱。基于他的自我怀疑思想而论,此种正面答案本身就有折扣。他说:

> "作有利于时,制有便于物者,可为也;事有乖于数,法有玩于时者,可改也;故行于古有其迹,用于今无其功者,不可不变,变而不如前,易而多所败者,亦不可不复也。"(《后汉书》本传《损益》篇)

这是一个半变法半复古的原则,然而到了依据原则来说明具体问题时,他也和前人一样,不过主张复古井田之制,嗣周吕刑之法。他又有十六条政务原则,乃综合前人的意见,整齐排比,揭示出以德教为主、以廉洁为用的一般道理,其原则如下:

> "明版籍以相数阅,审什伍以相连持,限夫田以断并兼,定五刑以救死亡,益君长以兴政理,急农桑以丰委积,去末作以一本业,敦教学以移情性,表德行以厉风俗,核才艺以叙官宜,简精悍以习师田,修武器以存守战,严禁令以防僭差,信赏罚以验惩劝,纠游戏以杜奸邪,察苛刻以绝烦暴:审此十六者,以为政务,……圣人复起,不能易也。"(《后汉书》本传《损益》篇)

若再参考他的《德教》篇(《群书治要》所引第一段,疑为《德教》篇),我们看不出这些形式教义有什么新的因素。他的有价值的批评,主要在于说明现实制度为什么存续以及制度内容有什么矛盾,即他所谓"源流形势,使之然也"。正宗思想家所说的"天不变道亦不变",就是指上帝意志安排下的秩序都是真理,然而他却说出这秩序是乱而大乱,是和人民生活矛盾的,那种"真理"是谎话。现在我们看他怎样分析汉代的"秩序"。

> "汉之初兴,分王子弟,委之以士民之命,假之以生杀之权,于是隐逸自恣,志意无厌,鱼肉百姓,以盈其欲,报烝骨血,以快其情,上有篡叛不轨之奸,下有暴乱残贼之害,……盖源流形势使之然也。降爵削土,稍稍割夺,卒至于坐食奉禄而已;然其涛秽之行,淫昏之罪,犹尚多焉。……专之于国,擅之于嗣,岂可鞭笞叱咤而使

唯我所为者乎！时政凋敝，风俗移易，……出于礼制之防，放于嗜欲之域久矣。"（《后汉书》本传《损益篇》）

以上所说的话，指出封建特权的形成，一开始就在制度上种下了原因，因果相生，积久必变，政治黑暗不是必然的发展么？虽然皇族地主的"专之于国"的集权，削弱豪族地主，而形势则不是鞭笞所能挽救的。他说：

"井田之变，豪人货殖，馆舍布于州郡，田亩连于方国，身无半通青纶之命，而窃三辰龙章之服，不为编户一伍之长，而有千室名邑之役，荣乐过于封君，势力侔于守令，财赂自营，犯法不坐，刺客死士，为之投命，至使弱力少智之子被穿帷败，寄死不敛，冤枉穷困，不敢自理：虽亦由纲禁疏阔，盖分田无限使之然也。"（同上）

所以，尽管武帝以来的土地国有政策要"唯我所为"，然而豪族地主却形成有特殊身份阶级，威胁到中央专制主义的封建政权。这没有什么五德五行，三统三正吧，土地所有制形式之下的豪强夺横、分田无限，才是客观的现实。

"物有不求，未有无物之岁也，士有不用，未有少士之世也。夫如此（按前面言在千万户之中，十取其一，得壮丁千万人，又十取之，得什长百万人，又十取之，得佐史之才十万人），而后可以用天性、究人理、兴顿废、属断绝、网罗遗漏、拱押天人矣。……君子用法制而至于化，小人用法制而至于乱，均是一法制也，或以之化，或以之乱，行之不同也。苟使豺狼牧羊豚，盗跖主征税，国家昏乱，吏人放肆，则恶复论损益之间哉？……君子非自农桑以求衣食者也，蓄积非横赋敛以取优饶者也。奉禄诚厚，则割削资易之罪乃可绝也，蓄积诚多，则兵寇水旱之灾不足苦也。故由其道而得之，民不以为奢，由其道而取之，民不以为劳。…… 以廉举而以贪去，……善士富者少，而贪者多，禄不足以供养，安能不少营私门乎？"（《后汉书》本传《损益》篇）

上面指出举士制度与法制的矛盾，好像是"设机置穽以待天下之君子”,君子不敢陷入,则只有豺狼牧民,盗贼主税,这就是汉代举“贤良方正”的结果。

“光武……虽置三公,事归台阁。自此以来,三公之职备员而已。然政有不理,犹加谴责,而权移外戚之家,宠被近习之竖,亲其党类,用其私人,内充京师,外布列郡,颠倒贤愚,贸易选举,疲驽守境,贪残牧民,挠扰百姓,忿怒四夷,招致乖叛,乱离斯瘼,……此皆戚宦之臣所致然也。反以策让三公,至于免死。……又中世之选三公也,务于清慤谨慎循常习故者,是妇女之检柙(规矩)乡曲之常人耳,恶足以居斯位耶?势既如彼,选又如此,而欲望三公勋立于国家,绩加于生民,不亦远乎!……近臣外戚宦竖,请托不行,意气不满,立能陷入于不测之祸,恶可得弹正者哉?……自此以来,遂以成俗,继世之主,生而见之,习其所常,曾莫之悟。……母后之党,左右之人,有此至亲之势,故其贵任,万世常然之败,无世而无之,莫之斯鉴,亦可痛矣!”(《后汉书》本传《法诫》篇)

上面指出汉代统治权的一般形势,特别是外戚宦官的形势,既成常俗,则失败便有其“常然”的因果关系。按中国外戚与宦竖的真正形势,一方面要追溯到氏族宗法制度的残存,另一方面也要研究土地国有制形势的发展。凡古旧制度的残存,对于历史的发展总是重大的束缚,仲长统的亲近弄权的说明,虽然未说明历史理由,但“亲近”二字已揭破土地国有制和宗法政治相依的道理,它的结果是颠倒贤愚,混乱公私,更加重了封建法律外行动的“一切之计”。这特殊制度,要比西洋中世纪更封建些。他的政论特别重视此点,例如他又从心理上分析:

“汉兴以来,皆引母妻之党为上将,谓之辅政;而所赖以治理者甚少,而所坐以危乱者甚众。……其欲关豫朝政,恇快私愿,是乃理之自然也。……夫母之于我尊且亲,于其私亲,亦若我父之欲厚其父兄子弟也。妻之于我爱且媟,于其私亲,亦若我之欲厚我父兄子弟也。我之欲尽孝顺于慈母,无所择事矣,我之欲效恩情于爱妻妾,亦无所择力矣。而所求于我者,非使我有四体之劳苦,肌肤之疾病也,夫以此欬唾盼睇之间,至易也,谁能违此者乎?"

"宦竖者,传言给使之臣也,拼扫是为,趋走是供,传延房卧之内,交错妇人之间。……孝宣之世,则以弘恭为中书令,石显为仆射。……后暨孝元,常抱病而留好于音乐,悉以枢机委之石显,则昏迷雾乱之政起,而仇忠害正之祸成矣。……孝桓皇帝,起自蠡吾而登至尊。侯览、张让之等,以乱承乱。政令多门,权利并作,迷荒帝主,浊乱海内。高命士恶其如此,直言正谕,与相摩切,被诬见陷,谓之党人。灵帝登自解犊,以继孝、桓,中常侍曹节、侯览等,造为维纲,帝终不寤,宠之日隆,唯其所言,无求不得。凡贪淫放纵,僭凌横恣,挠乱内外,螫噬民化,隆自顺、桓之时,盛极孝灵之世,前后五十余年,天下亦何缘得不破坏耶?"(《群书治要》节录)

在中国古代,所谓"党"即是"类"的狭义的术语,类即"族"系,党即"宗"系。汉代所谓后党和宦党是相互为用的,这是古代氏族制在中古的延长,特别在皇族和豪族斗争尖锐之时,后党宦党就成为皇族系统的外延势力了。宦竖为变态的人物,依附于皇室,更发挥"亲亲"的恶性作用。仲长统以宠信佞谄,骄贵外戚,是壅蔽忠正,淆乱政治的原因,比于倾危,比于累卵。他从上面的心理分析,对于道德伦理,更有特别议论,如孝的伦理,于古有"无违"之训,然而他却说,"父母不好学问,疾子孙之为之,可违而学也;父母不好善士,恶子孙交之,可违而友也;士友有患,故待己而济,父母不欲其行,可违而往也。故不可违而违,非孝也;可违而不违,亦非孝也,好不违,非孝也,好违,亦非孝也。其得义而已也。"这当是子孙相袭、亲近皆善的反命题。

他的政论除了以上所举者外,如憎恶剥削,"横税弱人,……徭役并起,农桑失业,兆民呼嗟",如崇礼三公,"与之从容言议,咨论古事,……琢磨珪璧,染练金锡",都是中古的平等思想。他的议论中卓见之一,就是研寻源流因果,以作借鉴,所谓"三亡之失,异世同术,我无所鉴,夏后及商,覆车之轨,宜以为戒"(《政论》)。

（四）仲长统的人生归宿

《后汉书》本传说他"每论说古今及时俗行事,恒发愤叹息",他的愤世疾俗之论太突出了,甚至他痛斥王侯贵族"心同于夷狄,行比于禽兽",而主张从天子以至国君公侯,要再教育。他虽然有积极求治的理想,不主张高洁,但他对于高洁之士则甚同情,他说:"舍正从邪,背道而驰奸;彼独能介然不为,故见贵也。"在他所谓"直正不行,诈伪独售"之时,他的思想便怀疑于来世不知是什么,挽救之道不知该怎样。他的"狂生"行为(本传说:"统性俶傥敢直言,不矜小节,默然无常,时人或谓之'狂生'"),实在影响了后来竹林七贤的人生态度。本传载述他"常以为凡游帝王者欲以立身扬名耳,而名不常存,人生易灭,优游偃仰,可以自娱,欲卜居清旷,以乐其志"。在他的《乐志论》中,更有老庄人生哲学的趣旨,他说:

> "蹰躇畦苑,游戏平林,濯清水,追凉风,钓游鲤,弋高鸿,讽于舞雩之下,咏归高堂之上。安神闺房,思老氏之玄虚,呼吸精和,求至人之仿佛。……消摇一世之上,睥睨天地之间,不受当时之责,永保性命之期。如是,则可以陵霄汉出宇宙之外矣,岂羡夫入帝王之门哉?"(《后汉书》本传)

他在无可奈何之时,终于要脱化超俗了。这样,他的哲学便和老庄思想汇流,逍遥自得,并连自然把握本身也弃置了,因此,他的戡天思想,到此就不能自解了。他以暴露封建入手,而以宗教的忏悔为止,始于求变,而终于寻到东方中古的不动性,这又是中世纪进步的思想家的天真的表现。请看他的诗句:

> "至人能变,达士拔俗。……六合之内,恣心所欲,人事可遗,何为局促?大道虽夷,见几者寡,任意无非,适物无可,古来绕绕,委曲如琐,百虑何为,至要在我。寄愁天上,埋忧地下,叛散五经,灭弃《风》《雅》。百家杂碎,请用从火,抗志山西,游心海左。元气为舟,微风为柂,翱翔太清,纵意容冶。"(《后汉书》本传)

从汉代博士笺注五经的烦琐世界,从贤良奔竞仕宦的利禄世界,脱化出来,所谓"飞鸟遗迹,蝉蜕亡壳",来到了什么世界呢? 这就是魏晋玄学的世界了。

责任编辑:方国根

图书在版编目(CIP)数据

中国思想通史(第二卷)/侯外庐 等著. —北京:人民出版社,2011.8
  (2021.4 重印)
  (人民文库)
ISBN 978 - 7 - 01 - 008958 - 4

Ⅰ.①中…　Ⅱ.①侯…　Ⅲ.①思想史-中国-古代　Ⅳ.①B2

中国版本图书馆 CIP 数据核字(2010)第 110323 号

中国思想通史

ZHONGGUO SIXIANG TONGSHI

(第二卷)

侯外庐　赵纪彬　杜国庠　邱汉生　著

人民出版社 出版发行
(100706　北京市东城区隆福寺街 99 号)

天津文林印务有限公司印刷　新华书店经销

2011 年 1 月第 1 版　2021 年 4 月北京第 2 次印刷
开本:710 毫米×1000 毫米 1/16　印张:26.5
字数:332 千字　印数:2,001-4,000 册

ISBN 978 - 7 - 01 - 008958 - 4　定价:68.00 元

邮购地址 100706　北京市东城区隆福寺街 99 号
人民东方图书销售中心　电话 (010)65250042　65289539